考前充分準備　臨場沉穩作答

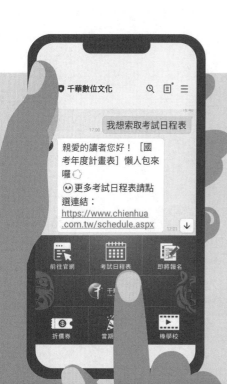

千華 Line@ 專人諮詢服務

☑ 有疑問想要諮詢嗎？
　歡迎加入千華 LINE @！

☑ 無論是考試日期、教材推薦、
　勘誤問題等，都能得到滿意的服務。

☑ 我們提供專人諮詢互動，
　更能時時掌握考訊及優惠活動！

桃園捷運公司新進職員招考

壹 應考資格

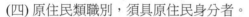
(一) 國籍：具有中華民國國籍者，且不得兼具外國國籍。不限年齡。

(二) 招募人員體格須符合簡章要求。

(三) 國內外高中(職)以上學校畢業，並已取得畢業證書者即可報名。

(四) 原住民類職別，須具原住民身分者。

(五) 身心障礙類職別，須領有舊制身心障礙手冊或新制身心障礙證明者。

貳 應試資訊

(一) 筆試 (50%)：共同科目佔第一試(筆試)成績 40%、專業科目佔第一試(筆試)成績 60%。其中一科目零分或缺考者，不得參加第二試(口試)。

(二) 口試 (50%)：口試成績以 100 分計，並依與工作相關之構面及當日繳交各項資料進行綜合評分(職涯發展測驗成績不列入口試成績計算)。

(三) 共同科目：1.國文、2.英文、3.邏輯分析

(四) 專業科目：

類組	專業科目
技術員(維修機械類)	機械概論
技術員(維修電機類)	電機概論
技術員(維修電子類)	電子概論
技術員(維修軌道類)	機械工程
技術員(維修土木類)	土木概論
司機員(運務車務類)	大眾捷運概論

類組	專業科目
站務員(運務站務類)	大眾捷運概論
工程員(運務票務類)B103	1.程式語言 2.資料庫應用(50%)
工程員(運務票務類)B104	1.網路概論(50%) 2.Linux作業系統(50%)
助理工程員(運務票務類)	大眾捷運概論
助理工程員(企劃資訊)	1.計算機概論(50%) 2.程式設計(50%)
副管理師(會計類)	1.內部控制之理論與實務 2.會計審計法規與實務
副管理師(人力資源類)	1.人力資源管理實務 2.勞工法令與實務
技術員(運務票務類)	電子學概要

詳細資訊以正式簡章為準

歡迎至千華官網(http://www.chienhua.com.tw/)查詢最新考情資訊

千華數位文化股份有限公司
新北市中和區中山路三段136巷10弄17號
TEL: 02-22289070　FAX: 02-22289076

目次

第1部分　國文

第2部分　英文

第3部分　邏輯分析（數理邏輯）

第4部分　歷屆試題及解析

國文

英文

邏輯分析（數理邏輯）

最強捷運三合一，一本搞定！

本書針對捷運招考所設計。目前臺北捷運、高雄捷運、桃園捷運，除了國文、英文及專業科目外，還需通過邏輯分析（數理邏輯）一關才可上榜。三種考試的名稱略有不同，臺北捷運考科名稱為數理邏輯；高雄、桃園捷運則為邏輯分析。而每次捷運招考公告與實際考試日期，往往不到一個月，讀書時間非常的短暫。因此，為了因應不同的考試需求，與大幅縮短準備時間，本書使用系統式的整合方式，將各項考科的內容統整，以精華方式呈現，力求讓你在最短時間內得到考取高分的能力。

一 國文

國文一科既為必考之共同科目，其成績對考試結果有著舉足輕重的影響。然而範圍既廣，準備起來又十分不容易，往往望而興嘆，不知從何下手，轉而將重心放在專業科目，錯失大好得分機會。要在短時間內變成國文高手的確不太可能，但目標只在取得高分的話，只要掌握關鍵，亦非不可能的任務。本書特別針對困難，利用考前時間抓住最重點速讀，以求在短時間內盡力爭取高分。

二 英文

英文單字與片語所表達的中文含意常不只一種，不可只背其中文解釋，這種背法既費時又容易忘，但如果能多讀幾遍例句，則其含意自然可從上下文中理解，此時，所學會的就不只是單字、片語，而是一句有意義的話。

文法有如房屋的鋼架樑柱，不可因其較枯燥而忽略之，否則英文的學習永遠不能進到讀和寫的階段。

三 邏輯分析（數理邏輯）

「邏輯分析（數理邏輯）」是近年來非常熱門的測驗考試，不需考慮背景，即可篩選受試者邏輯推理的能力及速度。

所謂邏輯，在職場上來說，攸關其處理事情的速度與效率。因此機關任用人才，在不了解背景的情形下，先以數理邏輯判斷所屬職缺是否適才、適性、適任，乃為必然。故而數理邏輯，不但是預備軍官、專業軍官、志願士兵必考科目，在郵政、銀行、國民營事業及各種機關招募的測驗中，它往往占有舉足輕重的地位。

一般而言，邏輯分析（數理邏輯）的題型可分成：

(一)**數字為主的數學邏輯測驗**：測量邏輯抽象思考、機械能力、計算能力以及空間概念。

(二)**文字為主的語文邏輯測驗**：測量視知覺的速度、確度、短期記憶、視覺記憶廣度以及測量文字語句的領悟力、記憶力、觀察力。

出題方式偏重何者，端看測試機關的需求，沒辦法用速成的方式準備。更有甚者，並不只是答對就好，還要力求效率。受試者往往需要在短時間內面對大量的題目。常見的測試法是在短時間內，給100～120題甚至更多的題目，一併測試人員的耐心、抗壓性。答題不僅要答對，還要答得快。

其實準備「邏輯分析（數理邏輯）」只要掌握訣竅，要取得高分非常容易！只要先參考例題的解析，再依樣畫葫蘆地試著練習解其他的題目，大量做各類型的習題，熟悉這類考題的思路模式與破題方法，對於不易理解的題型，再參照解析，常常會發現「啊，這個題目根本是騙人的」，如此能力便會往上提升。絕大多數「邏輯分析（數理邏輯）」的題目，說破了都非常簡單，只是在答案前面拐了幾個彎，欺騙受試者眼睛的錯覺與思考盲點，引誘作答者去選不正確的答案。其實「邏輯分析（數理邏輯）」沒有別的祕訣，就是多加練習，反覆熟作，即使不能舉一反三，也能見招拆招！

千華祝您 **金榜題名！**

第1部分

國文

第一章　常考音讀辨正

老師叮嚀

　　教育部於民國 101 年 12 月 12 日公告《國語一字多音審訂表》初稿，部分字音從俗，例如：牛「仔」褲，原字音為ㄗˇ，現改為ㄗㄞˇ；學富五「車」，由ㄐㄩ改為ㄔㄜ。因字音不時修改，務請讀者留意國語推行委員會之訊息（http://www.edu.tw/mandr/）或到教育部重編國語辭典修訂本的網站查詢正確字音（http://dict.revised.moe.edu.tw/index.html）。尚有爭議之字音應不至入題，讀者不需驚慌，只要熟記本章內容，可收高分之甜美果實。

ㄅ

1. 占卜ㄅㄨˇ 算命
2. 圖窮匕ㄅㄧˇ 見ㄒㄧㄢˋ
3. 朋比ㄅㄧˋ 為奸
4. 包庇ㄅㄧˋ 惡人
5. 扳ㄅㄢ 不倒
6. 如喪考妣ㄅㄧˇ
7. 法家拂ㄅㄧˋ 士
8. 甭ㄅㄥˊ 說了
9. 懲前毖ㄅㄧˋ 後
10. 悖ㄅㄟˋ 禮犯義
11. 窆ㄅㄧㄢˇ 不臨其穴
12. 水花迸ㄅㄥˋ 濺
13. 針砭ㄅㄧㄢ 批評

ㄆ

1. 前仆ㄆㄨ 後繼
2. 世風丕ㄆㄧ 變
3. 居心叵ㄆㄛˇ 測
4. 仳ㄆㄧˇ 離
5. 牝ㄆㄧㄣˋ 雞司晨
6. 臧否ㄆㄧˇ 人物
7. 一抔ㄆㄡˊ 土
8. 刨ㄆㄠˊ / ㄅㄠˋ 木頭
9. 越俎代庖ㄆㄠˊ
10. 怦ㄆㄥ 然心動
11. 大力抨ㄆㄥ 擊
12. 如法炮ㄆㄠˊ 製
13. 大腹便ㄆㄧㄢˊ 便ㄆㄧㄢˊ

ㄇ

1. 寅吃卯ㄇㄠˇ糧
2. 攘袂ㄇㄟˋ相對
3. 得其三昧ㄇㄟˋ
4. 敉ㄇㄧˇ平動亂
5. 分娩ㄇㄧㄢˇ
6. 秣ㄇㄛˋ馬厲兵
7. 故態復萌ㄇㄥˊ
8. 臨摹ㄇㄛˊ碑帖
9. 靦ㄇㄧㄢˇ腆

ㄈ

1. 揚湯止沸ㄈㄟˋ
2. 狒ㄈㄟˋ狒
3. 訃ㄈㄨˋ聞
4. 枹ㄈㄨˊ鼓相應
5. 纏綿悱ㄈㄟˇ惻
6. 治絲益棼ㄈㄣˊ

ㄉ

1. 絮絮叨ㄉㄠ叨ㄉㄠ
2. 佃ㄉㄧㄢˋ農
3. 兌ㄉㄨㄟˋ換外幣
4. 跌宕ㄉㄤˋ起伏
5. 咄ㄉㄨㄛ咄逼人
6. 無的ㄉㄧˋ放矢
7. 度ㄉㄨㄛˊ長絜ㄒㄧㄝˊ大
8. 若堤ㄉㄧˊ若穴
9. 玷ㄉㄧㄢˋ汙
10. 虎視眈ㄉㄢ眈
11. 老聃ㄉㄢ
12. 殫ㄉㄢ精竭慮

ㄊ

1. 岸芷汀ㄊㄧㄥ蘭
2. 坍ㄊㄢ塌
3. 囤ㄊㄨㄣˊ積居奇
4. 忐ㄊㄢˇ忑ㄊㄜˋ不安
5. 無忝ㄊㄧㄢˇ所生
6. 紛至沓ㄊㄚˋ來
7. 浪費公帑ㄊㄤˇ
8. 恬ㄊㄧㄢˊ不知恥
9. 暴殄ㄊㄧㄢˇ天物
10. 千里迢ㄊㄧㄠˊ迢
11. 風流倜ㄊㄧˋ儻ㄊㄤˇ
12. 痌ㄊㄨㄥ瘝ㄍㄨㄢ在抱

ㄋ

1. 忸ㄋㄡˇ 怩不安
2. 奸佞ㄋㄥˋ
3. 信手拈ㄋㄢˊ 來
4. 呶ㄋㄠˊ 呶不休
5. 奉為圭臬ㄋㄧㄝˋ
6. 掉入泥淖ㄋㄠˋ
7. 剛毅木訥ㄋㄜˋ
8. 羞赧ㄋㄢˇ

ㄌ

1. 肋ㄌㄜˋ 骨
2. 泠ㄌㄧㄥˊ 泠作響
3. 沴ㄌㄧˋ 氣
4. 身陷囹ㄌㄧㄥˊ 圄ㄩˇ
5. 暴戾ㄌㄧˋ 之氣
6. 貪婪ㄌㄢˊ
7. 轉捩ㄌㄧㄝˋ 點
8. 風聲鶴唳ㄌㄧˋ
9. 山嵐ㄌㄢˊ
10. 誄ㄌㄟˇ 文
11. 獲得青睞ㄌㄞˋ

ㄍ

1. 綿亙ㄍㄣˋ 千里
2. 汩ㄍㄨˇ 沒人性
3. 宵衣旰ㄍㄢˋ 食
4. 雞皮疙ㄍㄜ 瘩ㄉㄚ˙
5. 到處軋ㄍㄚˊ 戲
6. 三折肱ㄍㄨㄥ 成良醫
7. 藏垢ㄍㄡˋ 納汙
8. 皈ㄍㄨㄟ 依佛教
9. 袞ㄍㄨㄣˇ 袞諸公
10. 桎梏ㄍㄨˋ
11. 聒ㄍㄨㄛ 噪不安

ㄎ

1. 不卑不 亢ㄎㄤ
2. 佝ㄎㄡ 僂著背
3. 身世坎 坷ㄎㄜ
4. 孜孜 矻ㄎㄨ 矻
5. 恪ㄎㄜ 守校規
6. 南 柯ㄎㄜ 一夢
7. 戎馬 倥ㄎㄨㄥ 傯ㄗㄨㄥ
8. 紈 袴ㄎㄨ 子弟
9. 披 盔ㄎㄨㄟ 帶甲
10. 玩日 愒ㄎㄞ 歲
11. 喟ㄎㄨㄟ 然而嘆

ㄏ

1. 扞ㄏㄢ 格不入
2. 沆ㄏㄤ 瀣ㄒㄧㄝ 一氣
3. 病入膏 肓ㄏㄨㄤ
4. 引 吭ㄏㄤ 高歌
5. 繪ㄏㄨㄟ 聲繪影
6. 失 怙ㄏㄨ
7. 邯ㄏㄢ 鄲學步
8. 呵ㄏㄜ 護有加
9. 昊ㄏㄠ 天罔極
10. 戽ㄏㄨ 斗
11. 哄ㄏㄨㄥ 抬物價
12. 連 哄ㄏㄨㄥ 帶騙
13. 回 紇ㄏㄜ
14. 起內 訌ㄏㄨㄥ
15. 以 笏ㄏㄨ 擊賊

ㄐ

1. 乩ㄐㄧ 童作法
2. 針 灸ㄐㄧㄡ
3. 含英 咀ㄐㄨ 華
4. 佶ㄐㄧ 屈聱牙
5. 咎ㄐㄧㄡ 由自取
6. 狙ㄐㄩ 擊
7. 手頭 拮ㄐㄧㄝ 据ㄐㄩ
8. 迥ㄐㄩㄥ 然不同
9. 訐ㄐㄧㄝ 人之短
10. 木 屐ㄐㄧ
11. 前 倨ㄐㄩ 後恭
12. 及 笄ㄐㄧ 之年
13. 不 脛ㄐㄧㄥ 而走
14. 馬 廄ㄐㄧㄡ
15. 湔ㄐㄧㄢ 雪罪名
16. 大放 厥ㄐㄩㄝ 詞
17. 披荊斬 棘ㄐㄧ
18. 草 菅ㄐㄧㄢ 人命

ㄑ

1. 沁ㄑㄧㄣˋ 人心脾
2. 沏ㄑㄧ 茶
3. 杞ㄑㄧˇ 人憂天
4. 劬ㄑㄩˊ 勞
5. 迄ㄑㄧˋ 無音信
6. 穹ㄑㄩㄥˊ 蒼
7. 戕ㄑㄧㄤ 害身心
8. 祛ㄑㄩ 除疑慮
9. 雕欄玉砌ㄑㄧˋ
10. 打情罵俏ㄑㄧㄠˋ
11. 怙惡不悛ㄑㄩㄢ
12. 銀貨兩訖ㄑㄧˋ
13. 提綱挈ㄑㄧㄝˋ 領
14. 耆ㄑㄧˊ 老之年
15. 旋乾ㄑㄧㄢˊ 轉坤
16. 蛆ㄑㄩ 蟲
17. 逡ㄑㄩㄣ 巡不前

ㄒ

1. 長吁ㄒㄩ 短嘆
2. 睡眼惺ㄒㄧㄥ忪ㄙㄨㄥ
3. 盱ㄒㄩ 衡
4. 枵ㄒㄧㄠ 腹從公
5. 栩ㄒㄩˇ 栩如生
6. 垂涎ㄒㄧㄢˊ 三尺
7. 酗ㄒㄩˋ 酒
8. 勖ㄒㄩˋ 勉有加
9. 梟ㄒㄧㄠ 雄
10. 履舄ㄒㄧˋ 交錯
11. 自詡ㄒㄩˇ
12. 棄瑕ㄒㄧㄚˊ 錄用
13. 視如敝屣ㄒㄧˇ
14. 巫覡ㄒㄧˊ
15. 以相頡ㄒㄧㄝˊ 頏ㄏㄤˊ
16. 詼諧ㄒㄧㄝˊ 幽默

ㄓ

1. 不恁ㄓˋ 不求	8. 炙ㄓˋ 手可熱	15. 不分畛ㄓㄣˇ 域
2. 真知灼ㄓㄨㄛˊ 見	9. 咫ㄓˇ 尺天涯	16. 殺人不眨ㄓㄚˇ 眼
3. 變生肘ㄓㄡˇ 腋	10. 斫ㄓㄨㄛˊ 輪老手	17. 惴ㄓㄨㄟˋ 惴不安
4. 自出機杼ㄓㄨˋ	11. 炎黃世冑ㄓㄡˋ	18. 人渣ㄓㄚ
5. 卷帙ㄓˋ 浩繁	12. 叱吒ㄓㄚˋ 風雲	19. 技術精湛ㄓㄢˋ
6. 身無長ㄓㄤˋ 物	13. 砧ㄓㄣ 板	20. 桂棹ㄓㄠˋ 蘭槳
7. 妯ㄓㄡˊ 娌不合	14. 嘔啞嘲哳ㄓㄚ	21. 狗彘ㄓˋ 不如

ㄔ

1. 命運多舛ㄔㄨㄢˇ	7. 為虎作倀ㄔㄤ	13. 風馳電掣ㄔㄜˋ
2. 憂心忡ㄔㄨㄥ 忡	8. 敕ㄔˋ 令	14. 愴ㄔㄨㄤˋ 然淚下
3. 怵ㄔㄨˋ 目驚心	9. 鞭笞ㄔ	15. 椿ㄔㄨㄣ 萱並茂
4. 天崩地坼ㄔㄜˋ	10. 左支右絀ㄔㄨˋ	16. 大筆如椽ㄔㄨㄢˊ
5. 流血漂杵ㄔㄨˇ	11. 荊釵ㄔㄞ 布裙	17. 嗤ㄔ 之以鼻
6. 名山古剎ㄔㄚ	12. 揣ㄔㄨㄞˇ 度	

ㄕ

1. 戍ㄕㄨˋ 邊守疆	5. 疝ㄕㄢˋ 氣	9. 消防栓ㄕㄨㄢ
2. 媒妁ㄕㄨㄛˋ 之言	6. 拴ㄕㄨㄢ 馬	10. 舐ㄕˋ 犢情深
3. 魯魚亥豕ㄕˇ	7. 哂ㄕㄣˇ 笑	11. 動如參ㄕㄣ 商
4. 吮ㄕㄨㄣˇ 吸	8. 與人搭訕ㄕㄢˋ	

ㄖ

1. 冗ㄖㄨㄥˇ員充斥
2. 毛茸ㄖㄨㄥˊ茸
3. 色厲內荏ㄖㄣˇ
4. 蚊蚋ㄖㄨㄟˋ成群
5. 熟稔ㄖㄣˇ
6. 姿態妖嬈ㄖㄠˊ

ㄗ

1. 令人咋ㄗㄜˊ舌
2. 蕞ㄗㄨㄟˋ爾小國
3. 繞樹三匝ㄗㄚ
4. 大言不怍ㄗㄨㄛˋ
5. 國祚ㄗㄨㄛˋ短暫
6. 咱ㄗㄢˊ們
7. 折衝尊俎ㄗㄨˇ
8. 恣ㄗˋ意妄為

ㄘ

1. 帝王崩殂ㄘㄨˊ
2. 厝ㄘㄨㄛˋ火積薪
3. 淬ㄘㄨㄟˋ礪
4. 吹毛求疵ㄘ
5. 猝ㄘㄨˋ不及防
6. 篡ㄘㄨㄢˋ位稱帝

ㄙ

1. 五卅ㄙㄚˋ慘案
2. 虎兕ㄙˋ出柙ㄒㄧㄚˊ
3. 婆娑ㄙㄨㄛ起舞
4. 鬼鬼祟祟ㄙㄨㄟˋ
5. 腹笥ㄙˋ便便
6. 滄海一粟ㄙㄨˋ
7. 饔飧ㄙㄨㄣ不繼

一

1. 巡弋ㄧˋ飛彈
2. 么ㄠ妹
3. 刈ㄧˋ割
4. 圯ㄧˊ上老人
5. 屹ㄧˋ立不搖
6. 棄甲曳ㄧˋ兵
7. 怏ㄧㄤˋ然不悅
8. 泱ㄧㄤ泱大國
9. 杳ㄧㄠˇ無音信
10. 人事傾軋ㄧㄚˋ
11. 寬宥ㄧㄡˋ
12. 無垠ㄧㄣˊ無涯
13. 迤ㄧˇ邐ㄌㄧˇ
14. 窈ㄧㄠˇ窕ㄊㄧㄠˇ淑女
15. 郾ㄧㄢˇ書燕說
16. 良莠ㄧㄡˇ不齊
17. 風行草偃ㄧㄢˇ

ㄨ

1. 文ㄨㄣˋ過飾非
2. 剜ㄨㄢ肉補瘡
3. 運籌帷幄ㄨㄛˋ
4. 女媧ㄨㄚ補天
5. 瘟ㄨㄣ神
6. 鮪ㄨㄟˇ魚罐頭
7. 趨之若鶩ㄨˋ
8. 齷ㄨㄛˋ齪ㄔㄨㄛˋ
9. 斡ㄨㄛˋ旋

ㄩ

1. 佣ㄩㄥ金
2. 須臾ㄩˊ
3. 宮廷苑ㄩㄢˋ囿
4. 始作俑ㄩㄥˇ者
5. 濫竽ㄩˊ充數
6. 負嵎ㄩˊ頑抗
7. 面有慍ㄩㄣˋ色
8. 巨星隕ㄩㄣˇ落
9. 傴ㄩˇ僂提攜
10. 鍾靈毓ㄩˋ秀

ㄜ

1. 倒持泰阿ㄜ
2. 沉痾ㄜ 難起
3. 以訛ㄜˊ 傳訛

ㄞ

1. 心胸狹隘ㄞˋ
2. 皚ㄞˊ 皚白雪
3. 暮靄ㄞˇ

ㄠ

1. 拗ㄠˋ 口
2. 鏖ㄠˊ 戰數回
3. 獨佔鰲ㄠˊ 頭

ㄡ

1. 嘔ㄡˇ 心瀝血
2. 謳ㄡ 歌頌讚
3. 蒸漚ㄡˋ 歷瀾

☑ 常見錯別字辨正

正確	錯誤	正確	錯誤
一「塌」糊塗	「榻」	不理不「睬」	「採」
一「瀉」千里	「洩」	不落「窠」臼	「巢」
一丘之「貉」	「駱」	不「遑」枚舉	「惶」
一「樁」大事	「椿」	入「殮」儀式	「歛」
一「蹶」不振	「厥」	九「霄」雲外	「宵」
一窩「蜂」	「瘋」	刀「鋸」鼎鑊	「踞」
一柱「擎」天	「驚」	口「蜜」腹劍	「密」
一見「鍾」情	「鐘」	大「快」朵頤	「塊」
一語成「讖」	「懺」	「孑」然一身	「子」
一盒「蠟」筆	「臘」	大相「逕」庭	「經」
入「木」三分	「目」	小心「翼翼」	「奕奕」
人心「叵」測	「巨」	口「誅」筆伐	「株」
人謀不「臧」	「贓」	大專「肄」業	「肆」
不「恥」下問	「齒」	五光十「色」	「射」
光陰似「箭」 （102 移民四等）	「劍」	莫「名」其妙 （102 移民四等）	「明」
水火不「容」	「融」	切磋「琢」磨	「啄」
不「脛」而走	「徑」	方興未「艾」	「爻」
天賜「遐」齡	「瑕」	中流「砥」柱	「抵」
反「璞」歸真	「樸」	「趴」在地上	「扒」
文過「飾」非	「是」	田園荒「蕪」	「廡」
文壇巨「擘」	「檗」	打「瞌」睡	「磕」
中西合「璧」	「壁」	「患」得「患」失	「犯」 「犯」
分崩離「析」	「折」		

正確	錯誤	正確	錯誤
「戍」邊守疆	「戌」	功虧一「簣」	「簀」
地「坼」天崩	「拆」	「茅」塞頓開	「矛」
自出機「杼」	「抒」	充滿「魅」力	「媚」
老奸巨「猾」	「滑」	叱「咤」風雲	「姹」
名「副」其實	「幅」	生死不「渝」	「逾」
名「符」其實	「幅」	出「爾」反「爾」	「耳」「耳」
妄加揣「摩」	「磨」	「叼」著香煙	「叨」
「形」銷骨立	「行」	冬「烘」先生	「哄」
如法「炮」製	「泡」	生性貪「婪」	「梵」
分道揚「鑣」	「彪」	出類拔「萃」	「翠」
文采「斐」然	「裴」	令人「嚮」往	「響」
毛骨「悚」然	「聳」	令人「咋」舌	「怍」
不容置「喙」	「啄」	打躬作「揖」	「楫」
不可小「覷」	「覰」	鉅細「靡」遺	「糜」
勾魂「攝」魄	「懾」	身體「羸」弱	「贏」
手頭拮「据」	「倨」	每況「愈」下	「俞」
「刁」蠻狡詐	「叼」	美輪美「奐」	「煥」
目光如「炬」	「鉅」	含「飴」弄孫	「貽」
奴顏「婢」膝	「卑」	「炙」手可熱	「灸」
左支右「絀」	「拙」	身材魁「梧」	「武」
以偏「概」全	「蓋」	「沽」名釣譽	「估」
以鄰爲「壑」	「谿」	車「載」斗量	「戴」
未雨綢「繆」	「謬」	孜孜「矻矻」	「屹屹」
囚首「垢」面	「逅」		

正確	錯誤
良「莠」不齊	「秀」
言簡意「賅」	「該」
「屹」立不搖	「迄」
「杳」如黃鶴	「杏」
「拈」花惹草	「佔」
「皈」依佛教	「扳」
技術精「湛」	「戡」
忸「怩」不安	「倪」
吹毛求「疵」	「雌」
巡「弋」飛彈	「戈」
利慾「薰」心	「燻」
投筆從「戎」	「戒」
步履蹣「跚」	「姍」
「咄咄」逼人	「拙拙」
虎視「眈眈」	「耽耽」
「殃」及池魚	「泱」
「倚」老賣老	「依」
「頑」皮成性	「玩」
按「部」就班	「步」
始作「俑」者	「蛹」
「故」步自封	「固」
明察秋「毫」	「豪」
味同嚼「蠟」	「臘」
奉為圭「臬」	「皋」
河清海「晏」	「宴」

正確	錯誤
和「藹」可親	「靄」
「玷」辱婦女	「沾」
披星「戴」月	「載」
金榜「題」名	「提」
怙惡不「悛」	「俊」
「枵」腹從公	「拐」
法網「恢恢」	「灰灰」
阿「諛」諂媚	「腴」
官運「亨」通	「享」
「怦」然心動	「抨」
剛「愎」自用	「復」
海市「蜃」樓	「唇」
拳拳服「膺」	「應」
俯首「帖」耳	「貼」
恕不「賒」帳	「佘」
「比比」皆是	「彼彼」
針「灸」療法	「炙」
胼手「胝」足	「砥」
「鋌」而走險	「挺」
「陡」然下降	「蚪」
破「釜」沉舟	「斧」
「迄」未完成	「訖」
「哄」堂大笑	「烘」
消防「栓」	「拴」
個性「倔」強	「崛」

第二章　成語集粹

成語	釋義
1. 門可羅雀	形容做官的人從擁有權勢到離開政治中心後門庭冷落、賓客稀少的景況。
2. 一丘之貉	比喻彼此同樣低劣，並無差異。
3. 美輪美奐	形容房屋裝飾得極為華美。
4. 鞠躬盡瘁ㄘㄨㄟ	盡力國事。
5. 白駒過隙	比喻時間飛逝。
6. 上行下效	在上位的人怎麼做，下面的人就起而效法。
7. 尸位素餐	占著職位領取俸祿而不做事；反義 枵腹從公：餓著肚子辦理公務。形容不顧己身，忙碌於公事。
8. 相形見絀ㄔㄨ	兩相比較而自覺不如，比不上。
9. 如沐春風	如同沐浴在春風之中，和暖舒暢。比喻遇到良師誠摯教誨的感受。
10. 四面楚歌	比喻所處環境艱難困頓，危急無援。
11. 光風霽ㄐㄧ月	原指雨過天晴後的明淨景象。後比喻政治清明，時世太平的局面。後亦以比喻人的胸懷坦蕩，品格高潔。
12. 色厲內荏ㄖㄣ	外表剛強嚴厲而內心軟弱。
13. 吮癰舐痔	比喻諂媚之徒逢迎巴結權貴的卑鄙行為。

成語	釋義
14. 防微杜漸	防備禍患的萌芽，杜絕亂源的開端。謂防患於未然。
15. 垂涎(ㄒㄢˊ)三尺	形容非常貪吃的樣子，或看見別人的東西想據為己有。
16. 魚遊釜中	比喻身處險境，危在旦夕。
17. 養尊處優	過著尊貴優裕的生活。
18. 咎由自取	罪有應得。
19. 業紹陶朱	用於祝賀人商店開業的賀辭。
20. 床頭金盡	錢財耗盡而陷於貧困。
21. 不分軒輊	分不出高下。
22. 兔死狗烹	比喻事成之後，出過力的人即遭到殺戮或拋棄。
23. 閒雲野鶴	比喻來去自如，無所羈絆的人。
24. 剛愎(ㄅㄧˋ)自用	性情倔強，固執己見。
25. 前倨(ㄐㄩ)後恭	先前傲慢無禮，後又謙卑恭敬，比喻待人勢利。
26. 邯鄲(ㄉㄢ)學步	一味模仿他人，沒有學成，反而失卻自己本來面目。
27. 獨占鰲(ㄠˊ)頭	本指中狀元，現多稱在競賽中獲得第一名。
28. 簞(ㄉㄢ)瓢(ㄆㄧㄠˊ)屢空	指生活極為貧窮，缺乏食物。
29. 罄(ㄑㄧㄥˋ)竹難書	罪狀很多，只能用於形容壞的事情。
30. 玩日愒(ㄎㄞˋ)歲	怠惰貪閒，浪費光陰。

成　語	釋　義
31. 汗牛充棟	形容書籍極多。
32. 投鼠忌器	比喻做事有所顧忌，不敢下手。
33. 叱ㄔˋ吒ㄓㄚˋ風雲	形容英雄人物足以左右世局的威風氣概。
34. 人心叵ㄆㄛˇ測	人心難測。
35. 克紹箕ㄐㄧ裘	比喻一個人能繼承父親的志業。
36. 視民如傷	指看待人民如同面對傷患，唯恐有所驚擾。形容在上位者對人民愛護之深。
37. 固若金湯	比喻防守嚴密，無懈可擊。
38. 相濡以沫	泉水乾涸，魚兒以口沫互相潤溼。比喻人同處於困境，而互相以微力救助。
39. 披星戴月	形容早出晚歸，旅途勞累。
40. 功不唐捐	形容功夫沒有白費。
41. 哀矜ㄐㄧㄣ勿喜	通常用來表示審判時應抱著哀憐民情的態度。
42. 雪泥鴻爪	鴻雁踏過雪地遺留的爪痕。比喻往事所遺留的痕跡。
43. 孜ㄗ孜矻ㄨˋ矻	勤勉不懈。
44. 阮囊羞澀	稱自己貧困窘乏，一無所有。
45. 櫛風沐雨	以風梳髮，以雨沐浴。比喻在外奔走，極為辛勞。
46. 面面相覷ㄑㄩˋ	互相對視而不知所措。形容驚懼或詫異的樣子。

成　語	釋　義
47. 暴殄ㄊㄧㄢˇ天物	糟蹋物質。
48. 摩頂放ㄈㄤˋ踵	比喻捨身救世，為大眾的事奔走勞苦。
49. 宵衣旰ㄍㄢˋ食	指勤於政事。
50. 曲突徙ㄒㄧˇ薪	勸人要防患未然。
51. 當頭棒喝ㄏㄜˋ	用以比喻使人立即醒悟的警示。
52. 海市蜃ㄕㄣˋ樓	喻繁華而虛幻不實的東西。
53. 牝ㄆㄧㄣˋ雞司晨	婦人專權。
54. 匠心獨運	運用精巧高妙的創作構想與心思。
55. 甑ㄗㄥˋ塵釜魚	家境貧困，三餐難繼。
56. 疾風勁草	比喻君子處亂世仍不改其節操。
57. 以蠡ㄌㄧˊ測海	用舀水的瓢來測量大海的水。比喻見聞短小淺陋。
58. 腰纏萬貫	比喻財富之多。
69. 窮兵黷ㄉㄨˊ武	形容好戰不倦，盡其兵力，甚至時常出兵侵略別國。
60. 穿鑿ㄗㄠˊ附會	形容義理上不通，多方曲解，隨便牽合。

第三章　字、詞與句子

(一)字

書寫或說話時的最基本單位。有時候，一個字就有一個意義，例如：
「天」、「地」、「父」、「母」。

(二)詞

1. 詞：凡是一個字，以及兩個或兩個以上的字，能代表一個意義的，就叫詞。例如：「葡萄」。

2. **複詞的種類：**

雙聲複詞	上下兩個字的**聲母**相同。例：「彷彿」、「參差」。
疊韻複詞	上下兩個字的**韻母**相同。例：「荒唐」、「徬徨」。
疊字複詞	就是古人所謂的「重言」。例：「蓼蓼」者莪、「漸漸」、「輕輕」。
同音複詞	上下兩個字的**聲母與韻母**相同。例：「意義」。
同義複詞	上下兩字的**意義相同**。例：「安置」。
偏義複詞	**上下兩字的意義相反，但只取其中一義。**例：忘路之「遠近」（只取「遠」）。「忘記」（只取「忘」）。不宜「異同」（只取「異」）。

(三)詞的種類

詞可分為「實詞」和「虛詞」兩大類：凡本身能表示一種概念的，是實詞；凡本身不能表示一種概念，但可成為語言結構，或表示語氣和情緒的，是虛詞。實詞的分類，以概念的種類為根據；虛詞的分類，以在句子中的作用為根據。

1. **實詞─可分為以下五類：**
   (1) **名詞**：凡是實物的名稱，或哲學、科學所創的名稱，都是名詞。例如：天、地、桌、椅、政治、經濟、規律、定理、硫酸、能量等。
   (2) **形容詞**：凡是表示實物性質的詞，也就是用來修飾名詞的詞，都是形容詞。例如：紅、藍、大、小、貧、富、聰明、愚笨、光明、黑暗等。
   (3) **動詞**：凡是描述行為或事件的詞，都是動詞。例如：說、寫、跑、跳、吃、喝、愛、惡、等待、忍耐等。
   (4) **副詞（或稱限制詞）**：凡是用來表示形容詞或動詞的程度、範圍、時間、可能性等，而不能單獨指稱實物、實事或實情的詞，都是副詞。例如：很、最、稍、僅、先、後、不、勿、也許、必須等。
   (5) **代詞（代名詞，或稱指稱詞、稱代詞）**：凡是指稱或代稱人、事、物的詞，都是代詞。例如：你、我、他、誰、這、那、具、之、什麼、怎麼等。

2. **虛詞─可分為以下四類：**

   介詞　凡是把名詞或代詞介紹給形容詞或動詞，而發生聯絡關係的詞，都是介詞。例如：在、向、因、用、從等。

   連詞　凡是用來連接兩個或兩個以上同種類的詞或句子的詞，都是連詞。例如：和、跟、與、同、及、又、但等。

   助詞　凡是用來表示說話時的各種語氣的詞，都是助詞。例如：蓋、夫、寧、嗎、呢等。

   嘆詞　凡是用來表示說話時的各種情緒的詞，都是嘆詞。例如：啊、噫、唉、哼、嗟乎、嗚呼等。

以上介詞和連詞合稱為「關係詞」，助詞和嘆詞合稱為「語氣詞」。

(四)句子的種類

　　將兩個以上的詞加以排列,而能表達一個完整意思的,叫做「句子」。
例如:把「鳥」和「飛」兩個詞加以排列,可以有「鳥飛」和「飛鳥」
兩個形式。「鳥飛」的意思已經完整,所以是句子;至於「飛鳥」的意
思並不完整,必須要說「飛鳥在天上」,或是「那是一隻飛鳥」,意思
才完整,因此「飛鳥」就不是句子了。

句子可以分為四種:

> **敘事句:** 敘說一件事情的句子。它是以一個動詞做中心,這動詞稱為
> 　　　　「述語」,發起動作行為的人或物,稱為「主語」,接受這
> 　　　　動作行為的人或物,稱為「賓語」。

> 基本句型是:**主語—述語—賓語**
> 例如:「我讀古今中外的歷史。」(孫文・立志做大事)
> 　　　「我」是主語,「讀」是述語,「古今中外的歷史」是賓語。

> **有無句:** 表明事物有無的句子。它的句型和敘事句相同,但是述語一
> 　　　　定是「有」或「無」。

> 基本句型是:**主語—述語(限用「有」、「無」)—賓語**
> 例如:「宅邊有五柳樹。」(陶淵明・五柳先生傳)
> 　　　「宅邊」是主語,「有」是述語,「五柳樹」是賓語。

表態句： 描述事物的性質或狀態的句子。它沒有作述語用的動詞，所記述的事物稱為「主語」，用來描述主語的性質或狀態的詞語稱為「謂語」；謂語通常是形容詞或形容詞化的動詞。

基本句型是：**主語—謂語**

例如：「山川壯麗。」（戴傳賢‧國旗歌歌詞）

　　　「山川」是主語，「壯麗」是謂語。

判斷句： 解釋事物的涵義，或判斷事物同異的句子。它是以一個繫詞（白話文用「是」，文言文用「乃」、「為」、「即」等）做中心，來連接主語與謂語。它沒有動詞做述語，也不用形容詞或形容詞化的動詞做謂語，它的謂語一定是名詞或代詞。

基本句型是：**主語—繫詞—謂語**

例如：「我們是一列樹。」（張曉風‧行道樹）

　　　「我們」是主語，「是」是繫詞，「一列樹」是謂語。

第四章　文學流變─文體簡介

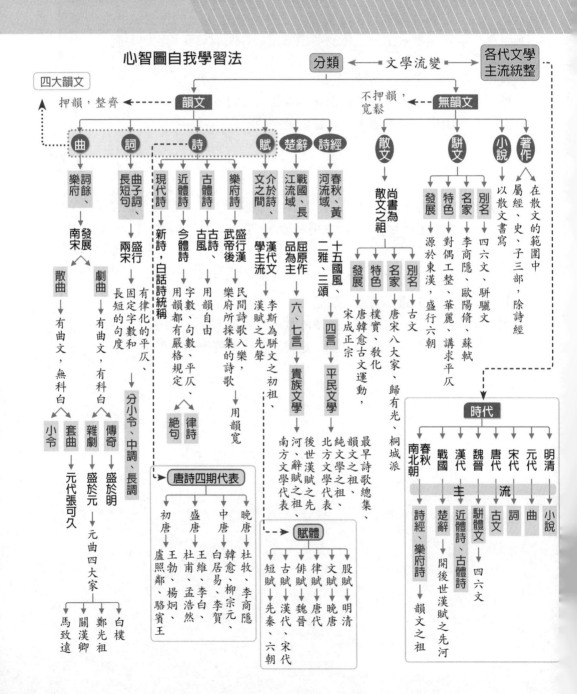

心智圖自我學習法

分類 ◄─► 文學流變 ─► 各代文學主流統整

四大韻文

押韻，整齊 ◄─ 韻文　　　不押韻，寬鬆 ◄─ 無韻文

曲　詞　詩　賦　楚辭　詩經　　散文　駢文　小說　著作

曲
樂府餘 → 發展 → 散曲 → 有曲文，無科白 → 小令／套曲 → 元代張可久

劇曲 → 有曲文，有科白 → 雜劇 → 盛於元 → 元曲四大家 → 馬致遠／關漢卿／鄭光祖／白樸

傳奇 → 盛於明

詞
長短句、南宋 → 兩宋盛行 → 固定的句度和長短的句度 → 分小令、中調、長調

詩
現代詩 → 新詩，白話詩統稱

近體詩 → 今體詩 → 有律化的平仄、字數、句數、平仄、用韻都有嚴格規定 → 絕句／律詩

古體詩 → 古詩、古風 → 用韻自由

樂府詩 → 武帝後、盛行漢 → 民間詩歌入樂，樂府所採集的詩歌 → 用韻寬

唐詩四期代表
初唐：王勃、楊炯、駱賓王、盧照鄰
盛唐：王維、李白、孟浩然、杜甫
中唐：韓愈、柳宗元、白居易、李賀
晚唐：杜牧、李商隱

賦
文之間、介於詩、學主流文 → 漢代賦品為主 → 李斯為駢文之初祖、漢賦之先聲 → 六、七言 → 貴族文學

賦體
股賦：明清
文賦：晚唐
律賦：唐代
俳賦：魏晉
古賦：漢代、宋代
短賦：先秦、六朝

楚辭
戰國流域、長 → 屈原所作 → 南方文學賦辭之祖、後世漢賦辭之先河

詩經
河流域、黃 → 春秋、 → 十五國風、二雅、三頌 → 四言 → 平民文學 → 最早詩歌總集、韻文之祖、純文學之祖、北方文學代表

散文
尚書為散文之祖 → 發展 → 唐宋韓愈古文運動，宋成正宗 → 特色：樸實、教化 → 名家：唐宋八大家、歸有光、桐城派 → 別名：古文

駢文
發展 → 源於東漢，盛行六朝
特色 → 對偶工整、華麗、講求平仄
名家 → 李商隱、歐陽脩、蘇軾
別名 → 四六文、駢驪文

小說
以散文書寫

著作
在散文的範圍中 → 屬經、史、子三部，除詩經

時代
春秋南北朝　戰國　漢代　魏晉　唐代　宋代　元代　明清

主流

詩經、樂府詩／楚辭 → 開後世漢賦之先河／近體詩、古體詩 → 四六文／駢體文／古文／詞／曲／小說　韻文之祖

(一)概述

大體分為兩類,就是「韻文」與「無韻文」。

(二)韻文

1. **定義**:就是在篇章的文句之中,利用文字的韻,形成韻腳,使**句法押韻,句子也多整齊**,如四言、五言、六言、七言或長短句,使文句讀起來順口,歌起來和諧。

2. **發展**:**最早的韻文是「詩經」**,以後有「楚辭」,以下有「賦」、「古詩」、「樂府詩」、「近體詩」、「詞」、「曲」、「戲曲」等。

(三)無韻文

1. **定義**:文章乃是為論述其學說而為文。不用押韻。句法也不受幾言的限制。

2. **種類**:無韻文有「散」、「駢」之分。

3. **範圍**:

   (1) 在散文的範圍中,屬於經、史、子三部的,不屬於純文學,稱之為「著作文」。

   (2) 在魏晉南北朝,有駢散兼用之文。又有駢文、古文、小說等,均屬於無韻文。

韻文與無韻文

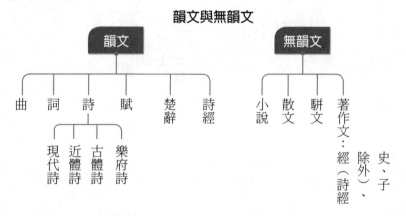

(四)「各代文學主流」統整

時代	主流	說　　　　　　　　明
春秋	詩經	為我國韻文之祖(散文之祖為尚書)
戰國	楚辭	開後世漢賦之先河

時代	主流	說　　　　　明					
漢	賦	承楚辭與荀子賦篇而來（漢代文學主流）					
	樂府詩	**作者**	**音樂性**	**句法**	**押韻**	**風格**	**價值**
		1.多為民間所作 2.俗	入樂可歌	多長短句，亦有句法整齊者	1.可換韻 2.平仄不通押	1.以記功述事居多 2.貴遒勁	漢代詩文之祖　漢歌學雙
	古體詩	1.多為士大夫所作 2.雅	不入樂祇可誦	多五、七言，少六、雜言等		1.主言情 2.尚溫雅	
魏晉南北朝	駢體文	又稱「四六文」					
唐	古文	乃仿三代兩漢所作質樸無華之散文					
	近體詩	**別名**	**句法**	**格律**	**押韻**	**體制**	
		今體詩	皆五言、七言	分平仄	平仄不通押（不可換韻）	絕句：四句	
						律詩：八句	
						排律：八句以上—字數不限	
宋	詞	詩餘長短句 樂府 曲子詞 倚聲	長短句，亦有句法整齊者	分平仄，部分仄聲又分上去入聲	平仄不通押（可換韻）	小令：五十八字以內，又稱「令」	
						中調：五十九字至九十字，又稱「引」、「近」	
						長調：九十一字以上，又稱「慢」	
元	曲	詞餘 樂府	長短句可加襯字	—	南曲—四聲通押北曲—平上去三聲可互押，韻腳靈活	散曲（無科白）—分小令、散套	
						劇曲（有科白）—分雜劇（北曲）傳奇（南曲）	
明清	小說	以散文書寫有情節、人物、主旨之故事者					

1. 以句法言，詞比近體詩自由；以格律言，詞比近體詩嚴格。

2. 詞有律化的平仄，固定的字數和長短的句度。

3. 曲每句字數原本固定，歌者為增加韻律之美，可加襯字。

第五章　重要作者歸納

(一)先秦

☑ 孔子：

時代	師承	學說	著作	世稱
春秋魯人	1. 郯子—問官名。 2. 萇弘—訪樂。 3. 師襄—鼓琴。 4. 老聃—問禮。	言忠恕	論語—卒後由門人相與編輯而成。	至聖

☑ 孟子：

時代	師承	學說	著作	世稱
戰國鄒人	1. 史記：「受業於子思之門人。」 2. 私淑孔子。	道性善	孟子—非一時一人之輯。或由公孫丑、萬章輩記，經孟子潤色。	亞聖

孔門四科十哲	德行	顏回（字子淵）、閔損（字子騫）、冉耕（字伯牛）、冉雍（字仲弓）。
	言語	宰予（字子我）、端木賜（字子貢）。
	政事	冉求（字子有）、仲由（字子路，一字季路）。
	文學	言偃（字子游）、卜商（字子夏）。

● 顏淵—復聖。　曾子—宗聖。　子思—述聖。

☑ 莊子、孟子、荀子：

人名	莊子	孟子	荀子
時代	戰國；宋國；蒙邑	戰國；鄒人	戰國；趙人
名字	名周 字子休	名軻 字子輿	名況 《史記》：荀卿 《漢書》：孫卿

人名	莊子	孟子	荀子
思想	以道為本，萬物齊一。	1. 法先王（堯舜）。 2. 以仁義為本。 3. 倡民貴君輕。	1. 法後王（周、文武王）。 2. 以隆禮為本。 3. 倡以禮制下。
主張	順應自然，反璞歸真。	1. 性善（闡揚本性）。 2. 贊天命。	1. 性惡（化性起偽）。 2. 非天命。 3. 人定勝天。
弟子	史記云：「楚威王聞莊周賢，使厚幣迎之，以為相，被拒」。	萬章 公孫丑等	李斯 韓非
行事	——	曾周遊列國，晚回故鄉教學。	五十始遊齊，三為祭酒。後適楚，為蘭陵令。

● 莊子為道家代表人物。寓深奧哲理於寓言故事中，文筆靈活奔放，跌宕縱橫，譬喻生動，辭采瑰麗。
● 現存《莊子》是郭象注本，共三十三篇，分內、外、雜篇三部份，內篇為莊子手著，外、雜篇則非出於一人手筆。
● 孟、荀同為儒家兩大宗派，主張雖不同，但各有精義，殊途同歸。
● 莊子與梁惠王同時，與孟子也同時。但莊、孟二人，未得見面，也沒有相互提及。

姓名	籍地	字號	事蹟	成就
屈原	戰國楚人	名平字原	1. 事楚懷王，為三閭大夫，很受信任。 2. 楚頃襄王時，又因讒而遷江南，作〈九歌〉、〈天問〉、〈九章〉、〈遠遊〉以明志。後自沉汨羅江。	1. 為我國辭家之祖。 2. 所著《離騷》等二十五篇，為我國最有名之辭賦。 3. 〈九歌〉是楚國南部流傳已久的一套民間祭歌，由屈原潤色而成。〈國殤〉，為其中一篇，追悼死於國事者之祭歌。
荀子	戰國趙人	名況	1. 年五十始遊齊，三為祭酒。 2. 適楚，春申君命為蘭陵令。 3. 李斯、韓非嘗為弟子。其思想為李、韓法家之所出。	1. 以為人性本惡，其善者偽（人為）也。 2. 倡積善崇禮，化性起偽。 3. 劉向定為《孫卿新書》。唐楊倞更名為《荀子》。

姓名	籍地	字號	事蹟	成就
呂不韋	戰國末衛人	——	1.戰國時陽翟之大商人。 2.子楚即位，即莊襄王，任不韋為丞相，封文信侯。 3.秦王政繼位，尊不韋為相國，號稱仲父。	1.《呂氏春秋》取法自然而求周世用，切近理想而不違事勢。 2.內容以儒、道為主，兼採墨、法、名、兵、農之說，保存不少先秦史料。 3.班固〈漢書・藝文志〉列為雜家。
李斯	戰國楚人上蔡	——	1.與韓非一起向荀況學帝王之術。 2.入秦到受重用，官至廷尉。 3.任丞相，廢封建，置郡縣，定律令，焚詩書。 4.始皇崩，被二世和趙高所殺。	1.工於書法。 2.所作文章，瑰麗排比，氣勢奔放，為**駢文初祖，漢賦的先聲**。 3.傳世的除〈諫逐客書〉和〈倉頡篇〉外，有〈刻石〉七篇，對後代影響很大。
韓非	戰國韓人	——	1.為韓國之公子，曾師事荀子。見韓國積弱不振，屢次上書韓王陳述富強之道，均未被重用。 2.後奉命出使秦國，為秦王政所賞識，但受到李斯的猜忌，終被害而死。	1.在韓非之前，法家有主張重勢的慎到、主張重術的申不害、主張重法的商鞅三派，**韓非集法家之大成**。 2.韓非以為勢、**術**、法三者皆帝王之具而不可偏廢，因加以補充並互相結合而成一嚴密之思想體系。 3.著《韓非子》。

(二)西漢

姓名	籍地	字號	事蹟	成就
賈誼	西漢洛陽人	世稱賈太傅，又稱賈長沙。	1.曾諫元帝改正朔，易服色，制法度，興禮樂；更秦法，惜未見用。 2.遭讒毀，出為長沙王太傅，鬱鬱以終。	1.賈誼是漢初政論家及辭賦家，他的政論散文氣勢雄偉，波瀾壯闊，議論透闢。所上〈治安策〉（一名〈陳政事疏〉），是後世萬言書之祖。 2.所作辭賦，上承屈原、宋玉，下開枚乘、司馬相如，在漢賦發展史上地位重要。其辭賦有〈鵬鳥賦〉。 3.傳世著作有《賈子新書》十卷。

姓名	籍地	字號	事蹟	成就
韓嬰	西漢燕人	——	1. 文帝時以說詩立為博士。 2. 景帝時官常山王太傅。 3. 武帝時曾與董仲舒在帝前辯論，不分勝負。	1. 因詩意難明，遂推詩人之意而作內外傳數萬言，與傳詩之齊國轅固、魯國申公，稱齊、魯、韓三家。 2. 《韓詩內傳》，直接疏解詩意，已亡佚。
司馬遷	西漢夏陽	字子長	1. 幼受家學影響，採集大量遺聞佚事。 2. 因李陵案入獄，受宮刑。	1. 《史記》全書計分本紀、表、書、世家、列傳凡一百三十篇，五十二萬多言。 2. 《史記》本史書的通稱：漢人或稱太史公書，或稱太史公記，魏晉以後，乃以《史記》為遷書的專名。 3. 《史記》為史家紀傳體之祖，班固以後的正史，皆遵其體例。

(三)三國、晉代

姓名	籍地	字號	事蹟	成就
諸葛亮	三國琊琊郡陽都縣	姓諸葛名亮字孔明諡忠武	1. 早孤，避難荊州。後隱居隆中，自比管仲、樂毅。 2. 徐庶薦之於劉備，凡三顧乃見，輔備建立三國鼎立之勢。 3. 後輔後主，後主封其為武鄉侯，卒諡忠武。	1. 為我國極享盛名之政治家、軍事家，雖不以文章名，而至誠積中，英華發外，其文洵足以傳誦千古。 2. 晉陳壽嘗編次其文為《諸葛氏集》。清張澍輯錄有《諸葛忠武集》四卷。
曹丕	三國沛國譙縣	字子桓諡文帝	1. 篡漢，即帝位。 2. 博聞強識，好讀書，經史百家，無不閱覽。 3. 《典論》成於為太史時。	1. 詩多寫男女離愁別恨，富婉約悱惻的感情。 2. 其〈燕歌行〉為七言詩之祖。 3. 有《魏文帝》集（嘗著《典論》一書，其中〈論文〉一篇開我國文學批評之先河）。

姓名	籍地	字號	事蹟	成就
李密	西晉 犍為郡 武陽縣	字令伯	1. 李密父早逝，母何氏改嫁，由祖母劉氏撫養成人。及長，奉事祖母能善盡孝道，飲食湯藥皆親自侍候。 2. 晉武帝，詔徵李密以太子洗馬見徵，不欲就，乃作〈陳情表〉懇辭。	1. 博通五經，尤長於《春秋左氏傳》。 2. 為官清慎，政教嚴明。 3. 著有《理論》十篇，已佚。
陶潛	東晉 潯陽 柴桑	字淵明，一字元亮。世稱靖節先生。	1. 是名將陶侃的曾孫。 2. 曾任彭澤令，凡八十餘日以不肯「為五斗米折腰」，解印綬歸隱。 3. 高風亮節，用舍進退，率性任真，固窮自守，卒後友好私諡「靖節」。	1. 詩、文均自然質樸，平淡有致，在世時，詩名不彰，唐、宋之後，見重於世。 2. 譽為田園詩人之宗。 3. 鍾嶸《詩品》題為：「古今隱逸詩人之宗」，並將其詩列為「中品」。 4. 有《靖節先生集》。

(四)南北朝

姓名	籍地	字號	事蹟	成就
劉義慶	南朝宋 彭城	諡號 唐王	1. 為宋武帝劉裕的堂姪。 2. 劉裕稱帝後，襲封為臨川王。	1. 性情恬淡，愛好文學，喜召募文士，編集圖書。 2. 編著有《世說新語》、《徐州先賢傳》、《幽明錄》等書。
劉勰	南朝梁 東莞莒	字 彥和	1. 幼喪父，篤志好學，依定林寺沙門僧祐，相處十餘年，遂博通經論。 2. 後遷步兵校尉兼東宮通事舍人，深受昭明太子的禮遇。	1. 我國文學思想家。 2. 從原道、徵聖、宗經的觀點出發，堅持運用經典的思想，作指導文學理論的南鍼。 3. 並以聖人著作中所體現的「六義」，來樹立文學創作和批評的準繩。 4. 著：《文心雕龍》十卷，被後人譽之為藝苑的祕寶、文論的奇葩！

姓名	籍地	字號	事蹟	成就
丘遲	南朝吳興烏程	字希範	1.初仕齊，後仕梁，任中書郎，待詔文德殿。 2.任臨川王諮議參軍。	1.擅長駢文及山水詩，辭采逸麗。著有《丘司空集》。 2.〈與陳伯之書〉即是丘遲以駢文完成的招降文書。
酈道元	北魏范陽涿縣	字善長	1.守魯陽郡，立學校，行教化，山蠻畏服，不敢侵擾。 2.任御史中尉執法嚴猛，強豪畏憚，為刺史蕭寶夤所殺，追贈吏部尚書。	1.著《水經注》四十卷，訪瀆搜渠，徵引群書，集當時地理學大成。 2.後世言寫景之文，必以《水經注》為宗。

(五)唐代

姓名	籍地	字號	事蹟	成就
魏徵	初唐魏州曲城	字玄成	1.太宗即位，擢徵為諫議大夫。 2.太宗勵精圖治，數訪以得失，卒時太宗有亡鏡之痛，封鄭國公。	1.其言論見於《貞觀政要》。 2.著有《魏鄭公詩集》、《魏鄭公文集》，主編的有《群書治要》。
孟浩然	盛唐襄州襄陽	—	1.四十歲前隱居鹿門山，養精蓄銳，以為入世作準備。 2.應進士試不及第，終生未達。 3.與王維為詩友，歷來「王孟」並稱。	1.長於五言，尤以短篇為勝。 2.部分作品有意追步陶淵明，其詩風格清遠，用筆輕淡，語言明澈，頗有陶風。 3.唯懷才不遇，時露寂寞傷懷之情。 4.與陶淵明守拙歸耕，恬淡自得，王維功成身退，寧靜樂觀不同。 5.著有《孟浩然集》。

姓名	籍地	字號	事蹟	成就
王維	盛唐太原祁州	字摩詰	1.以詩名盛於開元、天寶間，官至尚書右丞，世稱「王右丞」。 2.妻死，不續娶，獨居三十年。 3.晚年長齋禮佛，不衣文綵，世稱「詩佛」。	1.王維詩格高妙，五七言古風律體絕句，無不精到。 2.通曉音樂，擅長繪畫、書法。 3.後期的山水田園詩，聲色、動靜、情景交融，意趣淡遠閒靜。 4.宋蘇軾譽為「詩中有畫，畫中有詩」。 5.著有《王摩詰全集》。
崔顥	盛唐汴州	──	年輕時就有俊才。開元十一年考上進士，授太僕寺丞，後遷司勳員外郎。	1.擅長寫詩，早期作品多寫閨情，流於浮豔；晚年盡寫戎旅，風骨凜然。 2.《全唐詩》存其詩一卷，共四十二首。 3.嚴羽的《滄浪詩話》以為唐人七律之中，以崔顥〈黃鶴樓〉為第一。
李白	盛唐，祖籍隴西成紀，家居綿州昌明縣青蓮鄉	字太白，號青蓮居士。	1.任俠好義，輕財重施。 2.賀知章見其文，嘆為「謫仙人」。唐玄宗時，詔供奉翰林，安史之亂因受永王璘兵敗之誅連，流放夜郎。	1.才氣縱橫，其詩奔放不群，俊逸清新，有「詩仙」之名。 2.與杜甫齊名，世稱「李杜」。 3.有：《李太白詩文集》。
杜甫	盛唐祖籍京兆杜陵，曾祖時定居鞏縣	字子美，杜陵布衣、杜工部、老杜少陵野老。	1.為初唐詩人杜審言之孫。 2.博極群書，善為詩歌，曾考進士不第。 3.天寶十載，獻三大禮賦，召試文章，擢西河尉不任，肅宗即位，拜左拾遺。	1.杜詩集古今詩學大成，各體無不精美，且能創新體；風格雄渾高古，沉鬱頓挫，題材廣，命意深，感情真，語言精鍊，格律謹嚴。 2.其詩表現人生，立言醇厚，可群可怨，被尊為「詩聖」。

姓名	籍地	字號	事蹟	成就
杜甫	盛唐祖籍京兆杜陵，曾祖時定居鞏縣	字子美，杜陵布衣、杜工部、老杜少陵野老。	4. 因救房琯（琯）獲罪，貶為華州司功參軍。 5. 關輔饑亂，辭官輾轉入蜀。 6. 築草堂於成都西郊浣花溪畔。 7. 友人劍南節度使嚴武薦為檢校工部員外郎，故世稱杜工部。	3. **反映社會離亂、民生疾苦**，可作唐代歷史的見證，故號為「**詩史**」，開中晚唐社**會寫實詩的先聲**，對後世影響深遠。 4. 著有《杜工部集》。 5. 有「詩聖」、「詩史」之稱。
韓愈	中唐河南河陽，昌黎是其郡望	字退之，自稱昌黎韓愈。	1. 三歲而孤，靠兄嫂撫養，早年刻苦勤學，盡通六經百家之書。 2. 德宗貞元四年赴舉，三試不第，至八年方中進士。 3. 以後累官國子監祭酒、京兆尹、吏部侍郎等職。 4. 因個性耿介，直言不諱，曾兩度被貶。 5. 死後諡曰文，故世稱韓文公。 6. 宋神宗時追封昌黎伯，故又稱韓昌黎。	1. 韓愈發揚儒家學說，排斥佛、老思想。 2. 在文學上倡導**古文運動**，主張以先秦、兩漢內容充實、形式自由的散文，來取代六朝以後空疏無本、華而不實的駢文。 3. 蘇軾稱他「**文起八代之衰，道濟天下之溺**」，「**匹夫而為百世師，一言以為天下法**」。 4. 他的散文以「**載道**」為主，氣魄雄渾，語言精煉，備受後人推崇。 5. 明茅坤錄韓、柳、歐、曾、王、三蘇的作品，為習文楷模，尊他為「唐宋八大家」之首。 6. 著作有《昌黎先生集》，為李漢所輯。

姓名	籍地	字號	事蹟	成就
白居易	中唐祖先太原人，後徙下邽	字樂天，香山居士，醉吟先生。	1. 幼敏慧，生六、七月，已能默識「之」、「無」二字，百試不差。 2. 德宗貞元十六年進士。歷任校書郎、江州司馬，蘇、杭二州刺史，河南尹等官。 3. 武宗會昌二年以刑部尚書致仕。	1. 早年富熱情，有理想，時思以詩歌改革政治，**與元稹同倡新樂府運動**，為中唐社會寫實詩之健將。後經貶謫流放，英銳之氣盡銷，乃轉多感傷之風格。 2. 晚年好佛，又遍歷世事，心境轉趨空寂寧靜，故詩篇亦歸於平和閒適。 3. 其與洛陽香山寺僧如滿結香火社，時相往來，自號香山居士；又頗放意詩酒，自號醉吟先生，皆顯示了上述的晚年人生態度。 4. 詩文俱佳，而以詩尤工，力求平易美。元稹為其志同道合之知己，二人時相唱和，世稱「元白」。 5. 又與劉禹錫齊名，世號「劉白」。著有《白氏長慶集》。
柳宗元	中唐河東解縣	字子厚，世稱柳河東，後因官終於柳州刺史，故又稱柳柳州。	以王叔文黨事，貶永州司馬。後徙柳州刺史，死於任所。	1. 文章雄深雅健，俊潔精奇。**是唐代古文運動的大將，與韓愈並稱「韓柳」。** 2. 為文勇於創新，以幽默諷刺的筆法，反映嚴肅的主題。 3. 尤其是**山水遊記**，文筆清麗，有強烈的感染力，成為後世遊記的楷模。 4. 好友劉禹錫為他編集詩文遺稿《柳河東集》傳世。

姓名	籍地	字號	事蹟	成就
杜牧	晚唐京兆萬年	字牧之,人稱小杜。	1.出身顯宦,為杜佑之孫。少讀經史,有經邦濟世的大志。 2.唐文宗大和二年進士及第,曾任弘文館校書郎,並做過幾任刺史,官終中書舍人。 3.任官期間,關心民生疾苦,大力革除弊政,治績卓著。	1.擅長詩文,多指陳時政之作。 2.詩風清麗俊爽,在晚唐詩人中自成一格。**名與李商隱齊**,稱「小李、杜」。 3.所作〈阿房宮賦〉,駢散並用,歷來膾炙人口。 4.著有《樊川文集》、《樊川別集》、《樊川外集》。
杜光庭	晚唐處州縉雲	字聖賢賜號廣成先生,自號東瀛子。	1.懿宗時應舉不第,入浙江天台山為道士。 2.隱居青城山白雲溪。	1.所著〈虯髯客傳〉為唐傳奇名作,是藝術手法成熟的文言短篇小說。 2.著作有《諫書》、《廣成集》。

(六)五代、兩宋

姓名	籍地	字號	事蹟	成就
李煜	五代南唐徐州	字重光,詞中之帝、詞中之聖	1.南唐中主李璟第六子。 2.後亡國降宋,世稱「李後主」。 3.少穎悟嗜學,工書畫,精音律,尤好歌詞。	1.**國破前所作,大都描寫宮廷歡樂生活**,備極華麗溫馨。 2.**及被俘後,則多寫亡國之痛**,哀怨淒絕,至為動人。 3.世人譽為詞中之聖、詞中之帝。 4.著有《南唐二主詞》。

姓名	籍地	字號	事蹟	成就
范仲淹	北宋蘇州吳縣	字希文，諡文正。	1. 自少孤苦，有志節，貧而好學。 2. 守邊數年，軍民愛戴；羌人呼為「龍圖老子」，夏人也説「小范老子，胸中自有數萬甲兵！」相約不敢侵犯，德威遠振。 3. 常自曰：「**士當先天下之憂而憂，後天下之樂而樂。**」	1. 秉性外和內剛，具有傑出的才能，在官時往往激論天下事，奮不顧身。 2. 影響所及，使當時士大夫都崇尚氣節，競**以天下為己任**。 3. 著有《范文正公集》。
歐陽脩	北宋吉州盧陵	字永叔，晚號六一居士，諡文忠。	1. 四歲喪父，母親鄭氏親自授讀，常以荻畫地學書。 2. 曾貶滁州，以詩酒自娛，自號醉翁。 3. 他為官剛直敢言，注意人才培養。 4. 曾支持范仲淹等人倡導的新政主張，並為**北宋文壇的領袖**，詩文革新運動的主將。	1. 文章平易流暢，清新自然，婉轉多姿，無論敘事、説理、狀物、記人，全寫得從容不迫，富有感情，被尊為唐宋八大家之一。 2. 詩詞亦清麗明媚，語近情深。 3. 著有《歐陽文忠公集》、《新五代史》、《新唐書》等書。
蘇洵	北宋眉州眉山	字明允，自號老泉。	1. 年二十七，始發憤為學。後應試不第，便盡燒所作文章數百篇，閉門勤修，遂通六經百家之説，下筆頃刻數千言。 2. 著《權書》、《論衡》二十二篇，歐陽脩以為賈誼、劉向不能過。	1. 文得力於《戰國策》、《史記》，長於議論，古勁簡直，有先秦之風。 2. 為唐宋古文八大家之一，對後世文壇影響甚鉅。 3. 著作：《嘉祐集》。

姓名	籍地	字號	事蹟	成就
司馬光	北宋陝州夏縣	字君實，諡文正。	1. 神宗時，因批評新法，與王安石不合，退居洛陽。 2. 哲宗即位，起為門下侍郎，轉尚書左僕射，罷新法。聲威遠播，親理庶務，日夕勞瘁，居相位八月而卒。贈溫國公，諡文正。	1. 自云：「吾無過人者，但生平所為，未嘗有不可對人言者耳！」 2. 其思想源出六經，文章如布帛菽粟，深切日用，以羽翼名教，端正世風為主。 3. 主撰《資治通鑑》，另有《獨樂園集》、《傳家集》。
王安石	北宋臨川	字介甫，晚號半山、王荊公、王文公。	1. 北宋傑出的政治家、文學家。 2. 仁宗時上萬言書，提出改革主張。 3. 神宗即位，任為宰相，積極推行新法，以救北宋積貧積弱之弊，後為保守派反對而失敗。 4. 晚年退居金陵。曾封荊國公，世稱王荊公；諡文，故又稱王文公。	1. 其散文為唐宋八大家之一，**風格峭拔，結構謹嚴，論說深透，文辭簡鍊**。 2. 工詩能詞，詩是北宋四大家之一。（北宋四大詩家：歐陽脩、王安石、蘇軾、黃庭堅。） 3. 著有《臨川先生文集》。
蘇軾	北宋眉州眉山	字子瞻，號東坡居士，諡文忠。	1. 上書議新法，與王安石不合，自請外放，歷遷各州，後貶海南儋州。 2. 於黃州時，築室東坡，自號**東坡居士**。 3. 知杭州，建西湖長堤（即今蘇堤春曉）後卒於常州。	1. 思想恢弘，才氣縱橫，文筆雄深雅健，**與父洵、弟轍，並稱「三蘇」**。 2. 其於策議論之作，皆所擅長。 3. 自謂：「作文如行雲流水，初無定質，但常行於所當行，止於所不可不止。」 4. 詩、詞、書、畫，也都具有特殊風格。著作：《東坡全集》。

姓名	籍地	字號	事蹟	成就
蘇轍	北宋眉州眉山	字子由，晚號潁濱遺老。	1.與兄軾同登進士。 2.因反對新法，忤王安石被貶。 3.徽宗時，歸隱許州（今河南省許昌縣），築室潁水之濱，自號潁濱遺老。	1.文章汪洋澹泊，似其為人。並長於各類文體，以策論最為出色。 2.蘇軾嘗云：「子由之文，詞理精確，有不及吾；而體氣高妙，吾所不及。」 3.著有《欒城集》、《欒城後集》、《欒城三集》等書。
周邦彥	北宋錢塘	字美成，自號清真居士。	神宗時，獻〈汴都賦〉萬言；徽宗時，立大晟樂府，令邦彥為大晟樂正。	1.所作詞，多用唐人詩語，渾然天成，且善於鋪敘，富麗精工，開南宋姜夔、史達祖一派，對後世詞壇影響甚鉅。 2.著有《清真集》。
辛棄疾	南宋歷城	字幼安，原字坦夫，自號稼軒居士	資兼文武，慷慨有大略，一生力主抗金。	1.詞風豪放，與蘇軾並稱「蘇辛」。 2.作品清新婉約情味雋永，時而豪邁奔放，悲壯沈鬱。 **3.詞境雄奇壯大，善於運用比興、誇張、想像等手法。**
文天祥	南宋吉州吉水	字宋端，又字履善，自號文山。	1.服膺程朱之學。 2.年廿中進士，對策第一。 3.嘗任左丞相，封信國公。 4.抗元，於五坡嶺為張弘範所執，不屈，被囚三年，獄中作〈正氣歌〉，後遇害，時南宋已覆亡多年。	1.曾寫〈過零丁洋〉詩與張世傑，其末有「人生自古誰無死，留取丹心照汗青」。 2.衣帶有贊云：「孔曰成仁，孟曰取義；惟其義盡，所以仁至。讀聖賢書，所學何事？而今而後，庶幾無愧。」 3.著有《文文山先生全集》。

(七)元、明

姓名	籍地	字號	事蹟	成就
關漢卿	元 大都	號己齋叟	1.博學能文，滑稽多智。 2.入元後不仕，致力於劇曲之創作，並躬自導演。	1.作品豪放自然，不假雕飾，表現出元曲本色。 2.著有雜劇六十餘種，現存《竇娥冤》、《拜月亭》等十多種。散曲有小令五十七首、套曲十三篇。
白樸	元 真定	字仁甫 號蘭谷	1.聰慧領悟。少經喪亂，寄養於元好問家，受其薰陶，精古文字。 2.金亡，移居金陵，放情山水，以詩酒為娛。	1.所作散曲，儒雅端莊。 2.今存小令三十七首、套曲四篇。有《天籟集》（詞集）二卷、《摭遺》（散曲）一卷。
馬致遠	元 大都	號東籬	1.生於富豪之家，飽讀詩書，嘗為江浙江省提舉官。 2.然所志未伸，終隱遁山林，以製作曲自娛。 3.**與關漢卿、鄭光祖、白樸齊名，號為元曲四大家。**	1.所作散曲，一洗諧謔狎褻之習，沉鬱蒼涼，境界至高。 2.所作雜劇，多脫離現實，而寫神仙道士，以寄其失意與冥想。 3.近人盧前所輯《東籬樂府》，收小令百有四首，套曲十七。
張可久	元 慶元	字小山	1.早年曾任小吏。因久不得志，遂無意仕進，浪跡江湖，足跡遍江南。 2.晚年隱居杭州西湖，詠吟以終。	1.所作皆為散曲，而又以小令為主。 2.擅以詩、詞入曲，清麗典雅，華而不豔。 3.今存小令八百五十五首、套曲九篇，為**元代散曲作品最多之作家**。

姓名	籍地	字號	事蹟	成就
施耐庵	元姑蘇	名子安，字耐庵	元末官錢塘，因與當道不合，隱於興化，閉戶著書。	1. 著有《水滸傳》、《志餘》。 2. 金聖歎評《水滸傳》云：「水滸所敍，敍一百八人，人有其性情，人有其氣質，人有其形狀，人有其聲口。」人物狀寫神態活現。評為六大才子書之一。 3. 為小說界四大奇書之一。
羅貫中	元末東原	名本，號湖海散人	1. 相傳為小說家施耐庵弟子。 2. 為人落落寡合，懷才不遇，又生當亂世，遂以《三國志平話》為藍本，有《三國志通俗演義》（簡稱《三國演義》），以抒發不平之氣。	1.《三國演義》人物刻畫突出，情節變化萬千，語言錘鍊精純，結構恢弘瑰偉，藝術成就極高。數百年來流行不衰，成為民間最通俗的讀物，影響極為深遠。 2. 亦為四大奇書之一。
宋濂	世居金華潛溪，濂始遷居浦江	字景濂，世居金華「潛溪」，學者稱為潛溪先生。追諡文憲。	1. 幼有神童之稱。 2. 明初開國制度皆宋濂、劉基、李善長所定。 3. 致仕後，以長孫慎坐法，道遇疾卒。	1. 學問淵博，文章委曲暢達，為明初第一大家。 2. 著有《宋文憲公全集》傳世。
劉基	明處州青田	字伯溫，封誠意伯，諡文成	1. 博通經史，精曉天文、兵法、術數，《明史》以為「諸葛孔明儔也。」 2. 明太祖起義，禮聘之，為陳時務十八策。 3. 太祖嘗以張良目之，譽為「吾之子房」。	1. 詩與高啟齊名。 2. 其文與宋濂同為明初文宗。 3. 著有《誠意伯文集》。

姓名	籍地	字號	事蹟	成就
方孝孺	明 浙江 寧海	字希直，一字希古，學者稱正學先生。諡文正	1. 幼聰敏好學，長從宋濂學。 2. 明惠帝時，國家大政，每咨之。 3. 燕王命草詔，不屈死。	著有《遜志齋集》。
王守仁	明 餘姚	字伯安 諡文成	1. 原任刑部主事，因宦官弄權反眾。 2. 後因觸怒劉瑾，貶貴州龍場驛丞。 3. 因平宸濠之亂，封新建伯。	1. 自幼潛心儒學，直承陸九淵「心即理」之觀念，提出「致良知」與「知行合一」的學說。 2. 於程朱之外，別立一宗，號陽明學派。 3. 門人輯有《王文成公全書》。
歸有光	明 江蘇 崑山	字熙甫 世稱震川先生	1. 九歲能文。 2. 二十歲左右通五經三史。 3. 三十五歲舉鄉試第二。 4. 上京會試八次不第。 5. 六十歲始舉進士。	1. 喜讀司馬遷、韓愈、歐陽脩等人的文章，為明代中葉唐末派古文的代表。 2. 為古文，取法韓、歐，尤好《太史公書》，姚鼐以有光直接唐宋八大家之後，元明兩代無第二人。 3. 著有《震川先生文集》、《別集》、《文章指南》。
袁宏道	明 湖北 公安	字中郎 號石公	1. 少敏慧，善詩文。 2. 年十六為諸生時，結社城南，自為社長，有聲鄉里。 3. 萬曆二十年登進士第，後選為吳縣知縣。 4. 歷任禮部主事、吏部驗封主事、稽勳郎中等職。	1. 與兄宗道、弟中道並有才名，時稱「三袁」。 2. 三袁反對王世貞、李攀龍等人之擬古、復古，**主張文學應重性靈、貴獨創**，所作亦清新輕俊、情趣盎然，世稱「**公安派**」、「**公安體**」。 3. 晚明小品所以興盛，實即公安派影響所致。 4. 著有《袁中郎集》。

(八)清代

姓名	籍地	字號	事蹟	成就
顧炎武	明末清初江蘇省崑山縣	字寧人，本名絳，世稱亭林先生	1. 清兵南下，與吳其沆、歸莊起兵抗清。 2. 明亡，暗結遺民，與鄭成功交通。 3. 清廷徵博學鴻儒，不就；薦修《明史》，亦不往。	1. 才高學博，留心經世之術。 2. 治學謹嚴篤實，為清代樸學之導師。 3. 著有《亭林詩文集》、《日知錄》、《天下郡國利病書》。
方苞	清安徽省桐城縣	字鳳九號靈皋，晚號望溪	1. 康熙四十五年中進士。 2. 初亦隨俗為時文。及壯，悔之，始專力古文。 3. 嘗以「學行繼程、朱之後，文章介韓、歐之間」二語，與好友相期勉。 4. 論學以宋儒為宗，推衍程、朱之說。	1. 其文平實謹嚴，以「雅潔」著稱。 2. 思想推本於《六經》、《論》《孟》，文步《左傳》、《史記》、八大家。 3. 嚴標「義法」，義指內容（言有物），法指形式（言有序）。 4. 非闡道翼教，有關人心之文，絕不苟作。 5. 著有《春秋通論》、《望溪文集》。
劉大櫆	清安徽省桐城縣	字耕南，一字才甫，號海峰	1. 乾隆元年獲方苞推薦，應徵入京，應博學鴻詞特科考，卻被大學士張廷玉所黜。 2. 年逾六十始任黟縣教諭，講學終老。	1. 長於古文，精於詩歌，又為時文名家。論文偶記乃其學文心得，為畢生心血結晶。 2. **與方苞、姚鼐合稱桐城三祖**。 3. 著有《海峰全集》。
曾國藩	清湖南省湘鄉縣	字伯涵，號滌生	1. 成立湘軍、平太平天國。 2. 封毅勇侯，為中興第一功臣。 3. 卒諡文正。	1. 學宗程朱，治軍與居官皆有儒者之風。 2. 論學則主張義理、考據、詞章三者闕一不可。為文主張剛柔並濟，世稱湘鄉派。 3. 著有《曾文正公全集》。

姓名	籍地	字號	事蹟	成就
蒲松齡	清初	字留仙，自號柳泉。	1. 自幼才華過人，但屢試不第，至康熙五十年才舉貢生，年已七十二歲。 2. 科舉不得志，一生精力盡於著作，是清代傑出的小說家。	1. 作《聊齋誌異》四百三十一篇，為其代表作。 2. 王士禎題其原稿云：「料應厭作人間語，愛聽秋墳鬼唱詩。」洵為知音。 3. 作品除《聊齋誌異》外，尚有詩、文、雜著、戲曲傳世。
曹霑	清漢軍正白旗人	名霑，字雪芹，一字芹圃。	1. 祖先三代為江寧織造，家世顯赫。 2. 祖父曹寅尤其有名，工詩、詞、戲曲，為著名的藏書家，全唐詩由他主持刻印。 3. 十餘歲時，曹家因獲罪被抄沒，生活從此陷於困境，在窮愁潦倒之餘，將一生見聞，以血淚寫成小說《紅樓夢》。	1. 《紅樓夢》一書費力十年，增刪多次，初名《石頭記》，又名《風月寶鑑》。乾隆年間以八十回抄本傳世。後四十回為高鶚所續。 2. 此書已成世界性的文學名著，中外學者紛紛研究，形成「紅學」。
吳敬梓	清安徽全椒人	字敏軒，一字文木。	1. 出身望族，由於不善治生，揮霍殆盡，貧至斷炊，落拓貧困終其身。	1. 所撰《儒林外史》為我國最負盛名的章回體諷刺小說。 2. 著作尚有《文木山房詩文集》、《詩說》（但無傳本）。
劉鶚	清江蘇鎮江人	字鐵雲，筆名洪都百鍊生。	1. 曾在揚州行醫，後來改行經商。 2. 投效吳大澂以治河有功，聲譽大起，特薦以知府起用。 3. 上書請修鐵路，開山西礦，被視為漢奸。 4. 庚子之亂，以賤價購太倉粟於洋人，賑濟饑民，全活無數，但有人詆毀他私購倉粟，流放新疆而死。	著有《歷代黃河變遷圖考》、《鐵雲藏龜》、《老殘遊記》。其中《鐵雲藏龜》是研究甲骨文的專書。

(九)近代作者

姓名	籍地	字號	事蹟	成就	著作
梁啟超	廣東新會	字卓如，號任公，別號飲冰室主人。	1.與康有為同為戊戌變法主腦人物，世稱「康梁」。 2.變法失敗逃亡日本，先後主編時務報、清議報、新民叢報、國風報等，鼓吹革新政治。	1.為文初學桐城，後學魏、晉。 2.辦報時，融合俗語、駢語、韻語、外國語法，號為「**新民叢報體**」。	林志鈞所編《飲冰室合集》。
胡適	安徽績溪	字適之	1.赴美國就讀康乃爾大學農科，後改入哥倫比亞大學，從杜威研究哲學。 2.曾任北京大學校長、駐美大使、中央研究院院長。	1.望重一代的士林俊彥，對我國近代學術思想影響極大。曾著〈文學改良芻議〉，主張把中國的「死文學」變為「活文學」，引起廣泛迴響。 2.民國八年提倡**白話文運動**，造成「**五四文學革命**」，對於新文學的開創功不可沒。	著有《嘗試集》、《中國哲學史大綱》、《白話文學史》、《胡適文存》等書。
羅家倫	浙江紹興	字志希	1.北京大學史學系畢業。曾遊學美英德法等國。 2.曾任清華大學校長及中央大學校長，駐印大使，考試院副院長等。	為北大學生時，即為五四運動及新文化運動的健將。	著有《新人生觀》、《文化教育與青年》等書。
徐志摩	浙江海寧	原名章垿，號志摩	曾任教北京大學，兼任《晨報副刊》編輯，創設新月社。	**兼擅中西文學**，其新詩、散文，風格別具，抒情真摯，造境深刻，堪稱一代宗匠。	作品合編為《徐志摩全集》。

姓名	籍地	字號	事蹟	成就	著作
朱光潛	安徽桐城	筆名孟實	1.父為鄉村私塾教師，自幼受其督導，熟讀儒家的經典和古文、唐詩等。 2.就讀香港大學，留學英、法八年。	近代**美學大師**，畢生提倡美學，不遺餘力，目的在於追求人生的美化。	著有《文藝心理學》、《談美》、《給青年的十二封信》，譯有黑格爾的《美學》。
豐子愷	浙江崇德	原名潤，改名仁，號子愷	1.浙江省立第一師範畢業，赴日留學。 2.現代著名的散文家、漫畫家是**我國漫畫藝術的先驅**。	1.散文隨筆，平實自然，發人深省。 2.題材多為 (1)發掘兒童情趣 (2)刻畫社會百態 (3)描繪自然物象三方面，均出諸悲憫情懷。	著有《緣緣堂隨筆》、《護生畫集》等。並譯有日本小說及西洋畫論多種傳世。
梁實秋	北平市	原名治華	清大畢業後，在美研究英國文學。	1.散文以小品最具特色，體製精鍊，取材於瑣細的人情世態，幽默詼諧，睿智博雅。 2.嘗以數十年時間，**翻譯英國文豪《莎士比亞全集》**，享譽海內外。	著有《雅舍小品》、《秋室雜文》等書。
琦君（女）	浙江省永嘉縣	本名潘希真	杭州之江大學中國文學系畢業。	1.創作兼小說、散文二體類，而以**散文成就為大**。 2.散文多憶舊抒情之作，典雅雋永、晶瑩醇厚。	著有《煙愁》、《桂花雨》、《留予他年說夢痕》等書。

姓名	籍地	字號	事蹟	成就	著作
陳之藩	河北霸縣	字範生	1.國立北洋大學工學院電機系畢業。 2.赴美，入賓夕法尼亞大學研究院研究，又赴英國劍橋大學研究。	1.**著作甚多，大都與物理及電學有關。** 2.愛好文學，擅長寫作短篇散文。	著有《旅美小簡》、《在春風裡》、《劍河倒影》等散文集。
王鼎鈞	山東臨沂	筆名寇節、方以直、董還主	1.抗戰末期，因從軍而輟學，遍歷中國各地。 2.曾任編輯、記者、秘書、教師，現專事寫作。	1.創作以理性為基素。 2.其散文創作大體分三類： (1) 以雋永文字、寓言方式、短小篇章譜人生哲理。 (2) 以感性筆觸抒懷敘事，別有飄渺醇厚之味。 (3) 寫海外中國人之內心世界以及中西文明差異。	著有《開放的人生》、《人生試金石》、《我們現代人》（以上合稱「人生三書」）、《碎琉璃》、《海水天涯中國人》等書。
余光中	福建永春	—	1.臺灣大學外文系畢業，美國愛荷華大學藝術碩士。 2.民國四十一年出版第一本詩集《舟子的悲歌》，《左手的繆思》此書為1963年出版、此後創作不斷。 3.民國五十年又與國語派作家展開文白之爭（即〈剪掉散文的辮子〉一文之背景）。 4.民國六十年前後提倡民歌，倡詩與樂之結合。	1.詩文大抵富感性而有陽剛之美，**中國意識濃厚**是為其最顯著之特徵。 2.為臺灣詩壇最勇悍之健將，對臺灣**新詩**發展貢獻卓著。	著有詩集《蓮的聯想》、《白玉苦瓜》、《余光中詩選》。 散文集—《左手的繆思》、《逍遙遊》、《聽聽那冷雨》等。

姓名	籍地	字號	事蹟	成就	著作
鄭愁予	河北	本名鄭文韜	1.民國五十七年應邀赴美，在愛荷華大學國際寫作班研究，得碩士學位。 2.現任教於耶魯大學東亞語文學系。 3.民國八十四年以詩集《寂寞的人坐著看花》獲國家文藝獎。	1.擅長寫作抒情詩，能熔古典於現代，化陳腐為新奇。 2.早期以**輕柔的語言、浪漫的意識、奔放的性情**交織而成的詩篇，如〈船長的獨步〉、〈水手刀〉、〈錯誤〉、〈賦別〉等，最令人神迷。 3.民國五十六年衣缽寫成後突停筆不寫。 4.民國六十九年始再有《燕人行》之出版，漸恢復積極寫作。然因歲月之思、家國之感、以及生命體悟等因素之影響，其詩俱與早期異趣。	著有《夢土上》、《衣缽》、《窗外的女奴》、《雪的可能》、《刺繡的歌謠》等。
楊牧	臺灣花蓮	本名王靖獻	1.美國柏克萊加州大學博士。 2.現任教於西雅圖華盛頓大學。 3.民國六十一年以前筆名葉珊，六十一年以後筆名楊牧。	1.十九歲起即致力於散文與詩之創作，推陳出新，自我突破，為臺灣當代極重要之散文家。 2.民國六十一年以前，散文重抒情，貴唯美；以後**融鑄知性與感性**，塑造新一代美文典範。	著有《葉珊散文集》、《楊牧詩集》、《搜索者》、《星圖》等書。

姓名	籍地	字號	事蹟	成就	著作
席慕蓉（女）	蒙古	—	文人兼畫家，專攻油畫，畫中有詩情，詩中有畫意。	民國七十年七月、她的第一本詩集「七里香」出版後，於一年內再版了七次。創下中國詩壇多年以來奇蹟般的記錄。	著有《無怨的青春》、《七里香》、《時光九篇》、《河流之歌》；散文集《成長的痕跡》、《寫給幸福》；詩文合集《在那遙遠的地方》。
吳晟	臺灣彰化	本名吳勝雄	教學之餘從事農耕，並致力於詩和散文的創作。	**作品真摯感人，充滿對鄉土的關懷**。公認為戰後臺灣第一位鄉土詩人。	著有《吾鄉印象》、《向孩子說》、《農婦》等書。
簡媜（女）	臺灣宜蘭	本名簡敏媜	曾任文學雜誌、出版社編輯，現為專業作家。	作品以抒情散文為主，文思縱放而細緻，句法流動而鮮活，風格繁複多變。	著有《水問》、《只緣身在此山中》、《月娘照眠床》、《胭脂盆地》、《女兒紅》。

甲、經部

心智圖自我學習法

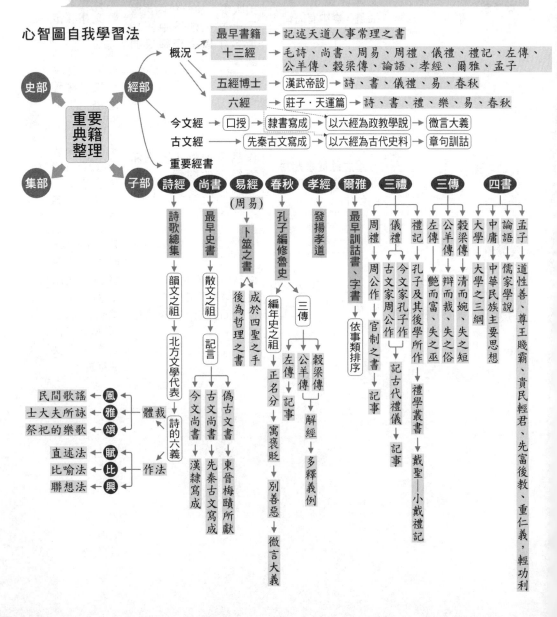

史部　經部

重要典籍整理

集部　子部

概況
- 最早書籍 → 記述天道人事常理之書
- 十三經 → 毛詩、尚書、周易、周禮、儀禮、禮記、左傳、公羊傳、穀梁傳、論語、孝經、爾雅、孟子
- 五經博士 → 漢武帝設 → 詩、書、儀禮、易、春秋
- 六經 → 莊子・天運篇 → 詩、書、禮、樂、易、春秋

今文經 → 口授 → 隸書寫成 → 以六經為政教學說 → 微言大義
古文經 → 先秦古文寫成 → 以六經為古代史料 → 章句訓詁

重要經書

詩經
詩歌總集 → 韻文之祖 → 北方文學代表 → 詩的六義

體裁
- 風 → 民間歌謠
- 雅 → 士大夫所詠
- 頌 → 祭祀的樂歌

作法
- 賦 → 直述法
- 比 → 比喻法
- 興 → 聯想法

尚書
最早史書 → 散文之祖 → 記言
- 今文尚書 → 漢隸寫成
- 古文尚書 → 先秦古文寫成
- 偽古文書 → 東晉梅賾所獻

易經（周易）
卜筮之書 → 後為哲理之書 → 成於四聖之手

春秋
孔子編修魯史 → 編年史之祖 → 三傳
- 左傳 → 正名分 → 寓褒貶 → 別善惡 → 微言大義
- 公羊傳 → 記事
- 穀梁傳 → 解經 → 多釋義例

孝經
發揚孝道

爾雅
最早訓詁書、字書 → 依事類排序

三禮
- 周禮 → 周公作 → 官制之書 → 記事
- 儀禮 → 古文家周公作 今文家孔子作 → 記古代禮儀 → 記事
- 禮記 → 孔子及其後學所作 → 禮學叢書 → 戴聖—小戴禮記

三傳
- 左傳 → 艷而富、失之巫
- 公羊傳 → 辯而裁、失之俗
- 穀梁傳 → 清而婉、失之短

四書
- 大學 → 大學之三綱
- 中庸 → 中華民族主要思想
- 論語 → 儒家學說
- 孟子 → 道性善、尊王賤霸、貴民輕君、先富後教、重仁義，輕功利

(一)經學概況

1. 經本義是織布的縱絲，引申為「常」的意思，經書是記述天道人事常理之書。解經為「傳」，解釋意義之文字曰「注」，申說傳注之文字曰「疏」。

2. 經書是我國流傳下來最早的書籍，乃是記述天道人事的「常理」的書。

3. 六經之名，始見〈莊子・天運篇〉，指《詩》、《書》、《易》、《禮》、《樂》、《春秋》。漢代稱六經為六藝。「六藝」另有一解，乃指禮、樂、射、御、書、數。六藝之名，出於〈周禮・地官保氏〉。

4. 漢武帝置五經博士，《易》、《詩》、《書》、《禮》、《春秋》。《禮》是指《儀禮》。

5. 唐太宗時孔穎達作《五經正義》，五經為《毛詩》、《周易》、《尚書》、《禮記》、《左傳》。此後「五經」便以孔穎達五經為名。

6. 南宋始有十三經之名（《孟子》最晚入經部），清阮文達重刊定本，十三經之注疏如下：

牛刀小試

（　）　所謂「六經」是指：　(A)三禮、三傳　(B)詩、書、易、禮、爾雅、春秋　(C)詩、書、易、禮、春秋、孝經　(D)詩、書、易、禮、樂、春秋。

解答 D

(二)十三經簡介

（注—解經之文，又稱箋、傳、集注、集解。疏—解注之文，又稱正義。）

書名	簡介	注疏
毛詩	1. 最早詩歌總集。 2. 韻文之祖。 3. 純文學之祖。	西漢毛亨傳、東漢鄭玄箋、唐孔穎達正義。
尚書	1. 最早的一部史書。 2. 散文之祖。	漢孔安國傳、唐孔穎達等正義。
周易	1. 初為卜筮之書。 2. 後經闡釋，乃成哲理之書。	魏王弼注、晉韓康伯注、唐孔穎達等正義。

書名	簡介	注疏
周禮	1. 原名《周官》。 2. 西漢劉歆改稱《周禮》。	漢鄭玄箋、唐賈公彥疏。
儀禮	1. 本名士禮。 2. 漢只稱「禮」。	漢鄭玄箋、唐賈公彥疏。
禮記	1. 本附於《儀禮》之後。 2. 又稱《小戴記》。	鄭玄箋、唐孔穎達等正義。
左傳	以記事為主（多記史實）。	杜預集解、唐孔穎達等正義。
公羊傳	1. 以解經為主。	漢何休注、唐徐彥疏。
穀梁傳	2. 多釋義例。	晉范寧集解、唐楊士勛疏。
論語	孔子學說的代表文獻。	魏何晏集解、宋邢昺疏。
孝經	1. 字數最少者。 2. 惟一自始即稱經者。	唐玄宗注、宋邢昺疏。
爾雅	最早的訓詁書 （最早的一本字書）。	晉郭璞注、宋邢昺疏。
孟子	最晚加入者（南宋）。	漢趙岐注、宋孫奭疏。

◎ 唐太宗命孔穎達為《毛詩》、《尚書》、《易經》、《春秋左氏傳》、《禮記》作五經正義，並為科舉考試的標準本。

(三)今、古文經（問題的產生─秦的焚書）

1. 漢武帝立五經博士，皆為今文家，到劉歆校秘府書，發現古代經書，乃力爭古文博士。
2. 鄭玄勤注群經，兼用今古文之說。晉王肅也是兼通今古文學。於是今古始合而為一。

區別	說明	代表
今文經	1. 老師宿儒口授，而用漢代當時通行的隸書寫成者。 2. 以六經為孔子政教的學說，偏重微言大義。	《詩經》三家詩（齊、魯、韓）《儀禮》、《禮記》、《公羊傳》、《穀梁傳》等
古文經	1. 漢代發現孔壁中，用先秦古文字寫成者。 2. 以六經為古代史料，偏重章句訓詁。	《毛詩》、《周禮》、《左傳》等

(四)重要經書

1. 詩經：

(1) 網羅春秋中葉以前五、六百年之作品。凡三百十一篇，其中六篇有目無辭（均屬小雅），今本實三百零五篇，統稱三百篇。

(2) 詩經除極少數列有作者姓名以外，其他均無作者，詩經在孔子以前已流傳於魯，司馬遷說：原有三千多篇，經孔子刪訂重編後，遂為定本。

(3) 各篇初無標題，其後或取首句數字以為篇名，與篇義無關。

(4) 詩的六義：

體裁

風　各國民間之歌謠，包括十五國風。
（地域—黃河流域及漢江上游）。

雅　多為士大夫宴饗所詠，包括二雅（大雅、小雅）。

頌　祭祀時頌贊之樂歌，包括三頌（周、魯、商）。

作法

賦　鋪陳直敘（直述法）。

比　託物比擬（比喻法）。

興　因事引發（聯想法）。

(5) 漢代傳詩四家：（今僅存《韓詩外傳》和《毛詩》）

A. 齊詩—轅固（齊人）—亡於曹魏。

B. 魯詩—申培（魯人）—亡於西晉。

C. 韓詩—韓嬰（燕人）—內傳亡於北宋。

D. 毛詩—毛亨（魯人）—獨傳於世。

(6) 十三經注疏中之詩經，為西漢毛亨傳，東漢鄭玄箋、唐孔穎達正義。朱熹有《詩集傳》，廢詩序，多有新義，為明清以降之通行本。

(7) **《詩經》為我國最早的詩歌總集，韻文之祖，北方文學代表。**

2.**書經**：又名尚書，尚同上，乃上古之書。

  (1) 古代王者有左右史，右史記言，左史記事。事在《春秋》，言在《尚書》，《尚書》記言占十分之八九。

  (2) 所記，起至堯舜，止於秦穆公，是研究古史的重要典籍。

  (3) 今本五十八篇，包括〈虞書〉、〈夏書〉、〈商書〉、〈周書〉四部份；分典、謨、訓、誥、誓、命六體。

  (4) A. 今文尚書—傳自漢初伏生，以漢隸寫成。

     B. 古文尚書—得自孔壁，用先秦古文寫成。

     C. 偽古文尚書—東晉梅賾所獻，乃今通行本。

  (5) 偽古文尚書，歷代均有懷疑，至清閻若璩考證確定其中二十五篇為偽作。然流傳一千餘年，有其價值，仍不能廢。

3.**易經**：又名《周易》，孔穎達以為「因代以題周」。明代以後，通稱《易經》。

  (1) 《易經》成於四聖之手— A. 伏羲氏畫八卦　B. 文王作卦辭　C. 周公作爻辭　D. 孔子作十翼。

  (2) 始為八卦，後演為六十四卦，始於乾卦，終於未濟卦。

  (3) 鄭玄謂易有三義—易簡、變易、不易。

  (4) 《易》述天道人事之理，以六十四卦象萬物萬事，以簡馭繁，就是「易簡」；每卦六爻，變動不居，所得結果不同，就是「變易」；宇宙萬物，變化無窮，終歸循環無盡，就是「不易」。

  (5) 本為卜筮之書，闡釋天地陰陽變化之理，後與人事配合始成哲理之書。

4.**春秋**：

  (1) **原為魯史，經孔子編修而成，為編年史之祖。**

  (2) 上起魯隱公元年，下迄哀公十四年，凡歷十二公，共二百四十二年。

  (3) 正名分，寓褒貶，別善惡，微言大義，史文質約，記事簡略。

  (4) **春秋三傳：《左傳》、《公羊傳》、《穀梁傳》。**

  (5) 孟子云：「**孔子作春秋，而亂臣賊子懼。**」

5. **孝經**：
   (1) 多記曾子言行，為發揚孝道之書，凡十八章。
   (2) 作者說法不一
       A. 孔子所作。
       B. 曾子所作。
       C. 曾子之弟子所記（此說最可信）。
   (3) 首章開宗明義云：「夫孝，始於事親，中於事君，終於立身。」
   (4) 現行十三經注疏本中惟一御注者，唐玄宗注，宋邢昺疏。

6. **爾雅**：
   (1) 作者說法不一，盡漢代小學家綴輯舊文遞相增益之作。
   (2) 蒐輯古書中的傳注解釋，歸類編列成為一部字書。
   (3) 依事類排列，分十九篇，如釋詁、釋言、釋天等篇。由此書可窺
       見先秦名物訓釋、古今異言的情形。
   (4) 因分類編成，因此有資料訓釋、分類備查的功用，可以為讀古書
       的輔助。
   (5) 這是一本最早的字書，後世許多字書，以至今日的字典辭典，都
       是由這本書發展而來。

7. **三禮**：
   《禮記》原一百三十一篇，至漢有二版本：
   (1) 大戴禮記：（戴德本）八十五篇，今存四十篇。
   (2) 小戴禮記：（戴聖本）四十九篇，今《五經正義》、《十三經》
       注疏本所本也。故今之《禮記》，即《小戴禮記》也。
   (3) 大小戴為叔姪關係。

8. **三傳**：

書名	作者	內容	評論	注疏
公羊傳	公羊壽 胡母子都	長於訓詁，以解經為主。（多釋義例）	辯而裁，失之俗	漢 何休注 唐 徐彥疏
穀梁傳	穀梁赤	內容同公羊傳，不如其豐富。	清而婉，失之短	晉 范寧注 唐 楊士勛疏
左傳	左丘明	長於敘事，以記事為主。（多記史實）	豔而富，失之巫	晉 杜預注 唐 孔穎達正義

➡ 乙、史部

心智圖自我學習法

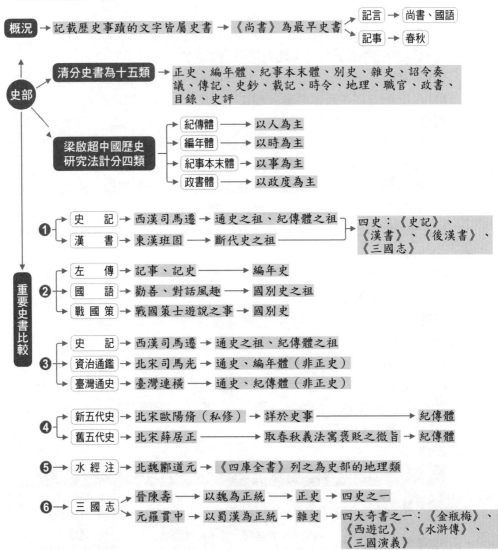

(一)史學概況

1. 廣義而言，凡記載歷史事跡的文字，皆屬史書，故有「六經皆史」之說。**《尚書》即為最早史書。**

2. 最古的史書有記言、記事二種形式。記言體如《尚書》、《國語》；記事體如《春秋》。

3. 其後人事活動日益複雜，記言記事互相結合，乃產生新的史書體裁，大體上可分為三類：一為紀傳體；二為編年體；三為紀事本末體。紀傳體以人物傳記為篇章之主，最早為《史記》；編年體以時間年次為敘述史實的次序，最早為《春秋》；紀事本末體以一段史事為單元，不為傳記，也不限時間，最早為袁樞《通鑑紀事本末》。

4. 另有正史、通史、斷代史之名。正史為紀傳體之史書，即二十五史。通史所記史事貫通數代，故名通史。**《史記》為正史、通史之祖。所記為一朝一代，即為斷代史，《漢書》為斷代史之祖。**（102 初考一般行政）

(二)史的本質

1. 史是人類文化發展的記錄，更是人類文化進步的憑藉。

2. **《尚書》乃我國最早之史書。**

3. 書乃史冊之本名，晉之《乘》，楚之《檮杌》，魯之《春秋》，皆史之別名。

4. 史書稱史，起於司馬遷之《史記》。

(三)清〈四庫全書總目提要〉計分史書為十五類

正史、編年紀事本末、別史、雜史、詔令奏議、傳記、史鈔、載記、時令、地理、職官、政書、目錄、史評。

(四)梁啟超中國歷史研究法計分四類

1. **紀傳體**：以人為主，以人繫事，詳一人之事跡，如《史記》、《漢書》。

2. **編年體**：以時為主，以事繫年，詳一國之政體，如《春秋》、《左傳》。

3. **紀事本末體**：以事為主，詳一事之本末。如宋袁樞《通鑑紀事本末》。

4. **政書體**：以制度為主，詳一制度之原委。如《通典》《通志》。

(五)史書的分類

體例	說明	代表
正史 （紀傳體）	〈隋書經籍志〉始稱其史，乃確立正史之名（以人物傳記為主）。	1.二十五史皆為正史。 2.二十五史皆為紀傳體。 3.始於《史記》，《史記》又為紀傳體之祖。
編年體	以年代為主	1.編年史之祖為《春秋》。 2.《竹書紀年》：《四庫全書》列為編年之首。 3.北宋司馬光主撰之《資治通鑑》，亦為編年體。
紀事本末體	以事為主	始於南宋袁樞《通鑑紀事本末》。
別史	以國為主	《國語》、《戰國策》。 注：《四庫全書》將《國語》、《戰國策》歸收雜史。
雜史	大抵事關國家或遺文舊事	1.《貞觀政要》，唐吳兢撰。 2.《涑水紀聞》，宋司馬光撰。
詔令奏議	明政令之發布，為治道得失之所繫	1.《陸宣公奏議》，唐陸贄撰。 2.《歷代名臣奏議》，明楊士奇等奉編。
傳記	記個人事跡	1.《孔子編年》，宋胡仔撰。 2.《列女傳》，漢劉向撰。
史鈔	鈔錄提要	取典籍精華，不足以言博大精深。
載記	上不載於正史，下不至於野史	1.或稱偽史、霸史，所記非正統國史事。 2.如《吳越春秋》、《華陽國志》等。
時令	記寒暑季節之變	我國以農立國，故至為重要。

禮例	說明	代表
地理	言人文者多，言自然地形者少，不同於近世地理學	1. 《水經注》，魏酈道元撰。 2. 《讀史方輿紀要》，清顧祖禹撰。 3. 《天下郡國利病書》，清顧炎武撰。
職官	始於《周官》	史書或併入政書，《四庫全書》以為百度之綱，別為一目。
政書	以典章制度為主	1. 《通典》，唐杜佑撰。 2. 《通志》，宋鄭樵撰。（四庫總目收入別史） 3. 《文獻通考》，元馬端臨撰。 ※以上並稱「三通」。
目錄	可為讀書方向之指導	劉向的《別錄》為目錄學之祖。
史評	以評論史事為主	1. 《史通》，唐劉知幾撰。（為史評第一部） 2. 《文史通義》，清章學誠撰。 3. 《讀通鑑論》，清王夫之撰。

➡ 丙、子部

心智圖自我學習法

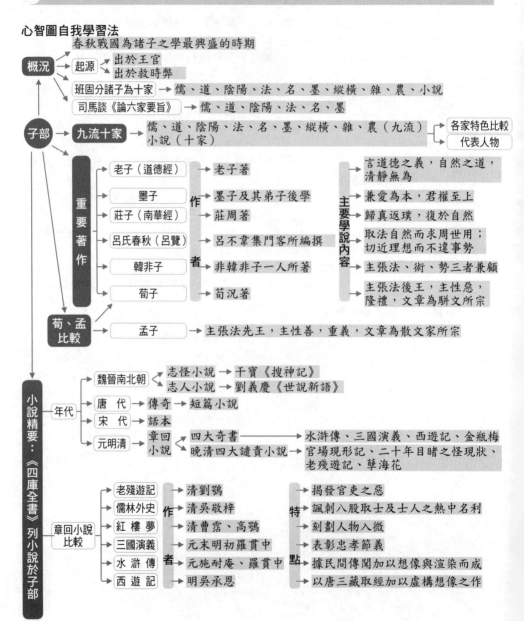

概況
- 春秋戰國為諸子之學最興盛的時期
- 起源：出於王官／出於救時弊
- 班固分諸子為十家 → 儒、道、陰陽、法、名、墨、縱橫、雜、農、小說
- 司馬談《論六家要旨》→ 儒、道、陰陽、法、名、墨

子部
- 九流十家：儒、道、陰陽、法、名、墨、縱橫、雜、農（九流）／小說（十家） → 各家特色比較／代表人物
- 重要著作（作者）
  - 老子（道德經）→ 老子著 → 言道德之義，自然之道，清靜無為
  - 墨子 → 墨子及其弟子後學 → 兼愛為本，君權至上
  - 莊子（南華經）→ 莊周著 → 歸真返璞，復於自然
  - 呂氏春秋（呂覽）→ 呂不韋集門客所編撰 → 取法自然而求周世用；切近理想而不違事勢
  - 韓非子 → 非韓非子一人所著 → 主張法、術、勢三者兼顧
  - 荀子 → 荀況著 → 主張法後王，主性惡，隆禮，文章為駢文所宗（主要學說內容）
- 荀、孟比較
  - 孟子 → 主張法先王，主性善，重義，文章為散文家所宗

小說精要：《四庫全書》列小說於子部
- 年代
  - 魏晉南北朝：志怪小說 → 干寶《搜神記》／志人小說 → 劉義慶《世說新語》
  - 唐代：傳奇 → 短篇小說
  - 宋代：話本
  - 元明清：章回小說
    - 四大奇書 → 水滸傳、三國演義、西遊記、金瓶梅
    - 晚清四大譴責小說 → 官場現形記、二十年目睹之怪現狀、老殘遊記、孽海花
- 章回小說比較（作者）（特點）
  - 老殘遊記 → 清劉鶚 → 揭發官吏之惡
  - 儒林外史 → 清吳敬梓 → 諷刺八股取士及士人之熱中名利
  - 紅樓夢 → 清曹霑、高鶚 → 刻劃人物入微
  - 三國演義 → 元末明初羅貫中 → 表彰忠孝節義
  - 水滸傳 → 元施耐庵、羅貫中 → 據民間傳聞加以想像與渲染而成
  - 西遊記 → 明吳承恩 → 以唐三藏取經加以虛構想像之作

(一)子學概況

1. 子是春秋時代對男子的尊稱，故對老師、有學問之人稱子，如孔子、孟子。最後引申至對這些人的著述也稱為子。如：《老子》、《莊子》等書。

2. **春秋戰國時代，是諸子之學最興盛的時期。**

3. 最早談論諸子學派的是〈莊子‧天下篇〉，其次是〈荀子‧非十二子篇〉。

4. 諸子之起源有二說：

   (1) **出於王官**。班固〈漢書‧藝文志〉云：「儒家者流，蓋出於司徒之官。」「道家者流，蓋出於史官。」等。

   (2) **出於救時弊**。劉安〈淮南子略〉：「諸子之學，皆起於救世之弊，應時而興。」胡適：「諸子不出於王官論」本此。

5. 班固〈漢書‧藝文志〉分諸子為十家：儒家、道家、陰陽家、法家、名家、墨家、縱橫家、雜家、農家、小說家。

6. 司馬談〈論六家要旨〉：儒、墨、道、法、名、陰陽六家。

(二)九流十家簡介

學派	源出	影響	代表	學說要旨	其他
儒家	司徒之官，掌教育。	其學祖述堯舜、憲章文武、宗仰仲尼。	1. 孔子為儒家思想之領袖及集大成者。 2. 孟子與荀子為儒家兩大宗派。	1. 中心思想是仁，主忠恕，行仁政，崇尚禮樂。 2. 對仁愛主張由己及人，由近至遠的有差等的愛。	1. 戰國時儒、墨並稱顯學。 2. 漢武帝採董仲舒之議，罷黜百家，獨尊儒術。 3. 中國學術實以儒家為主流。 4. 孟子主性善，荀子主性惡。 5. 《孟子》一書於南宋光宗時列為十三經之一。

學派	源出	影響	代表	學說要旨	其他
道家	史官，掌典籍	託始於黃帝，故黃老並稱。	1.老子為道家之首領。 2.莊子、楊朱、列子為其主要人物。	崇尚自然，主張清靜無為，以虛無為本，以因循為用。	1.其來源於諸子中最先。 2.楊朱主「為我」，戰國時衛人，無著作，《列子》載其學說。 3.孟子曾痛斥楊氏「為我」是「無君」。 4.道家與道教不同，道教乃漢張陵所創的宗教。
墨家	清廟之守，掌祀典	出於夏禹。	1.墨翟為其領袖。 2.墨子死後墨家領袖稱「鉅子」。	1.十一條綱領：尚同、尚賢、兼愛、非攻、節用、節葬、天志、明鬼、非樂、非命、非儒。 2.其學本於儒家，卻嫌儒家之禮繁擾。 3.對兼愛的主張：墨子倡兼愛，主張「愛人若愛其身，視人之國若視其國」，是一種無差等的愛。	1.為最積極之救世派。 2.戰國時儒、墨兩家並稱顯學。 3.漢以後墨家即趨衰敗。 4.孟子斥其兼愛是「無父」。
法家	理官，掌刑法	歸本於黃老。	重勢派—慎到；重術派—申不害；重法派—商鞅；集大成—韓非	其學重刑法，嚴賞罰，貴法治。	作法絕情，刻薄少恩，為法家之流弊。

學派	源出	影響	代表	學說要旨	其他
名家	禮官，掌禮秩	墨家辯學。	公孫龍、惠施為其主要人物。	**討論名理**，辨別名實異同，重在正名。	1. 流於詭辯，為其弊病。 2. 名家亦稱「辯者」，名學即理則學或論理學，亦即邏輯學。
陰陽家	羲和之官，掌星曆	推黃帝為始祖。	鄒衍為其首領。	主「**五德終始**」的理論，故順時敬天，為陰陽家之所長。	1. 初由曆象日月星辰之天文學，衍生為鬼神迂怪之事。 2. 後世五行符讖術數等事，因之而起。
縱橫家	行人之官，掌朝聘	鬼谷子為其始祖。	蘇秦「合縱。」張儀「連橫」。	主張以**遊說**、**權術**說天下。	孟子曾痛斥張儀非大丈夫。
農家	農稷之官，掌農事	託神農之學。	戰國時楚人許行。	主張國君與民並耕而食。	孟子嘗斥許行為南蠻鴃舌之人。
雜家	議官，掌諫議	—	呂不韋。	雜取諸家學說而成。	《呂氏春秋》為代表。
小說家	稗官，掌野史	—	宋鈃（牼）。	街談巷語，道聽塗說。	1. 古人輕視之。 2. 小說之初均為神話與傳說。 3. 《山海經》、《穆天子傳》為我國最早之神話小說。

1. 以上十家，除掉小說家不計，即為九流。
2. 戰國時儒、墨二家並稱顯學。

(三)重要著作

書名	時代	作者	主要學說內容	注疏
老子（道德經）	春秋	老子，姓李名耳，字聃	1.是書言「道」之意。老子之道為自然之道，為天所循之道，凡五千餘言。 2.道法自然，故政治主張清靜無為。	1.漢河上公注為最古。 2.三國王弼注為最通行。
墨子	戰國	墨翟弟子後學綴輯而成。	1.墨子學說以**兼愛**為本。 2.倡兼愛利人，乃主張「節葬」、「節用」、「非樂」、「非攻」。 3.以「尊天」、「明鬼」為勸人手段，推行其主張。 4.主張君權至上，統治一切，乃有「尚同」之說。 5.其學以自苦為極，難於忍耐，自漢以後，墨學完全滅絕。	清孫貽讓《墨子閒詁》，校訂疏釋甚完善。
莊子（南華經）	戰國	莊周	1.凡十餘萬言，大抵率寓言，今存三十三篇。 2.主張達觀，宜順天而適自然，得以養生。 3.政治思想極似老子，主張**歸真返璞，復於自然**。太過理想，難切實際。（100初考一般行政）	1.清郭慶藩《莊子集釋》最通行。 2.王先謙《莊子集解》簡潔，最適初學。
荀子	戰國	荀況	1.荀子之學，**源自孔子**，傳六經而兼通百家之學。 2.書中〈勸學篇〉旨在說明學的重要，與禮記〈學記〉可代表儒家教育思想。 3.主張「**法後王**」，反對孟子「法先王」。	1.西漢劉向校定為《孫卿新書》三十二篇。 2.唐楊倞為之注，始更名為《荀子》。 3.清王先謙《荀子集解》，詳瞻精審，便於參考。

書名	時代	作者	主要學說內容	注疏
韓非子	戰國	1. 非韓非一人所著。 2. 韓非所著（有此二說）。	1. 韓非之學，出於荀子，源本於儒家，而成為法家，又歸本於道家。 2. 主張法、術、勢三者兼顧，「君無為，法無不為」為其最高理想。 3. 是書今傳五十五篇。其學說過於尊君，極易造成暴君專政。	清王先慎《韓非子集解》。
呂氏春秋（呂覽）	秦	呂不韋集門客所共編撰。	1. 凡二十六卷，分十二紀、八覽、六論。 2. 〈漢書·藝文志〉將之列為雜家。（以儒家、道家為主，兼採墨、法、名、兵、農各家之說。） 3. 此書原意將作為秦王政治國之用，故論經世治國之道甚多。 4. 其書大旨：「取法自然而求周世用；切近理想而不違事勢。」	東漢高誘為之作注。

(四)孟子、荀子比較

思想學說	孟子	荀子
自然觀	贊天命	非天命
歷史觀	法先王	法後王
人性論	主性善，重「義」，欲人之「盡性」而樂於善。	主性惡，願人之「化性」而勉於善，故隆「禮」。
所學擅長	通古今，長於詩書而疏於禮	主隆禮，故精於典章制度之學
文章風格	文章多奇筆，為散文家所宗	文章多複筆，為駢文家所宗

➡ 丁、集部

心智圖自我學習法

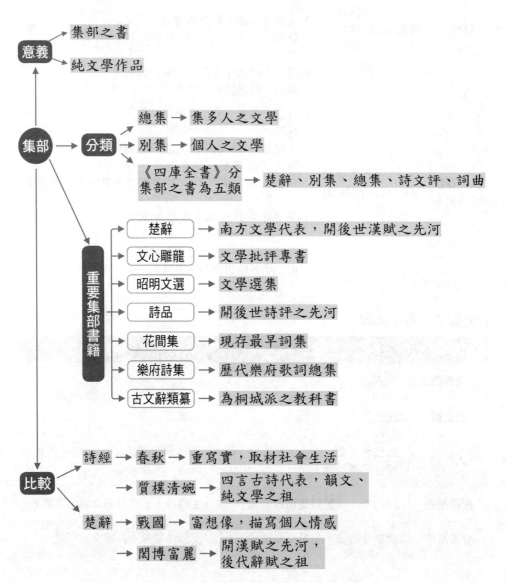

意義
- 集部之書
- 純文學作品

集部 → 分類
- 總集 → 集多人之文學
- 別集 → 個人之文學
- 《四庫全書》分集部之書為五類 → 楚辭、別集、總集、詩文評、詞曲

重要集部書籍
- 楚辭 → 南方文學代表，開後世漢賦之先河
- 文心雕龍 → 文學批評專書
- 昭明文選 → 文學選集
- 詩品 → 開後世詩評之先河
- 花間集 → 現存最早詞集
- 樂府詩集 → 歷代樂府歌詞總集
- 古文辭類纂 → 為桐城派之教科書

比較
- 詩經 → 春秋 → 重寫實，取材社會生活
  → 質樸清婉 → 四言古詩代表，韻文、純文學之祖
- 楚辭 → 戰國 → 富想像，描寫個人情感
  → 閎博富麗 → 開漢賦之先河，後代辭賦之祖

(一)「集」的意義及集書分類

1. 集部之書，為純文學作品，包括詩文、詞曲、小說等。
2. 分總集與別集。

名稱	說明	舉例
總集	為集多人之文學作品成一書者。	《楚辭》、《昭明文選》、《古文辭類纂》、《花間集》等。（101 土地銀行）
別集	為個人之文學著作集。	《杜工部全集》、《白氏長慶集》、《水滸傳》、《三國演義》等。

3. 《四庫全書》分集部之書為五類：楚辭、別集、總集、詩文評、詞曲。（小說書籍列子部小說家類，但未錄章回小說）。

(二)重要集部書籍

書名	時代	作者	說明
楚辭	戰國	屈原、宋玉、景差、賈誼、劉向、王逸。	1. 是書由《詩經》蛻變而來，為**南方文學**的代表。其形式長短自由。 2. 本為戰國時代南方楚國的詩歌。文中所用多楚言、楚地、楚聲、楚物，因此稱為《楚辭》。 3. 西漢末年，劉向輯屈原、宋玉、景差諸人的作品，並附入賈誼等之作品，集為《楚辭十六篇》，此為「楚辭」一名之始。 4. 東漢王逸收屈原、宋玉、景差、賈誼等之作並附以己作，加以注釋，名曰《楚辭章句》，凡十七卷。宋洪興祖為之補注，遂盛傳於世。 5. 宋朱熹作《楚辭集注》，又增收唐宋人之摹擬作品。 6. 開後世漢賦之先河。
文心雕龍	南朝梁	劉勰	1. 簡稱「文心」。為一部著名的**文學批評專書**。 2. 全書計五十篇，凡十卷。 3. 行文採駢文，敘說文章之作法與文體之性質。 4. 以清黃叔琳校本為最有名。

書名	時代	作者	說明
昭明文選	南朝梁	蕭統（編）	1. 簡稱「文選」。詩文總集，以此書為冠。為我國著名的**文學選集**。 2. 選錄秦漢下逮齊梁之詩文。選文標準，為「事出於沉思，義歸於翰藻。」所選包括詩賦、文、書、論等，凡六十卷。 3. 唐顯慶中，李善為之注，開元時，又有五臣注。南宋以後，取李善注與五臣注合刻，稱《六臣注文選》。 4. 〈陳情表〉、〈出師表〉、〈典論論文〉、〈過秦論〉、〈與陳伯之書〉、〈飲馬長城窟行〉、〈古詩十九首〉均取自本書。
詩品	南朝齊梁	鍾嶸	1. 將漢魏至齊梁的一百多位詩人，論其優劣，分詩為上中下三品。分總論，上卷、中卷、下卷。 2. 反對用典、模仿與四聲八病。 3. **開後世詩評之先河**，與《文心雕龍》並為世用。 4. 列曹植詩為上品，曹丕詩為中品，曹操詩為下品。推陶潛為「古今隱逸詩人之宗」，唯列其詩為中品。
花間集	五代後蜀	趙崇祚（編）	1. 為我國**現存最早的詞集**。 2. 收晚唐及五代溫庭筠、韋莊等十八人之作品計五百闋。 3. 宋陳振孫謂其為「倚聲填詞之祖」。 4. 其詞家大抵為蜀人，或曾任蜀。（故未收李後主及馮延巳之作品）
樂府詩集	宋	郭茂倩（編）	1. 為歷代樂府歌詞總集。 2. 凡一百卷。上起唐虞，下迄五代，分為十二類，網羅賅博。
古文辭類纂	清	姚鼐（編）	1. 為桐城派之教科書，凡七十五卷。 2. 所選斷自戰國，終於清代（清代只錄方苞、劉大櫆兩家）。 3. 經、子、史傳及詩歌皆不錄。分十三類，每類冠以小序，具述文體源流。 4. 所錄之文，以嚴謹著稱。

(三)詩經、楚辭比較

書名	詩經	楚辭
時代	春秋（北方）	戰國（南方）
句法	以四言為主，也有參差的句法。	長短自由，以六、七言為主。
內容風格	**重寫實，取材社會生活。**	**富想像，描述個人情感。**
辭藻	質樸清婉	閎博富麗
價值	1. 為四言古詩代表。 2. 為韻文之祖。 3. 為純文學之祖。	1. 上承詩經，下開漢賦之先河。 2. 後代辭賦之祖。
注疏	1. 西漢毛亨傳。 2. 東漢鄭玄箋。 3. 唐孔穎達正義。	1. 東漢王逸《楚辭章句》。 2. 宋朱熹《楚辭集注》。

第七章 應用文—書信、柬帖、題辭、節令

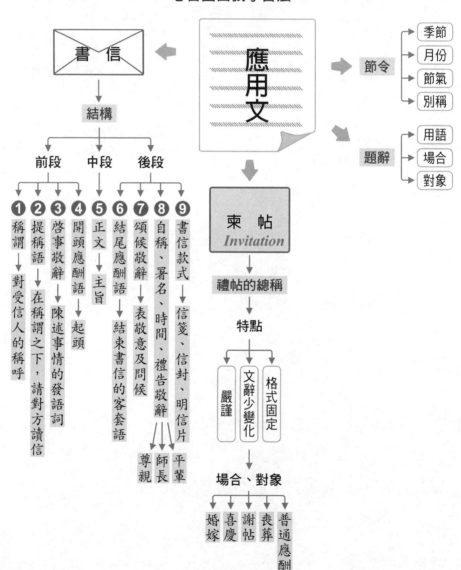

(一)書信

1. 書信的代稱有「書疏、書記、尺素、魚雁、玉札、好音、瑤章、華翰、刀筆、朵雲、雲箋、芝函、手翰、大札、惠書、來函」。
2. 書信的內容大至論政講學，小至問寒暖、話家常，無不適宜，實爲應用文中最重要的一種。
3.

書信結構	前段	(1) 稱謂 (2) 提稱語 (3) 啟事敬辭 (4) 開頭應酬語
	中段	(5) 正文
	後段	(6) 結尾應酬語 (7) 頌候敬辭 (8) 自稱、署名、禮告敬辭、時間 (9) 補述

說明：

(1) 稱謂：就是對受信人的稱呼，表示雙方的關係。在信箋第一行起首的位置書寫。

A. 稱人父子爲「賢喬梓」，對人自稱爲「愚父子」。稱人兄弟爲「賢昆仲」、「賢昆玉」，對人自稱「愚兄弟」。稱人夫婦爲「賢伉儷」，對人自稱爲「愚夫婦」。

B. 凡**長輩兄姊**，對人自稱時上加「家」字，**弟妹晚輩**，則用「舍」字。凡尊輩已歿，「家」字應改爲「先」字。（101 地五一般行政）

C. 「夫子」二字，可用於稱呼老師，亦可爲妻對夫之稱；但女學生以稱「老師」、「吾師」或「業師」爲宜。

D. 世交中的伯叔，視對方與自己父親年齡而定。較長者稱「伯」，較幼者稱「叔」。

E. 部屬對長官，通常稱「鈞長」或「鈞座」，或稱職銜如「某公部長」；自稱「職」。

F. 教師對校長可稱「校長」或「兄」，自稱時單稱名或弟，但不可用「職」。因教師爲聘任制，非校長之部屬。

(2) 提稱語：提稱語在稱謂之下，表示請對方讀信的意思，有時可省略改加冒號：

用　途	語　彙
用於祖父母及父母	膝下、膝前。
用於長輩	尊前、尊鑒、賜鑒、鈞鑒、崇鑒、尊右、侍右。
用於師長	**函丈**、壇席、講座、**尊前**、尊鑒、**道鑒**（101初考一般行政）。
用於平輩	台鑒、**大鑒**（101鐵路佐級）、惠鑒、左右、**足下**（101鐵路佐級）、雅鑒。
用於同學	硯右、硯席、文几、文席（上欄台鑒等語亦可通用）。
用於晚輩	青鑒、青覽、**如晤**（101鐵路佐級）、如握、**如面**、收覽、知悉、知之。
用於政界	**勛鑒**、鈞鑒、鈞座、台座、台鑒。
用於軍界	**麾下**（101鐵路佐級）、鈞鑒、鈞座。
用於教育界	講座、座右、塵次、有道、著席、撰席、史席。
用於弔唁	苫次、禮席、禮鑒。
用於哀啟	矜鑒。

(3) 啟事敬辭：陳述事情之發語詞，現代書信中常省略這一項。

(4) 開頭應酬語：根據要在信中說的事情，先作一個起頭，有時可省略。

(5) 正文：為書信之主要目的部分，即書信之主旨所在。

(6) 結尾應酬語：為結束書信之客套語。如「敬祈□示覆，俾獲南針。」「寒流來襲，尚冀□珍重」，有時可省略。

(7) 頌候敬辭：為表敬意及問候之語。可分「請」、「頌」兩部分。頌後語中凡用「請」字，下必用「安」字，凡用「頌」字，下常用「祺」、「祉」、「綏」等字。

用　途	語　彙
用於祖父母及父母	叩請　福安；**敬請　金安**。
用於長輩	恭請　提安、福安（101地五一般行政）；敬請　崇安、鈞安、金安；敬頌　崇祺；順頌　福祉。

用　　途	語　　彙
用於師長	恭請　誨安；敬請　教安、講安；祇請　道安。
用於親友平輩	敬請　台安；順頌　時祺；即請　大安； 敬候　近祉；**順候　時綏**；即問　刻安。
用於親友晚輩	順詢　近佳；即問　近好；順頌　日祉。
用於學界	**敬請　學安；祇頌　文祺**；順請　撰安。
用於賀婚	恭賀　燕喜；恭賀　大喜。
用於弔唁	敬請　禮安；順候　素履。

(8) 自稱、署名、禮告敬辭、時間：自稱是在受信人之前稱自己，所以要和前面稱謂相配合，常用較小字體偏右書寫，以示謙遜。署名表示對信文負責，對近親只寫名，其他人則要寫姓名。署名之下為禮告敬辭，表示敬禮或告白。

A. 對祖父自稱「孫」（「孫」要寫得略小偏右）。

B. 對家族及關係極親近者，署名不寫姓，如「兒自強」；此外用全姓名，如「學生華自強」。

C. 禮告敬辭：
　　● 對尊親用「敬稟」、「叩上」。
　　● 對師長用「敬叩」、「敬上」。
　　● 平輩用敬啟、拜上。

D. 時間詞，表示寫好此信的日期，有必要註明，可表示時效，一般寫在禮告敬辭下，字體略小偏右，中式行款由上而下，切勿橫列用西元阿拉伯數字。

(9) 書信的款式：

A. 信箋對尊長或新交，以用中式八行信箋為宜。**弔喪忌用紅色行線。**

B. 信箋反摺乃以報凶，或表示絕交之用，最宜忌避。

C. **抬頭為表示尊敬之法。最通用者為平抬、挪抬。**平抬即寫及受信人時，另行書寫。挪抬為就原行空一格寫。

D. 字體以楷書小字為尊敬，行草放大為簡式。

E. 信封繕寫，中路中行寫受信人姓名、稱呼、台啟等字樣，係送信人對受信人之稱謂，不可誤會。

F. 明信片繕寫，中路不用「啟」字，而代以「收」字。左邊寄信
人不用「緘」字，而代以「寄」字。

(二)柬帖

1. 柬帖為社會應酬所用各種禮帖之總稱，如婚嫁、慶賀、喪葬、普通應
酬等柬帖。

2. 柬帖特點：一為格式較為固定；二為文辭殊少變化。

3. 柬帖作法：

(1) 格式不宜輕改：不合時宜之格式，更改亦應極其慎重。

(2) 引用辭語，力求適當。

(3) 相關事項，均須註明。

(4) 仔細校對，不可有誤。尤其喪葬柬帖，為免受帖者沾染晦氣，凡對
受者所用之字，均套紅色。如：「鼎惠懇辭」、「親、戚、世、學
誼」及「謹此訃」之後提行特大之「聞」字，均須套紅，萬不能誤。

4. 柬帖用語：

(1) 婚嫁用語：

A. 嘉禮、吉夕、合巹—結婚。

B. 文定—訂婚。（101 地五非一般行政）

C. 于歸—女子出嫁。

D. 福證—請人證婚之敬語。

E. 詹於—占於。占，卜也。

(2) 喜慶用語：

A. 桃觴—祝壽之酒席。

B. 湯餅—出生三日之宴稱湯餅，今亦稱滿月之酒席為湯餅。

C. 弄璋—稱生男孩。

D. 弄瓦—稱生女孩。

(3) 謝帖用語：

A. 領謝—領收禮物並道謝。（全收）

B. 璧謝—返還原來之禮物並道謝。（拒收）

C. 敬領幾色，餘珍，璧謝：領受一部份，其餘退還。

D. 踵謝—親自登門道謝。

E. 敬使—付送禮人之小費。

(4) 喪葬用語：

A. 先考（妣）：對他人稱自己去世之父母，亦稱先嚴（慈）、先父（母）。

B. 先室（荊）：對他人稱自己去世之妻子。

C. 壽終正（內）寢（女）：男喪用，如死於非常，只能用「終」或「卒」。

D. 享壽：卒年六十歲以上者稱「享壽」，不滿六十歲者稱「享年」，三十歲以下者稱「得年」。（101身障五等）

E. 反服：兒死，無孫，父在堂，父反爲兒之喪持服。

F. 五服：

　a. 斬衰（ㄘㄨㄟ）：五服中之最重者，子女對父母之喪服三年。（以最粗的生麻布製成，不縫邊者爲斬衰）

　b. 齊（ㄗ）衰：（以熟麻布製成而縫邊緣之喪服）。

　┌ 齊衰期（ㄐㄧ）：對祖父母、伯叔父母、兄弟、未嫁姑姊妹、妻喪，已嫁女的父母喪，服一年。
　│ 齊衰五月：爲曾祖父母服喪，服五月。
　└ 齊衰三月：爲高祖父母服喪，服三月。

　c. 大功：對出嫁姊妹及堂兄弟之喪，服九月。

　d. 小功：對堂伯叔父母及堂姑等之喪，服五月。大功、小功，合稱功服。

　e. 緦麻：對已出嫁之姑母、出嫁之堂姊妹及族兄弟等之喪，服三月。（以稍細熟布製成之喪服爲緦麻）

G. 孤子：母親健在，父死，子稱「孤子」。

H. 哀子：父親健在，母死，子稱「哀子」。（101地五非一般行政）

I. 孤哀子：父母親皆死，稱「孤哀子」。

J. 棘人：父或母喪時，子自稱「棘人」。

K. 杖期夫：妻死，夫自稱「杖期夫」。

L. 不杖期夫：妻入門前，夫之父母，或祖父母已死，妻未及服喪，妻死，夫稱不杖期夫（夫之父母尚健在，妻死，亦可稱不杖期夫）。

M. 未亡人：夫死，妻自稱「未亡人」。

N. 護喪：治喪之家以知禮能幹之家長或兄弟一人，主持喪事。

O. 權厝（ㄘㄨˋ）：暫時停放靈柩以待葬。

P. 匍匐奔喪：匍匐（ㄆㄨˊ　ㄈㄨˊ），急遽貌。奔喪，從遠方奔赴親喪。

Q. 合窆（ㄅㄧㄢˇ）：同葬一墓穴之中。

R. 禮賓：弔祭時，從旁贊禮之人，與招待賓客之知賓不同。

(5) 普通應酬：

A. 春卮（ㄓ）：年酒。蒲觴：端午節。桂漿：中秋節。茱觴：重陽節。餘酥（ㄊㄨˊ　ㄙㄨ）：元旦。

B. 喜慶禮品數量，諱言「一」、「單」、「隻」，改稱「成」、「雙」、「對」、「全」。

C. 晬（ㄗㄨㄟˋ）：小兒周歲。

D. 用代楮敬：以金錢代替冥紙。

(三)題辭舉例

賀訂婚	**緣訂三生**　文定厥祥				
賀結婚	百年好合　美滿良緣　珠聯璧合　福祿鴛鴦　佳偶天成 鴻案相莊　花好月圓　**秦晉之好**				
賀女嫁	**宜室宜家**（102 初考一般行政）　**之子于歸**　宜爾室家 桃灼呈祥				
賀男壽	松鶴遐齡　天保九如　海屋添籌　**海屋長春**				
賀女壽	萱堂日久　寶婺（音ㄨˋ）星輝　綵悅（音ㄩˊ）延齡 **萱草長春**				
賀新屋落成	**美輪美奐**　君子攸居　竹苞松茂　甲第徵祥　氣象維新 **雕梁畫棟**　**大啟爾宇**（102 初考一般行政）				
賀遷居	里仁為美　德必有鄰　高第鶯遷				
賀商店開業	鴻猷大展　駿業宏開　**陶朱媲美**				
賀醫界開業	懸壺濟世　**杏林之光**　功同良相				
賀生子	**弄璋誌喜**　麟趾呈祥（102 初考非一般行政） 喜得寧馨　**鳳毛濟美**（102 初考一般行政）				

賀生女	**弄瓦徵祥**　明珠入掌　輝增彩帨
賀當選	眾望所歸　造福邦家　德劭譽隆
輓老年男喪	老成凋謝　南極星沉　典型足式　**道範長昭　音容宛在** 高山安仰
輓老年女喪	駕返瑤池　母儀足式　淑德常昭 **慈暉永在**（102 初考一般行政）

(四)二十四節氣與四季對照表

季節		農曆（陰曆）月	節氣	國曆（陽曆）時間	別稱
春	孟春	一月	立春	二月四或五日	正月、端月
			雨水	二月十八或十九日	
	仲春	二月	驚蟄	三月五或六日	花月
			春分	三月二十或二十一日	
	季春	三月	清明	四月四或五日	桐月
			穀雨	四月二十或二十一日	
夏	孟夏	四月	立夏	五月五或六日	梅月
			小滿	五月二十一或二十二日	
	仲夏	五月	芒種	六月五或六日	蒲月
			夏至	六月二十一或二十二日	
	季夏	六月	小暑	七月七或八日	荔月
			大暑	七月二十二或二十三日	

季節		農曆（陰曆）月	節氣	國曆（陽曆）時間	別稱
秋	孟秋	七月	立秋	八月七或八日	瓜月、巧月、鬼月
			處暑	八月二十三或二十四日	
	仲秋	八月	白露	九月七或八日	桂月
			秋分	九月二十三或二十四日	
	季秋	九月	寒露	十月八或九日	菊月
			霜降	十月二十三或二十四日	
冬	孟冬	十月	立冬	十一月七或八日	陽月
			小雪	十一月二十二或二十三日	
	仲冬	十一月	大雪	十二月七或八日	葭月
			冬至	十二月二十一或二十二日	
	季冬	十二月	小寒	一月五或六日	臘月
			大寒	一月二十或二十一日	

第八章　公文寫作要領

　　自民國70年以來，各項考試，均考「函」的製作，本章即以「函」的作法為例，將公文格式中有關項目的寫法，如發文機關、文別、受文者、管理資料、署名及用語等分別加以闡明，再提出「下行函」、「平行函」、「上行函」的範例，請考生精讀。

　　本書的公文格式皆依行政院祕書處最新公布的範例編寫，如有任何異動以行政院正式公告為準，並於千華公職資訊網（http://www.chienhua.com.tw/）公布，請讀者密切注意，或參考政府公文入口網站「公文e網通」（http://www.good.nat.gov.tw）。

公文標準格式

檔　　號：
保存年限：

（機關全銜）（文別）

（會銜公文機關排序：主辦機關、會辦機關）

地址：（會銜公文列主辦機關，令、公告不需此項）
聯絡方式：（承辦人、電話、傳真、e-mail）
（會銜公文列主辦機關，令、公告不需此項）

（郵遞區號）
（地址）（公文傳遞使用，作答時可不寫）
受文者：（令、公告不需此項）

發文日期：

發文字號：（會銜公文機關排序：主辦機關、會辦機關）

速別：（令、公告不需此項）

密等及解密條件或保密期限：（令、公告不需此項）

附件：（令不需此項）

（本文）（令：不分段

　　　　　公告：主旨、依據、公告事項三段式

　　　　　函、書函等：主旨、說明、辦法三段式）

正本：（令、公告不需此項）

副本：（含附件者註明：含附件或者○○附件）

（蓋章戳）

　　　　　　　（會銜公文：按機關排序蓋用機關首長簽字章

　　　　　　　　　令：蓋用機關印信、機關首長簽字章

　　　　　　　　公告：蓋用機關印信、機關首長簽字章

　　　　　　　　　函：上行文－署機關首長職銜蓋職章

　　　　　　　　　　　平、下行文－機關首長簽字章

　　　　　書函、一般事務性之通知等：蓋機關(單位)條戳）

↘ 函的標準格式

<pre>
                                        檔　　號：
                                        保存年限：

            ○○○○○○函

        地　　址：○○市○○路○○號
        聯絡方式：承辦人○○○
                電話(○○)○○○○○○○
                傳真(○○)○○○○○○○
                E-MAIL○○@○○.○○.○○.○○
郵遞區號：
地　　址：
受文者：○○○、○○○

發文日期：中華民國○○年○○月○○日
發文字號：(103)○○字第○○○○號
速別：最速件
密等及解密條件或保密期限：
附件：
主旨：
說明：
  一、
  二、
      (一)
      (二)
辦法：
  一、
  二、

正本：○○○、○○○
副本：○○○

(全銜)○長　姓○○　(簽名章或職章)
</pre>

［第一節］ 發文機關、文別、地址、聯絡方式之寫作方法

壹　發文機關的寫法

一、**發文機關必須寫機關全銜**，如：「行政院主計總處」，不可只寫「主計總處」；「行政院人事行政總處」，不可只寫「人事行政總處」。

二、發文機關可從試題中得知，但要注意有時試題並未使用全銜，寫作時要自己補全。

三、應試寫作公文時，**發文機關要從答案卷寫作公文位置的第一行約中央部分寫起，而且字體要加大**，比內容字體大一些（一般而言，內容字體約一字一格），**字與字的間距要視機關全銜的長短適度調整**。如「內政部」「教育部」「經濟部」等機關的全銜只有3個字，則可寫一格空一格或兩格。

四、**行政院所屬各機關，除依行政院組織法明定之十四部**（內政、外交、國防、財政、教育、法務、經濟、交通、勞動、農業、衛生福利、環境、文化、數位發展部）、**九會**（國家發展委員會、國家科學及技術委員會、大陸委員會、金融監督管理委員會、海洋委員會、僑務委員會、國軍退除役官兵輔導委員會、原住民族委員會、客家委員會）外，**其餘機關大都要冠上「行政院」3字**，如「行政院人事行政總處」、「行政院主計總處」……。

貳　文別的寫法

一、文別要寫在發文機關全銜之右空一格處，字體與發文機關一樣
　　大。

二、文別為「令」、「呈」、「咨」、「函」、「公告」或「其他
　　公文」，可從試題中得知。

三、「函」雖有上行、平行、下行的差別，但寫作均稱為「函」。

參　聯絡方式的寫法

一、依行政院93年6月29日修訂頒布的文書處理公文格式，將第一
　　行發文機關、文別下面的「發文日期」和「發文字號」移至他
　　處，另於第2行下方增列「地址」、「聯絡方式」2欄，內容
　　視情況列舉，可列項目有「承辦人」、「電話」、「傳真」、
　　「E-MAIL」，依發文機關、公文性質的不同作彈性運用。

二、地址和聯絡方式要**用較小字體**（大約兩字一格，以下提及之
　　「較小字體」都與此相同）**寫在第 2 行之右半行**，不可與第 1
　　行的發文機關、文別並列，應試時如不知題目中的發文地址及
　　聯絡方式為何，可逕以○○○替代，書寫為：

　　「地　　　址：○○○　○○市○○路○○號
　　　聯絡方式：承辦人○○○
　　　　　　　　電話(○○)○○○○○○○
　　　　　　　　傳真(○○)○○○○○○○
　　　　　　　　E-MAIL○○@○○.○○.○○.○○」

　　或依行政院公布的範例，書寫為：
　　「地址：○○○　○○市○○路○○號
　　　聯絡方式：（承辦人、電話、傳真、E-MAIL）」

注意聯絡方式一欄若無法由題目中得知，務需以○○○代替，切勿書寫自己的名字、電話，以免違反試場規則第5條第3款，導致扣分。

三、「令」、「公告」及「簽」等3類公文均不需標示地址與聯絡方式。

[第二節]　受文者、管理資料、正副本及署名的寫法

壹　受文者的寫法

一、公文類別中「呈」、「咨」、「函」、「書函」、「申請函」等，均應標示「受文者」。

二、受文者為行文的對象，**受文者如為機關團體應寫「全銜」；如為個人則寫其姓名，並於姓名下加其職稱或稱謂**，如「局長」、「科長」、「先生」、「女士」、「君」等。

三、寫作考試公文時，受文者寫在第三行，且要寫「全銜」。若試題未明指**受文者**為某一機關或某些特定機關，而**泛指「各機關」**、「各縣市政府」或「各級學校」等時，則受文者**宜加「所屬」兩字**，如「所屬各機關學校」、「所屬各鄉鎮市公所」。

四、發文機關若為行政院且未指明受文機關名稱時，則受文者宜寫為「所屬各部、會、局、處、署及各省、市政府」。

五、因應公文格式全面電子化，便於業務往來傳遞，避免郵件寄送時填寫不便，於受文者上方增列受文者的郵遞區號及地址二欄。應考時如不清楚受文者的所在地，可逕以○○○代替。

貳 管理資料的寫法

一、行政院修訂頒布的文書處理公文格式，已將原印於舊公文用紙上的管理資料紅色欄框取消，並移至「受文者」後面，以方便公文電子化作業。

二、公文的管理資料包含：「發文日期」、「發文字號」、「速別」、「密等及解密條件或保密期限」、「附件」等。

三、「發文日期」要用較小字體（大約兩字一格）寫在第4行的上半行，日期寫考試當天的年、月、日，且**必須冠上「中華民國」國號**。如考試日期為103年6月6日則寫「中華民國103年6月6日」。

四、「發文字號」要用較小字體寫在第4行下半行，緊接發文日期並對齊。應考者如會編寫「發文字號」時，儘量編寫出來；考試時若不會編字號，則可寫為「發文字號：（103）〇〇字第〇〇〇〇〇號」，（　）內的「103」代表考試寫作時的民國年代。

五、「速別」、「密等及解密條件或保密期限」兩項，要用較小字體寫在第5行，且要自第1格寫起，「速別」寫在上半行，「密等及解密條件或保密期限」寫在下半行。考試公文試題如無速別及密等的限定，應試時此兩項只要列出名稱即可，底下可空白。

六、高、普、特考常用發文機關其發文字號之編法列舉如下，以供參考（以103年為發文年代）。

　(一)行政院　台103院〇字第〇〇〇〇〇〇〇號

　(二)內政部　台（103）內〇字第〇〇〇〇〇〇〇號

　(三)教育部　台（103）教〇字第〇〇〇〇〇〇〇號

(四)行政院衛生福利部　（103）衛部○字第○○○○○○○號

(五)行政院人事行政總處　（103）人政○字第○○○○○○號

(六)行政院環境資源部　（103）環部○字第○○○○○○號

(七)行政院農業部　（103）農○字第○○○○○○號

(八)內政部警政署　（103）警署○字第○○○○○○號

(九)臺北市政府　（103）北市府○字第○○○○○○號

(十)新北市政府　（103）新北市府○字第○○○○○○號

(十一)彰化縣政府教育局　（103）彰府教○字第○○○○○○號

七、「令」及「公告」只須標示「發文日期」和「發文字號」，不須標示「速別」、「密等及解密條件或保密期限」、「附件」等三項。

八、「附件」要用較小字體寫在第六行上半行。考題中若須附送附件時，除**要在本文的「說明」段最後一項交代附件的名稱和份數**（如為上行函寫「檢陳」○○○三份，如為平行函或下行函則寫「檢附」或「檢送」○○○壹份）外，**亦必須在此欄下註明「見說明○」**；無附件的公文，則此項下空白。

九、若題目內明確要求寫出附件內容時，則可套用下列模式：

附件：

附件名稱：

(一) 目的：（參考主旨「為……」）訂定本要點（計畫或辦法）

(二) 依據：（與說明一相同，但捨去「辦理」二字）

(三) 主辦機關：（為發文機關或受文者的較高階機關）

(四) 承辦機關：（為發文機關或受文者的較低階機關）

(五) 實施要領：（略）

(六) 經費：所需經費請上級專案補助（或在年度預算相關經費
項下勻支）。

(七) 獎懲：執行有功人員，從優獎勵；執行不力，從嚴議處。

(八) 其他：（略）

(九) 本要點如有未盡事宜，得簽奉核可後修正公布。

參　正本、副本、抄本

一、行政院93年修訂頒布的文書處理公文格式，將原列於欄框「行
文單位」中之「正本」、「副本」、「抄本」移至正文結束後
一行。

二、「正本」要用較小字體寫在機關首長職稱、姓名之前一行的上
半行。考試的公文，「正本」可寫和第二行「受文者」相同的
機關。

三、「副本」要用較小字體寫在與「正本」同一行的下半行。公文
內容涉及「正本」以外有關機關本機關其他單位時，可以抄送
與正本完全相同的「副本」。

四、「副本」抄送非本機關的單位，應寫出該機關或單位的全銜。
如為本機關業務承辦單位或相關單位，則可先寫「本院」、
「本部」、「本會」、「本府」……，再加上該單位之名稱。
如：「本院祕書處」、「本部總務司」、「本會會計室」、
「本府教育局」、「本局人事室」……。

五、「副本」雖然不一定非想出抄送機關或單位不可，但考場公文
最好至少有一個副本抄送機關或單位。大體而言，「下行函」
的副本可抄送直屬上級機關和本機關業務承辦單位與相關單
位。發文機關如為「行政院」，則副本可寫此項業務的承辦單

位與相關機關，如「副本：本院祕書處及主計處」。若發文機關非行政院，而是行政院以下各級機關時，則「副本」可寫直屬的高一級機關及本機關業務承辦單位或相關單位，如發文機關為「臺北市政府」，則副本可寫「教育部及本府教育局」。無論上行函或下行函的副本皆以本機關業務承辦單位及其相關單位為主要考量。要特別注意的是上行函的副本不可給直屬上級機關，因為本公文的正本受文者即是該直屬上級機關。

六、「抄本」係因公文電子化後，直接經由電子交換系統發送，但仍需列印一分留底備查，原則上與國家考試公文格式關係不大，行文時可不列。

肆　署名的方法

一、公文內容寫完後，必須**在最後寫出發文機關首長職稱和姓名**。

二、職稱和姓名從「正本」、「副本」後一行之首寫起，先寫「職稱」，後寫「姓名」，並適當調整字距，切勿太緊密。

三、上行函的職稱姓名字體大小與內容字體相同，平行函、下行函則要特別加大。

四、若只知首長姓氏不知名字時，以「○○」替代，如「部長蔣○○」、「市長郝○○」、「縣長卓○○」；姓名皆不知時則以「○○○」表示，如「部長○○○」、「鄉長○○○」「主任委員○○○」。

五、**上行函於首長姓名後蓋「職章」，平行函與下行函則蓋「職銜簽字章」**。考試時於首長姓名下以括弧註明。如「部長李鴻源（職銜簽字章）」（下行函）、「大陸委員會委員長王郁琦（職章）」（上行函）。

[第三節] 公文的稱謂用語

　　行政院104年4月28日函頒修正「文書處理手冊」公文製作部分第18點所列「公文用語」規定甚明（請詳見本書第3章第2節），以下所列公文考試常用稱謂用語，以供參考：

鈞

　　公文中稱受文的直屬機關或首長時用，如「鈞院」、「鈞府」、「鈞部」、「鈞長」……等。

大

　　公文中稱無隸屬關係的上級機關時使用。如交通部給監察院之公文，稱監察院為「大院」，銓敘部給行政院的公文稱其為「大院」……等。

貴

　　公文中稱平級或下級機關、團體及其首長時用。如臺北市政府給市屬機關民政局、財政局、建設局、教育局、人事處等下級機關公文中稱其為「貴局」、「貴處」；給內政部、財政部、高雄市政府、南投縣政府等的公文，稱對方為「貴部」、「貴府」等。

職

　　機關屬員呈給機關首長的公文，自稱為「職」。如「職奉派於8月10日赴○○縣視察業務……。」

台端

　　機關給人民或屬員的公文，稱對方為「台端」，多用於「主旨」以後各段中。如「主旨：台端申請登記為臺北市區稅務代理人，應予照准。請查照。」

君

　　或稱「先生」、「女士」。為機關對人民或屬員的稱謂，多用於「受文者」後。如「受文者：張有為君」。

本

　　公文中稱自己的機關時用。如「本院」、「本部」、「本府」、「本局」、「本署」、「本中心」、「本校」……。

本人

　　人民給機關的公文自稱為「本人」。如「主旨：請核發本人繳納103年所得稅證明書3份，……。」大多用於「申請函」中。

[第四節] 公文的祈請及期望目的用語

壹 下行函的用語

希查照	希對方知悉照辦。
希照辦	希對方照案辦理。
希辦理見復	(「見復」即「復我」)希對方照案辦理,並將辦理情形回覆上級。
希查照見復	希對方知悉照辦並答覆。
希轉行照辦	希對方收文後轉行文下級機關告知照辦。措詞多為「希查照並轉知所屬照辦」。

貳 平行函的用語

請查照	請對方知悉或協助、配合辦理。
請查明見復	請對方查明某案並回覆。
請查照見復	請對方辦理並回覆。

參　上行函的用語

請鑒核	請上級鑒察、審核並指示。多用於自訂或奉上級指示訂定計畫、辦法、要點、實施要點等草案或陳報執行成果，請上級審核之公文。
請核示	請上級機關或首長指示以便遵行。多用於一般行政事務請示的公文。
請核備	請上級審核並留備查考。多用於一般行政工作的例行報表、憑證等，報請上級審核後以備日後查考。

[第五節]　考場公文分段要領及注意事項

壹　考場公文分段要領

一、下行函的分段要領

(一) 考場公文試題以「下行函」最多，從歷年試題分析約占80％。「下行函」應以「主旨」、「說明」、「辦法」三段式撰擬為原則。

(二) 採三段式的原因，為考場公文考下行函，題目大多為當前社會重大事件的預防與處理，社會不良風氣的改善或政府正積極推行的政策措施。撰寫時除第一段「主旨」敘述行文目的和期望，第二段「說明」陳述行文的原因外，尚須有第三段「辦法」向受文機關提出具體要求或指示處理方式，或具體要求、核示事項無法在「主旨」內簡述時，應加第三段列舉，以求完整週詳。

二、平行函的分段要領

(一) 考場公文試題為「平行函」時，除非題意只是一般業務協商洽辦，不需受文機關轉知所屬機關照辦，以「主旨」、「說明」二段撰擬外，其餘還是以「主旨」、「說明」、「辦法」三段式撰寫為原則。

(二) 題目類別雖為平行函，但實際上可用下行函命題，命題時將發文機關降低層級，改由業務主管機關發文給平級機關，且請求受文機關轉行所屬機關配合辦理，此類公文亦應以三段式撰擬為宜。

三、上行函的分段要領

(一) 如對上級機關有所請求、建議或自己所屬機關有腹案請上級機關核示時，則應以「三段式」撰擬，但要將第三段的段名「辦法」改為「請求」、「建議」或「擬辦」。

(二) 凡自訂或奉命訂定實施計畫、實施要點或實施辦法等草案報請上級機關鑒核時，亦以三段式為宜，但須於文末「職銜署名」的隔一行附上該草案的簡要內容。

貳　應考時特別注意的事項

　　考生參加考試前，再提醒幾點特別應注意的事項，如能考前閱讀當有助於考生應考，避免錯誤並獲得高分：

一、雖然文書處理手冊中說：「函的結構採用『主旨』、『說明』、『辦法』三段式，案情簡單者，用『主旨』一段完成，能用一段完成者勿硬性分割為二段、三段；『說明』、『辦法』兩段段名，均可因事、因案加以活用。」但參加考試是以錄取為目標，每一科目以能得高分的寫作為目的，**考生製作**

「公文」時，一定要依據題意撰擬包括「主旨」、「說明」、「辦法」三段式公文，缺一不可。主要目的是讓閱卷者透過考生撰寫的公文內容，來肯定考生對公文的了解。如以三段式書寫公文其成績一定比以一段或二段製作公文者爲高。

二、機關公文一般均以「函」的形式行文，但我們要注意不能因爲彼此以「函」行文，就認爲他們的地位是平等的。「函」仍有「上行函」、「平行函」、「下行函」的區別，格式雖然相似，但實質上是不同的，如公文用語、行文語氣、首長署名、簽章等均有不同。如**期盼用語：上行函用「請核示」、「請鑒核」；平行函則用「請查照」；下行文則用「希照辦」**。又如上行函語氣應恭敬；平行函語氣應不卑不亢；下行文語氣應謙和。但如今政府機關的上下關係，已經沒有以往那麼嚴格分明，所以在下行函裡用「希查照」或是用「請查照」均可。**署名則上行函應寫「機關全銜」並加蓋「機關首長職章」，平行函及下行函僅蓋機關首長「職銜簽字章」**即可，不必用全銜或蓋章。這是要特別注意的。

參　應考公文範例

↘ 下行函範例

試擬教育部致省（市）教育廳（局）函：當前治安日益惡化，社會充滿暴戾風氣，為維護學生身心健康，希切實加強生活輔導，並轉知所轄各級學校遵行。

檔　　號：
保存年限：

教育部　函

地　　址：○○市○○路○○號
聯絡方式：（承辦人、電話、傳真、e-mail）

○○○
○○市○○路○○號
受文者：省（市）政府教育廳（局）

發文日期：中華民國○○○年○○月○○日
發文字號：（103）○○字第○○○○號
速別：
密等及解密條件或保密期限：
附件：各級學校加強學生生活輔導實施要點

主旨：當前治安日益惡化，社會充滿暴戾風氣，為維護學生身心健康，希切實加強生活輔導，並轉知所轄各級學校遵行，請查照。

說明：
一、依據行政院○年○月○日○○字第○○○○號函辦理。
二、邇來，青少年飆車事件日益頻繁，情節較輕者，違反交通安全；情節較重者，甚而發生聚眾包圍警局、打架滋事及砍傷路人等嚴重影響治安案件。解決方案，除繼續配合警政單位執行「旭日專案」外，各級學校應全面加強學生的生活教育，並對有犯罪顧慮的學生追蹤輔導，以維學生身心健康。
三、檢附「各級學校加強學生生活輔導實施要點」一份。
辦法：
一、各省市政府教育廳（局）應轉知所轄各級學校，依本件所附實施要點，切實遵行。
二、本案業經本部專案列管，並為本部年終考核重點項目；各省市政府教育廳（局）執行本案有功人員，准予從寬敘獎。

正本：省（市）政府教育廳（局）
副本：行政院

部長　蔣○○（職銜簽字章）

↘ 下行函範例

> 交通及建設部函民用航空局：應加強對各航空站、各航空公司之督導管理，落實飛行器維修及人員訓練等工作，以確保飛行安全。

　　　　　　　　　　　　　　　　　　　　　　檔　　號：

　　　　　　　　　　　　　　　　　　　　　　保存年限：

交通及建設部　函

　　　　　　　　　　　地　　址：○○市○○路○○號
　　　　　　　　　　　聯絡方式：（承辦人、電話、傳真、e-mail）

○○○
○○市○○路○○號
受文者：交通及建設部民用航空局

發文日期：中華民國○○○年○○月○○日
發文字號：（103）○○字第○○○○號
速別：最速件
密等及解密條件或保密期限：
附件：

主旨：請貴局加強對各航空站、各航空公司之督導管理，落
　　　實飛行器維修及人員訓練等工作，以確保飛行安全，
　　　請查照。

說明：
一、依據立法院○年○月○日○○字第○○○○○號函辦理。
二、邇來國內外飛安事故頻傳：○○航空公司班機撞山、○○航空公司班機墜海、○○航空公司班機誤航、機輪爆胎、機腹著地等等，均已對旅客安全發生威脅，為免類似事件一再發生，貴局應通盤檢討，謀求可行之對策，全面改善國內飛安體質，確保營運安全。

辦法：
一、貴局應即邀請專家、學者及各航空站、航空公司代表等人員召開會議，研擬具體有效措施，並組成專案小組，全力督導執行。
二、本案業經本部專業列管，並為本部年終考核重點項目；貴局執行本案有功人員准予從寬敘獎；執行不力主管人員，將嚴懲不貸。

正本：航空管理局
副本：行政院

部長　○○○（職銜簽字章）

↘ 下行函範例

> 行政院內政部警政署函各縣市警察局：邇來詐騙事件層出不窮，致善良人民蒙受損失。請加強宣導並積極查緝，以保障人民財產之安全。

檔　　號：
保存年限：

內政部警政署　函

地　　址：○○○臺北市○○路○○號
聯絡方式：承辦人○○○
電話：(02)○○○○○○○○
傳真：(○○)○○○○○○○○
e-mail：○○@○○.○○.○○.○○

○○○
○○市○○區○○○路○段○號
受文者：各縣市警察局

發文日期：中華民國○年○月○日
發文字號：○○字第○○○○○○○○○○○號
速別：最速件
密等及解密條件或保密期限：
附件：

主旨：邇來詐騙事件層出不窮，致善良人民蒙受損失。請加強
　　　宣導並積極查緝，以保障人民財產之安全，希照辦。
說明：
　一、依行政院○年○月○日第○○次院會院長指示辦理。
　二、近來詐騙集團詐騙手段不但推陳出新，且行徑囂張，不
　　　少民眾蒙受其害，影響社會秩序甚鉅。為打擊詐騙集
　　　團、保障人民財產之安全，亟需積極查緝。
辦法：
　一、各級主管人員應督導所屬依照本署所訂定之各種預防詐
　　　騙措施切實執行，嚴密防範詐騙事件發生。
　二、加強宣導民眾不可隨便對外提供自己的身分證字號、帳
　　　號、卡號等個人資料。
　三、凡對查緝詐騙有功之員警，本署將從優獎勵。

正本：各縣市警察局
副本：內政部

署長　○○○（職銜簽字章）

↘ 下行函範例

內政部警政署有鑒於青少年飆車問題日益嚴重,特通函各縣市警察局,應切實執行「旭日專案」,以導正社會風氣。

檔　　號:
保存年限:

內政部警政署　函

地　　址:○○市○○路○○號
聯絡方式:(承辦人、電話、傳真、e-mail)

○○○
○○市○○路○○號
受文者:各縣市警察局

發文日期:中華民國○○年○○月○○日
發文字號:(103)○○字第○○○○號
速別:最速件
密等及解密條件或保密期限:
附件:旭日專案實施要點

主旨:有鑒於青少年飆車問題日益嚴重,各縣市警察局應切實執行「旭日專案」,以導正社會風氣,請查照。

說明：

　一、依據內政部○年○月○日○○字第○○○○○號函
　　　辦理。

　二、邇來各縣市迭傳青少年聚眾飆車滋事，輕者造成交通安
　　　全問題，甚者有包圍警局，衝撞執法警察，砍傷路人等
　　　違法行為，對社會治安造成莫大之影響，宜速謀對策，
　　　以消弭此一社會亂象，導正社會風氣。

　三、檢附「旭日專案實施要點」一份。

辦法：

　一、各縣市警察局應即組成專案小組，依據本文所附實施要
　　　點，全力執行。

　二、本案業經本署專案列管，並為本署年終考核重點項目；
　　　各局執行本案有功人員，准予從寬敘獎。

正本：各縣市警察局
副本：內政部

署長　○○○（職銜簽字章）

↘ 下行函範例

內政部函各縣市政府：請加強各項防震措施，定期辦理防震演習，以減低地震所帶來之人員傷亡及財物損失。

檔　　號：
保存年限：

內政部　函

地　　址：○○市○○路○○號
聯絡方式：（承辦人、電話、傳真、e-mail）

○○○
○○市○○路○○號
受文者：各縣市政府

發文日期：中華民國○○年○○月○○日
發文字號：（103）○○字第○○○○號
速別：最速件
密等及解密條件或保密期限：
附件：防震須知

主旨：請加強各項防震措施，定期辦理防震演習，以減低地震所帶來之人員傷亡及財物損失，請查照。

說明：

一、依據行政院〇年〇月〇日〇〇字第〇〇〇〇〇號函辦理。

二、民國100年3月，日本東北地區發生強烈地震，造成人員及財物損失無可衡量。同屬地震頻繁地帶的臺灣自應加強各項防震措施，以確保民眾生命財產安全。

三、檢附「防震須知」一份。

辦法：

一、各縣市政府應即組成專案小組，參考本件所附防震須知所列各項，切實執行。

二、本案經本部專案列管，並為本部年終考核重點；各縣市執行本案有功人員，准予從寬敘獎。

正本：各縣市政府

副本：行政院

部長　〇〇〇（職銜簽字章）

↘ 下行函範例

台中市政府函各級學校：請各校加強交通安全教育宣導，嚴格禁止學生騎乘機車上下學，並嚴懲無照駕駛學生，以確保學生行進安全。

檔　　號：

保存年限：

台中市政府　函

地　　址：○○市○○路○○號
聯絡方式：（承辦人、電話、傳真、e-mail）

○○○
○○市○○路○○號
受文者：本市公私立中等學校

發文日期：中華民國○○年○○月○○日
發文字號：（103）○○字第○○○○號
速別：最速件
密等及解密條件或保密期限：
附件：

主旨：請各校加強交通安全教育宣導，嚴格禁止學生騎乘機車
　　　上下學，並嚴懲無照駕駛學生，以確保學生行進安全，
　　　請查照。

說明：

一、依據教育部○年○月○日○○字第○○○○○號函辦理。

二、本年度爲「交通安全年」，政府訂有各項交通安全宣導措施及取締交通違規等實際作法，責成各有關單位各依權責執行。有關學校權責部分，主要在於加強學生之交通安全教育與常識宣導，確實遵守行的規則。

三、又本市每年學生意外死亡案件中，車禍已高居首位，騎乘機車肇事則爲主因，值得各校重視、防範。

辦法：

一、各校應配合辦理各項活動，加強交通安全教育與常識宣導，促使學生身體力行。

二、即日起，嚴格禁止日間部學生騎乘機車上下學。夜間部及補校學生是否准騎乘機車上下學，則由各校斟酌實際情況決定。

三、本府已另函請警察局對無照駕駛的學生，嚴加取締，並將學生名單轉知各校，請各校依校規嚴懲並加強輔導。

正本：本市公私立中等學校

副本：本府教育局、警察局

市長　○○○（職銜簽字章）

↘ 平行函範例

> 試擬行政院環境資源部致函各縣市地方政府，希切實推行垃圾分類處理，以維環境整潔與生活品質，使資源再生，減少污染。（並請擬具垃圾分類辦法作為本文的附件）

檔　　號：
保存年限：

行政院環境資源部　函

地　　址：○○市○○路○○號
聯絡方式：（承辦人、電話、傳真、e-mail）

○○○
○○市○○路○○號
受文者：各縣市地方政府

發文日期：中華民國○○年○○月○○日
發文字號：（103）○○字第○○○○號
速別：最速件
密等及解密條件或保密期限：
附件：垃圾分類辦法

主旨：希切實推行垃圾分類處理，以維護環境的整潔與生活品質，使資源再生，減少污染，請查照。

說明：

　一、依據行政院○年○月○○字第○○○○○號函辦理。

　二、我國近年來工商業發展快速，固然大幅提高我國民所得，顯著改善國人之物質生活；惟所製造之垃圾亦以倍

　　　　數成長，不僅造成資源浪費，更影響個人居家環境的整
　　　　潔，生活環境品質每下愈況，推行垃圾分類處理實為當
　　　　前環保措施的急務。
　三、檢附「垃圾分類辦法」一份。
辦法：
　一、各機關應即邀請相關單位組成專案小組，切實依據所附
　　　　「垃圾分類辦法」積極推行。
　二、本案業經行政院專案列管，並列入行政院年終考核重點
　　　　項目；各單位執行本案有功人員，准予從寬敘獎。

正本：各縣市地方政府
副本：行政院

部長　　○○○（職銜簽字章）

附件：垃圾分類辦法
　一、目的：為維護環境整潔，提升國人生活品質，使資源再
　　　　生，減少污染，訂定本辦法。
　二、依據：行政院○年○月○日第○○○○○號函。
　三、主辦單位：行政院環境資源部。
　四、承辦單位：各縣市環保局
　五、實施要項：（略）
　六、經費：在年度內相關經費項下勻支。
　七、獎勵：（略）
　八、其他：（略）
　九、本辦法如有未盡事宜，得奉核准後修正公布。

◪ **上行函範例**

擬行政院人事行政總處上行政院函：為修正「天然災害停止辦公作業要點」，報請核定施行。

檔　　號：
保存年限：

行政院人事行政總處　函

地　　　址：○○市○○路○○號
聯絡方式：（承辦人、電話、傳真、e-mail）

○○○
○○市○○路○○號
受文者：行政院

發文日期：中華民國○○年○○月○○日
發文字號：（103）○○字第○○○○號
速別：最速件
密等及解密條件或保密期限：
附件：修正「天然災害停止辦公作業要點」乙份，報請核定施行，請
　　　鑒核。

說明：
　　一、依據立法院○年○月○日○○字第○○○○○號函辦理。
　　二、現行「天然災害停止辦公作業要點」於重大天然災害停
　　　　止辦公的標準、宣布時機、宣布權責與實際狀況頗多不
　　　　符，致多數公教人員及民眾頗有怨言，本處業已將現行
　　　　要點重新檢討修正。
　　三、檢陳修正「天然災害停止辦公作業要點」乙份。
辦法：奉准後通函所屬各機關及各省市政府轉知所屬遵照辦理。

正本：行政院
副本：立法院

人事長　　○○○　（職章）

Notes

第2部分

英文

第一章　常考單字

Section 1 字首	★ 重要字首

字首 (prefix)	意義 (meaning)	單字 (words)				
★ **a-, an-**	not, without 不，無	**an**archy (n.) 無政府 (狀態)	=	an (not)	+	arch (to rule)
ab-	away, from 離，從	**ab**sent (adj.) 心不在焉的	=	ab (away)	+	sent (to feel)
ac-	= ad-(加於 c,k, q 開頭之字前)	**ac**cede (vi.) 同意	=	ac (to)	+	cede (to yield)
		acquire (v.) 獲得	=	ac (to)	+	quir (to seek)
ad-, ab-	to, toward 向	**ad**mit (v.) 准許進入	=	ad (to)	+	mit (to send)
af-	= ad- (加於 f 開頭之字前)	**af**firm (v.) 堅稱	=	af (to)	+	firm (strong)
ambi-, amphi-	both, around 雙，圍繞	**ambi**valent (adj.) 有兩種價值觀的；有矛盾心理的	=	ambi (both)	+	valens (worth)
		amphitheater　(n.) 圓形露天劇場；				
ana-	up, back, again 向上，向後，再次	**ana**tomy (n.) 解剖	=	ana (up)	+	tom (to cut)

字首 (prefix)	意義 (meaning)	單字 (words)
ant-	against 反，逆	**ant**agonist = ant + agon + ist (n.) 敵手　(against)(struggle)（人）
ante-	before 在前	**ante**room　(n.) 前廳
★ **anti-**	against 反，逆	**anti**social (adj.) 反社會的
ap-, apo-	away, from 離開	**apo**gee　=　apo　+　ge (n.) 最高點　　(away)　(earth)
★ **auto-**	self 自身	**auto**graph　=　auto　+　graph (n.) 親筆稿　　(self)　(to write)
bene-	good, well 好	**bene**volent = bene + vol + ent (adj.) 仁慈的　(good)　(will)　(like)
bi-	two 兩個	**bi**ped　=　bi　+　ped (n.) 兩足動物　(two)　(foot)
cat-	down, thoroughly 向下，徹底地	**cat**holic　= cat + hol + ic (adj.)　(down)　(whole)　(like) 普遍的，包容一切的
cata-	down, thoroughly 向下，徹底地	**cata**strophe　=　cata　+　stroph (n.)　(down)　(to turn) 翻天覆地的事件，慘敗，大災難
circum-	around 四處，周圍	**circum**spect = circum + spect (adj.)　(around)　(to look) 謹慎小心的，周到的
★ **co-**	with, together, intensive 一起密集的	**co**operate　= co + oper + ate (v.) 合作，協作　(together) (to work) (to act)

字首 (prefix)	意義 (meaning)	單字 (words)
col-	with, together, intensive 一起密集的	**col**locate = col + loc + ate (v.) (together) (place) (to act) 並列，把……放在一起
★ **com-**	with, together, intensive 一起密集的	**com**pel = com + pel (v.) 強迫 (intensive) (to push) **com**press = com + press (v.) 壓緊 (intensive) (to push)
con-	with, together, intensive 一起密集的	**con**temporary = con + tempor + ary (adj.) (together) (time) (like) 同時代的，同年齡的
cor-	with, together, intensive 一起密集的	**cor**rode = cor + rode (v.) 侵蝕，損害 (intensive) (to gnaw) **cor**rupt = cor + rupt (v.) 使腐敗 (intensive) (to break)
de-	away, down, negative 離，向下，否定的	**de**merit = de + merit (n.) 缺點，過失 (negative) (worth)
demi-	half 一半	**demi**god (n.) 半神半人 (神和人所生的後代)
di-	two 兩個	**di**oxide = di + oxide (n.) 二氧化物 (two) (氧化物)
dia-	through, between 經過，兩者之間	**dia**meter = dia + meter (n.) 直徑 (through) (measure)
diplo-	double 兩倍的	**diplo**ma = diplo + ma (n.) (double folded) (名詞) 畢業文憑，執照，公文

字首 (prefix)	意義 (meaning)	單字 (words)				
dis-, dif-	away 離	**dis**miss (v.) 讓……離開	=	dis (away)	+	miss (to send)
		differ (v.) 不同	=	dif (away)	+	fer (to carry)
du-, duo-	two 兩個	**du**ple (double)　(adj.) 二倍的				
		duologue (n.) 對話	=	duo (two)	+	log (discourse)
dys-	bad, badly, difficult,or painful 惡，困難，痛苦	**dys**trophy (n.) 營養失調	=	dys (badly)	+	troph (to nourish)
		dysentery (n.) 腹瀉	=	dys (bad)	+	enter (intestine 腸)
★ **e-, ex-**	out, away 向外，離	**e**mit (v.) 散發；	=	e (out)	+	mit (to sent)
		expel (v.) 驅逐	=	ex (out)	+	pel (to push)
ec-	out 向外	**ec**centric (out of the center) (adj.) 古怪的，偏離圓心的				
eco-	home 家	**eco**nomy (n.) 節約，經濟	=	eco (home)	+	nom (order)
★ **en-, em-**	in, into 在……裡， 到……裡	**en**snare (v.) 誘捕，誘入圈套	=	en (in)	+	snare (trap)
epi-	on, above 在……上	**epi**demic (n.) 流行病	=	epi (on)	+	demo (people)
equi-	equal 相等的	**equi**lateral (adj.) 等邊的	=	equi (equal)	+ later (side)	+ al (like)

字首 (prefix)	意義 (meaning)	單字 (words)				
eu-	good 好的	**eu**logy (n.) 頌詞，讚頌	=	eu (good)	+	log (word)
extra-	outward, outside 向外的，在……範圍之外	**extra**legal (adj.) 不受法律支配的				
for-	against 反對	**for**bid (v.) 禁止，不許	=	for (against)	+	bid (to ask)
hemi-	half 一半的	**hemi**sphere (n.)（地球的）半球	=	hemi (half)	+	spher (ball)
hetero-	other, different 相異的	**hetero**sexual (adj.) 異性的				
hexa-	six 六	**hexa**gon (n.) 六角形	=	hexa (six)	+	gon (angle)
homo-	same 一樣的	**homo**sexual (n.) 同性戀	=	homo (same)	+	sexual (gender)
hyper-	over, above 超過	**hyper**tension (n.) 高血壓，過度緊張	=	hyper (above)	+	tension （緊張）
hypo-	under 在……之下	**hypo**dermic (adj.) 皮下的	=	hypo (under)	+ derm (skin)	+ ic (like)
★ **il-, im-, in-**	in, into 進入到	**in**flux (n.) 湧進；匯集 **im**migrate (v.) 遷移；遷入	= =	in (into) im (into)	+ +	flux (to flow) migra (to wander)

字首 (prefix)	意義 (meaning)	單字 (words)
il-, im-, in-	not 不	**in**tact = in + tact (adj.) 完整無缺的　(not)　(to touch)
★ inter-	between 在……之間	**inter**cept = inter + cept (v.) 攔截　(between)　(to take)
intra-, intro-	inside, within 在……的裡面	**intro**duce = intro + duce (v.) 介紹　(inside)　(to lead)
kilo-	thousand 千	**kilo**meter = kilo + meter (n.) 千米，公里　(thousand)　(公尺)
macro-	big 巨大的	**macro**cosm = macro + cosm (n.) 大宇宙　(big)　(universe)
magn-	great 偉大的	**magn**ate = magn + ate (n.) 要人，權貴　(great)　(one who)
meta-, met-	change 改變	**meta**morphosis (n.) 變形、變性、經過變形的人或物 = meta + morph + sis (change)　(form)　(condition)
★ micro-	small 小的	**micro**scope = micro + scope (n.) 顯微鏡　(small)　(to look)
mis-	bad, badly, wrong 壞，錯誤	**mis**inform = mis + inform (v.) 誤傳　(wrong)　(notify)
mis-	to hate 不喜歡	**mis**anthrope = mis+ anthrop (n.)　(hate)　(man) 不願與人來往者，厭世者

字首 (prefix)	意義 (meaning)	單字 (words)
mono-	one 一個	**mono**graph = mono + graph (n.) 專題論文；專題著作　(one)　　(to write)
★ **multi-**	many 許多	**multi**lingual (adj.) 使用多種語言的 = multi + lingu + al (many)　(language)　(like)
myria-	countless 無數的	**myria**d (adj.) 無數的，大量的
★ **n-**	not 不	**n**ever (adv.) 從未
ne-	not 不	**ne**science = ne + sci + ence (n.) 無知，缺乏知識　(not)　(to know)　(state)
★ **neo-**	new 新的	**neo**logism =neo + log + ism (n.) 新詞，新義　(new)　(word)　(state)
★ **non-**	not 不	**non**sense = non + sens (n.) 無意義的話　　(not)　　(to feel)
ob-, oc-, of-, op-	against 反對	**op**ponent = op + pon + ent (n.) 對手；敵手　(against)　(to place)　（人）
octo-	eight 八	**octo**pus = octo + pus (n.) 八爪魚，章魚　(eight)　(foot) **Octo**ber (n.) 十月 (羅馬月曆中是第八個月)
omni-	all 全部	**omni**vorous (adj.) 無所不吃的 = omni + vor + ous (all)　(to eat)　(having the quality of)

字首 (prefix)	意義 (meaning)	單字 (words)
ortho-	straight, right 平直的，正常的	**ortho**pedics = ortho + ped + ics (n.)(幼童) 整形術　(right)　(child)　(science)
over-	above, too much 超過	**over**work (v.) 工作過度
pan-, **panto-,**	all 全部	**pan**theon = pan + theo (n.) 眾神廟，名流群　(all)　(God) **panto**mime = panto + mim (n.) 啞劇　(all)　(to imitate)
para-	beside, variation 在⋯⋯之旁，變化	**para**dox = para + dox (n.) 自相矛盾的議論　(variation)　(opinion)
penta-,	five 五	**penta**gon = penta + gon (n.) 五邊形　(five)　(angle)
★ **per-, pel,**	through, intensive 透過	**per**spire = per + spire (v.) 流汗，滲出　(through)　(breathe)
peri-	around 到處	**peri**scope = peri + scope (n.) 潛望鏡　(around)　(to look)
poly-	many 許多	**poly**gamy = poly + gam (n.)　(many)　(marriage) 一夫多妻，一妻多夫 (制)
★ **post-**	after 在⋯⋯後	**post**mortem (n.) 驗屍 =post + mort + em (after)　(death)　(something done)
pre-, **prae-**	before 在⋯⋯之前	**pre**dict = pre + dict (v.) 預言　(before)　(to speak)

字首 (prefix)	意義 (meaning)	單字 (words)
pro-,	before, forward 在……之前	**pro**vide　=　pro　+　vid (v.) 預備　　　　(before)　(to see)
proto-	first 最先的	**proto**type　=　proto　+　type (n.) 原型，標準，模範　(first)　(型式)
quadr-, **quart-,**	four 四	**quadr**angle　(n.) 四邊形
★ **re-,**	back, again 向後，再	**re**cur　=　re　+　cur (v.) 再發生　　(again)　(to run)
retro-	backwards 向後，倒，逆	**retro**gress　=　retro　+　gress (v.) 倒退，退化　(backwards)　(to step)
se-	apart 分開地	**se**clude　=　se　+　clude (v.) 使隔離　　(apart)　(to close)
semi-	half 一半	**semi**annual　=　semi　+　ann　+　al (adj.) 每半年的　　(half)　(year)　(like)
sept-	seven 七	**Sept**ember (n.) 九月 (羅馬月曆中是第七個月)
★ **sub-,**	under 在……下面	**sub**marine　=　sub　+　mar　+　ine (n.) 潛艇，海底生物　(under)　(sea)　(like)
super-, **supra-,** **sur-**	over, above 在……之上	**supra**renal　=　supra　+　ren　+　al (adj.)　　　　(over)　(kidney)　(like) 腎臟上的，腎上腺的

字首 (prefix)	意義 (meaning)	單字 (words)			
syn-, sym-	with, together 與……一起，共同	**sym**pathy (n.) 同情	=	sym (together)	+ path (feeling)
tele-	from afar 從遠處	**tele**scope (n.) 望遠鏡	=	tele (from afar)	+ scop (to look)
tetra-	four 四	**tetra**gon (n.) 四角形	=	tetra (four)	+ gon (angle)
trans-, tra-	across 橫越，穿過	**trans**port (v.) 運送	=	trans (across)	+ port (to carry)
tri-	three 三	**tri**ple (adj.) 三倍的	=	tri (three)	+ ple (times)
twi-	two 兩個	**twi**n (n.) 雙胞胎之一			
★ **un-**	not 不	**un**happy (adj.) 不愉快的			
uni-	one 一	**uni**form (n.) 制服	=	uni (one)	+ form (shape)
★ **with-**	against 反對	**with**stand (v.) 抵擋，反抗			

Section 2　字尾　★ 重要字尾

字尾 (suffix)	意義 (meaning)	單字 (words)
-a	plural ending 複數的結尾	**criteria** (n.) 標準 (criterion 的複數)
-a	feminine 女性的	**alumna** (n.) 女校友
★ **-able**	able to 有能力	port**able** (adj.) 便於攜帶的　=　port + able (to carry)
-ac, -iac	related to 有關……的	card**iac** (adj.) 心臟的　=　card + iac (heart)
-acious	having the quality of 有……特性的	loqu**acious** (adj.) 多話的　=　loqu + acious (to speak)
★ **-acity**	quality of …… 的特性	ten**acity** (n.) 堅持　=　ten + acity (to hold)
-acy, -cy	state, quality, act 狀況，特性，行為	liter**acy** (n.) 讀寫能力　=　liter + acy (letter)
-ad	group 群	dec**ade** (n.) 十　=　dec + ade (ten)
-age	state, quality, act 狀況，特性，行為	port**age** (n.) 搬運　=　port + age (to carry)
-aire, -air	one who, that which 人，物	million**aire** (n.) 百萬富翁

字尾 (suffix)	意義 (meaning)	單字 (words)			
★ **-al**	like, related to 像，有關……的	ped**al** (adj.) 足的	=	ped (foot)	+ al
-an	like, related to 像，有關……的	urb**an** (adj.) 城市的	=	urb (city)	+ an
★ **-an, -ian**	one who 人	magic**ian** (n.) 魔術師			
-ance, **-ancy**	state, quality, act 狀況，特性，行為	radi**ance** (n.) 發光	=	rad (ray)	+ ance
-ant	one who, that which 人，物	pend**ant** (n.) 下垂物	=	pend (to hang)	+ ant
-ar	like, related to 像，有關……的	regul**ar** (adj.) 規則的	=	reg (to rule)	+ ar
-ar	one who 人	li**ar** (n.) 說謊的人			
-ary	like, related to 像，有關……的	sanit**ary** (adj.) 衛生的，清潔的	=	san (healthy)	+ ary
-ary	one who 人	lapid**ary** (n.) 寶石工藝匠	=	lapid (stone)	+ ary
-ary, **-arium**	place where 地方	mortu**ary** (n.) 停屍間	=	mort (death)	+ ary
		aqu**arium** (n.) 水族館	=	aqu (water)	+ arium (place)

字尾 (suffix)	意義 (meaning)	單字 (words)
-ate	to make, to act 使，做	dehydr**ate** = de + hydr + ate (v.) 脫水　　　　(away)　(water)　(to make)
-ate	one who 人	advoc**ate** = ad + voc + ate (n.) 提倡者　　　(toward)　(to call)
-cide	to kill 殺死	sui**cide** = sui + cide (v.) 自殺　　　(self)
-cle,	small 小的	part**icle** = small part (n.) 微粒
-ee	one who 人（被動）	employ**ee** (n.) 受雇者
-eer	one who 人	volunt**eer** = vol + eer (n.) 自願參加者　　(will)
★ **-en**	to make 使	weak**en** = to make weak (v.) 使變弱
★ **-en**	having the quality of 有……特性的	wood**en**　(adj.) 木製的，呆板的
-ence, **-ency**	state, quality, act 狀況，特性，行為	occurr**ence** = oc + cur + ence (n.) 發生，出現　　(against)　(to run)
-ent	like, related to 像，有關……的	consequ**ent** = con + sequ + ent (adj.) 隨之發生的　(with)　(to follow)
-ent	one who, that which 人，物	reg**ent** = reg + ent (n.) 攝政者　　(to rule)

字尾 (suffix)	意義 (meaning)	單字 (words)
★ **-er**	more 更	**wiser** (adj.) 更聰明的
★ **-er, -yer**	one who, that which 人，物	**lawyer** (n.) 律師
-ery	place where 地方	**bakery** (n.) 麵包（糕點）店
-ess	feminine 女性的	**goddess** (n.) 女神
-est	most 最	**loudest** (adj.) 最大聲的
-ferous	bearing, causing 結實，產生	**vociferous** = voc + ferous (adj.) 喊叫的；喧嚷的　(voice)　(causing)
★ **-ful**	having the quality of 有……特性的	**cheerful** (adj.) 興高采烈的 **hopeful** (adj.) 有希望的
-fy	to make 使	**magnify** = magn + fy (v.) 放大，誇張　(great)　(to make)
-hood	state, quality 狀態，特性	**childhood** (n.) 幼年時期
-ible	able to 能	**visible** = vis + ible (adj.) 可看見的　(to see)
★ **-ic, -ical**	like, related to 像，有關……的	**spherical** = spher + ical (adj.) 球的　(ball)

字尾 (suffix)	意義 (meaning)	單字 (words)
-ics	science, system 科學，系統	phys**ics** = physi + ics (n.) 物理學　(nature)　(science)
-ier	one who 人	cour**ier** = cour + ier (n.)　(to run) 送遞急件 (或外交信件) 的信差
-ine	like, related to 像，有關……的	bov**ine** = bov + ine (adj.) 牛的，遲鈍的　(cow)　(like)
★ **-ion,** **-tion**	state, quality, act 狀況，特性，行為	dic**tion** = dict + ion (n.) 措詞，用語，發音　(to speak)　(act)
-ish	like, related to 像，有關……的	fool**ish** (adj.) 愚蠢的，傻
★ **-ism**	state, quality, act 狀況，特性，行為	panthe**ism** = pan + the + ism (n.) 泛神論　(all)　(God)
-ist	one who 人	dent**ist** = dent + ist (n.) 牙科醫生　(tooth)
-ity	state, quality, act 狀況，特性，行為	hilar**ity** = hilar + ity (n.) 歡喜　(merry)
-ium	chemical element 化學元素	hel**ium** (n.)【化】氦
-ive	one who, that which 人，物	miss**ive** = miss + ive (n.) 公文，書信　(to send)
-ive	having the quality of 有……特性的	counteract**ive** = counter + act + ive (adj.) 反對的　(against)　(to do)

字尾 (suffix)	意義 (meaning)	單字 (words)
-ize, -ise	to make, to act 使	revital**ize** = re + vita + ize (v.) 使恢復生氣　　(again)　(life)
-latry	worship 崇拜	ido**latry** = idol + latry (n.) 偶像崇拜　　(image)
-less	without 無，沒有，不	fear**less** (adj.) 不怕的
-let	little 小的	book**let** (n.) 小冊子
-logy,	discourse, study 演講，研究	bio**logy** = bio + logy (n.) 生物學　　(life)　(study)
★ **-ly**	having the quality of 有……特性的	man**ly** (adj.) 有男子氣概的
★ **-ly**	in the manner of 以……的方式	childish**ly** (adv.) 天真地；幼小地
-ma	something done 某件做完的事	stig**ma** = stig + ma (n.) 恥辱，污名　　(to mark)
-ment	state, quality, act 狀況，特性，行為	abase**ment** = abase + ment (n.) 身分低微　　(使謙卑)
★ **-ness**	state, quality 狀況，特性	kind**ness** (n.) 仁慈，和藹
-oid, -oda, -ode	resembling 相似	aster**oid** = aster + oid (adj.) 星狀的　　(star)

字尾 (suffix)	意義 (meaning)	單字 (words)						
-or	one who, that which 人，物	don**or** (n.) 贈送人	=	don (to give)	+	or		
-ory,	like ⋯⋯的	regulat**ory** (adj.) 管理的；控制的	=	reg (to rule)	+	ory		
-ory, **-orium**	place where 地方	fact**ory** (n.) 工廠	=	fac (to make)	+	ory		
		audit**orium** (n.) 聽眾席	=	audi (to hear)	+	orium		
-ose	having the quality of 有⋯⋯特性的	joc**ose** (adj.) 開玩笑的	=	joc (joke)	+	ose		
-osis, **-sis**	condition, act 情況，行為	analy**sis** (n.) 分析；分解	=	ana (again)	+	lys (to free)	+	is
-otic	having the quality of 有⋯⋯特性的	neur**otic** (adj.) 神經質的	=	neur (nerve)	+	otic		
-ous, **-uous**	having the quality of 有⋯⋯特性的	tort**uous** (adj.) 迂迴曲折的	=	tor (to twist)	+	ous		
-ple	times 倍數	quadru**ple** (adj.) 四倍的	=	quadr (four)	+	ple		
-ply	to fold 摺疊	multi**ply** (v.) 乘，使相乘	=	multi (many)	+	ply (to fold)		

字尾 (suffix)	意義 (meaning)	單字 (words)
-ship	state, quality 狀況，特性	hard**ship** (n.) 艱難，困苦
★ **-th**	state, quality, that which 狀況，特性，事物	tru**th** = tru + th (n.) 事實　　(faithful)
★ **-ty**	state, quality, that which 狀況，特性，事物	proper**ty** = propr + ty (n.) 財產，所有物　(one's own)
-ulent	quantity of 多的， 富有……的	corp**ulent** = corp + ulent (adj.) 肥胖的　(body)
-ure	state, quality, act, that which 狀況，特性， 行為，事物	rupt**ure** = rupt + ure (n.) 破裂　(to break)

Section 3 字根 ★重要字根

字根 (root)	意義 (meaning)	單字 (words)
ac, acr	sharp 鋒利的	**acr**id = acr + id (adj.) (sharp) (like) (味道等)刺激的,(言詞等)刻薄的
★ **acro**	high 高的	**acro**bat = acro + bat (n.) 雜技演員 (high) (to walk)
aesthet	feeling 感覺	an**aesthet**ic = an + aesthet + ic (adj.) 麻醉的 (without) (feeling) (like)
agog	leader 領導者	ped**agog**y = ped + agog (n.) 教育學;教學法 (child) (leader)
agon	struggle 奮鬥	ant**agon**ist = ant + agon + ist (n.) 敵手,對手 (against) (struggle) (人)
★ **alg**	pain 疼痛	neur**alg**ia = neur + alg (n.) 神經痛 (nerve) (pain)
anim	spirit 心靈	in**anim**ate = in + anim (adj.) (not) (spirit) 無生命的,沒精打采的
ann, enn	year 年	bi**enn**ial = bi + enn + al (adj.) 兩年一度的 (two) (year)
anthrop	human 人	**anthrop**ology = anthrop + logy (n.) 人類學 (human) (study)
aqua	water 水	**aqua**duct = aqua + duc (n.) 溝渠;導水管 (water) (to lead)

字根 (root)	意義 (meaning)	單字 (words)
arch (1)	chief, ruler 首領	**arch**itect (n.) 建築師 = arch (chief) + tect (builder)
arch (2)	ancient, first 古代的	**arch**eology (n.) 考古學 = arch (ancient) + ology (study)
★ **aster, astr**	star 星	**astr**onomy (n.) 天文學 = astr (star) + nom (law)
audi	to hear 聽	**audi**ble (adj.) 可聽見的 = audi (to hear) + ible (able to)
aug, auc	to increase 增加	**auc**tion (n.) 拍賣 = auc (to increase) + ion
avi	bird 鳥	**avi**ator (n.) 飛行員 = avi (bird) + or (人)
★ **bel**	war 戰爭	re**bel** (v.) 造反，反叛 = re (again) + bel (war)
bibl	book 書	**bibl**iophile (n.) 愛書的人 = biblio (book) + phile (lover)
bio	life 生命	auto**bio**graphy (n.) 自傳 = auto (self) + bio (life) + graphy (writing)
★ **bene, bon**	good, well 好	**bene**diction (n.) 祝福 = bene (good) + dict (saying) + ion **bon**ny (adj.) 美麗的，好的
brev,	short 短	ab**brev**iate (v.) 縮略 = ab (to) + brev (short) + ate (to make)

字根 (root)	意義 (meaning)	單字 (words)
★ **cac**	bad 壞的	**cac**ophonous= cac + phon+ ous (adj.) 聲音不和諧的　(bad)　(sound)
cad, cid, cas, cis	to fall, to happen 降落，發生	coin**cid**e ＝ co + in + cide (v.) 巧合，同時發生　(together)　(upon)　(happen)
cap, cip, ceive,	to take, to capture 拿	con**ceive** ＝ con + ceive (v.) 構想出　(together)　(to take)
capit	head, main 頭，主要的	**capit**al ＝ capit + al (adj.) 主要的　(main)
★ **ced, ceed**	to go, to move, to yield 去，移動，同意	con**ced**e ＝ con + ced (v.) 承認，讓與　(together)　(yield) pro**ceed** ＝ pro + ceed (v.) 繼續進行　(forward)　(to go)
centr	center, middle 中心	geo**centr**ic ＝ geo + centr + ic (adj.) 以地球為中心的　(earth)　(center)
chron	time 時間	syn**chron**ize ＝ syn + chron + ize (v.)　(together)　(time)　(to make) 使同時，使協調，使同步
★ **cis**	to cut, to kill 切，割，殺	in**cis**ive ＝ in + cis + ive (adj.)　(into)　(to cut) 切入的，銳利的，敏銳的
★ **clam, claim**	to cry out 喊出，叫出	ac**claim** ＝ ac + claim (v.) 歡呼，喝采　(toward)　(cry out)

字根 (root)	意義 (meaning)	單字 (words)
clud, close	to close, to shut 結束，關閉	conclude = con + clude (v.) 結論　(together)　(close) disclose = dis + close (v.) 公布，揭開　(away)
cord	heart 中心，心臟	cordial　(adj.) 誠懇的，出自內心的
corp	body 身體	corpse (n.) 屍體
cosm	universe 宇宙	microcosm = micro + cosm (n.) 小宇宙　(small)　(universe)
crat	to rule 統治，主宰	aristocrat = aristo + crat (n.) 貴族　(best, superlative)　(to rule)
cred	to believe 相信	credible = cred + ible (adj.) 可信的　(to believe)　(able to)
cur, cours	to run 流動	excursion = ex + cur + sion (n.) 遠足，短途旅遊　(out)　(to run) concourse = con + course (v.) 匯合；集合　(together)　(to run)
demo	people 人們	demagogue = dem + agog (n.) 煽動家，民眾領袖　(people)　(leader)
dent,dont	tooth 牙齒	orthodontist = ortho + dont + ist (n.) 牙齒矯正醫師　(straight)　(tooth)　（人）
dict	to say, to tell, to speak 說，告訴，講	contradict = contra + dict (v.) 反駁，否認　(against)　(to spead)

字根 (root)	意義 (meaning)	單字 (words)
doc	to teach 教	**doc**ile　　=　doc　+　ile (adj.) 易管教的，馴服的　(to teach)　(able to)
domin	to rule, master 統治	**domin**ant　(adj.) 統治的，支配的
don	to give 給予	**don**ation　(n.) 捐贈
duc, duct	to lead 帶領	de**duct**ive　=　de　+　duct　+　ive (adj.) 演繹的，推斷的　(down)　(to lead)
★ **erg, org**	to work 工作，起作用	en**erg**y　=　en　+　erg　+　y (n.) 能量，能力，活力　(into)　(to work)　(act)
eu	good, well, easily 好，佳，易	**eu**genics　=　en　+　gen　+　ics (n.) 優生學　　(good)　(to bear)　(study)
fac, fic, fect, fact	to do, to make 做	**fac**ile　=　fac　+　ile (adj.) 易做的，易得的　(to do)　(able to)
fer	to bear, to carry 忍受，採納，攜帶	con**fer**　=　con　+　fer (v.)　　　(together)　(to carry) 協商，交換意見，共同採納
fid	trust, faith 信任，信心	**fid**elity　=　fid　+　ity (n.) 忠誠　(faith)　(state)
fig	to shape, to form 形成	con**fig**uration=　con　+　fig　+　tion (n.) 結構　(together)　(to shape)　(state)
fin	end 結束	in**fin**ite　=　in　+　fin (adj.) 無限的　(not)　(end)

字根 (root)	意義 (meaning)	單字 (words)
flect, flex	to bend 彎曲	**inflect**ion = in + flect + tion (n.) 彎曲；向內彎曲　（向內）　(bend)　(state)
frag, fract	to break 使碎裂	**frag**ile = frag + ile (adj.) 易碎的　(to break)　(able)
fug	to flee 逃走，消失	re**fug**ee = re + fug + ee (n.) 難民，流亡者　(back)　(to flee)　（人）
gen	birth, gender, kind, race, family 出生，性別， 種族，家庭	con**gen**ial = con + gen + al (adj.)　(together)　(kind)　(like) 意氣相投的；性格相同的
geo	earth 地球	**geo**graphy = geo + graph (n.) 地理學　(earth)　(to write)
gnos	to know 知道	dia**gnos**is = dia + gnos + sis (n.) 診斷　(through)　(to know)　(condition)
graph, gram	to write 寫	bio**graph**y = bio + graphy (n.) 傳記　(life)　(to write)
grat	to please, thank, free 感激	**grat**itude　(n.) 感謝，感激
greg	flock, herd 人群，群眾	con**greg**ation = con + greg + tion (n.) 集合，匯集　(together)　(flock)　(state)
gress	to step, to walk 踏（進），跨（入）	ag**gress**ion = ag(ad) + gress + ion (n.) 侵略　(toward)　(to step)　(act)

字根 (root)	意義 (meaning)	單字 (words)			
hydr	water 水	**hydr**oelectric (adj.) 水力發電的			
iso	equal 相等的	**iso**therm (n.) 等溫線	=	iso (equal)	+ therm (heat)
ject, jac	to throw 投擲	e**ject** (v.) 逐出，排斥	=	e(ex) (out)	+ ject (to throw)
junc, jug	to join, to marry 結合，結婚	ad**junc**t (adj.) 附屬的	=	ad (toward)	+ junc (to join)
lingu	tongue, language 口才	**lingo** (n.) 行話，方言			
loqu, loc	to speak, to talk 說	soli**loqu**y (n.) 獨白，自言自語	=	soli (solo)	+ loquy (to talk)
manu	hand 手	**manu**script (n.) 手寫本，手稿	=	manu (hand)	+ script (to write)
mar	sea 海	**mar**iner (n.) 水手；船員	=	mar (sea)	+ er （人）
★ **mit, mis**	to send 傳送	trans**mit** (v.) 傳送，傳達	=	trans (across)	+ mit (to send)
morph	shape, form 形狀，形式	**morph**ology (n.) 形態學，語法			
mort	death 死	**mort**ify (v.) 使感屈辱；【醫】使變成壞疽	=	mort (death)	+ fy (to make)

字根 (root)	意義 (meaning)	單字 (words)
mov, mot, mob	to move 移動	**remove** = re + move (v.) 移動拿走　(back) **demote** = de + mote (v.) 使降級，使下移　(down)　(to move) auto**mob**ile = auto + mob + ile (n.) 汽車，機動車　(self)　(to move)
★ **nom**	law 法律	auto**nom**ic = auto + nom + ic (adj.) 自治的　(self)　(law)　(like)
onym	name 名字	ant**onym** = anti + onym (n.) 反義字　(opposite)　(name)
★ **pater, patri**	father 父	com**patri**ot = com + patri + ot (n.) 同胞　(together)　(father)　(人)
path	feeling, disease 感覺，疾病	a**path**etic = a + path + ic (adj.)　(without)　(feeling)　(like) 無感情的，冷淡的
ped	child 小孩子	**ped**iatrics　(n.) 小兒科
pel, puls	to push, to drive 推動，驅使	dis**pel** = dis + pel (v.) 驅趕　(away)　(to push) re**puls**ive = re + puls + ive (adj.) 使人反感的　(back)　(to push)
pend, pens	to hang, to pay 懸掛，支付	ap**pend** = ap(ad)+ pend (v.) 貼上，掛上　(forward)　(to hang)
phil	to love 愛，喜歡	**phil**anthropy = phil + anthropy (n.) 慈善，善行　(to love)　(people)

字根 (root)	意義 (meaning)	單字 (words)
★ **phobia**	fear 恐懼	hydro**phobia** = hydro + phobia (n.) 恐水症，狂犬病　(water)　(fear)
phon	sound 聲音	caco**phon**y = cac + phon (n.) 雜音；不和諧音　(bad)　(sound)
phot	light 光	**phot**osynthesis (n.) 光合作用 = photo + syn +thes+ sis (light)　(together)　(to put)　(act)
plac	to please 使高興	**plac**ate = plac + ate (v.) 撫慰；和解；懷柔　(to please)　(to make)
poli	city 城市	cosmo**poli**tan =cosm + poli + an (n.) 世界主義者　(universe)　(city)　(人)
port	to carry 運送，傳達	trans**port** = trans + port (v.) 運送，運輸　(across)　(to carry)
psych	mind 頭腦，智力	**psych**ic　(adj.) 精神的；心靈的
reg, rect	to rule, king, right straight 直，正，統治， 君王	**reg**al = reg + al (like the king) (adj.)　(king)　(like) 莊嚴的，豪華的 cor**rect** = cor(com) + rect (v.) 校正，糾正　(together)　(right)
rupt	to break 破裂	bank**rupt** = bank + rupt (adj.) 破產的　(銀行)　(to break)
sat	enough 足夠的	in**sat**iable = in + sat (adj.) 永不滿足的　(not)　(enough)

字根 (root)	意義 (meaning)	單字 (words)
★ **sci**	to know, knowledge 知識	**sci**ence　=　sci　+　ence (n.)科學　　(knowledge)　(quality)
scop	to look 看	horo**scop**e　=　horo　+　scope (n.)占星術；星象　(hour)　(to look)
sent, sens	to feel 感覺	con**sent**　=　con　+　sent (v.)同意，贊成　(together)　(to feel)
★ **sol**	sun 太陽	**sol**ar　(adj.)太陽的；日光的
soph	wisdom 智慧	philo**soph**er=　phil　+　soph+　er (n.)哲學家，思想家　(to love)　(wisdom)　(人)
spec, spic	to look 看，視	**ex**pect　=　ex　+　pect (v.)期待，盼望　(out)　(to look) con**spic**uous=　con　+　spic+　ous (adj)　(together)　(to look) 明顯的，惹人注目的
★ **sta, stat, stit**	to stand, to set 站立，設置	con**stit**ute　=　con　+　stit　+　ute (v.)　(together)　(to set) 構成，組成，設立
tempor	time 時間	ex**tempor**aneous =　ex +　tempor +　ous (adj.)　(out)　(time) 即席的；隨口而出的
ten, tin, tain	to hold 握著，保持	**ten**ure　=　ten　+　ure (n.)　(to hold)　(state) 占有；任期，【主美】（教授等的）終身職位
termin	to finish, end 結束	**termin**ator　=　termin　+　or (n.)結束者，終結者　(to end)　(人)

字根 (root)	意義 (meaning)	單字 (words)
terr	earth 地球	**terr**ain (n.) 地面；地域，地帶
the, theo	god 上帝	apo**the**osis = apo + theo+ sis (n.) 尊奉為神，神化　(from)　(god)　(act)
therm	heat 熱	**therm**ometer = therm + meter (n.) 溫度計　(heat)　(measure)
tom	to cut 切，割	a**tom** = a + tom (n.) 原子　(not)　(to cut)
tract	to draw, to drag 拉，拖	abs**tract** = ab + tract (adj.) 抽象的；非具體的　(away)　(to draw)
★ **urb**	city 城市	**urb**an (adj.) 城市的
ven	to come 來	con**ven**tion = con + ven + tion (n.) 會議，召集　(together)　(to come)　(state)
verb	word 字	**verb**al (adj.) 言辭上的；言語的
vers, vert	to turn 移轉，轉向	con**vers**ation= con + vers+ tion (n.) 會話，談話　(together)　(to turn)　(act)
via	way 路，方法	**via**duct = via + duct (n.) 高架橋；高架道路　(way)　(to lead)
vid, vis	to see 看見	re**vis**e = re + vis (v.) 修訂，校訂　(again)　(to see)

字根 (root)	意義 (meaning)	單字 (words)
viv, vit	to live 活，活著	**viv**ify　＝　viv　＋　fy (v.)　　　　(to live)　　(to make) （使）有生氣；（使）生動
voc, vok	to call 呼叫	ad**voc**ate　＝　ad　＋　voc ＋ ate (v.) 擁護；提倡；主張　(toward)　(to call)　(to mak) pro**vok**e　＝　pro　＋　vok (v.) 激怒，挑釁　　　　(forth)　　(to call)
vol	to wish, to will 意圖	**vol**ition　＝　vol　＋　tion (n.)　　　　(to will)　　(act) 意志，決斷力，選擇，決定
★ **xen**	foreign, strange 外國的，陌生的	**xen**ophobia　＝　xen　＋　phob (n.)　　　　(foreign)　　(fear) 對外國（人）的無理仇視（或畏懼）
zeal	fervor 熱烈，熱情	**zeal**ot (n.) 熱心者，狂熱者
zo	animal 動物	proto**zo**a　＝　proto　＋　zo (n.)　　　　(first)　　(animal) 【動】原生動物類；單細胞動物類
zon	belt 帶	**zon**al　(adj.) 帶狀的

Section 4　類似單字比一比

1	abode （n. 住所，住處）	abide （v. 居留，居住；容忍）

解 abide當「居住」解釋時，其過去式是abode。

例 (1) The suspect is a person of no fixed **abode**.
嫌疑犯是個居無定所的人。

(2) I can't **abide** rude people.
我無法容忍粗魯的人。

(3) **Abide** with Me. 與我同在。──著名的讚美詩

註 abide by　遵守；信守
She will **abide** by her promise.（她會遵守諾言的。）

2	abstract （adj. 抽象的）（n. 摘要） （v. 使抽象化；抽取，提取）	abstracted （adj. 出神的；發呆的）

解 前者是一字多義，可以當動詞、名詞、與形容詞用。

例 (1) abstract（adj. 抽象的）：
Some people say beauty itself is **abstract**.
有些人認為美本身是抽象的。

(2) abstract（n. 摘要）：
Harper made an **abstract** of Prof. Hunter's lecture.
哈珀將亨特教授的講座做了摘要。

(3) abstract（v. 使抽象化；抽取，提取）：
In the end he **abstracted** the most important points from his long speech.
最後他從自己的長篇演說中提取出最重要的幾點。

(4) abstracted（adj. 出神的；發呆的）：
He sat silent and **abstracted**. 他坐著一聲不吭地出神。

3	**assess**（v. 估定財產的價值）	**access**（n. 接近，通道，入口，門路）

解 兩者外型類似，但意義與詞性完全不同。例句：

例 (1) The value of this property was **assessed** at one million dollars.

這財產的價值估定為一百萬元。

(2) The only **access** to their house is along that narrow road.

只有沿著那條狹窄的路走才能到達他們的房子。

註 accession（n. 就職，登基；權力等的獲得）

On his **accession** to the throne, he inherited vast estates.

他一登上王位就繼承了大宗財產。

4	**adapt**（v. 使適應，使適合；改寫；改建）	**adopt**（v. 採取；過繼；正式通過，接受）

解 兩者都是動詞，其意義容易混淆，所以要從其字根、字首瞭解，才不會犯錯。

adapt ＝ ad ＋ apt
　　　　 (toward)　　 (to adjust使適應)
adopt ＝ ad ＋ opt
　　　　 (toward)　　 (to choose選擇)

例 (1) The author is going to **adapt** his play for television.

作者將把他的劇本改編成電視劇。

(2) The agenda was **adopted** after some discussion.

經過討論，議事日程獲得通過。

5	**allusion**（n. 暗示；間接提到）	**illusion**（n. 錯覺，幻覺；假象）

解 allusion的動詞是allude ＝ al ＋ lud
　　　　　　　　　　　　 (against反對)　 (to play演出)
illusion的動詞是illude ＝ il ＋ lud
　　　　　　　　　　　　 (into表示變成為)　(to play演出)

例 (1) She made no **allusion** to the incident.
　　她沒有提及那個事件。

(2) He is under the **illusion** that his position is secure.
　　他誤以為他的地位很穩固。

6	**altitude** （n. 高，高度；海拔）	**aptitude** （n. 傾向，習性）

解 兩者都有同一字尾-tude = state（狀況，狀態）。

altitude	aptitude
high（高的）	to adjust（使適應）

例 (1) The plane was then flying at an **altitude** of 8000 feet.
　　當時飛機在八千英尺的高度飛行。

(2) Squirrels have an **aptitude** for storing food.
　　松鼠有貯存食物的習性。

7	**amount** （n. 總數；總額）	**number** （n. 數；數字）

解 ⎰ amount + 不可數N
　 ⎱ number + 可數 N(複數)

例 (1) We need a small **amount** of fuel.　我們需要少量的燃料。

(2) The **number** of students absent is five.　有五名學生缺席。

8	**commence** （v. 開始）	**commend** （v. 稱讚；推薦）	**comment** （n. 註釋，意見，評論）

解 ⎧ commence
　 ⎨ commend
　 ⎩ comment

三者外型相似，但意義完全不同。

例 (1) He **commenced** studying law in 1988.
　　他於一九八八年開始學習法律。

(2) The general **commended** the soldier for his bravery.

　　將軍表揚了那個士兵的勇敢行為。

(3) He made no **comments** on our proposal.

　　他對我們的建議沒有作評論。

---

9 | **complement** （n. 補充物） | **compliment** （n. 讚美的話；恭維；敬意）

解 complement

　　 compliment

兩者只有一個字母之差，發音完全相同，但意義完全不同。

例 (1) Homework is a necessary **complement** to classroom study.

　　家庭作業是課堂教學的必要補充。

(2) It's the nicest **compliment** I've ever had.

　　這是我聽到的最好的恭維話。

---

10 | **corps** （n. 兵團，軍，部隊） | **corpse** （n. 屍體）

解 corps

　　 corpse

兩者外型類似，讀者可從其發音來輔助記憶，亦即前者字尾沒有e，所以ps不發音。

例 (1) His father served in the medical **corps** during World War II.

　　第二次大戰時，他父親在醫務部隊服役。

(2) They didn't move the **corpse** before they sent for the police.

　　他們派人去叫警察以前沒有搬動屍體。

---

11 | **economics** （n. 經濟學，理財致富之道，經濟） | **economy** （n. 經濟，經濟情況／生活，經濟體系，或節約）

解 economy還可當形容詞用，其意思是「便宜的，經濟實惠的，或節約的」。

例 (1) The new oil that we have found will improve the state of the **economy**.（新發現的石油可以改善國家的經濟情況。）

(2) Enjoy our **economy** prices now!　請馬上來買我們公司的特價品！

(3) She is studying **economics** at college.　她在大學裡讀經濟學。

12	**erotic** （adj. 性愛的；色情的）	**exotic** （adj. 異國情調的；奇特的）

解　erotic　　　exotic
　　to love（愛）　outside（外部的，外面的，外來的）

例 (1) Erotic is used particularly for works of art, for instance, an **erotic** picture.
　　Erotic專門用來指藝術作品，例如，色情畫。

(2) We saw pictures of **exotic** birds from the jungle of Brazil.
　　我們看到了來自於巴西熱帶雨林的各種奇異鳥類的照片。

13	**ethical** （adj. 倫理的，道德的）	**ethnic** （adj. 種族上的；人種學的）

解　ethical　　　　　　　　ethnic
　　character（人的品質，性格）　race（種族）

例 (1) That is an **ethical** problem.　那是倫理問題。

(2) The music would sound more **ethnic** if you played it on a tin whistle.
　　這段音樂如果你用錫哨子來吹，聽起來就會更有民族風味。

14	**factory** （n. 工廠，製造廠）	**factor** （n. 因素；要素）

解　factor常用於genetic factor（一種遺傳因子）片語中。

例 (1) They are **factory** workers.　他們是工廠工人。

(2) He analyzed the various **factors**. 他分析了各種因素。

15

fertile	futile
（adj. 肥沃的，富饒的，豐產的）	（adj. 無益的，無用的；無希望的）

解

fertile	futile
字根ferre = to bear	字根futilis = leaky

兩者字尾-ile = like（類似的），前者字根ferre = to bear（生產），後者字根futilis = leaky, worthless（易流失的，無益的）。

例(1)The land is so fertile that three crops a year can grow.
這片土地很肥沃，一年可種三季莊稼。

(2)His efforts to save the business were futile.
他挽救企業的努力未能奏效。

16

form	formation
（n. 形狀，外形）	（n. 形成，構成物；形態，結構）

解{ form指任何東西的外貌，輪廓。
formation指構成或製造的過程。

例(1)Churches are often built in the form of a cross.
教堂常常建成十字形。

(2)Clouds are formations of condensed water vapor.
雲是水汽凝聚而成。

17

hard	hardly
（adj. 硬的，堅固的）	（adv. 幾乎不，簡直不）

解hard還可以當副詞用，表示「努力地；艱苦地」的意思。

例(1)George is hard to get along with. 喬治很難相處。

(2)She tried hard, but failed. 她努力嘗試過，但未能成功。

(3)My legs were so weak that I could hardly stand.
我的腿虛弱得簡直無法站立。

18	**immoral**（adj. 不道德的；傷風敗俗的）	**immortal**（adj. 不死的，長生的）

解　immoral　　　　　　immortal
　　　cust<u>om</u>（風俗習慣）　not（不）death（死）

例 (1) It's immoral to steal other people's ideas.
　　　盜用他人的主意是不道德的。
　　(2) Humans long to be immortal. 人類渴望長生不老。

19	**industrial**（adj. 工業的，產業的）	**industrious**（adj. 勤勉的，勤奮的，勤勞的）

解　{ industrial
　　　　industrious
　　　兩者都是形容詞，很容易用錯。

例 (1) Steel and gasoline are industrial products.
　　　鋼和汽油是工業產品。
　　(2) If you are industrious you can finish the job before dark.
　　　你若勤快些就能在天黑前完成這項工作了。

20	**ingenious**（adj. 心靈手巧的，足智多謀的）	**ingenuous**（adj. 天真的，率直的）

解　{ ingenious
　　　　ingenuous
　　　兩者都是形容詞，很容易用錯。

例 (1) The ingenious boy made a radio set for himself.
　　　這個聰明的男孩自己做了一台收音機。
　　(2) She is too ingenuous in believing what people say.
　　　她太單純易聽信別人的話。

21	**late** （a. 遲的，前任的；adv. 遲到， 　來不及，晚）	**lately** （adv. 近來，最近）

解 { late
　lately

兩者常被用錯，應該特別注意。

例 (1) The late Prime Minister is still quite active in politics.
前任總理在政界仍然相當活躍。

(2) He often worked late into the night.
他常常工作到深夜。

(3) What have you been doing lately?
你近來做些什麼？

22	**like** （v. 喜歡）	**alike** （adj. 相同的，相像的）

解 like還可以當介系詞用，其意義是「像、如」，其用法與當形容詞的 alike完全不同。

alike是表語形容詞，其後不可以接任何名詞，主要是用來形容該句的主詞，其它表語形容詞還有：ablaze（起火），afloat（飄浮著的），afraid（害怕的），aghast（嚇呆的），alert（警覺的），alive（活著的），alone（單獨的），aloof（分開地），ashamed（羞愧的），asleep（睡著的），averse（反對的），awake（醒著的），aware（知道的）等。

例 (1) They are like brothers and sisters.
他們就像兄弟姐妹一樣。

(2) She likes playing the piano.
她喜歡彈鋼琴。

(3) The twins look very much alike.
這對雙胞胎看上去非常相像。

| **23** | **make**
（v. 做）與 do（v. 做） | **do**
（v. 做） |

解 接在make之後的大多是「某種舉動」，如：

$$
\text{make} + \begin{cases} \text{war} \\ \text{a bow} \\ \text{a jump} \\ \text{a sweeping gesture} \\ \text{a promise} \\ \text{a move} \\ \text{a speech} \end{cases}
$$

而在do之後可以接名詞及動名詞，如：

$$
\text{do} + \begin{cases} \text{one's duty} \\ \text{one's work} \\ \text{a good/an evil deed} \\ \text{one's best} \\ \text{the dishes} \\ \text{do lecturing} \\ \text{reviewing} \\ \text{writing} \\ \text{the shopping} \\ \text{the packing} \\ \text{the washing} \end{cases}
$$

例 (1) I didn't **make** any promise. 我沒有作出任何承諾。
(2) My mother **does** the cooking. 我母親做飯。

| **24** | **marital**
（adj. 婚姻的；夫妻的） | **martial**
（adj. 戰爭的；軍事的；軍隊的） |

解 $\begin{cases} \text{marital} \\ \text{martial} \end{cases}$
兩者都是形容詞，很容易用錯。

例(1)The sound of **martial** music is always inspiring.

軍樂聲總是令人振奮的。

(2)The letter states their ages, **marital** status and the number of children.　這封信說明他們的年齡、婚姻狀況以及子女數。

註 maritime（adj. 海的；海事的；航海的）亦是類似字，其用法：

That country was a great **maritime** power.

那個國家曾是海上強國。

25	**morale** （n. 士氣，鬥志）	**moral** （adj. 道德的）

解 moral亦可以當名詞用，表示「教訓、道德、風化」等意義。

例(1)The army recovered its **morale** and fighting power.

這支軍隊恢復了士氣和戰鬥力。

(2)He refused the request on **moral** grounds.

基於道德上的考慮，他拒絕了這個請求。

(3)Some people have no business **morals**.　有些人毫無商業道德。

26	**mostly** （adv. 大多數地）	**most** （adv. 最）

解 most與三個音節（或以上）的形容詞以及副詞連用，形成最高級，此外，它還可以當做形容詞或代名詞。

例(1)Lizards live **mostly** in warm climates.

蜥蜴主要生長在氣候溫暖的地方。

(2)Of the three questions, this is the **most** difficult.

三個問題中這是最難的。

(3)**Most** birds can fly.　多數的鳥會飛。

(4)Of course **most** of them don't agree with his opinion.

當然，他們中大多數人都不同意他的意見。

| 27 | persecution
（n. 迫害，困擾） | prosecution
（n. 起訴，告發，檢舉） |

解 persecution的動詞是

| persecute | = | per | + | sequ |
| | | （intensive密集的） | | （to follow追趕；追逐） |

prosecution的動詞是

| prosecute | = | pro | + | sequ |
| | | （before先於） | | （to follow追趕；追逐） |

例 (1) The dissidents went abroad to escape political **persecution**.
持異議者去了海外以逃避政治迫害。

(2) Tony has brought a **prosecution** against them.
湯尼已對他們提出起訴。

| 28 | precede
（v. 處在……之前） | proceed
（v. 繼續進行） |

解

precede	=	pre	+	cede
		（before先於）		（to go）
proceed	=	pro	+	ceed
		（forward向前）		（=cede [to go]）

例 (1) He **preceded** me as Chairman of the Department.
他先我擔任該系主任。

(2) After everyone was seated the chairman **proceeded** to announce his plan.
大家就坐後，主席開始宣布他的計畫。

29	sever （v. 切斷）	severe （adj. 嚴重的；劇烈的）

解 字首se- = apart（分開），字根sever = serious（嚴重的）。

例 (1)His arm was **severed** from the body in the accident.
在這一事故中他的一條手臂從身上被割斷下來。

(2)My uncle became **severe** when I was late.
當我遲到時，我的叔父變得嚴厲起來。

30	slander （v.、n. 誹謗，詆毀）	slender （adj. 修長的，苗條的）

解 從字根sla = to strike（打擊）就很容易區別出兩者的涵義。

例 (1)The article is a **slander** on us.　這篇文章是對我們的誹謗。

(2)She's got a beautiful **slender** figure.　她身材優美苗條。

31	sometimes （adv. 有時，間或）	sometime （adv. 在將來或過去的某一時候）

解 sometime還可以當形容詞用，表示「不常有的，偶爾的」。

例 (1)It is **sometimes** warm and **sometimes** cold.　天氣時熱時冷。

(2)I met him **sometime** last month.　我在上個月的某個時候碰見過他。

(3)His wit is a **sometime** thing.　他的機智只是偶爾有之。

32	spacious （adj. 寬敞的）	specious （adj. 外觀好看的，華而不實的）

解 spacious是從space（n. 空間）一詞演變而來。
specious的字根spec = to look，有此認知，則容易記憶。

例 (1)We entered a **spacious** dining room.　我們來到一個寬敞的餐廳。

(2)These arguments are apparently, but not actually right. They are
specious.　這些辯解似是而非，表裡不一。

| 33 | **stationary**
（adj. 不動的；不增減的） | **stationery**
（n. 文具；信紙） |

解
{ stationary
{ stationery

兩者只有字尾不同，-ary 表示「與……有關的」，-ery表示「……類的事物」。

例 (1) A stationary object is easiest to aim at.
　　　靜止的目標最容易瞄準。

(2) Don't send the order yet, there is a liberal supply of stationery.
　　現在還不要寄訂單，因為尚有很多文具。

| 34 | **statue**
（n. 雕像） | **stature**
（n. 身高，身材） | **status**
（n. 地位，身分） | **statute**
（n. 法令，法規） |

解

字根　　　　　　　　　　　　**字尾**

statue ┐　　　　　　　　　　　stature
stature │ sta　　　　　　　　　（state 狀態）
status ┘　（to stand 站立）　　status

statute　sta　　　　　　　　（拉丁的名詞字尾）
（to set 放，置，確定，規定）

例 (1) The Statue of Liberty stands in New York Harbor.
　　　自由女神像聳立在紐約港。

(2) She was rather small in stature.　她身材矮小。

(3) Women's social status hasn't changed much over the years.
　　這些年來婦女的社會地位沒有多大改變。

(4) Working hours are limited by statute.　工作時間有法令限制。

| 35 | strip
（v. 剝去，剝光） | stripe
（n. 條紋） |

解 strip亦可以當名詞用，stripe亦可以當動詞用。

例 (1) The children **stripped** off their clothes and jumped into the river.
　　 孩子們脫掉衣服跳進河裡。

　　(2) There is a **strip** of garden behind his house.
　　 他房子後面有一小塊狹長形的園地。

　　(3) A zebra has black **stripes**.　斑馬有黑色的條紋。

　　(4) The stick of the candy was **striped** with red.
　　 這根棒棒糖上有紅色條紋。

| 36 | tact
（n. 老練；機智；得體；圓滑） | intact
（a. 完整無缺的；原封不動的） |

解 兩者之差別只有in，但意義與用法完全不同，此時還是要從字根、字首
　　來分析才容易記憶。

tact = arrangement（安排）

intact ＝　　　　 in　　 ＋　　　　 tact
　　　　　　　（not不）　　　　（to touch接觸，碰到）

例 (1) A diplomat must have **tact**.　外交官要有機智。

　　(2) The delicate package arrived **intact**.
　　 內放精緻易碎物品的包裹完好無損地到達。

| 37 | topical
（adj. 主題的；話題的，時事的） | tropical
（adj. 熱帶的） |

解 topical是從topic（n. 主題）一字演變而來。
　　tropical是從tropic（n. 回歸線，熱帶）一字演變而來。

例 (1) They used to discuss **topical** issues.
　　 他們以前常討論時事問題。

　　(2) Bananas are **tropical** fruit.　香蕉是熱帶水果。

38	trifle （n. 瑣事；少量）	triple （n. 三倍的數）

解 trifle的母音i發/ai/。

　　triple的母音i發/i/，亦可以當動詞（使三倍於）用。

例 (1) I sent a few **trifles** for your birthday.

　　　我送了些小東西做為你的生日禮物。

　　(2) The firm **tripled** its profits last year.

　　　這家公司去年的利潤增加了兩倍。

39	vague （adj. 模糊不清的，不明確的）	vogue （n. 流行）

解 從vague的字根vag = to wander（徘徊）就可以輕易地區別出兩者的
　　不同。

例 (1) Everything looked **vague** in the heavy fog.

　　　在濃霧中，一切東西看上去都很模糊。

　　(2) This hair style was brought into **vogue** by Hollywood stars.

　　　這種髮型是因好萊塢的明星們而時髦起來的。

40	very （adv. 很）	much （adv. 很）

解 兩者中文翻譯相同，但用法不一樣，前者修飾原級、當形容詞的現在
　　分詞與當形容詞的過去分詞；後者修飾動詞、過去分詞、比較級和最
　　高級。

例 (1) He is **very** happy.

　　(2) This book is **very** interesting.

　　(3) I am **very** tired.

　　　註 過去分詞當形容詞用時，以very修飾之。

　　(4) Thank you **very** much.

　　　註 肯定句句尾的much常以very, so, too等字修飾。

　　(5) It is the **very** last thing I expected.

那是我最感意外的事（萬萬想不到）。

註 修飾最高級形容詞或same, last, opposite, own等字時，用very。

(6) He is much happier than I am.

(7) She doesn't much like music.

　　註 否定句中much有時可以緊跟在not之後。

　　= She doesn't like music (very) much.

(8) This book is much read.

　　註 過去分詞用於明確的被動語態時，以much修飾之。

(9) I am much afraid of fires.　我很怕火災。

　　註 修飾afraid, alike, aware等字時，原則上不用very，而用much。

(10) This is much to my taste.　這非常合我的口味。

　　註 修飾介詞片語時用much。

第二章　常考片語

Section 1　常考動詞片語　★重要片語

to back up someone (= to help and support someone) 支持

例 He would have lost his position if you hadn't backed him up.
假如你當初沒有支持他，他可能已經失去職位了。

★ **to be accustomed to** (= to be / get used to) 習慣於；有……的習慣

例 These people are accustomed to hard work.
= These people are used to working hard.　這些人慣於艱苦的工作。
* 但be used 亦可解釋為「被用來」的意思，例：Gravel is much used for making roads. 碎石常被用來築路。

注意：此片語後接（動）名詞。

----

to be dressed in (= to be wearing; to be clothed in) 穿著

例 He was dressed in a black suit.　他穿著一套黑西裝。

★ **to be fond of** (= to like) 喜歡的；愛好的

例 Tom is fond of music.　湯姆喜愛音樂。

----

to be full of (= to contain a large number of) 充滿著

例 The room is full of young people.　房間裡全是年輕人。

----

to be good at (= to have the ability to do something) 善於

例 He is good at mathematics.　他擅長數學。

★ **to be in charge of** (= to be responsible for) 負責

例 An experienced mechanic is in charge of the job.
一位有經驗的機械師負責這工作。

★ **to be tired of** (= to be sick of ; to be bored with) 對⋯⋯感到厭倦

例 He was tired of doing the same work every day.
他厭煩每天做同樣的工作。

---

to be tired out (= to be exhausted; to be worn out) 十分疲勞；累垮了

例 John is tired out and should go to bed early.
約翰累透了，得早些上床休息。

---

to be well off (= to be rich; to be lucky) 富裕的；處於順境的；幸運的

例 His parents are well off. 他父母很富有。
You don't know when you're well off. 人在福中不知福。

---

to break down (= to stop working; to lose control of one's feeling; to fail)故障；感情崩潰；失敗

例 The car broke down three miles outside Taipei.
這輛車在台北之外三英里處拋錨。
The peace talks have broken down.
和談已經失敗。
He broke down and wept when his mother died.
他母親死時他不禁失聲痛哭。

---

to break out (= to begin suddenly) 爆發；突然發生

例 The building was evacuated when a fire broke out on the top floor.
當頂樓突然失火時，這棟大樓人員被撤空。

---

to burst into
(= to enter a room hurriedly; to begin suddenly; to give voice to)
闖入；匆忙進入；突然出聲

例 The thief burst into his room at midnight.
小偷半夜闖入他家。

to burst into tears (= suddenly begin to cry; to burst out crying)
突然大哭起來

例 The boy burst into tears when he was taking away by a stranger.
當小男孩被陌生人帶走時，就大哭了起來。

★ **to calculate on / upon** (= to depend on something) 依靠；指望

例 We calculate on their cooperation. 我們指望著他們的合作。

★ **to call on** (= to visit someone; to ask someone to do something)
拜訪某人；請求某人做某事

例 We can call on our teacher tomorrow.
明天我們能去看我們的老師。
He called on the people of his country to work hard for national unity.
他請求全國國民為國家的統一而奮鬥。

to carry off
(= to win [the prize, honor, etc.]; to perform or do [a part, action, duty, etc.]
easily and successfully; to cause the death of someone)
贏得（獎賞、榮譽等）；輕易地完成（角色、行動、責任等）；使喪命

例 Jean carried off all the prizes in the competition.
琴贏得了比賽中所有的獎品。
Cholera carried him off that year.
那年霍亂使他喪命。

to carry on (= to continue) 繼續

例 They managed to carry on their experiments in spite of the difficulties.
雖有困難，他們還是設法使試驗繼續下去。

to carry out (= to fulfill; to complete) 實現

例 She had finally carried out her promise to quit drinking.
她最終實現了戒酒的諾言。

to check in (= to report one's arrival, as at a hotel desk, an airport, etc.)
旅館、機場登記，報到

例 You must check in at the airport two hours before your plane leaves.
你要在飛機起飛兩小時前到機場報到。

to check up (= to examine) 調查

例 We will check up as soon as possible and let him know the result.
我們將儘快進行調查，並把結果通知他。

to come up with
(= to think of an idea, plan, reply, etc.; to be able to produce a particular amount of money) 想出；準備好錢

例 He came up with several good ideas for the product promotion.
他想出幾個推廣產品的好方法。
You must come up with the money by tomorrow night.
你明晚之前必須準備好錢。

to consist of (= to be made of; to contain a number of different things)
由……構成

例 Water consists of hydrogen and oxygen. 水由氫和氧組成。

to convince someone of
(= to cause someone to believe; to persuade someone)
使某人確信；說服某人

例 The story convinced everyone of his innocence.
這一番話使大家確信他是無辜的。

to cut in
(= to interrupt; to drive into a space between cars in a dangerous way likely to cause an accident) 插話；超車

例 Don't try to cut in while others are talking. 別人談話時不要插嘴。
Drivers who habitually cut in are bound to cause accidents sooner or later.
習慣於超車的駕駛員遲早要出車禍。

to depend on

(= to change because of other things that happen or change; to need the help, support, or existence of someone or something else; to rely on)

視……而定；依賴；信任

例 The price depends on the quality. 價格取決於品質。

Health depends on good food, fresh air and enough sleep.
健康要靠良好的食物，新鮮的空氣和充足的睡眠。

to die of / from (= to stop living because of) 死於

例 Chen died of/from heart disease. 陳死於心臟病。

to die out (= to disappear completely) 滅絕；絕跡；過時

例 The custom of educating the eldest son to be a priest is dying out.
把長子培養成神職人員的習俗已經過時不存在了。

to drop by (= to visit some without having arrange it beforehand; to drop in)
順道拜訪

例 Would you drop by when you are in town?　你來城裡時就順便來玩好嗎？

to dry out (= to dry completely; to dry something completely; to dry off)
變乾

例 The paint should have dried out by this time tomorrow.
油漆到明天這個時候應該就已經乾了。

★ ## to figure someone/something out
(= understand someone or something after getting to know him, her, or it)
理解某人/某事

例 I can't figure him out. 我看不透他。

★ ## to fill out (= write information in the spaces on a form; to become fatter)
填寫；變豐滿

例 Her cheeks have filled out. 她的兩頰變得豐滿了。

Fill out the form, please. 請填寫表格。

to fill up
(= to put enough of a liquid or substance in a container to make it full; to gradually become full of people, things, etc.)
充滿；填滿

例 He has filled up the tank with gas.
他已給油箱裝滿了汽油。
After school, the swimming pool starts filling up with kids.
放學後，游泳池開始擠滿了小孩。

to fit something on (= to set up something) 安裝
例 He knows how to fit the handle on. 他知道如何將把手裝上。

to fool around
(= to fool about; to spend the time doing nothing useful)
虛度光陰；遊手好閒

例 The workers always fool around when the supervisor steps out.
當工頭一走開，工人就到處遊蕩。

to get in touch with (= to contact) 和……聯絡
例 I got in touch with my old friend.
我和我的老朋友聯絡上了。

to give off (= to produce a smell, light, heat, a sound etc.) 發散，釋放出
例 The food gave off a bad smell. 食物已經發臭了。

★ to give up
(= to stop having or doing something; to offer oneself as a prisoner; to admit one's losing a game)
放棄；戒掉；自首；投降

例 John has given up trying to teach her English.
約翰放棄教她英語。
He gave himself up to the police. 他向警方自首。

to go on

(= to take place; to happen; to continue without stopping, or after a stop; to pass) 發生；繼續；過去；消逝

例 If he goes on like this he'll lose his job.
如果他繼續這樣下去，他會丟掉差事的。
As time went on, he became friendly. 隨著時間過去，他變得友善了。
What's going on here? 這兒發生什麼事啦？

★ **to go through**

(= to suffer or experience; to pass through or be accepted by) 遭受；通過

例 The country has gone through too many wars.
這個國家經歷了太多的戰爭。
The plan must go through several stages.
這個計畫必須經過幾個階段。

to go with (= to be found with; to match or suit) 伴隨；配合

例 Happiness doesn't necessarily go with money.
幸福未必伴隨金錢而來。
Jane's blue dress goes with her eyes.
珍的藍洋裝與她的眼睛很相配。

to hear from

(= to receive news from someone, usually by letter) 收到……的信

例 I haven't heard from him since his last call.
自從那次他來電話後，我一直沒有收到他的來信。

to hear of (= to know of) 聽說；獲知

例 I've never heard of anyone doing a thing like that.
我從未聽說過有人會做那種事。

to hear out (= to listen till the end of [someone's] speech) 聽完

例 Don't interrupt; just hear me out before you start talking.
不要插嘴，聽完我的話你再開口。

to hold up

(= to delay；to stop in order to rob；to show as an example；to raise)

阻滯；攔路搶劫；提出（作為榜樣）；舉起

例 The building of the new road has been held up by bad weather.
新路的建造因為惡劣的天氣而受阻。
The criminals held up the train and took all the money.
罪犯攔截了火車，搶走所有的錢。
Don't hold me up as a model husband. 別把我推舉為模範丈夫。
Hold up your right hand. 舉起你的右手。

★ **to keep up with** (= to learn as fast or do as much as other people) 跟上

例 They walked so fast that I could not keep up with them.
他們走得那麼快，我沒法跟上。

----

to lay off (= to stop employing someone) 解僱

例 The company will lay off 100 workers next month.
這公司下個月將解僱一百名工人。

----

to let go of (= to stop holding something) 放手

例 Don't let go of the handle. Hold it tight. 別放開把手，握緊它。

★ **to live up to**

(= to do something as well; to be as good as someone expects)

實踐；不辜負

例 You must live up to your promise. 你必須實踐自己的諾言。

----

to log on / in

(= to start using a computer or computer system by typing a special word)

電腦開機；開始用某種電腦系統

例 They gain access to the system, usually by typing their name or identity code and a password.
他們進入電腦系統的方法是輸入他們的名字或電腦代號和密碼。

★ **to look after** (= to take care of) 照顧

例 Who will look after your children while you go out to work?
你上班時誰來照料你的孩子？

to look for (= to try to find) 尋找

例 She is looking for her lost purse.
她正在尋找她弄丟的皮包。

to look forward to
(= to be excited and happy about something that is going to happen)
盼望＋N或V-ing

例 They are looking forward to her visit. 他們在期待著她的來訪。

to look into
(= to try to find out the truth about something) 深入地檢查；調查

例 The FBI will look into the cause of the fire.
聯邦調查局會調查此次火災的原因。

to look over (= to examine) 仔細檢查

例 Please look over the papers before you submit them.
文件在提出前，請仔細檢查一遍。

★ **to make ends meet**
(= to use one's money carefully so as to afford what one needs)
節約度日；使收支相抵

例 It's been hard to make ends meet since John got laid off.
自從約翰被解僱後，就難以維持收支平衡。

to make room for (= to give space to someone) 讓出空間（空位）給

例 Move along and make room for me.
挪過去一點，給我騰個位子。

★ **to make up**
(= to invent [a story, a poem, etc.] in order to deceive; to combine together to form as a whole; to become friends again after a quarrel)
捏造；組成；和解

例 The whole story is made up by my daughter.
整個故事完全是我女兒虛構出來的。
It's time for you to make up your quarrel. 你們吵架該和解了。
The medical team was made up of twelve doctors. 醫療隊由十二名醫生組成。

to pass out
(= to suddenly become unconscious; to give something to each one of a group of people) 昏倒；分發

例 Many people passed out from heat at the outdoor rock concert.
在那戶外的搖滾音樂會中有許多人熱得昏過去了。
Would you pass out the books for me? 你替我分發一下書好嗎？

to pass through (= to go through) 經歷；通過

例 He had passed through many difficulties during the experiments.
在試驗時他經歷了許多困難。

to patch up
(= to make up; to end an argument and become friendly with someone)
修補；平息；解決

例 He tried to patch up their quarrel. 他試圖平息他們之間的爭吵。

to pay off
(= to pay the whole of a debt; to pay and dismiss someone; to be successful) 清償；付清工資後解僱；成功

例 We will have more money to spend after we pay off our mortgage.
在付清貸款後，我們會有更多錢花。
The company has paid off some redundant employees.
公司在發放工資後解僱了一些多餘的雇員。
Did your plan pay off? 你的計劃成功了嗎？

to put off (= to delay; to move to a later date) 推遲；拖延

例 Don't put off till tomorrow what you should do today.
今日事今日畢。

---

to put on
(= to wear or place something on the body; to pretend to have; to perform on a stage; to increase) 演出；穿上；戴上；假裝；增加

例 She took off the old dress and put on a new one.
她脫下舊洋裝，然後穿上一件新的。
He put on 10 pounds in a few months. 他幾個月就胖了十磅。

★ **to put up with** (= to endure; to suffer without complaining) 忍受；容忍

例 I don't know how his parents put up with his antics.
我不知道他的父母是如何忍受他的怪異行為。

---

to resort to
(= to turn to something bad for help; to go to a pleasant place; to visit often) 依靠；求助於；光顧；常去

例 When his wife left him, he resorted to drink. 妻子離去後，他借酒消愁。
We resorted to the restaurant for lunch. 我們去那家餐廳吃午餐。

★ **to result from** (= to happen because of) 產生；起因於

例 His illness resulted from bad food. 他的病是由於吃了變質的食物所致。

★ **to run out of**
(= to use all one's supply of; to have no more of) 將（貯存的）用完

例 We are running out of time. 我們沒多少時間了。

---

to search for
(= to examine a place carefully to try to find something) 尋找

例 The scientists search for a cure to the common cold.
這些科學家們尋找治療普通感冒的方法。

★ **to set off** (= to begin a journey; to cause to explode) 出發；動身；使爆炸

例 They set off in search of the lost child. 他們出發尋找失蹤的孩子。
The bomb could be set off by the slightest touch.
最輕微的觸摸都可能引爆這顆炸彈。

to set out
(= to begin a course of action; to arrange or spread out in order)
開始；排列；擺設

例 He set out to paint the whole house but finished only the front part.
他開始著手粉刷整幢房子，可是只完成了前面的部分。
The meal was set out on a long table.
飯菜擺在一張長桌上。

to set up
(= to raise into position; to prepare for use; to establish)
豎立；設置；建造；建立；創立

例 A new government was set up after the war.
新政府於戰後成立。
All the electrical wiring will take a day to set up.
全部的電線接駁工作需要一天才能做完。

to spread over
(= to scatter, share, or divide over an area, period of time, etc.; to
distribute) 分布；散布

例 The ink spread over the desk. 墨水在桌上散開。

★ **to stand for** (= to represent; to have as a principle; to support; to put
up with) 代表；象徵；主張；支持；擁護；容忍

例 The American flag stands for freedom and justice.
美國國旗代表自由及公平。
We stand for self-reliance. 我們主張自力更生。
I won't stand for any more of your rudeness. 我不願意再忍受你的無禮。

to stay up (= to stay awake) 不去睡覺；熬夜

例 She stayed up reading until midnight. 她看書看到半夜才睡。

to take after

(= to look or behave like an older relative) 長得像年長的親人或行為與其相似

例 He takes after his father, a drunkard. 他就像他父親一樣，醉漢一個。

★ **to take care of**
照顧；處理

例 Better devices are needed in many countries to take care of the waste from factories. 很多國家需要更先進的裝置來處理工業廢物。

to take apart

(= to separate [a small machine, clock, etc] into pieces) 分解；拆開

例 Take the watch apart and see if there's anything wrong.
把手錶拆開看看有何問題。

to take down

(= to separate [a large machine or article] into pieces) 分解；拆開

例 They are going to take down a dangerous bridge tomorrow.
他們明天要去拆下一座危橋。

★ **to take... for granted**

(= to accept a fact or someone's presence, actions, etc., without questioning its rightness) 認為……理所當然

例 I take it for granted that we should build new roads.
我認為我們造新路是理所當然的。

★ **to take off**

(= to remove something; to rise into the air at the beginning of a flight)
脫下；移去；起飛

例 He took off his raincoat and took out the key. 他脫下雨衣，拿出鑰匙。
Your name has been taken off the list. 你的名字已從名單中去除。

to take place (= to happen) 發生；舉行

例 When will the basketball game take place? 籃球賽何時舉行？

★ **to take to**

(= to like; to begin as a practice, habit, etc.; to go for rest, hiding, escape, etc.) 喜歡；沉迷於；去休息或藏匿；逃到

例 Mary took to John as soon as they met. 瑪莉一見到約翰就喜歡上他。
He has taken to drinking too much lately. 他最近酒喝得太多。
The criminal took to the woods to escape from the police.
這罪犯藏匿於森林中逃避警察的追捕。

★ **to take turns** (= to do something in regular order) 輪流

例 They were taking turns to be on the night shift. 他們輪流值夜班。

to take up

(= to begin to spend time doing something; to interest oneself in; to continue) 從事於；專注於；接下去

例 I'll take up the story where I finished yesterday.
我接著講昨天沒講完的故事。

★ **to tear apart**

(= to make someone feel extremely unhappy or upset; to make a group, organization, etc. start having problems) 使人苦惱；使……分裂

例 It tears me apart to see my daughter cry. 看到我女兒哭讓我非常難過。
The country had been torn apart by civil war. 這國家因內戰而分裂。

★ **to tear down** (= to destroy a building deliberately) 拆除；扯下

例 Our old school was torn down last year. 我們的舊學校去年被拆除了。

★ **to tell apart**

(= to be able to see the difference between) 能認出其間的差異

例 Mary dresses the twins in different color t-shirts so you can tell them apart.
瑪莉讓這對雙胞胎穿顏色不一樣的汗衫，如此你就能分辨他們了。

to tell the truth

(= to emphasize or admit that what your are saying is true) 說實話

例 To tell the truth, I don't know much about it. 老實說我不太了解那件事情。

to tune in

(= to watch or listen to a particular TV or radio program)
將收音機或電視調到要收聽或收看的某台

例 We always tune in at 10 o'clock to hear the news.
我們一向在十點開收音機聽新聞。

to tune up

(= to set an instrument at the proper musical level) 調音；定弦

例 The orchestra is tuning up ready to begin.
管弦樂隊正在調音，準備馬上演奏。

to turn down

(= to lessen the force, strength, loudness, etc. of something; to refuse a request, person, etc.) 減弱；降低；拒絕

例 His proposal was turned down. 他的提議被拒絕了。
Turn that radio down at once. 馬上把收音機關小聲。

to turn in

(= to go to bed; to deliver a person or thing to the police; to give back; to return; to hand in) 睡覺；把（人，東西）交給警方；歸還；繳交

例 You must turn in your uniform when you leave the army.
你離開軍隊時要交還制服。

to turn off

(= to stop the flow of water, gas, etc. in a pipe; to stop a radio, TV, light, etc., especially by using a button or switch)
把水，煤氣等關掉；把收音機，電視，燈等關掉

例 Turn off the light before you leave. 離開前請把燈關掉。

to turn on
(= to cause water, gas, etc. in a pipe to flow; to start a radio, light, etc., especially by using a button or switch)
將水，煤氣等打開；將收音機，燈等打開

例 Will you turn on the radio? 你打開收音機好嗎？

★ to use up (= to finish completely) 用完；耗盡
例 We have used up all the paper. 我們把紙全用完了。

★ to work out
(= to calculate the answer to; to have a good result；to exercise)
算出來；有好結果；運動

例 I hope the new plan works out. 我希望新的計畫會成功。
He likes to work out in the gym. 他喜歡在體育館裡運動。

★ used to
過去一向；過去時常；過去曾（而現在不再）做

例 We used to swim every day when we were children.
小時候我們天天游泳。

注意：此片語後接原形動詞。

Section 2　常考助動詞片語　★ 重要片語

★ had better (= ought to; should) 最好；應該
例 You had better tell Dad about it. 你最好告訴父親這件事情。

would rather
(= to prefer doing or having one thing instead of another)
更願（做……）；比較願意（做……）

例 I would rather stay home alone than go out with those idiots.
我情願一個人待在家裡也不願跟那些白痴出去。

Section 3　常考介系詞片語及片語介系詞 ★重要片語

above all (= most important of all) 最重要的

例 He is strong, brave and, above all, honest.
他強壯，勇敢，最重要的是他誠實。

---

according to
(= as stated or shown by; in a way that agrees with)
據……所載；據……所說；根據；按照

例 According to my watch it is 3 o'clock.
照我的錶是三點鐘。
According to the Bible, Adam was the first man.
據《聖經》記載，亞當是人類始祖。

★ **after all**
(= in spite of everything; it must be remembered that)
終究；畢竟；記著

例 So you see I was right after all.
你看到頭來還是我對。
I know he hasn't finished the work, but after all, he is a busy man.
我知道他尚未做完工作，不過別忘了，他是個忙人。

---

all of a sudden (= suddenly) 突然地；出乎意料地

例 All of a sudden the lights went out.
突然燈滅了。

---

as a matter of fact (= in fact; really; actually) 真實地；事實上

例 Officially he is in charge, but as a matter of fact his secretary does all the work. 名義上是他負責，其實他的秘書處理一切。

---

as well as (= in addition to something else) 不但……而且；也同樣地

例 I'm learning French as well as Italian.
我正在學法語以及義大利語。

---

at all (= in any degree; ever) 完全；究竟

例 He doesn't seem at all interested in my plan.
他對我的計劃似乎一點興趣也沒有。
Do you go there at all?
你究竟去不去那裡？

at first (= at the beginning) 起先

例 At first I didn't know what had happened.
起先我不知道發生了什麼事。

at hand (= near in time or place) 在手邊；即將到來

例 He believes that the great day is at hand.
他相信大日子就要到來。
I don't have my book at hand.
我的書不在手邊。

at last (= in the end; after a long time) 最後；終於

例 At last they reached Hong Kong. 他們終於到達香港。

at least (= if nothing else) 起碼；至少

例 He smoked at least two packets of cigarettes a day.
他每天至少抽兩包菸。

★ **at once** (= now; at the same time) 馬上；同時

例 Do it at once! 馬上就做！
Don't all speak at once! 不要同時都說話。

at sixes and sevens
(= in disorder, especially of mind; confused or undecided)
心情七上八下；一團糟

例 I'm all at sixes and sevens about what to do.
我心裡七上八下，不知該怎麼辦。

★ **at stake** (= at risk; dependent on what happens) **在危急關頭**

例 The life of the patient is at stake. 病人的生命在危急中。

---

at the same time (= together; in spite of this) **一同；一起；然而**

例 He may be very rude sometimes but at the same time he is very kind.
有時候他可能很粗魯，然而他還是很善良。

★ **at the expense of**
(= causing the loss of) **由……支付費用；以……為代價**

例 He completed the work at the expense of his health.
他完成了工作，但損害了健康。

---

because of (= as a result of) **因為；由於**

例 Because of the storm he didn't go there. 因為暴風雨他沒有去那兒。

---

beyond dispute (= such as cannot be doubted) **無疑地**

例 This is beyond dispute the best book he has ever written.
這本書無疑是他寫得最好的一本。

★ **by all means**
(= certainly; please do) **盡一切辦法；一定；（表承諾）當然**

例 I will come by all means. 我無論如何一定來。

---

by and by (= before long; soon) **不久**

例 He'll come back by and by. 他不久就會回來。

★ **by and large** (= in general) **總的說來**

例 By and large, your idea is a good one. 總的說來你的看法不錯。

---

by hook or by crook **用各種手段，不擇手段**

例 The construction company had to get the contract, by hook or by crook.
那家建設公司欲得契約，不擇手段。

by means of (= by using) 藉著；用；以

例 She could not speak, but made her wishes known by means of signs.
她不會說話但藉著手勢讓人知道她的願望。

★ **by no means** (= not at all) 決不

例 I am by no means pleased with his behavior.
我對他的行為毫不感到高興。

by the same token (= in the same way) 同樣地

例 The two workers were dismissed from the factory by the same token.
那兩位工人以同樣的方式被工廠解僱了。

by the way
(= in addition, used to introduce a new subject in speech) 順便一提

例 By the way, do you have any idea where the post office is?
順便問一下，你知道郵局在哪兒嗎？

by your leave (= with your permission) 容我很冒昧地，請原諒

例 By your leave, I'll shut the door.
對不起，我想把門關上。

by way of (= by going through) 經由

例 He came by way of New York.
他經由紐約來此。

★ **for good** (and all) (= forever) 永久地

例 He left the city for good.
他永遠地離開了那個城市。

for instance (= for example) 例如

例 You can't depend on her: for instance, she arrived late yesterday.
她靠不住；舉例說，昨天她就來遲了。

★ **for the time being** (= for a limited period) 暫時

例 Let's share the room for the time being. 我們暫時合住一個房間吧！

---

in advance (= before in time; in front) 預先；在前面

例 I ought to have told you in advance. 我應該事先告訴你。

---

in advance of (= in front of) 在……的前面

例 He walked in advance of his wife. 他走在他妻子的前面。

---

in all (= altogether) 總計；一共

例 We were fifty in all. 我們總共五十人。

---

in case (= for fear that; lest; if) 以防；假使；免得

例 In case she comes back, let me know immediately.
假使她回來了，立刻告訴我。
Take the raincoat in case it rains. 帶著雨衣，以防下雨。

---

in case of
(= for fear that [that stated event] should happen; if [that stated event] should happen) 以防；萬一

例 In case of fire, open this safety door. 一旦發生火災時，打開這扇安全門。

---

in competition with (competing with) 和……競爭

例 He was in competition with 10 others, so he did well to win the race.
他跟十個人競爭，所以他表現不錯才能贏得賽跑。

★ **in contrast to/with**
(= comparing unlike objects, especially to show differences)
與……形成對比；與……相比

例 In contrast with his brothers, Tom is rather short.
與幾位兄弟相比，湯姆的個子相當矮。

in fact = (as a matter of fact) **事實上**

例 In fact, he is a very kind man. 事實上他是一個非常善良的人。

---

in favor of

(= on the side of; [of a check] payable to) **贊成；支持；[支票]支付給**

例 Are you in favor of early marriage? 你贊成早婚嗎？

---

in good time (= at the right time; early or soon enough) **準時；提早**

例 Let's go to the lecture hall in good time and find a good seat.
我們提早去演講廳，找個好位子。

---

in honor of (= to show respect to) **向……致敬**

例 A ceremony will be held tomorrow in honor of the soldiers who died.
明天將舉行一個紀念陣亡將士的典禮。

---

in memory of

(= for the purpose of remembering someone who has died) **紀念**

例 They will build a monument in memory of the national hero.
他們將建造一座紀念碑來紀念這位民族英雄。

---

in order that (= so that) **為了**

例 They are going to London in order that they may see the Queen.
他們將往倫敦晉謁見女王。

---

in order to

(= with the purpose or intention of; so that one may) **為了；因而能夠**

例 We started early in order to arrive before dark.
為了在天黑前到達，我們很早就動身了。

in other words
(= expressing the same thing in different words)　換言之

例 Is there a cheaper solution? In other words, can you make a cheaper device?
有沒有一種便宜的解決方法？換句話說，你能不能設計一個便宜些的設備？

in place of (= instead of)　代替

例 Plastics are now often used in place of wood or metal.
現在塑膠經常被用來代替木料或金屬。

in search of (= looking for)　尋找

例 He went in search of a doctor for his sick wife.
他去為他生病的妻子找醫生。

in regard to (= with regard to; regarding)　關於

例 In regard to his suggestions we shall discuss them fully.
關於他的建議，我們將充分地討論。

in shape
(= in good condition of the body and muscles)　處於良好的健康狀況

例 Plenty of exercise will help you keep in shape.
充分的運動會幫助你保持健康。

★ in short (= to put it into a few words; all I mean is)　總之

例 In short, we must be prepared.　總之我們要有準備。

in spite of (= despite; in opposition to the presence or efforts of)　不管

例 I went out in spite of the rain.　儘管下雨我仍外出了。

instead of (= in place of someone or something)　代替

例 I'll have lamb instead of beef.　我要羊肉而不是牛肉。

★ **in terms of** (= with regard to) 就……而論；在……方面

例 In terms of money, he's quite rich, but not in terms of happiness.
就錢來說他很富有，但就幸福來說就不然了。

----

in the midst of (= in the middle of) 在……之中

例 We departed in the midst of a heavy rain. 我們在大雨中離去。

----

in the long run (= after enough time; in the end) 最終

例 It'll be cheaper in the long run to use real leather.
使用真正的皮革最終還是便宜合算的。

----

in time (= early or soon enough) 及時

例 They were just in time for the bus. 他們及時趕上了公車。

----

in touch with
(= regularly exchanging news and information about something)
和……有連絡

例 It would be nice to keep in touch with each other. 希望彼此保持聯絡。

★ **in vain** (= uselessly; without a successful result) 徒勞

例 Their efforts were not in vain. 他們的努力沒白費。

----

on account of (= because of) 因為；由於

例 Bill cannot come to the meeting on account of illness. 比爾因病不能來開會。

----

on board (= in a ship or public vehicle) 在船，火車，飛機上（的）

例 As soon as I am on board I always feel sick.
我每次上船，總是暈船。

----

on condition that (= if; providing) 假如；只要

例 You can use the bicycle on condition that you return it tomorrow.
只要你明天歸還，自行車你可以拿去用。

★ **on leave**
(= on holiday from one's job; absent for another reason)
休假中；告假中

例 She went home on leave. 她休假回家。
He had been on sick leave for the past three years.
過去的三年他都在請病假。

on my own (= alone; without help) 獨立無助地

例 I can't carry it on my own; it's too heavy. 我無法獨自攜帶它，它太重了。

on purpose (= intentionally; not by accident) 故意；有目的地

例 I came here on purpose to see you. 我特地來這裡看你。

on time (= at the right time) 準時

例 Do the trains ever run on time here? 這裡火車準時嗎？

out of control
(= in the state of not being controlled) 不受控制；失去控制

例 The plane got out of control and crashed into the sea.
飛機失控，墜入大海。

★ **out of the question** (= impossible) 不可能的

例 Their victory is out of the question; they have lost too many men.
他們是不可能勝利的；他們損失的人太多。

over and above (= in addition; as well) 除外；也

例 The waiters get good tips over and above their wages.
飯店服務員除工資外，小費收入頗豐。

owing to (= because of) 由於

例 Owing to the rain the match was cancelled.
由於下雨，比賽取消了。

rather than (= instead of) 而不是

例 Religious instruction belongs in church rather than in the public schools. 宗教的教學屬於教堂而不是屬於公立學校。

to the point
(= only talking about the most important facts or ideas) 中肯，扼要

例 Please be concise and to the point. 請簡明扼要一點。

with a view to (= with the intention of doing something) 以……為目的

例 With a view to improving his ability to speak English, he spent most of his holidays in America.
他為了要增進說英語的能力，假期大多待在美國。

with an eye to (= having as one's purpose) 指望著；為了要

例 Since she graduated from college, she has had an eye to marriage.
自從大學畢業後，她就指望著結婚。

第三章　重要文法

Section 1　八大詞類

一、名詞（Nouns）

1. 名詞的種類：

可數名詞（Countable Noun）	
普通名詞 Common Noun	指人、動物或東西的名稱：teacher, student, apple, table, sun, moon ...
集合名詞 Collective Noun	指一單數形單字代表一群人或物：jury, audience, team, people, family, class, army, committee, group, herd ...
不可數名詞（Uncountable Noun）	
專有名詞 Proper Noun	指人、時、地、物專用的名稱：John, Sunday, Taiwan, Japan, the White House ...
物質名詞 Material Noun	指形態不一的物質名稱：wood, bread, butter, milk, water, rain, soap, money, sand, wheat ...
抽象名詞 Abstract Noun	指有關性質、狀態、觀念的無形名詞：beauty, honesty, ability, knowledge, health, service ...

2. 名詞的用法：

> 句子中的單數普通名詞之前必須有 a（an- 母音之前）、the 或所有格形容詞；複數普通名詞（字尾加上 s 或 es）之前則未必。

例 There is **a** table in the living room.
　　These are pineappl**es**.
　　This is **my** hat.
　　It is **an** apple.
　　He is **a** university student.〔university的u發音是 / ju /，/ j /非母音〕

---

a, an, 或 the ＋單數普通名詞＝同種類的全體＝複數普通名詞。

例 **A horse** is a useful animal.　馬是有用的動物。
= **The horse** is a useful animal.
= **Horses** are useful animal.

集合名詞當成一個單位或團體時，其用法與單數普通名詞相同；若集合名詞所指是團體中的成員時，其涵義是複數名詞。

例 The Chinese are **a** hard-working **people**.　中華民族是個勤勞的民族。
All her **people are** in Australia.　她的家人都在澳大利亞。

專有名詞的第一個字母要大寫，通常之前不用 a 或 the，但在特殊的專有名詞（如：山、河川、海洋、島嶼、地方、運河、沙漠、船艦、書籍、報紙、雜誌、機構等名稱）之前，必須加上 the。

例 English is spoken in **America**.——不用a或the　在美國是說英文的。
The American Red Cross offer classes in lifesaving and first aid.
美國紅十字會提供救生與急救的課程。
She will be a **Hemingway** in the future.——專有名詞當普通名詞用
她未來將成為海明威(那樣的人)。

物質名詞之前不用 a (an), the 等冠詞，但表示其數量時，之前要加上計量的名詞。

例 His house is made of **wood**.——不用加a或the　他的房子是木造的。
He bought **a loaf of** bread yesterday.——需加計量名詞　他昨天買了一條麵包。

抽象名詞之前不用 a (an), the 等冠詞，但表示特定的性質時，之前必須加上 the。

例 We received **the information** that you had arrived.
我們得到了你已抵達的消息。
I would stress **the importance** of mathematics to the whole of science.
我要強調數學對整個科學的重要性。

> 抽象名詞的特殊用法：of ＋抽象名詞＝形容詞，with（或 in, on, by）＋
> 抽象名詞 = 副詞

> 例 Advice is **of no use** to him.　忠告對他沒用。
>
> Marry **in haste** and repent at leisure.　急忙結婚恨事多。

> 名詞作修飾語時，用單數形式。

> 例 This is **an office building**.　這是辦公大樓。
>
> She has **a five-year-old son**.　她有一個五歲大的孩子。

3. 名詞的複數：

(1)規則名詞複數：

> **單數普通名詞＋ s**
>
> friends, hats, books, ropes, pens, tables, cats, cakes, homes
>
> **單數普通名詞字尾是 s, x, z, sh, ch 時，則須加上 es**
>
> dishes, boxes, guesses, sandwiches, matches
> 例外：stomachs, monarchs
>
> **單數普通名詞字尾是 y 時，y 前為母音字母，只加 s**
>
> toys, holidays, keys, days, boys, kidneys, monkeys
>
> **單數普通名詞字尾是 y 時，y 前為子音字母，變 y 為 i，再加上 es**
>
> families, qualities, countries, lullabies, babies, bodies, enemies

(2)不規則名詞複數：

> **不規則名詞複數形式**
>
> | | |
> |---|---|
> | man → men | woman → women |
> | mouse → mice | ox → oxen |
> | tooth → teeth | foot → feet |
> | goose → geese | child → children |
> | formula → formulas | criterion → criteria |
> | basis → bases | datum → data |

有些字尾是 o 的名詞，加上 es

echoes, heroes, potatoes, tomatoes

有些字尾是 o 的名詞，只加 s

pianos, solos, videos, radios, memos, kilos, studios, zoos, photos

有些字尾是 o 的名詞，加 s 或 es 都可以

mosquitoes / mosquitos, zeroes / zeors, volcanoes / volcanos

有些字尾是 f 或 fe 的名詞，變為 ves

knife → knives   thief → thieves   scarf → scarves

life → lives   loaf → loaves

例外：belief → believes, chief → chiefs

有些名詞的單複數同形

deer, fish, means, series, sheep, species

有些名詞的單複數意義不同

air	空氣	→	airs	姿態
good	好處	→	goods	貨物
cloth	布	→	clothes	衣服
wood	木材	→	woods	森林
arm	手臂	→	arms	武器
work	工作	→	works	工廠，作品
glass	玻璃	→	glasses	眼鏡，玻璃杯

有些名詞為複數形，用作單數，須接單數動詞

news	消息	economics	經濟學
mathematics	數學	physics	物理
civics	公民學	aerobics	有氧運動

複合名詞的複數，在主要單字上加 s 或改變母音即可

girl-friends, sisters-in-law, boy-friends, men-servants, women-servants

4. 名詞的格：

主格 (Nominative Case)	(1) 當主詞用：**John** is my student. (2) 當主詞補語用：This boy is **John**. (3) 當稱呼主格用：Sit down, **John**. (4) 當同位語用：This student, **John**, is very clever.
所有格 (Possessive Case)	(1) 生物的所有格在字尾加上 's 或 s'：**Mary's** pen, **girls'** dolls, **Tom and Jane's** school, **Tom's** and **Jane's** schools (2) 無生物的所有格：the cover of the **book**, **today's** paper, two **days'** trip (3) 獨立所有格：This book is **Mary's**.
受格 (Objective Case)	(1) 當動詞的受詞：He likes that **girl**. (2) 當介詞的受詞：She is with **John**. (3) 當受詞的補詞：He called him **Tom**. (4) 當受詞的同位語：They respected Mr. Lee, their English **teacher**.

5. 名詞的性：

陽性 (Masculine Gender)	actor, author, emperor, host, boy, lion, prince, hero, man, king, husband, son, brother, ...
陰性 (Feminine Gender)	actress, authoress, empress, hostess, lioness, princess, heroine, woman, queen, sister, ... ●國家與都市常以陰性表示： England is proud of **her** great poets.
通性（雙性） (Common Gender)	student, friend, teacher, lawyer, professor, liar, educator, instructor, lecturer, ...
無性（中性） (Neuter Gender)	pen, book, house, telephone, ... ●國土、嬰兒、小孩常用 **it** 表示： Taiwan is famous for **its** scenic beauty. **It** is my baby.

二、代名詞（Pronouns）

代名詞即是代替名詞的字，其種類與用法如下表：

1 ｜ 人稱代名詞（Personal Pronoun）

(1) 主格： I, we, you, he, they, she, it
(2) 所有格： my, our, your, his, her, their, its
(3) 受格： me, us, you, him, them, her, it

用法 (1) 作主詞或主詞補語：

We arrived on time. **It** is he that broke the law.

(2) 作形容詞，修飾後面的名詞：

She is **my** sister.

(3) 作受詞或受詞補語：

He likes **it**. It is **her**.

2 ｜ 指示代名詞（Demonstrative Pronoun）

this, that, these, those

用法 (1) 為避免重複，that 和 those 可以用來代替前面提到的名詞，
但 this 和 these 則不可以：

The climate of Taiwan is warmer than **that** of New York City.

(2) this 用以表示後者 (the latter)，that 用以表示前者 (the former)：

Work and play are both necessary to health;

this gives us rest, and **that** gives us energy.

└ play 　　　　　 └ work

(3) that, those 可做關係代名詞的先行詞：

That which you told me to do I did.

God helps **those** who help themselves.

3 ｜ 不定代名詞（Indefinite Pronoun）

one, ones, none, each, every, both, all, either, neither,
each other, one another, some, someone, everybody, anybody

用法 (1) 不定代名詞必須與人稱代名詞的所有格一致：

One should love one's country.

Every one must do his own duty.

Each and every member has his duty.

(2) each other 表示兩者之間的彼此；

one another 表示三者以上的彼此：

The two men help **each other**.

They all laugh at **one another**.

(3) **either** 與 **neither** 在否定句中的用法：

If you don't go shopping, I will not, either.

He won't do it, neither will I.

(4) one, other 與 another：

one ... the other（其中一個，另一個）

one ... the others（其中一個，其餘的）

one ... another（一個，另一個）

4 ｜ 疑問代名詞（Interrogative Pronoun）

who, what, which, whose, whom

用法 (1)who, whose, whom 用以問人
(2)what 用以問事物、職業、身分
(3)which 代表人、事、物均可

5 ｜ 關係代名詞（Relative Pronoun）

who, which, that, what, whose, whom

用法 (1) 人＋ who, whose, who
　　(2) 動物或事物＋ which
　　(3) 人、事、物＋ that
　　　　先行詞若是最高級，**the only**, **all** 或人＋動物，則一定要用
　　　　that
　　(4)what 之前無先行詞主詞

三、形容詞（Adjectives）

1. 形容詞就是修飾名詞或代名詞的字，其種類與用法如下表：

種類	說明
代名形容詞	指有代名詞性質的形容詞 this, that, these, those, some, what, your, my, its, their, which, ...
數量形容詞	(1) 不定數量形容詞：（參考下表） (2) 數詞：基數，序數，倍數 　　基數用以計數：one, two, ... 　　序數是表示順序的數詞：first, second, ... 　　倍數詞：half, double, triple, ...
性狀形容詞	(1) 敘述形容詞：good, tall, young, beautiful, ... (2) 物質形容詞：gold ring, iron gate, wood house (3) 專有形容詞：an American boy, the Chinese people, ...

2. 不定數量詞語：

		接可數名詞	接不可數名詞
one	➡	one book	×
each	➡	each book	×
every	➡	every book	×
both	➡	both books	×

		接可數名詞	接不可數名詞
a couple of	➡	a couple of books	✕
few	➡	few books	✕
a few	➡	a few books	✕
several	➡	several books	✕
many	➡	many books	✕
a number of	➡	a number of books	✕
little	➡	✕	little money
a little	➡	✕	a little money
much	➡	✕	much money
a great deal of	➡	✕	a great deal of money
not any/no	➡	not any/no books	not any/no money
some	➡	some books	some money
a lot of	➡	a lot of books	a lot of money
lots of	➡	lots of books	lots of money
plenty of	➡	plenty of books	plenty of money
most	➡	most books	most money
all	➡	all books	all money

四、副詞（Adverbs）

副詞就是修飾動詞、形容詞或其它副詞的字，其種類與用法如下表：

種類	定義	用法
簡單副詞	(1) 時間副詞： ago, already, now, early, late, soon, ...	時間副詞通常放在句尾： I saw him three days **ago**.

種類	定義	用法
簡單副詞	(2) 地方副詞： here, near, up, down, there, home, ...	地方副詞放在時間副詞之前： He came **here** last week.
	(3) 程度副詞： so, only, too, hardly, enough, rather, very, much, nearly, ...	程度副詞放在所修飾的字之前： He is a **little** bored. He is old **enough** to do it.（例外）
	(4) 頻率副詞： ever, seldom, often, sometimes（偶爾）， sometime（某時）， usually, never, once, ...	頻率副詞放在一般動詞的前面，be 動詞及助動詞的後面，有時可以放在句尾或句首： He is **often** late for work. He **seldom** eats fish. I have **never** seen him. I walk to school **sometimes**. He was in Paris **sometime** in May.
	(5) 情狀副詞： wisely, kindly, carefully, quickly, hard, well, fast	情狀副詞一般放在動詞後面： He works **hard**. She speaks French **well**.
疑問副詞	(1) 表時間：when	**When** (What time) will you come?
	(2) 表地方：where	**Where** did he go?
	(3) 表原因或理由：why	**Why** was he absent?
	(4) 表方法狀態或程度：how	**How** did it happen?
關係副詞	(1) 表時間：when	Saturday is the only day **when** I can take a rest.
	(2) 表地方：where	I don't know the place **where** he lives.
	(3) 表原因或理由：why	I don't know the reason **why** he left.
	(4) 表方法：how	That is the way **how** I make it.

註 兩個以上性質相同的副詞並用時，小單位副詞應該位於大單位副詞之前。

例 We will meet at 9:00 p.m. tomorrow.

She was born at Taipei in Taiwan.

五、動詞（Verbs）

1. 動詞的種類：

(1)依照動詞是否有受詞來區分：

及物動詞	完全及物動詞 (Complete Transitive Verb) A.單受詞動詞：think, believe, sing, know, think, have, ... B.雙受詞動詞（授與動詞）：give, allow, bring, hand, offer, ..
	不完全及物動詞 (Incomplete Transitive Verb) 有受詞及補語：get, call, keep, let, elect, make, ...
不及物動詞	完全不及物動詞 (Complete ntransitive Verb) 沒有受詞及補語：cry, land, walk, smile, study, rise, come, go, ...
	不完全不及物動詞 (Incomplete Intransitive Verb) 沒有受詞但有補語：become, be, look, grow, sound, seem, ...

註 (1) 副詞可以修飾完全不及物動詞，但不能修飾不完全不及物動詞。

例 The music sounds sweetly.　　（✗）

The music sounds sweet.　　（○）

(2) 以動名詞當受詞的動詞（含動詞片語）：avoid（避免），enjoy（享受），mind（介意），finish（完成），go on（繼續），keep on（繼續），give up（放棄），be used to（習慣於），look forward to（期待），prevent from（阻止），cannot help（不得不），stop + Ving（停止做某事）等。

(3) 下列動詞接不定詞或動名詞均可：start（開始），begin（開始），continue（繼續），remember（記得），hate（恨），prefer（較喜歡），love（愛），like（喜歡）等。

(2)依照動詞是否有語意及其功能來區分：

語態助動詞 (Modals)	表達可能、允許、希望、義務、意志等語意。 can, could, may, might, will, would, shall, should, must, dare, ought to, need, had better, have to, be (going) to, be willing to, be about to, ...
助動詞 (Auxiliaries)	幫助一般動詞進行句子的變形，本身無意義。 do, does, did, have(完成式), has, had, be + Ving(進行式)
主動詞 (Lexical Verbs)	表示主詞的動作或狀態，本身有語意。 cut, meet, beat, come, speak, teach, look, feel, work, ...

(3)依照動詞的字數來區分：

單字動詞 (Single-word Verb)	所有能表示主詞的動作或狀態的動詞：come, go, get, put, win, participate, combine, ...
片語動詞 (Phrasal Verb)	(1) 雙字動詞由一個動詞和一個質詞所組成：check in, get up, look up, turn down, break down, ... (2) 三字動詞由一個動詞和兩個質詞所組成：look up to, put up with, look down upon, look forward to, ... (3) 複合動詞由一個名詞、副詞或質詞與動詞所連成：upset, house-keep, baby-sit, brainwash, ...

2. 動詞的時態：

	種類	範例
簡單式	簡單過去式 (Simple Past Tense)	**表示過去的動作、狀態、事實或存在：** He **went** to the movies yesterday.
	簡單現在式 (Simple Present Tense)	**表示現在的動作、狀態、事實或習慣：** I **go** to school by bus every day.
	簡單未來式 (Simple Future Tense)	**表示在未來某一時間將發生的動作或狀態：** You **will fail** if you don't work hard.

種類	範例
完成式　過去完成式 (Past Perfect Tense)	表示過去某段時間以前所完成、繼續、經驗的動作： (1) I found the pen I **had lost**. (2) The child **had been** ill for three days when she was sent to hospital. (3) I wonder if I **had** ever **seen** him.
現在完成式 (Present Perfect Tense)	表示到說話時間為止所完成的動作： I **have bought** three apples. 表示從過去到現在所經驗的事情： She **has** never **been** to New York City. 表示從過去繼續到現在的動作或狀態： She **has known** me since I was a child.
未來完成式 (Future Perfect Tense)	表示到未來某時為止所完成、繼續、經驗的動作： (1) I **shall have finished** my work by night. (2) We **shall have studied** English for two years by the end of this month. (3) If I read this book once more, I **shall have read** it five times.
進行式　過去進行式 (Past Progressive Tense)	表示過去某時正在進行或繼續的動作： We **were watching** TV when he came.
現在進行式 (Present Progressive Tense)	表示現在正在進行中的動作： She **is doing** her homework.
未來進行式 (Future Progressive Tense)	表示某動作在未來某一時間的進行狀態： What **will** you **be doing** at 10:00 p.m.

種類	範例
完成進行式 — 過去完成進行式 (Past Perfect Progressive Tense)	強調某一活動在過去另一活動或時間之前曾持續進行： The patient **had been waiting** in the emergency room for almost an hour before a doctor finally treated her.
完成進行式 — 現在完成進行式 (Present Perfect Progressive Tense)	表示一種持續的活動，開始於過去，持續到現在： I **have been sitting** here for two hours. 表示不久前在進行的一般性活動： All of the students **have been studying** hard. Final exams start next week.
完成進行式 — 未來完成進行式 (Future Perfect Progressive Tense)	強調某一活動在未來某一時間或事件之前持續進行： I **will have been sleeping** for two hours by the time he gets home.

3. 非進行性動詞就是表示狀態（及存在的狀況）的動詞，不能用於任何一種進行式。

常用的非進行性動詞	
心智狀態	believe, imagine, want, know, realize, feel, doubt, need, suppose, understand, remember, prefer, recognize, forget, mean, (think), ...
感情狀況	love, hate, fear, mind, like, dislike, envy, care, appreciate
所有關係	possess, own, (have), belong
感官知覺	(taste), hear, (see), (smell), (feel)
其它存在狀態	seem, cost, (be), consist of, (look), owe, exist, contain, (appear), (weigh)

註 有括弧的動詞也常當作進行性動詞，但是意義不同，例如：

非進行性的存在狀態	進行性的正在進行的活動
He **has** a car. This soup **tastes** good. He **appears** to be asleep. I **am** happy.	He is **having** trouble. We are **having** a good time. The chef is **tasting** the sauce. The actor is **appearing** on the stage. Tom is **being** rude.

六、介系詞（Prepositions）

介系詞是指名詞、代名詞或動名詞之前，表示兩字關係的字，其種類與用法如下表：

表示時間的介系詞	1. 表示年、月、季節、上、下午等時間用 in 例 in 1990, in May, in summer, in the morning, 　in the afternoon, in the night, ... 2. 表特定的日期或特定的早晚用 on 例 on Sunday morning, on May 6, on Christmas Eve, on Double Tenth, ... 3. 表示時間的一點用 at 例 at 9:30, at noon, at midnight, ... 4. 表示某時間以內用 within 例 He will be back within a week. 他一週之內回來。 5. 表示經過某段時間用 in 例 He will finish it in a week. 過一星期他就能做完它。 6. 表示時間繼續的終點用 until (till) 例 He'll stay here until next Sunday. 　他會在這裡待到下星期日。 **7. 表示某時間之前用 by** 例 You must come back by the end of this month. 　你必須要在月底之前回來。

表示時間的介系詞

8. **表示在某段期間用 during**

例 We had a good time during the vacation.
在假期中我們過得很愉快。

9. **since（自從）要接時間的一點**

例 She has eaten nothing since yesterday.
她從昨天起就一直沒吃東西。

10. **for（……之久）要接一段時間**

例 I have studied French for two years.
我學習法語已經有兩年之久了。

表示位置的介系詞

1. 表示在地方的一點或較小的地方用 at

例 They live at 24 Fifth Avenue, at home, at school, at the station, ...

2. 表示在較大的地方用 in

例 He works in New York.

3. 表示接觸、附著在某物之上用 on

例 There are boats on the sea, on the street (train), on one's knees, ...

4. 表示在某物之底下用 beneath, under 或 below, under 指在正下方（其相反詞是 over），below（其相反詞是 above）指比某物低，但未必在其正下方，beneath 兼具 under 與 below 兩者涵義。

5. 表示兩者之間用 between，三者以上用 among。

6. 表示在某物之前用 before（= in front of），在某物之後用 behind（= in back of = at the back of）。

7. 表示碰巧在近旁用 by 或 beside。

8. 表示遍及用 through，如：travel through the country（遊遍全國）

其它介系詞	1. with 表工具、手段 例 write with a pen, toys to play with, ... 2. by 還可表示方法、單位、程度。 3. from 表示發生質變的化學變化 例 Wine is made from grapes. 4. of 表示質未變的物理變化 例 These tables are made of wood. 5. through 可表示手段、原因、動機 例 She became rich through hard work. 他因努力工作而致富。 6. against 表示相反、違反、衝突、碰撞之意 例 fight against the enemy, against one's will, an argument against the use of nuclear

七、連接詞（Conjunctions）

連接詞是用來連接單字、片語及子句的字，其分類和範例如下表：

種類	範例
對等連接詞 (Coordinate Conjunction)	連接同等地位的單字、片語及子句。 and（和、並且、而）, but（但是）, so（因此, 所以）, for（因為）, or（否則）, nor（亦不）, yet（然而）, while（然而）
附屬連接詞 (Subordinate Conjunction)	引導附屬子句的連接詞。 if = whether（如果）, as（因為、如、當）, than, although = though（雖然）, since（既然，自從）, till = until（直到）, that, when, while, before, lest, after, than, unless
相關連接詞 (Correlative Conjunction)	由兩個字所組成的連接詞，但彼此很少緊連在一起。 both ... and, either ... or（或～或）, neither ... , nor（既不～也不）, not only ... but also, so ... , that（如此～以致於）, no sooner ... than = hardly ... when（一～就）

種類	範例
片語連接詞 (Phrasal Conjunction)	由兩個字（及以上）所連接而成的連接詞。 1. as soon as （一～就）： Tell me as soon as you have finished. 2. as long as （只要）： Stay here as long as you want to. 3. in case （假使，萬一）： Take the raincoat in case it rains. 4. **as if = as though** （好像）： She treats him as if he were a stranger. 5. **because of**（因為）＋名詞＝ **because** 6. **in spite of**（雖然）＋名詞＝ **though** 7. **in order to**（為了）＋ **V = in order that** ＋子句 8. **so + adj. (or adv.) + that** ＋子句 ＝ **such + a (an) + adj. + n. + that** ＋子句 ＝ **so + adj. + a (an) + n. + that** ＋子句 9. He is so honest that we all like him. = He is such an honest boy that we all like him. = He is so honest a boy that we all like him.

八、感嘆詞（Interjections）

感嘆詞是用來表達說者的強烈情緒或感覺，通常位於句首且沒有任何語法。

Ah!	啊！哎呀！——表示痛苦、愉悅、遺憾、驚訝等 Ah, how beautiful! 啊，多美！
Aha!	啊哈！——表示滿足、愉快、得意、嘲弄等 Aha, so it's you hiding here. 啊哈！原來是你躲在這裡。

Alas!	哎呀！唉！──表示悲痛、憐憫、遺憾、關切等 Alas! Her only son was drowned. 唉！她的獨生子淹死了。
Uh, huh!	嗯嗯！──表示肯定、同意等
Uh-huh,	嗯，哼──表示肯定或表示在聽對方說話時所發出的聲音
Well,	1. 喲！啊！哎呀！──表示驚異、懷疑 Well, I didn't think to see you here! 哎呀！沒想到會在這兒見到你！ 2. 嗯！好吧！──表示同意、讓步等 Well, perhaps that's true. 嗯，也許那是真的。 3. 噯！好啦！──表示規勸、責備等 Well, you shouldn't get angry about such a trifle. 噯！你不應該為這麼一點小事生氣。 4. 這個；喔；唔──用以繼續原來的話題或引入新的話題 Well, let's go on.　唔，我們繼續吧。

Section 2　句型文法

　　英文的句子（sentence）就是能按照一定的形式來表達完整意思的字群，其中可分為主部（subject）與述部（predicate）兩大部分，主部包含以主詞為中心的主體及修飾語，述部包含以動詞（verb）為中心的述詞及述詞的受詞（object）、補語（complement）或修飾語（modifier）。但在英文句型中，只有四大要素，即主詞、動詞、受詞和補語，而修飾語是可增可減的，所以不列入要素中。

　　英文句子若按照動詞性質的不同來分析，可歸納出五種基本句型；若按照其功用來分析，可分為敘述句、疑問句、祈使句、感嘆句、祈願句等五種；若按照其結構來分析，可分為簡單句、複合句、複雜句及混合句等四種。茲分別敘述如下：

一、五種基本句型

1 ｜主詞＋動詞（S. + V.）

此類句型的動詞是完全不及物動詞（complete intransitive verbs），既不需要受詞也不需補語就可表達完整的意思，但可有副詞修飾詞。

例(1) **S. + V.**

She came.　她來了。

(2) **S. + V. + Adv.**

They have waited five years for you.　他們已等了你五年。

The plane took off at three o'clock.　飛機三點起飛了。

(3) **S. + V. + to + V.**

此不定詞片語（to + V.）表示目的，原因或結果

Much more still remain to be done.　還有更多有待去做。

此不定詞片語表示目的

They went away never to return.　他們走了，從未回來。

此不定詞片語表示結果

I shiver to think of such a situation.　我一想到那種情形就發抖。

此不定詞片語表示原因

(4) There + Verb + Subject：

There happened a riot in the city.　城市裡發生了暴動。

2 | 主詞＋動詞＋補語（S. + V. + C.）

此類動詞屬於不完全不及物動詞（incomplete intransitive verbs），不需受詞，但須補語才能表達完整的意思，此處的補語因為與主詞同格，所以又稱為主詞補語（subjective complement）。

例 (1) **S. + be V. + N.**　補語是名詞即等於主詞

Work in itself is success.　工作的本身就是成功。

(2) **S. + be V. + Adj.**　以形容詞當主詞補語

He is very clever.　他很聰明。

(3) **S. + be V. + to V**　以不定詞片語當主詞補語

To know is to act.　知即行。

(4) **S. + be V. + Ving**　以動名詞當主詞補語

Teaching is learning.　教學相長。

(5) **S. + be V. + Ving**　以分詞當主詞補語

I am exhausted.　我筋疲力盡。

(6) **S. + be V. + Np**　以名詞片語當主詞補語

His cap is (of) the same color as mine.

他的帽子和我的帽子顏色相同。

(7) **S. + be V. + Nc**　以名詞子句當主詞補語

The question is that we don't have money.　問題是我們沒有錢。

(8) 除 be V. 之外，還有其它的**不完全不及物動詞**：

A. 如 become, get, grow, make, turn, come, go, run, fall 等可翻譯為「變成」、「變為」、「成為」的動詞：

She became (grew, got) angry.　她生氣了。

A good daughter makes a good wife.　好女兒必成為好妻子。

The garden ran wild.　花園荒蕪了。

B. 如 remain, continue, keep, stand, rest 等意思是「持續」、「繼續某種狀況」的動詞：

For a moment, he remained silent.　有一會兒他默默無言。

C. 如 prove, turn out, come out 等意思為「證明是」、「結果是」
的動詞（通常其後會接 to be）：

The news proved to be false.　那個消息被發現是假的。

D. 如 look, seem, appear 等意思為「看起來是」、「似乎是」、
「顯然是」等動詞：

The rumor is true, strange as it may appear.

這謠言雖然顯得奇怪，但卻是真的。

E. 如 feel（感覺是、摸起來是）,taste（嚐起來是）, smell（聞
起來是）,sound（聽起來是）等感官動詞：

This cake tastes nice.　這蛋糕味道很好。

F. 表測量（measure）的動詞，需以副詞當作補語：

The boat measures 20 feet.　這船有二十英呎長。

3 ┃ 主詞＋動詞＋受詞（S.+V.+O.）

此類動詞是完全及物動詞（complete transitive verbs），需要受詞才能表
達完整的意思，但不需要補語。

例 (1) **S. ＋ V. ＋ N. (Adv.)**　以名詞當受詞

God created the heaven and the earth.　上帝創造了天地。

He speaks French well.　他法語說得很好。

He touched me on the arm.　他碰到了我的手腕。

註 介系詞片語 on the arm 當副詞用

(2) **S. ＋ V. ＋ to V.**　以不定詞片語當受詞

They threatened to kill him.　他們威脅要殺他。

(3) **S. ＋ V. ＋ Ving**　以動名詞當受詞

You should stop gambling.　你應該戒賭。

(4) **S. ＋ V. ＋ to Nc**　以名詞子句當受詞

He believes that money can do everything.

他相信金錢是萬能的。

4 | 主詞＋動詞＋間接受詞＋直接受詞 (S. + V. + I.O. + D.O.)

此類動詞稱為**授與動詞**（dative verbs），其後需接「人」與「物」兩個受詞，才能表達完整的句意，**間接受詞**（indirect object）是指人，**直接受詞**（direct object）是指物。

例 (1) 以**名詞**為直接受詞：

She ordered herself a new dress.　她替自己訂購了一件新衣。

He left 3 million pounds to his wife.　他留下三百萬給他的妻子。

受詞與間接受詞互換位置時，應該加上適當的介系詞。

(2) 以**名詞片語**或**子句**為直接受詞：

He told me how to operate the machine.　他告訴我如何操作這機器。

The king ordered that he (should) be banished.　國王下令把他放逐。

(3) 以**人**為直接受詞，**介系詞片語**為間接受詞：

The gangsters robbed the traveler of his money.

那些匪徒搶走了旅客的錢。

5 | 主詞＋動詞＋受詞＋補語 (S. + V. + O. + C.)

此類動詞稱為**不完全及物動詞**（incomplete transitive verbs），其後需接受詞及補語，才能表達完整的句意，此處的補語因為與受詞同格，所以又稱為**受詞補語**（objective complement）。

例 (1) 以**名詞**當受詞補語：

They elected her chairman. 他們選她當主席。

(2) 以**形容詞**當受詞補語：

The cold weather turned the leaves yellow. 寒冷的天氣使樹葉變黃。

(3) 以**不定詞片語**當受詞補語：

He asked me to be quiet. 他要我保持安靜。

The doctor advised me not to drink too much.

醫生勸我不要喝太多酒。

注意 感官動詞（**verbs of perception**）和使役動詞（**causative verbs**）後的受詞補語是原形不定詞（即沒有 **to** 的不定詞）。

I saw him enter the house.　我看到他進入屋子裡。

Let me know when the classes begin.　請你讓我知道什麼時候上課。

(4) 以**現在分詞**當受詞補語：

I saw them kissing each other.　我看見他們兩人接吻。

My son kept me waiting.　我兒子讓我久等。

(5) 以**過去分詞**當受詞補語：

When did you last have your hair cut?　你上一次理髮是何時？

(6) S. + V. + It + Complement：　是指後面的不定詞片語或名詞子句

I think it better not to try.　我認為不要試比較好。

I took (it) for granted that he had received the letter.

我認為他已經收到了那封信。

二、五種功用句型

1 ｜敘述句（Statement）

即陳述一般事實的句子，其主詞通常位於動詞之前，句尾用句點（period）。

例 (1) He bought an imported car as a status symbol.

他買了一部進口車當作地位的象徵。

(2) 以 There 為句首的敘述句，其動詞置於主詞之前：

There comes the taxi ！　計程車來了！

若主詞為代名詞時，其動詞需置於主詞之後：

There it comes ！　它從那邊來了！

(3) **為強調句中某一部分而將其置於句首，此時動詞（或助動詞）置於主詞之前：**（為倒裝句，見四、特殊構句）

Lucky are the ones who come early.　早來的人就幸運了。

Never did any one see him cry.　從來沒有人看見他哭過。

2 疑問句（Interrogative sentence）

即表示疑問或質問的句子，主詞必須位於助動詞或be動詞之後，句尾用問號。

例 (1) 一般疑問句，需用 yes 或 no 回答：

Are you a student?　你是學生嗎？

Did you bring your book?　你帶書來了嗎？

(2) 以疑問詞為句首的疑問句，不能用 yes 或 no 回答：

What is the matter with you?　你怎麼啦？

How old are you?　你幾歲了？

(3) 選擇疑問句，因回答時必須兩者選一，所以不以 yes 或 no 來回答：

Do you want coffee or tea?　你要咖啡還是茶？

(4) **附帶問句**附加在敘述句或祈使句之後，以確認前句內容：

You have never seen such a pretty girl, haven't you?

你從未看過這麼漂亮的女生，對不？

You are not hungry, are you?　你不餓，對不對？

(5) **間接疑問句**位於主要子句後，當作動詞的受詞，是名詞子句的一種，已非真正的疑問句，所以**動詞必須回到主詞之後**。

I don't know who the author is.　我不知道誰是作者。

(6) 否定疑問句中的動詞否定式通常用縮寫方式（如：does + not = doesn't），此種句型是用來表示說話者的看法或者說話者的情緒。

What are you doing here? Aren't you supposed to be in class now?

你在這裡做什麼？你不是應該在上課嗎？　表驚訝

3 祈使句（Imperative sentence）

（通常是對第二人稱）表示命令或禁止的句子，主詞（第二人稱）省略，以動詞原形置於句首。

例 (1) 肯定的祈使句：

Work hard, or you will lose your job.　努力點，否則你會失去工作。

(2) 否定的祈使句：

Never do it again!　不可再做那件事了！

4 ┃ 感嘆句（Exclamatory sentence）

表示感動或驚嘆等強烈感情的句子，句尾常用驚嘆號。

例 (1) 以 what 為句首的感嘆句　what 之後接名詞
What a beautiful girl she is!　她是個多麼漂亮的女孩啊！

(2) 以 how 為句首的感嘆句　how 之後接形容詞
How strange he is!　他多麼奇怪啊！

5 ┃ 祈願句（Optative sentence）

表示願望或祈願的句子，句尾用驚嘆號。

例 (1) God bless you！　願上帝保佑你！
Bless you！　多謝你！

(2) Long live the Republic of China！　中華民國萬歲！

(3) May this country always be blessed with prosperity!
求天保佑此國永享繁榮！

三、四種結構句型

1 ┃ 簡單句（Simple sentence）

由一個主要子句形成，只含一個主詞及一個動詞，不含其它子句。

例 Mr. Smith subscribes liberally to charities.
史密斯先生慷慨捐助慈善機構。

2 ┃ 複合句（Compound sentence）

由兩個或兩個以上的對等子句（Coordinate clause）所組成，子句與子句之間由對等連接詞（Coordinate conjunction: such as, and, or, but, for, so, etc.）連接。

例 John likes to play tennis, but I don't like.
約翰喜歡打網球，但是我不喜歡。

3 ┃ 複雜句（Complex sentence）

由一個主要子句和一個或一個以上的附屬子句（Subordinate clause）組成，子句與子句之間由附屬連接詞（Subordinate conjunction: such as, because, if, that, since, when, etc.）連接。附屬子句可分為三種：名詞子句（Noun clause）、形容詞子句（Adjective clause）和副詞子句（Adverb clause）。

例 (1) 包含**名詞子句**的複雜句：

A. That he will lose is certain.

　他將失敗是確定的。　 that 名詞子句當主詞

B. I suppose (that) the stolen money is hidden somewhere.

　我想被偷的錢是藏在某個地方。　 that 名詞子句當受詞

C. The trouble is that my father is ill in bed.

　困難在於我父親臥病在床。　 that 名詞子句當主詞補詞

D. We must pay attention to the fact that the fire burns.

　我們必須注意火會燃燒的事實。　 that 名詞子句當同位語子句

(2) 包含**形容詞子句**的複雜句：

A. He is the greatest actor that has ever lived.

　他是有史以來最偉大的演員。

B. This is the house where he lived in his early days.

　這就是他早年住過的房子。

　 in which 關係副詞 = 介系詞＋關係代名詞，所以 where 所引導的子句也是形容詞子句

(3) 包含**副詞子句**的複雜句：

表時間	You will be able to do that when you are a man. 當你長大成人時，你就能做那事。
表地點	Go where you like. 去你想去的地方。
表原因	He succeeded because he did his very best in everything. 因為他事事都盡力而為，所以他成功了。
表目的	I tried to walk quietly so that they might not hear me. 我為了不使他們聽到我而設法悄悄地走路。

表結果、程度	I am so tired that I cannot go on. 我太疲倦所以不能繼續下去。
表條件	If you knew how I suffered, you would pity me. 如果你知道我受了多大的苦，你就會同情我。
表讓步	Though it was very cold, he went out without an overcoat. 天氣雖然非常寒冷，他還是沒有穿大衣出去。
表比較	I like you better than (I like) him. 我比較喜歡你，而比較不喜歡他。
表樣態	He speaks as if he was thoroughly frightened. 他說起話來好像完全嚇壞了似的。

4 混合句（Compound-complex sentence）

由兩個（或以上）的對等子句和一個（或以上）的附屬子句所組成。

例 Call me if you need me, and I will do my best to help you.
如果你需要我就打電話給我，我會盡全力幫助你。

四、特殊構句

1. 倒裝句

為了強調句中某一部分而將其置於主詞之前。

Never did anyone see him cry. 從來沒有人看見他哭過。

Not until his health was lost did he know what it was worth.
直到他失去健康時，他才懂得健康的價值。

Only in this way can we find out the truth. 只有以這種方法，我們才能找出真相。

說話者將急於要表達的字先說出來。

There you go again. 你又來這一套了。

將意義上有關連的字連接在一起。

There are on the table some apples which you can eat.
桌上有幾個你可以吃的蘋果。

句子主詞太長時，應該將形容詞片語放到句首。

Of the original three hundred men, only sixty came back.
在最初的三百人當中，只有六十人回來。

傳統性的倒裝句。

Long live the king!　國王萬歲！
What a beautiful girl she is!　她是一位多麼美的女孩啊！

條件句省去 if，必須將 be 動詞或助動詞放在句首。

Were I a student, I would study hard.　如果我是學生，我就會努力讀書。
Should it rain tomorrow, I shall stay at home.　萬一明天下雨，我就不出去。

2. **附帶狀況：以形容詞片語或副詞片語來表示在句子中所附帶的事件。**

表狀態	Don't speak with your mouth full. 不要口裡滿含著東西說話。
表結果	They returned home to find him gone. 他們回家一看，他已走了。
表條件	The king cannot impose taxes without the approval of Parliament. 沒有國會的認可，國王不得徵稅。
表原因或理由	A kind man at heart, he is liked by everybody. 因為他是個心地仁慈的人，大家都喜歡他。
表讓步	They are willing to welcome a stranger, much more a friend. 他們尚且願意歡迎一位陌生人，更何況歡迎一位朋友。
表時間	She always sings when doing her work.　她常在工作時唱歌。

第3部分

邏輯分析(數理邏輯)

第一章　數的能力

命題分析

基礎數學能力的測量。作答時，必須仔細閱讀每一個題目，然後從四個選項中，選出這題的正確答案。

此種題型通常無法「看完題目就知道答案」，會需要一點計算時間，但是所占比重又很高，在120題中，會出現大約25~30題，想要快速作答，必需對各種問題的解法有所準備，測驗時若數學較不拿手，建議先寫完語文類的題目後再來寫數學類的，一時不會算或算法繁雜的題目就予以略過，先將確定會寫的題目寫對。

常見題型與單位

一、工程問題

例：一件工程甲獨做3天可成，乙獨做2天可成，兩人合作幾天可成？設全部工程為1

甲一天可做 $\frac{1}{3}$ 項工程

乙一天可做 $\frac{1}{2}$ 項工程

$$\Rightarrow \frac{1}{\frac{1}{3}+\frac{1}{2}} = \frac{1}{\frac{5}{6}} = \frac{6}{5}$$

二、雞兔同籠問題

雞有2隻腳，兔有4隻腳，設有x隻雞，y隻兔子，全部腳數有2x＋4y隻腳

例：雞和兔共12隻、腳共有36隻，則雞、兔各為幾頭？

$x+y=12$　　$2x+4y=36$　　$x=6$　　$y=6$

三、華氏、攝氏問題

華氏溫度＝$\frac{9}{5}$×（攝氏溫度）＋32

例：華氏157度為攝氏溫度多少度？

$157=\frac{9}{5}$×（攝氏溫度）＋32　攝氏溫度69.44度

四、利率問題

複利公式為本利和＝本金 $(1+r)^n$

n為期數，r為利率

五、機率問題

(一) 若A、B為互斥事件P(A∩B)＝0，P(A∪B)＝P(A)＋P(B)

　　若A、B為獨立事件，P(A∩B)＝P(A)・P(B)

　　P(A∪B)＝P(A)＋P(B)－P(A)・P(B)＝P(A)＋P(B)－P(A∩B)

例：考國、英、數三科，A、B、C為國、英、數三科及格的事件，P(A)＝0.8，

　　P(B)＝0.6，P(C)＝0.5，A、B、C為獨立事件，則至少一科及格的機率？

　　P(A∪B∪C)＝0.8＋0.6＋0.5－0.8・0.6－0.5・0.6－0.8・0.5＋0.8・0.6・0.5＝

　　$\frac{24}{25}$

(二) 擲均勻骰子三次，則至少出現一次6點的機率？

　　$1-(\frac{5}{6})^3=\frac{91}{216}$（全部方法－皆無6點出現的機率）

公制單位標準表

長 度

名稱	*公里(千米)	公引	公丈	*公尺(米)
英譯	kilometer	hectometer	decameter	meter
代號	km	hm	dam	m
名稱	公寸	*公分(釐米)	*毫公尺(公釐/毫米)	
英譯	decimeter	centimeter	millimeter	
代號	dm	cm	mm	

面 積

名稱	*平方公里	平方公引	平方公丈	*平方公尺
英譯	sq. kilometer	sq. hectometer	sq. decameter	sq. meter
代號	km^2	hm^2	dam^2	m^2
名稱	平方公寸	平方公分	*平方毫公尺	
英譯	sq. decimeter	sq. centimeter	sq. millimeter	
代號	dm^2	cm^2	mm^2	

地 積

名稱	*公頃(10000平方公尺)	*公畝(100平方公尺)	*平方公尺
英譯	hectare	are	centiare
代號	ha	a	ca

體 積

名稱	*立方公尺
英譯	cubicmeter
代號	m^3

容 積

名稱	*公秉	公石	公斗	*公升(升)
英譯	kiloliter	hectoliter	decaliter	liter
代號	kl	hl	dal	l
名稱	公合	公勺	*毫公升(公撮)	
英譯	deciliter	centiliter	milliliter	
代號	dl	cl	ml(俗稱c.c.)	

重 量

名稱	*公噸	公擔	公衡	*公斤(千克)
英譯	Tonne (metricton)	quintal	myriagram	kilogram
代號	mt	q	mag	kg
名稱	公兩	公錢	*公克(克)	
英譯	hectogram	decagram	gram	
代號	hg	dag	g	

質 量

名稱	*公斤(千克)	公兩	公錢	*公克(克)
英譯	kilogram	hectogram	decagram	gram
代號	kg	hg	dag	g
名稱	公銖	公毫	*毫公克(公絲)	
英譯	decigram	centigram	milligram	
代號	dg	cg	mg	

※加註「*」者為常用單位，應熟記！

※常弄錯的轉換

　　1mℓ(毫升)的水在4℃時重量為1g(公克)，體積為$1cm^3$(立方公分)

⇒1ℓ(公升)的水，在4℃時重量為1kg(公斤)，

　　但體積為$1000cm^3＝(10cm)^3＝1dm^3＝1$立方公寸

例題

( ) │ ◎ 今年大學聯考的錄取率為61%，錄取了12200人，問報考大學的人有多少？ (A)20000人 (B)22000人 (C)24000人 (D)28000人。

解 ◎(A)。在這個例題中，錄取了12200人，佔所有考生的61%，所以全部考生為12200人除以61%，即為20000人，故正確答案為(A)。

精選試題

( ) 1. $2 \times 3 \div 2 + 3 - 2 = ?$ (A)2 (B)3 (C)4 (D)5 (E)以上皆非。

( ) 2. $5 \times 12 \div 4 + 6 \div 3 = ?$ (A)16 (B)17 (C)18 (D)19 (E)以上皆非。

( ) 3. $19 + 3 \times 4 - 5 \times 6 = ?$ (A)140 (B)20 (C)10 (D)5 (E)以上皆非。

( ) 4. $(7 \times 4 - 6 \div 2) \div 5 = ?$ (A)3 (B)5 (C)7 (D)9 (E)以上皆非。

( ) 5. $5 \times 7 - (19 \times 2 - 30 \div 6) = ?$ (A)1 (B)2 (C)3 (D)4 (E)以上皆非。

( ) 6. $66 \div (99 \div 9) - (33 \div 11) = ?$ (A)99 (B)66 (C)33 (D)22 (E)以上皆非。

( ) 7. $(16 + ?) \div 3 = 7$ (A)3 (B)4 (C)5 (D)6 (E)以上皆非。

( ) 8. $(4 \times 5 - ?) + 8 = 22$ (A)9 (B)8 (C)7 (D)6 (E)以上皆非。

( ) 9. $37 \times 3 - 100 - 10 = ?$ (A)11 (B)1 (C)21 (D)31 (E)以上皆非。

( ) 10. $4 \times 10 + 7 \times 9 - 12 \times 4 = ?$ (A)45 (B)55 (C)65 (D)75 (E)以上皆非。

( ) 11. $9 + 3 \times 6 + 5 \times 6 = ?$ (A)36 (B)48 (C)53 (D)57 (E)以上皆非。

( ) 12. $13 \times 3 + 7 \times 3 = ?$ (A)39 (B)21 (C)60 (D)76 (E)以上皆非。

( ) 13. $100 - 4 \times 2 - 5 \times 9 = ?$ (A)53 (B)47 (C)45 (D)8 (E)以上皆非。

( ) 14. $440 - 12 \times 9 + 5 = ?$ (A)347 (B)33 (C)337 (D)37 (E)以上皆非。

( ) 15. $69 \div 3 \times 2 - 45 \div 9 \times 5 = ?$ (A)26 (B)25 (C)2 (D)2 (E)以上皆非。

(　)　16. 長方體的體積＝　(A)(一邊)^2×6　(B)長×寬×高　(C)(一邊)^3　(D)長×寬。

(　)　17. 正方體的每邊增加為2倍時，體積增加為　(A)4倍　(B)6倍　(C)8倍　(D)9倍。

(　)　18. 一長方形米倉，裏面的長為5公尺，寬4公尺，高3公尺，可放米　(A)600公石　(B)60公石　(C)6000公石　(D)6公石。

(　)　19. 長方體的高　(A)體積÷長÷寬　(B)體積÷長×寬　(C)體積×2÷長÷寬　(D)體積÷長÷寬÷2。

(　)　20. 2公尺立方是2立方公尺的　(A)1倍　(B)2倍　(C)4倍　(D)8倍。

(　)　21. 某貨物，照原價加20%後，打八折出售，其售價　(A)等於原價　(B)比原價便宜4%　(C)比原價貴4%　(D)比原價貴16%。

(　)　22. 本金相等，一年以後，以年利一分及月利一分兩種利息結本　(A)年利率一分大　(B)相等　(C)月利一分大　(D)不一定。

(　)　23. 有人把500元存入銀行，半年後，得本利和560元，利率是　(A)月利一分　(B)月利二分　(C)年利一分　(D)年利二分。

(　)　24. 甲乙共有600元，甲比乙多1/2，則　(A)甲有400元　(B)乙有200元　(C)甲有360元　(D)乙有360元。

(　)　25. 5：4的比值是　(A)5：4　(B)$\frac{4}{5}$　(C)$1\frac{1}{4}$　(D)1。

(　)　26. 3：6可化做　(A)1：2　(B)2：3　(C)3：4　(D)1：3。

(　)　27. 6：5中比的前項是　(A)5　(B)6　(C)$\frac{6}{5}$　(D)$\frac{5}{6}$。

(　)　28. 甲乙兩正方形邊長的比是4：5，面積的比是　(A)16：20　(B)8：10　(C)16：25　(D)4：5。

(　)　29. 一件工作，甲獨做3日完成，乙獨做2日完成，甲乙兩人每日工作量的比是　(A)2：3　(B)3：2　(C)$\frac{1}{3}$：$\frac{1}{4}$　(D)$\frac{1}{2}$：$\frac{1}{3}$。

( )　30. 長寬都同樣縮小為原圖的幾分之幾的圖叫做　(A)放大圖　(B)縮圖　(C)擴展圖　(D)平面圖。

( )　31. 正方形地一塊，每邊長50公尺，如果畫在 $\frac{1}{1000}$ 的縮圖上，每邊長　(A)5公分　(B)0.5公分　(C)50公分　(D)5公釐。

( )　32. 比例尺1：5時，面積的比　(A)1：5　(B)2：5　(C)1：10　(D)1：25。

( )　33. 3：9小於　(A)1：3　(B)3：8　(C)3：10　(D)3：11。

( )　34. 甲：乙＝4：5，那麼甲是乙的　(A)80%　(B)100%　(C)125%　(D)$1\frac{1}{5}$%。

( )　35. 正方體的表面積是一邊的平方乘以　(A)3　(B)4　(C)6　(D)8。

( )　36. 大華上次抽考數學得80分，這次增加 $\frac{1}{5}$ ，這次的成績是　(A)90分　(B)93分　(C)96分　(D)98分。

( )　37. 一件工程甲獨做了7天可成，乙獨做10天可成，兩人合作幾天可成？

　　(A)17天　(B)3天　(C)4天　(D)$4\frac{2}{17}$天。

( )　38. 4770÷(1＋1%×6)＝　(A)4200元　(B)4300元　(C)4400元　(D)4500元。

( )　39. 5%×□－220%÷22%＝10，□＝　(A)200　(B)300　(C)400　(D)500。

( )　40. $110\frac{2}{3}$元÷(1＋16%×$\frac{2}{3}$)＝　(A)200元　(B)300元　(C)100元　(D)150元。

( )　41. 一個水槽有三條注水管，開甲管12分可注滿，開乙管18分可注滿，開丙管24分可注滿，如三管齊開，多少分鐘可注滿？　(A)$5\frac{5}{13}$分鐘　(B)$5\frac{6}{13}$分鐘　(C)$5\frac{7}{13}$分鐘　(D)$5\frac{8}{13}$分鐘。

( )　42. 築一段路，雇工10人工作20天，做完了全工程$\frac{1}{3}$，今增加工人2人趕工，還須要多少天才能完成全部工作？　(A)30天　(B)31天　(C)33天　(D)$33\frac{1}{3}$天。

( ) 43. 手錶一只定價800元，打九五折出售，售價多少元？ (A)740元 (B)750元 (C)780元 (D)760元。

( ) 44. 謝先生把一筆款等分為二份，一份存入甲銀行，年利率8%，一份存入乙銀行，年利率10%，經二年後所得利息相差500元，求謝先生共有多少元？ (A)20000元 (B)25000元 (C)2500元 (D)50000元。

( ) 45. 某商店買進一批貨物，價錢1500元，加一成二為定價，後來打八折出售，結果是賺是賠，賺賠多少元？ (A)賺156元 (B)賺146元 (C)賠156元 (D)賠146元。

( ) 46. 甲比乙大10歲，乙是兩人年齡和的 $\frac{1}{4}$，問甲乙各多少歲？ (A)甲10歲，乙5歲 (B)甲15歲，乙5歲 (C)甲30歲，乙10歲 (D)甲25歲，乙10歲。

( ) 47. 某人先用去所有款的 $\frac{1}{5}$，次用去餘下的 $\frac{2}{7}$，再用去餘下的 $\frac{5}{8}$，還有156元，此人原有款多少元？ (A)718 (B)728 (C)738 (D)748。

( ) 48. 一年級學生480人，佔全校人數 $\frac{1}{4}$ 多30人，求全校人數？ (A)1800人 (B)1500人 (C)1200人 (D)1750人。

( ) 49. 布一匹，第一次賣出 $\frac{2}{3}$，第二次賣出去15公尺，最後剩下的比全長的 $\frac{1}{6}$ 多一公尺，這匹布全長多少公尺？ (A)48公尺 (B)72公尺 (C)96公尺 (D)123公尺。

( ) 50. 8立方公尺2000立方公分＝ (A)8.02立方公尺 (B)8.002立方公尺 (C)8.2立方公尺 (D)8.0002立方公尺。

( ) 51. 某百貨公司秋季大減價，一件西褲打七折，售價231元，定價多少元？ (A)330元 (B)350元 (C)310元 (D)333元。

( ) 52. 某人用去所有款 $\frac{3}{5}$，後來加上34元，等於原來的 $1\frac{1}{4}$ 倍，原來有？
(A)20元 (B)25元 (C)30元 (D)40元。

( ) 53. 小美一年的年薪是24000元，計算她月薪的方法用 (A)加法 (B)減法 (C)乘法 (D)除法。

( ) 54. 某數的 $\frac{3}{7}$ 比 $\frac{2}{5}$ 大13，問某數是多少？ (A)456 (B)576 (C)686 (D)866 (E)以上皆非。

( ) 55. 母親分桃給三子，長子得 $\frac{3}{7}$，次子得 $\frac{1}{5}$，其餘為三子所得，只知長子二子共比三子多9個，試問全數共有多少個？ (A)35 (B)36 (C)40 (D)45 (E)以上皆非。

( ) 56. 男子4人和女子3人的工資相等，女子5人和小孩7人的工資相等，假如小孩一人的工資是2元，則男人工資一個多少元？ (A)4.2 (B)4.9 (C)5 (D)7.2 (E)以上皆非。

( ) 57. 甲一件工程做9日完成，乙做18日完成，丙做12日做完，現在甲，乙，丙三人合作幾日做完？ (A)3 (B)4 (C)5 (D)6 (E)以上皆非。

( ) 58. 用攝氏溫度計量的度數和用華氏溫度計量的度數差72度，問這時華氏幾度？ (A)72 (B)81 (C)98 (D)108 (E)以上皆非。

( ) 59. 三點到四點中間，兩針成60度的角度是什麼時候？ (A)3時$5\frac{1}{11}$分 (B)第一次在3時$5\frac{5}{11}$分，第二次在3時$27\frac{3}{11}$分 (C)第一次在3時$4\frac{9}{11}$分，第二次在3時$31\frac{8}{11}$分 (D)以上皆非。

( ) 60. 狗追兔，兔在狗前面60步(兔步)，同時間內兔走9步，狗走6步又兔7步之距離等於狗3步之距離，問走幾步才追及到兔？ (A)64 (B)68 (C)72 (D)76 (E)以上皆非。

( )　61. 製火藥所用的東西，硝佔75%，硫磺佔10%，其他是木炭，那麼用木炭21公斤時，可以做火藥多少公斤？　(A)120　(B)140　(C)160　(D)180　(E)以上皆非。

( )　62. 本金1元，月利率2分，要多少時間後所得的利息與本金相等？　(A)5個月　(B)10個月　(C)50個月　(D)100個月　(E)以上皆非。

( )　63. 1公畝是5公尺平方的幾倍？　(A)4　(B)6　(C)10　(D)20　(E)以上皆非。

( )　64. 稻田每公畝500元，今有田一塊長10公丈，闊20公丈，問售價多少元？　(A)1000　(B)10000　(C)100000　(D)1000000　(E)以上皆非。

( )　65. 長方形池塘一個，長8公尺，闊5公尺，深4公尺，把滿塘的水放進另一個一公丈6公尺長，5公尺闊的池塘內，應該有幾公尺的深度？　(A)2　(B)3　(C)4　(D)5　(E)以上皆非。

( )　66. 有一繩子其長不知道，但知將繩分為四段應比分為三段短3公尺，問繩長若干公尺？　(A)24　(B)32　(C)36　(D)40　(E)以上皆非。

( )　67. 某處修理鐵路200哩，雇工人10人，10天可以修好，後因急於通車，要在5天內趕修完畢，須增加工人幾人？　(A)8　(B)9　(C)12　(D)15　(E)以上皆非。

( )　68. 一水缸有大小管，缸裏裝滿水以後僅開大管，6分鐘可以把水流完，如果兩管同時開，4分鐘流完，若僅開小管需要幾分鐘可以流完？　(A)8　(B)10　(C)12　(D)15　(E)以上皆非。

( )　69. 溫度用攝氏華氏溫度計去量，測得溫度差44度，這時攝氏表上是幾度？　(A)10　(B)12　(C)14　(D)15　(E)以上皆非。

( )　70. 甲時鐘每天快2分鐘，乙錶每天慢3分鐘，星期一正午時，兩鐘錶都準確，那麼兩鐘錶相差20分鐘，是什麼時候？　(A)星期二上午11點　(B)星期三下午6點　(C)星期四下午9點　(D)星期五中午12點　(E)以上皆非。

( )　71. 狗走3步時，兔能走4步，狗2步的距離等於兔3步，兔先走50步，問狗走多少步才追到兔？　(A)240　(B)120　(C)150　(D)280　(E)以上皆非。

( )　72. 有酒40公斤，若加水5公斤，則知其純度為80%，求未加5公斤以前，酒的純度為多少？　(A)85%　(B)90%　(C)94%　(D)98%　(E)以上皆非。

( )　73. 鋼筆一打，定價120元，現在特別廉價，照定價七五折後再打九折，實際售價為多少？　(A)72　(B)81　(C)87　(D)90　(E)以上皆非。

( )　74. 百貨公司本月份用去印花稅票172元，照規定商店所開的發票每滿10元，須貼印花4分，本月份公司營業數目至少有多少元？　(A)58000　(B)450000　(C)43000　(D)4300　(E)以上皆非。

( )　75. 某甲把國幣500元存入銀行，年利一分，2年後可得本利和多少元？　(A)600　(B)5000　(C)580　(D)620　(E)以上皆非。

( )　76. 自本月10日上午7時50分，由基隆出發的某船，至本月22日下午3時20分才到倫敦，問一共費時多少？　(A)295.5　(B)265.5　(C)275.5　(D)271.5　(E)221.5。

( )　77. 有一塊園地，長18公尺寬25公尺，以每公畝240元計算，那地共值多少元？　(A)108　(B)1080　(C)10800　(D)10080　(E)以上皆非。

( )　78. 有長28公尺寬16公尺的矩形花園，在其周圍的外側，做寬6市尺的小路，費120元給工人承辦，結果每平方公尺實費5角的工資，問承辦工人實賺的錢有多少元？（6市尺＝2公尺）　(A)12　(B)120　(C)24　(D)240　(E)以上皆非。

( )　79. 設 $x^2 - 2x + 9 = 0$ 之二根為 α、β，則 $\alpha^2 + \beta^2 = ?$　(A)-14　(B)0　(C)14　(D)28。

( )　80. 解 $\begin{cases} 3x - 4y - 3 = 0 \\ 4x + 3y + 11 = 0 \end{cases}$，求 $x^2 - y^2 = ?$　(A)$\dfrac{25}{32}$　(B)$-\dfrac{25}{32}$　(C)$\dfrac{32}{25}$　(D)$-\dfrac{32}{25}$。

( )　81. 若f(x)為三次多項式，f(1)＝f(2)＝0，f(0)＝2，f(−1)＝−6，則f(x)＝？
　　　　 $(A)3x^3−5x^2−x+2$　　$(B)x^3−4x^2+x+2$　　$(C)2x^3−5x^2+x+2$　　$(D)2x^3+5x^2−x−2$。

( )　82. $173×173×173−162×162×162＝$？　　(A)926183　(B)936185　(C)926187　(D)926189。

( )　83. 19881989＋19891988的十位數是多少？　(A)9　(B)7　(C)5　(D)3。

( )　84. 已知目前學校老師與學生的人數比例為1：30，若老師人數增加50人，學生人數增加50人，則兩者之間的比例變成1：25，則請問目前老師有多少人？　(A)150　(B)180　(C)240　(D)290　人。

( )　85. 有一個兩層書架上的書，上層比下層多52本，若上層拿6本到下層，則下層的書量變成上層的 $\frac{1}{3}$ ，那請問問這個書架上層原有書幾本？(A)52　(B)60　(C)66　(D)72本。

解答與解析

1.**(C)**。2×3÷2＋3−2＝3＋3−2＝4。

2.**(B)**。5×12÷4＋6÷3＝5×3＋2＝17。

3.**(E)**。19＋3×4−5×6＝19＋12−30＝1。

4.**(B)**。(7×4−6÷2)÷5＝(28−3)÷5＝25÷5＝5。

5.**(B)**。5×7−(19×2−30÷6)＝35−(38−5)＝35−33＝2。

6.**(E)**。66÷(99÷9)−(33÷11)＝66÷11−3＝6−3＝3。

7.**(C)**。(16＋？)÷3＝7，16＋？＝21，？＝21−16＝5。

8.**(D)**。(4×5−？)＋8＝22，(20−？)＝14，？＝20−14＝6。

9.**(B)**。37×3−100−10＝111−110＝1。

10.**(B)**。4×10＋7×9−12×4＝40＋63−48＝55。

11.**(D)**。9＋3×6＋5×6＝9＋18＋30＝57。

12.**(C)**。13×3＋7×3＝39＋21＝60。

13.**(B)**。100−4×2−5×9＝100−8−45＝47。

14.**(C)**。$440-12\times9+5=440-108+5=337$。

15.**(E)**。$69\div3\times2-45\div9\times5=23\times2-5\times5=46-25=21$。

16.**(B)**。長方體的體積＝長×寬×高。

17.**(C)**。正方體每邊增加為2倍，則體積＝(2×邊長)×(2×邊長)×(2×邊長)＝8×(邊長×邊長×邊長)，為原體積之8倍。

18.**(A)**。長方形米倉之容積＝5×4×3立方公尺＝60立方公尺，又1立方公尺＝10公石，$60\times10=600$公石。

19.**(A)**。長方體體積＝長×寬×高，故高＝體積÷長÷寬。

20.**(C)**。2公尺立方＝(2公尺)3＝8立方公尺＝2立方公尺×4。

21.**(B)**。該貨物加價20%，其價格為原價之120%，打八折之售價為120%×80%＝96%，比原價便宜4%。

22.**(C)**。在民間借貸關係上，年利一分是指10%，月利一分是指1%。因年利一分指一年產生一分利息；月利一分指一月產生一分利息，若累積到一年則月利一分將為12%之利息。

23.**(B)**。利息＝本金×利率×期數，利率＝利息÷本金÷期數
＝$(560-500)\div(500\times6(月))=60\div3000=0.02=2\%$，得月利二分。

24.**(C)**。$\begin{cases} 甲+乙=600.......(1) \\ 甲=1\dfrac{1}{2}乙...........(2) \end{cases}$

由(2)式可知甲＝$\dfrac{3}{2}$乙，代入(1)式得$\dfrac{3}{2}$乙＋乙＝600

$\dfrac{5}{2}$乙＝600，乙＝240，甲＝360。

25.**(C)**。5：4的比值為：$\dfrac{5}{4}=1\dfrac{1}{4}$。

26.**(A)**。3：6可將前後各除以3，其值不變，除以3之後得1：2

27.**(B)**。6：5中前項為6，後項為5。

28.**(C)**。正方形的面積＝邊長×邊長，甲乙之邊長比為4：5，則面積比為42：52＝16：25。

29.**(A)**。甲每日之工作量為 $\frac{1}{3}$，乙為 $\frac{1}{2}$，甲乙每日工作量比為 $\frac{1}{3}$：$\frac{1}{2}$，前後項各乘以6，得2：3。

30.**(B)**。長寬以等比例縮小，稱為縮圖。

31.**(A)**。50公尺 $\times \frac{1}{1000}$ ＝0.05公尺＝5公分。

32.**(D)**。比例尺為長度之比，面積比為長度平方之比，1^2：5^2＝1：25。

33.**(B)**。3：9＝1：3，當分子相等時，分母愈小，其值愈大，故3：8＞3：9。

34.**(A)**。甲：乙＝4：5＝$\frac{4}{5}$：1，甲是乙的 $\frac{4}{5}$，即80%。

35.**(C)**。正方體有6面，表面積＝一邊的平方×6。

36.**(C)**。這次的成績為 $80+80 \times \frac{1}{5} = 80+16 = 96$ 分。

37.**(D)**。甲每日工作量 $\frac{1}{7}$，乙每日工作量為 $\frac{1}{10}$，兩人合作每日工作量為 $(\frac{1}{7}+\frac{1}{10}) = \frac{17}{70}$，總工作量為1，則所需天數為 $1 \div \frac{17}{70} = \frac{70}{17} = 4\frac{2}{17}$ 天。

38.**(D)**。$4770 \div (1+1\% \times 6) = 4770 \div (1+6\%) = 4770 \times \frac{100}{106} = 4500$。

39.**(C)**。$5\% \times \boxed{} - 220\% \div 22\% = 10$

$\frac{1}{20} \times \boxed{} - 10 = 10$

$\frac{1}{20} \times \boxed{} = 20$，$\boxed{} = 400$。

40.**(C)**。$110\frac{2}{3}$ 元 $\div (1+16\% \times \frac{2}{3}) = \frac{332}{3}$ 元 $\div (1+\frac{32}{300}) = \frac{332}{3}$ 元 $\div \frac{332}{300}$

$= \frac{332}{3} \times \frac{300}{332}$ 元 ＝100元

41.**(C)**。甲管每分注水量為 $\dfrac{1}{12}$，乙管為 $\dfrac{1}{18}$，丙管為 $\dfrac{1}{24}$，三管齊開之注水量為

$\dfrac{1}{12}+\dfrac{1}{18}+\dfrac{1}{24}=\dfrac{6+4+3}{72}=\dfrac{13}{72}$，注滿所需時間為 $1\div\dfrac{13}{72}=\dfrac{72}{13}=5\dfrac{7}{13}$

分鐘。

42.**(D)**。10人所需總天數 $=20\div\dfrac{1}{3}=60$ 天，每人每日工作量為 $\dfrac{1}{60}\div 10$ 人 $=\dfrac{1}{600}$

，已完成 $\dfrac{1}{3}$，剩餘工作量為 $\dfrac{2}{3}$，所需天數為 $\dfrac{2}{3}\div(\dfrac{1}{600}\times 12$ 人$)=\dfrac{100}{3}=$

$33\dfrac{1}{3}$ 天。

43.**(D)**。$800\times 95\%=760$ 元。

44.**(B)**。利息＝本金×利率×期數
利息差＝乙銀行所得利息－甲銀行所得利息
$500=$ 本金 $\times 10\%\times 2-$ 本金 $\times 8\%\times 2$
$=$ 本金 $\times 20\%-$ 本金 $\times 16\%=$ 本金 $\times 4\%$
本金 $=500\div 4\%=500\times 25=12500$，
謝先生的存款為本金的2倍＝25000元

45.**(C)**。$1500\times 1.12\times 0.8-1500=1500(0.896-1)=-156$

46.**(B)**。$\begin{cases} 甲＝乙＋10\text{.................... (1)} \\ (甲＋乙)\times\dfrac{1}{4}＝乙\text{........... (2)} \end{cases}$

由(2)式可知甲＋乙＝4乙，甲＝3乙，乙＋10＝3乙，10＝2乙，
乙＝5，甲＝15。

47.**(B)**。設原有x元，依題意可得 $x\times(1-\dfrac{1}{5})\times(1-\dfrac{2}{7})\times(1-\dfrac{5}{8})=156$

$x\times\dfrac{4}{5}\times\dfrac{5}{7}\times\dfrac{3}{8}=156$　　$x=156\times\dfrac{5}{4}\times\dfrac{7}{5}\times\dfrac{8}{3}=728$ (元)。

48.**(A)**。設全校人數x人，$480=x\times\dfrac{1}{4}+30$，$450=x\times\dfrac{1}{4}$，$x=1800$ 人。

49.**(C)**。設原有x公尺，依題意可得

$$x \times (1 - \frac{2}{3}) - 15 = x \times \frac{1}{6} + 1$$

$$x \times \frac{1}{3} - x \times \frac{1}{6} = 16 , x \times \frac{1}{6} = 16 \quad x = 96 \text{ (公尺)} 。$$

50.**(B)**。8立方公尺＋2000立方公分＝8＋2000÷1000000立方公尺＝8.002立方公尺。

51.**(A)**。$231 \div 70\% = 231 \times \frac{10}{7} = 330$。

52.**(D)**。設原有x元，$x \times (1 - \frac{3}{5}) + 34 = x \times 1\frac{1}{4}$，$x \times \frac{5}{4} - x \times \frac{2}{5} = 34$

$$x \times (\frac{5}{4} - \frac{2}{5}) = 34 , x \times (\frac{25-8}{20}) = 34 , x \times \frac{17}{20} = 34 , x = 40 。$$

53.**(D)**。使用除法計算。

54.**(E)**。設某數為x，則 $x \times \frac{3}{7} - x \times \frac{2}{5} = 13$，$x \times (\frac{3}{7} - \frac{2}{5}) = 13$，

$$x \times \frac{15-14}{35} = 13 , x \times \frac{1}{35} = 13 , x = 35 。$$

55.**(A)**。設全數共x個，則 $x - (x \times \frac{3}{7} + x \times \frac{1}{5}) = x \times \frac{3}{7} + x \times \frac{1}{5} - 9$

$$x \times \frac{13}{35} = x \times \frac{22}{35} - 9 , x \times \frac{9}{35} = 9 , x = 35 。$$

56.**(E)**。小孩7人工資＝2×7＝14＝女5人工資

女1人工資＝$\frac{14}{5}$＝2.8元

女3人工資＝2.8×3＝8.4＝男4人工資

男1人工資＝$\frac{8.4}{4}$＝2.1元。

57.**(B)**。甲一日工作量＝$\frac{1}{9}$，乙一日工作量＝$\frac{1}{18}$，丙一日工作量＝$\frac{1}{12}$，甲、乙、丙合

作之一日工作量＝$\frac{1}{9} + \frac{1}{18} + \frac{1}{12}$，所需天數＝$1 \div (\frac{1}{9} + \frac{1}{18} + \frac{1}{12}) = 4$。

58.**(E)**。華氏＝攝氏×$\frac{9}{5}$＋32，依題意可知，華氏溫度比攝氏高72度，即華氏－攝氏＝72，攝氏×$\frac{9}{5}$＋32－攝氏＝72，攝氏×$\frac{9}{5}$＝40，攝氏＝50度，華氏＝122度。

59.**(B)**。有兩次，一次分針接近時針，一次分針遠離時針，相差60°表示分針與時針差十個小刻度。設經過□分鐘後分針與時針成60o，x分的時針位置為15＋x×$\frac{5}{60}$－x⇒分針接近時針時：

15＋x×$\frac{5}{60}$－x＝10⇒$\frac{11}{12}$x＝5，x＝5$\frac{5}{11}$

分針遠離時針時：x－(15＋x×$\frac{5}{60}$)＝10⇒$\frac{11}{12}$x＝25。

60.**(C)**。兔7步＝狗3步之距離，則狗1步＝兔$\frac{7}{3}$步之距離，又同時間內兔走9步而狗走6步，因此同時間內狗走的距離為兔$\frac{7}{3}$×6步，由此可知，狗與兔之速度比＝$\frac{7}{3}$×6：9＝14：9，而距離之差＝14－9＝5，因此，狗走6步可超前兔5步（兔步），欲趕上兔須超前60步（兔步），須狗步6×$\frac{60}{5}$＝72步。

61.**(B)**。木炭所佔百分比為 (100－75－10)%＝15%，而木炭21公斤，因此火藥有21÷15%＝21×$\frac{100}{15}$＝140公斤。

62.**(C)**。1÷0.02＝50（月）。

63.**(A)**。1公畝＝100平方公尺，(5公尺)²＝25平方公尺，為4倍。

64.**(C)**。1公丈＝10公尺，10公丈×20公丈＝200平方公丈＝20000平方公尺＝200公畝，每公畝500元，200×500＝100000元。

65.**(A)**。長方形池塘可容水量為8×5×4＝160立方公尺，將水放入另一池塘，則其深度為160÷16÷5＝2（公尺）。

66.**(C)**。設繩子長x公尺，$x \times \frac{1}{3} - x \times \frac{1}{4} = 3$，$x \times (\frac{1}{3} - \frac{1}{4}) = 3$，

$x \times \frac{1}{12} = 3$，x＝36（公尺）。

67.**(E)**。工人每日工作量＝$\frac{1}{10} \times \frac{1}{10} = \frac{1}{100}$，5日內完成所需工人數量為x，則

$\frac{1}{100} \times x \times 5 = 1$，x＝20。

68.**(C)**。設只開小管需x分鐘，則$(\frac{1}{6} + \frac{1}{x}) \times 4 = 1$，$\frac{1}{6} + \frac{1}{x} = \frac{1}{4}$，

$\frac{1}{x} + \frac{1}{4} - \frac{1}{6} = \frac{6-4}{24} = \frac{1}{12}$，x＝12。

69.**(D)**。華氏＝攝氏$\times \frac{9}{5} + 32$，由左式可知華氏－攝氏＝44

（攝氏$\times \frac{9}{5} + 32$）－攝氏＝44

攝氏$\times \frac{4}{5} = 12$　攝氏＝15(℃)。

70.**(D)**。兩錶每天相差 (2－(－3))＝5分鐘，要差20分鐘則須20÷5＝4。

71.**(E)**。狗1步距離＝兔$\frac{3}{2}$步，同時間狗走的距離與兔的比為$\frac{3}{2} \times 3 : 4 = 9 : 8$，
因此狗走6步（狗步）＝9步（兔步），此時兔走8步（兔步），而狗比
兔多走1兔步之距離，因此狗欲進上兔50步（兔步），則須走6×50＝
300狗步。

72.**(B)**。設酒原來純度x %，則該酒40公斤含酒精40×x %，加水5公斤後之純
度為40×x%÷(40＋5)＝80%　40×x%＝45×80%，x＝45×80÷40＝
90(%)。

73.**(B)**。120×75%×90%＝81（元）。

74.**(C)**。$\frac{172}{0.04}$＝4300個印花，10元1個印花，那麼4300個印花43000元。

75.**(E)**。500＋500×0.01×2＝510。

76.**(A)**。$22-10=12$日$=12×24=288$時，15時20分-7時50分$=7$時30分$=7.5$時，$288+7.5=295.5$時。

77.**(B)**。$18×25=450$平方公尺$=4.5$公畝，$4.5×240=1080$元。

78.**(C)**。$(28+4)×(16+4)-28×16=192$平方公尺，$120-192×0.5=24$

79.**(A)**。$x2-2x+9=0$之二根為 α , β

$$⇒α+β=-\frac{(-2)}{1}=2 , αβ=9$$

$$∴α^2+β^2=(α+β)^2-2αβ=(2)^2-2×9=4-18=-14$$

80.**(D)**。$\begin{cases} 3x-4y\quad 3=0 \\ 4x+3y\quad 11=0 \end{cases}$

$$⇒x=-\frac{7}{5} , y=-\frac{9}{5} , x^2-y^2=-\frac{32}{25}$$

81.**(C)**。設$f(x)：ax^3+bx^2+cx+d=0$

$f(0)=2⇒d=2$

$f(1)=f(2)=0；f(-1)=-6$

$\begin{cases} a+b+c+2=0..........(1) \\ 8a+4b+2c+2=0....(2) \\ -a+b-c+2=-6..(3) \end{cases}$

(1)+(3)$⇒b=-5$　　　代入(1)、(2)聯立$⇒a=2 , b=1$

$∴f(x)=2x^3-5x^2+x+2$

82.**(D)**。只需以個位數來運算(十位數以後均不用管)

　　$3^3=27⇒$尾數為7　　　　　　　$2^3=8⇒$尾數為8

　　$27-8=19⇒$尾數為9　　　　∴故選(D)

83.**(B)**。只需加最後二位數即知$89+88=177⇒$十位數為7。

84.**(C)**。設原有師：生$=x：30x$

　　$x+50：30x+50=1：25$，$30x+50=25x+1250$

　　$5x=1200$，$x=240$　　∴目前老師240人。

85.**(C)**。設上層x本$⇒$下層有$x-52$本

　　$(x-6)÷3=(x-52)+6$，$x-6=3x-138$，

　　$2x=132$，$x=66$

第二章 數系

題目為依照某規則排列的一系列數字，但少了其中一個。請你依照規則找出所缺的數字來。

◎ 數列變化規則

一、解析

一串數列之中，如$a_1a_2a_3a_4a_5a_6$，前後數字之間出現某些變化規則。熟練這些規則，就很容易找出推論出的數字而得到正確的答案。

大部份的規則是比較奇數位$a_1a_3a_5$與偶數位$a_2a_4a_6$前後數字間的關係，把握此原則，大部份的數列問題都能迎刃而解。

二、規則

(一) $a_1a_3a_5$呈等差數列，$a_2a_4a_6$亦呈等差數列。

例1：1　0　3　0　5　0　7　__

(A)8　(B)0　(C)9　(D)6　　　　　　　　　　　　　答：**(B)**

例2：1　5　9　13　17　__　25　29

(A)21　(B)24　(C)19　(D)23　　　　　　　　　　　答：**(A)**

例3：
$$\overset{8 \qquad 8 \qquad 8}{1 \quad 11 \quad 12 \quad 22 \quad 23 \quad 33 \quad \underline{\quad} \quad 44}$$
$$\underset{11 \qquad\qquad 11}{}$$

(A)28　(B)30　(C)32　(D)34

答：**(D)**

例4：
$$\overset{2 \qquad 2}{3 \quad 6 \quad 5 \quad 8 \quad 7 \quad \underline{\quad}}$$
$$\underset{2 \qquad 2}{}$$

(A)9　(B)10　(C)11　(D)12

答：**(B)**

(二) $a_1a_3a_5$呈等比數列，$a_2a_4a_6$亦呈等比數列。

例1：
$$\overset{\times 2 \qquad\qquad \times 2 \qquad\qquad \times 2}{1 \quad 2 \quad 3 \quad 4 \quad 6 \quad 8 \quad 12 \quad \underline{\quad}}$$
$$\underset{\times 2 \qquad \times 2}{}$$

(A)10　(B)12　(C)14　(D)16

答：**(D)**

例2：
$$\overset{\times 2 \qquad\quad \times 2 \qquad\quad \times 2}{5 \quad 6 \quad 10 \quad 18 \quad 20 \quad 54 \quad \underline{\quad}}$$
$$\underset{\times 3 \qquad \times 3}{}$$

(A)30　(B)40　(C)50　(D)60

答：**(B)**

(三) $a_1a_2a_3$呈等比數列。

例1：
$$\overset{}{\dfrac{1}{25} \quad \dfrac{1}{5} \quad 1 \quad 5 \quad 25 \quad \underline{\quad}}$$
$$\underset{\times 5 \ \times 5 \ \times 5 \ \times 5 \ \times 5}{}$$

(A)10　(B)50　(C)100　(D)125

答：**(D)**

例2：
$$\overset{\times 2 \quad \times 2 \quad \times 2 \quad \times 2 \quad \times 2}{1 \quad 2 \quad 4 \quad 8 \quad 16 \quad \underline{\quad}}$$

(A)18　(B)24　(C)28　(D)32

答：**(D)**

(四) $a_1a_3a_5$ 呈等差數列，$a_2a_4a_6$ 呈等比數列，反之亦然。

例1：
$$\overset{+2\quad\quad+2\quad\quad+2}{1\quad 2\quad 3\quad 4\quad 5\quad 8\quad 7\quad \underline{\quad}}$$
$$\underset{\times2\quad\times2\quad\times2}{}$$

(A)9　(B)12　(C)6　(D)16　　　　　　　　　　答：**(D)**

例2：
$$\overset{\times2\quad\times2\quad\times2}{3\quad 4\quad 6\quad 6\quad 12\quad 8\quad 24\quad \underline{\quad}}$$
$$\underset{+2\quad\quad+2\quad\quad+2}{}$$

(A)10　(B)12　(C)16　(D)24　　　　　　　　　答：**(A)**

(五) $a_1a_2a_3a_4a_5a_6$ 為自然數的平方或立方。

例1：
1　4　9　16　__　36　49
1^2　2^2　3^2　4^2　5^2　6^2　7^2

(A)18　(B)24　(C)25　(D)32　　　　　　　　　答：**(C)**

例2：
1　8　27　64　125　__
1^3　2^3　3^3　4^3　5^3　6^3

(A)256　(B)234　(C)216　(D)343　　　　　　　答：**(C)**

(六) (a_1a_3之差)與(a_2a_4之差)，或(a_1a_2之差)與(a_2a_3之差)，兩差之間呈等差數列。

例1：

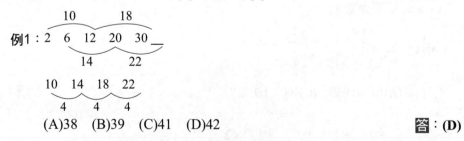

(A)38　(B)39　(C)41　(D)42　　　　　　　　　答：**(D)**

例2：

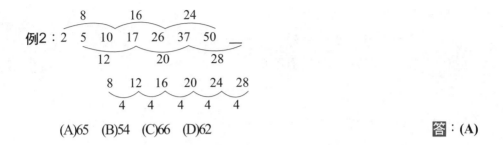

(A)65 (B)54 (C)66 (D)62　　　　　　　　　　　　　　　　答：**(A)**

(七) (a_1a_3之差)與(a_2a_4之差)，兩差之間呈等比數列。

例1：

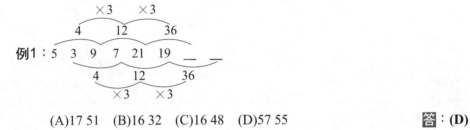

(A)17 51　(B)16 32　(C)16 48　(D)57 55　　　　　　　　答：**(D)**

(八) $a_1a_2a_3$之和與$a_4a_5a_6$之和相同。

例1：

1 5 9	2 6 7	3 4 —
15	15	15

(A)7 (B)8 (C)9 (D)10　　　　　　　　　　　　　　　　答：**(B)**

(九) $a_1-a_2=a_3$，$a_4-a_5=a_6$或$a_1+a_2=a_3$，$a_2+a_3=a_4$，$a_3+a_4=a_5$，$a_4+a_5=a_6$。

例1：　5　13　8　11　3　7　4　5　1

$5=\underline{13}-8$，$8=11-3$，$3=7-4$

$4=5-1$

(A)7 (B)13 (C)9 (D)11　　　　　　　　　　　　　　　　答：**(B)**

例2：　0　1　1　2　__　5　8　13

$0+1=1$，$1+1=2$，$1+2=\underline{3}$，$\underline{3}+5=8$，$5+8=13$

(A)1 (B)2 (C)3 (D)4　　　　　　　　　　　　　　　　答：**(C)**

例3：27 8 19 ＿ 1 3 1

27－8＝19，4－1＝3

(A)1 (B)4 (C)8 (D)16

答：(B)

(十) $a_1 \times a_2 = a_3$，$a_3 \times a_4 = a_5$，$a_5 \times a_6 = a_7$。

例1：36 $\dfrac{1}{3}$ 12 $\dfrac{1}{4}$ 3 ＿ 1

$36 \times \dfrac{1}{3} = 12$，$12 \times \dfrac{1}{4} = 3$，$3 \times \dfrac{1}{3} = 1$

(A)9 (B)$\dfrac{1}{3}$ (C)4 (D)1

答：(B)

例題

( ) ◎ 5，＿，9，11，13 (A)4 (B)5 (C)6 (D)7。

解 ◎(D)。此例數字均為前一數字加2，因此缺少的數字應為7，故正確答案是(D)。

精選試題

( ) 1. 1 3 5 7 9 (A)3 (B)6 (C)8 (D)11 (E)13。

( ) 2. 7 8 6 9 5 10 (A)2 (B)4 (C)8 (D)11 (E)12。

( ) 3. 8 4 2 6 12 8 (A)4 (B)8 (C)12 (D)16 (E)20。

( ) 4. 1 9 3 6 5 3 (A)0 (B)3 (C)4 (D)7 (E)9。

( ) 5. 3 9 3 6 3 9 (A)1 (B)3 (C)6 (D)9 (E)27。

( ) 6. 8 6 10 8 14 12 (A)8 (B)10 (C)13 (D)20 (E)32。

( ) 7. 3 7 6 10 9 (A)3 (B)5 (C)8 (D)12 (E)13。

( ) 8. 1 2 4 2 5 9 (A)4 (B)5 (C)6 (D)7 (E)8。

( ) 9. 3 6 8 9 12 (A)4 (B)8 (C)11 (D)14 (E)16。

( )　10. 4　9　5　7　6　5　7　　　(A)3　(B)4　(C)7　(D)8　(E)9。

( )　11. 9　8　7　6　8　10　　　(A)4　(B)7　(C)12　(D)14　(E)16。

( )　12. 2　4　8　3　6　12　4　　(A)2　(B)4　(C)6　(D)8　(E)16。

( )　13. 6　12　18　3　9　　　(A)1　(B)6　(C)15　(D)21　(E)24。

( )　14. 2　8　4　16　8　　　(A)10　(B)12　(C)14　(D)24　(E)32。

( )　15. 6　9　27　24　8　11　(A)8　(B)14　(C)21　(D)33　(E)61。

( )　16. 1　4　7　10　8　6　4　5　(A)3　(B)6　(C)7　(D)9　(E)10。

( )　17. 4　12　6　18　9　　　(A)6　(B)12　(C)21　(D)27　(E)36。

( )　18. 2　5　8　12　16　21　(A)22　(B)23　(C)26　(D)28　(E)30。

( )　19. 3　12　3　7　3　　　(A)3　(B)5　(C)7　(D)12　(E)15。

( )　20. (2，3，4)，(1，5，3)，(1，1，__)　(A)8　(B)7　(C)6　(D)5。

( )　21. 21，27，33，__，45　(A)35　(B)37　(C)39　(D)41。

( )　22. $\frac{1}{32}$，—，$\frac{1}{8}$，$\frac{1}{4}$，$\frac{1}{2}$　(A)$\frac{1}{20}$　(B)$\frac{1}{18}$　(C)$\frac{1}{16}$　(D)$\frac{1}{12}$。

( )　23. 7，4，__，3，5，2　(A)8　(B)6　(C)4　(D)5。

( )　24. 54，45，__，27，18　(A)30　(B)33　(C)36　(D)41。

( )　25. 50，38，__，14，2　(A)18　(B)21　(C)25　(D)26。

( )　26. $\frac{1}{25}$，—，$\frac{1}{9}$，$\frac{1}{4}$，$\frac{1}{1}$　(A)$\frac{1}{12}$　(B)$\frac{1}{16}$　(C)$\frac{1}{18}$　(D)$\frac{1}{21}$。

( )　27. 2+3，4+5，__，8+9　(A)6+6　(B)6+7　(C)7+8　(D)8+8。

( )　28. $\frac{1}{2}$，$\frac{2}{3}$，$\frac{3}{4}$，—，$\frac{5}{6}$　(A)$\frac{3}{5}$　(B)$\frac{3}{4}$　(C)$\frac{4}{5}$　(D)$\frac{9}{10}$。

( )　29. 6，10，9，__，12，16，15　(A)13　(B)10　(C)11　(D)8。

( )　30. 2，4，8，16，__，64　(A)24　(B)32　(C)48　(D)60　(E)128。

( )　31. 7，9，7，9，__　　　　　　　(A)7　(B)9　(C)16　(D)2。

( )　32. 4，5，8，13，__，29　　　(A)16　(B)19　(C)20　(D)23　(E)26。

( )　33. 8，6，16，14，32，30，__　　(A)64　(B)56　(C)48　(D)36。

( )　34. $\frac{1}{4}$，$\frac{1}{8}$，$\frac{1}{16}$，$\frac{1}{32}$，—，$\frac{1}{128}$　　(A) $\frac{1}{48}$　(B) $\frac{1}{40}$　(C) $\frac{1}{60}$

　　　　(D) $\frac{1}{64}$　(E) $\frac{1}{72}$。

( )　35. 1　2　3　5　7　11　13　17　　(A)21　(B)23　(C)25　(D)28。

( )　36. __　41　37　34　32　31　　(A)47　(B)46　(C)45　(D)44。

( )　37. 0　1　1　2　__　5　8　　(A)0　(B)1　(C)2　(D)3。

( )　38. 2　4　6　__　5　7　4　6　8　　(A)2　(B)3　(C)6　(D)7。

( )　39. 11　1　2　22　__　5　33　7　10　44　(A)1　(B)2　(C)3　(D)4。

( )　40. 22　24　25　30　32　33　38　40　(A)41　(B)42　(C)43　(D)44。

( )　41. 8　6　18　16　__　46　　(A)22　(B)24　(C)44　(D)48。

( )　42. 0　2　3　0　5　6　0　__　9　0　(A)11　(B)10　(C)9　(D)8。

( )　43. $\frac{1}{2}$　$\frac{1}{4}$　$\frac{2}{6}$　—　$\frac{4}{16}$　$\frac{6}{26}$　　(A) $\frac{3}{7}$　(B) $\frac{4}{8}$　(C) $\frac{1}{9}$　(D) $\frac{2}{10}$。

( )　44. 3　6　9　18　15　__　33　69　39　(A)13　(B)21　(C)22　(D)25。

( )　45. 13　17　19　23__　　(A)24　(B)25　(C)28　(D)29。

( )　46. 3　1　2　13　__　8　23　12　11　33　(A)0　(B)1　(C)3　(D)5。

( )　47. 2　6　12　20　30　42　56　　(A)66　(B)72　(C)84　(D)91。

( )　48. 0　1　1　2　__　5　8　13　21　(A)0　(B)1　(C)2　(D)3。

( )　49. 1　2　2　4　__　32　256　　(A)0　(B)1　(C)6　(D)8。

( )　50. 840　420　280　210　168　140　　(A)120　(B)110　(C)100　(D)90。

( )　51. 2　6　4　10　6　__　8　18　10　(A)10　(B)12　(C)14　(D)16。

( )｜52. 15 ＿ 17 18 19 21 23 26　(A)14　(B)15　(C)16　(D)17。

( )｜53. 3 6 10 15 21＿　(A)28　(B)32　(C)35　(D)49。

( )｜54. $\frac{1}{9}$ $\frac{3}{2}$ $\frac{1}{6}$ $\frac{3}{4}$ $\frac{1}{9}$ $\frac{9}{4}$ $\frac{1}{6}$ $\frac{9}{16}$ $\frac{1}{9}$　(A)$\frac{3}{2}$　(B)$\frac{4}{3}$　(C)$\frac{81}{16}$　(D)$\frac{9}{4}$。

( )｜55. 23 64 29 49 31 ＿ 37 25　(A)36　(B)25　(C)16　(D)9。

( )｜56. 29 1 27 3 23 5 17 7＿　(A)1　(B)9　(C)15　(D)29。

( )｜57. 0 3 ＿ 4 2 5 3 6 4 7　(A)−1　(B)0　(C)1　(D)2。

( )｜58. 11 12 33 24 ＿ 36 77　(A)14　(B)55　(C)17　(D)77。

( )｜59. 1 2 3 4 0 6 7 8　(A)0　(B)3　(C)6　(D)9。

( )｜60. 0 1 1 2 3 5 ＿　(A)1　(B)2　(C)8　(D)9。

( )｜61. 840 420 280 210 168 140 120　(A)210　(B)280　(C)105 (D)64。

( )｜62. 12 18 ＿ 22 20 26　(A)16　(B)20　(C)24　(D)28。

( )｜63. 3 18 6 30 9 42 12 54 15　(A)22　(B)44　(C)66　(D)77。

( )｜64. 10 9 11 ＿ 12 7 13 6 14　(A)10　(B)9　(C)8　(D)11。

( )｜65. 124 1 ＿ 2 03 -56　(A)48　(B)-56　(C)-48　(D)56。

( )｜66. 16 9 25 11 36 13 49 ＿ 64　(A)15　(B)17　(C)21 (D)25。

( )｜67. 11 16 21 26 31 36 41 46 51　(A)51　(B)56　(C)61 (D)66。

( )｜68. 77 11 66 22 44 ＿ 55　(A)-33　(B)-11　(C)11　(D)55。

( )｜69. 21 16 5 11 -6 ＿ -23　(A)-17　(B)-13　(C)17　(D)13。

( )｜70. 6 7 16 18 26 ＿ 36 40　(A)29　(B)32　(C)38　(D)42。

( )｜71. 2 3 4 5 6 7 8 11 10　(A)11　(B)12　(C)13　(D)14。

( )　72. 1　1　8　3　81　5　1024　7　　　(A)15625　(B)17254　(C)20542 (D)22102。

( )　73. 1　1　4　8　9　27　16　64　25　125　36　(A)64　(B)125　(C)216 (D)343。

( )　74. 3　18　6　30　9　42　12　54　15　(A)22　(B)44　(C)66　(D)77。

( )　75. 0　3　1　2　-4　5　-11　　　　(A)-20　(B)0　(C)10　(D)20。

( )　76. 3　7　4　9　5　19　14　　　　(A)21　(B)31　(C)41　(D)51。

( )　77. 8　1　8　2　16　3　48　4　　　(A)102　(B)192　(C)202 (D)292。

( )　78. 1　11　21　26　31　36　41　46　51　(A)51　(B)56　(C)61 (D)66。

( )　79. 12　18　__　22　20　　　　　(A)8　(B)10　(C)16　(D)32。

( )　80. 2　__　12　20　30　42　　　　(A)24　(B)18　(C)12　(D)6。

( )　81. 840　420　280　__　168　140　105　(A)105　(B)150　(C)210 (D)255。

( )　82. 3　6　10　__　21　28　　　　(A)15　(B)20　(C)25　(D)30。

( )　83. 48　__　20　10　6　3　　　　(A)12　(B)24　(C)36　(D)48。

( )　84. 11　12　33　24　__　36　77　　(A)22　(B)33　(C)44　(D)55。

( )　85. 4　2　9　4　16　__　25　8　　(A)2　(B)4　(C)6　(D)8。

( )　86. 1　5　12　__　35　51　70　92　(A)16　(B)22　(C)28　(D)34。

( )　88. 3　9　__　18　21　23　24　　(A)10　(B)12　(C)14　(D)16。

解答與解析

1.**(D)**。原題2數間差2，可得末項為9＋2＝11。

2.**(B)**。數系規律為＋1，－2，＋3，－4，＋5……，因此下一差距應為－6，10 －6＝4。

3.**(A)**。五個數字一組，8，4，2，6，12。8，4。

4.**(D)**。分兩群：(1，3，5) 及 (9，6，3)，下一項為第一群（差距為2）5＋2＝7。

5.**(B)**。兩數列交錯出現：

數列一：3　3　3　…

數列二：9　6　9　…

下一數字為數列一，故知為3。

6.**(D)**。8，6，10，8，14，12，20

$$-2 \quad +4 \quad -2 \quad +6 \quad -2 \quad +8$$ 依-2，+4，-2，+6，-2，+8的規則。

7.**(E)**。差距依次為＋4，－1循環出現，9＋4＝13。

8.**(B)**。三數為一組，差距為＋1，＋2，－2，＋3，＋4，$\boxed{-4}$，因此9－4＝5。

9.**(D)**。差距為＋3，＋2，＋1，＋3，＋2，因此12＋2＝14。

10.**(A)**。分為2群相繼出現，(4，5，6，7) 及 (9，7，5)，下一位為第2群（差距為－2），5－2＝3。

11.**(C)**。差距之分布為－1，－1，－1，＋2，＋2，$\boxed{+2}$，因此10＋2＝12。

12.**(D)**。3數為一組，每組第2、3數字皆為前項乘以2而得，因此4×2＝8。

13.**(C)**。規律為＋6，＋6，÷6，＋6，＋6，因此9＋6＝15。

14.**(E)**。規律為×4，÷2，×4，÷2，×4，因此8×4＝32。

15.**(D)**。規律為＋3，×3，－3，÷3，＋3，×3，因此11×3＝33。

16.**(B)**。規律為＋3，＋3，＋3，－2，－2，－2，＋1，$\boxed{+1}$，因此5＋1＝6。

17.**(D)**。規律為×3，÷2，×3，÷2，×$\boxed{3}$，因此9×3＝27。

18.**(C)**。規律為＋3，＋3，＋4，＋4，＋5，$\boxed{+5}$，因此21＋5＝26。

19.**(D)**。規律為×4，÷4，＋4，－4，×$\boxed{4}$，因此3×4＝12。

20.**(B)**。每組和皆為9，因此9－1－1＝7。

21.**(C)**。3×7，3×9，3×11，3×15，故缺空應為3×13＝39。

22.**(C)**。後項皆為前項的2倍，因此 $\frac{1}{32} \times 2 = \frac{1}{16}$。

23.**(B)**。規律為－3，$\boxed{+2}$，－3，＋2，－3，因此4＋2＝6。

24.**(C)**。差距為－9，因此45－9＝36。

25.**(D)**。差距為-12，因此$38-12=26$。

26.**(B)**。每項皆為$(\dfrac{1}{\square})2$，$\square=5,\cdots,1$，因此第2項為$(\dfrac{1}{4})^2=\dfrac{1}{16}$。

27.**(B)**。數字依序遞增，兩數間以「＋」相連，第3組為$6+7$。

28.**(C)**。後項的分子＝前項的分母，後項的分母＝分子＋1，故第4項為$\dfrac{4}{5}$。

29.**(A)**。差距為$+4$，-1，$\boxed{+4}$，-1，$+4$，-1，第4項為$9+4=13$。

30.**(B)**。後項＝前項$\times 2$　因此$16\times 2=32$。

31.**(A)**。7，9，7，9，$\underline{?}$　連續且為相間隔者。

32.**(C)**。差距為$+1$，$+3$，$+5$，$\boxed{+7}$，$+9$，因此$13+7=20$。

33.**(B)**。差距值依序為-2，$+10$，-2，$+(10+8)$，-2，$\boxed{+26}$，$(18+8)$，因此$30+26=56$。

34.**(D)**。每項皆為前項除以2，因此$\dfrac{1}{32}\div 2=\dfrac{1}{64}$。

35.**(B)**。

1　1　2+2=4　2+4=6

1　2　3　5　7　11　13　17　23

36.**(B)**。52　46　41　37　34　32　31

＋6　＋5　＋4　＋3　＋2　＋1

37.**(D)**。

1+1=2　2+3=5

0　1　1　2　3　5　8

0+1=1　1+2=3　3+5=8

38.**(B)**。

2　2　　2　2

2　4　6　3　5　7

39.**(C)**。11　1　2　22　＿　5　33　7　10　44

$(2-1+1)\times 11=22$　$(5-3+1)\times 11=33$　$(10-7+1)\times 11=44$

40.**(A)**。
 2 1 5 2 1 5 2
22 24 25 30 32 33 38 40
差皆呈2，1，5此三數的循環。

41.**(A)**。 8 6
18 16 個位數相同。
48 46

42.**(D)**。023 056 089。

43.**(D)**。分母 2＋4＝6
4＋6＝10
10＋6＝16

44.**(B)**。3 6 9 18 15 <u>21</u> 33 69 39
一定要是3的倍數！

45.**(D)**。13 17 19 23 <u>29</u>
一定是質數。

46.**(D)**。3＝1＋2，13＝⑤＋8，23＝12＋11
前一項＝後兩項相加。

47.**(B)**。
 46 8 10 12 14 16
2 6 12 20 30 42 56 72

48.**(D)**。
 1 0 1 1 2 3 5 8
0 1 1 2 3 5 8 13 21
1＋0＝1 0＋1＝1 1＋1＝2 1＋2＝3 2＋3＝5 3＋5＝8

49.**(D)**。1×2＝2 2×2＝4 2×4＝8 …

50.**(A)**。840, $\dfrac{840}{2}$, $\dfrac{840}{3}$, $\dfrac{840}{4}$, $\dfrac{840}{5}$, $\dfrac{840}{6}$, $\dfrac{840}{7}$＝120

51.**(C)**。　　　4＋6＝10　8＋10＝18

2　6　4　10　6　＿　8　18　10

2＋4＝6　　　6＋8＝14

52.**(C)**。15　16　17　18　19　21　23　26

1　　1　　1　　1　　2　　2　　3

53.**(A)**。

+3　+4　+5　+6　+7

3　6　10　15　21　<u>28</u>

分母平方　分母平方　分母平方　分母平方

54.**(C)**。$\dfrac{1}{9}$　$\dfrac{3}{2}$　$\dfrac{1}{6}$　$\dfrac{3}{4}$　$\dfrac{1}{9}$　$\dfrac{9}{4}$　$\dfrac{1}{6}$　$\dfrac{9}{16}$　$\dfrac{1}{9}$　$\dfrac{81}{16}$

55.**(A)**。

+6　　　+2　　　+6

23　64　29　49　31　<u>36</u>　37

8^2　　　7^2　　　6^2

56.**(B)**。29　1　27　3　23　5　17　7　<u>9</u>

+2　　　+2　　　+2

−2　　−4　　−6　　−8

57.**(C)**。0　3　<u>1</u>　4　2　5　3　6　4　7

+1　+1　+1　+1

+1　+1　+1　+1

58.**(B)**。　11　12　33　24　<u>55</u>　36　77

+12　　+12

11×1　　11×3　　11×5　　11×7

59.**(D)**。1　2　3　4　0　6　7　8　<u>9</u>

60.**(C)**。0　1　1　2　3　5　<u>8</u>

0+1　1+1　1+2　2+3　3+5

61.**(C)**。840 420 280 210 168 140 120 <u>105</u>

⇒$840×1=420×2=280×3=210×4=168×5$

$=140×6=120×7=105×8$

62.**(A)**。
$$\overset{+4}{\overbrace{}}\quad\overset{+4}{\overbrace{}}$$
12 18 <u>16</u> 22 20 26
$$\underset{+4}{\underbrace{}}\quad\underset{+4}{\underbrace{}}$$

63.**(C)**。
$$\overset{+3}{\overbrace{}}\ \overset{+3}{\overbrace{}}\ \overset{+3}{\overbrace{}}\ \overset{+3}{\overbrace{}}$$
3 18 6 30 9 42 12 54 15 <u>66</u>

$6×3$ $6×5$ $6×7$ $6×9$ $6×11$

64.**(C)**。
$$\overset{+1}{\overbrace{}}\ \overset{+1}{\overbrace{}}\ \overset{+1}{\overbrace{}}\ \overset{+1}{\overbrace{}}$$
10 9 11 <u>8</u> 12 7 13 6 14
$$\underset{-1}{\underbrace{}}\ \underset{-1}{\underbrace{}}\ \underset{-1}{\underbrace{}}$$

65.**(D)**。
$$\overset{+1}{\overbrace{}}\ \overset{+1}{\overbrace{}}$$
124 1 <u>56</u> 2 0 3 -56
$$\underset{-56}{\underbrace{}}\ \underset{-56}{\underbrace{}}\ \underset{-56}{\underbrace{}}$$

66.**(A)**。
$$\overset{+2}{\overbrace{}}\ \overset{+2}{\overbrace{}}\ \overset{+2}{\overbrace{}}$$
16 9 25 11 36 13 49 <u>15</u> 64
4^2 5^2 6^2 7^2 8^2

67.**(B)**。
$$\overset{+10}{\overbrace{}}\ \overset{+10}{\overbrace{}}\ \overset{+10}{\overbrace{}}\ \overset{+10}{\overbrace{}}$$
11 16 21 26 31 36 41 46 51 <u>56</u>
$$\underset{+10}{\underbrace{}}\ \underset{+10}{\underbrace{}}\ \underset{+10}{\underbrace{}}\ \underset{+10}{\underbrace{}}$$

68.**(B)**。
$$\overset{11+66}{\overbrace{}}\ \overset{22+44}{\overbrace{}}\ \overset{-11+55}{\overbrace{}}$$
77 11 66 22 44 -11 55

69.**(C)**。
$$\overset{21-16}{\overbrace{}}\ \overset{5-11}{\overbrace{}}\ \overset{-6-17}{\overbrace{}}$$
21 16 5 11 -6 17 -23
$$\underset{16-5}{\underbrace{}}\ \underset{11-(-6)}{\underbrace{}}$$

70.**(A)**。
$$\overset{+10}{\overbrace{}}\ \overset{+10}{\overbrace{}}\ \overset{+10}{\overbrace{}}$$
6 7 16 18 26 29 36 40
$$\underset{+11}{\underbrace{}}\ \underset{+11}{\underbrace{}}$$

71.(C)。
$$2 \quad 3 \quad 4 \quad 5 \quad 6 \quad 7 \quad 8 \quad 11 \quad 10$$
$$+1 \qquad +1 \qquad +1 \qquad +3 \qquad 10+3=13$$
$$1 \leftarrow | \rightarrow +3$$

72.(A)。
$$1 \quad 1 \quad 8 \quad 3 \quad 81 \quad 5 \quad 1024 \quad 7$$
$$1^2 \qquad 2^3 \qquad 3^4 \qquad 4^5 \qquad 5^6 \qquad 5^6=15625$$

73.(C)。
$$1 \quad 1 \quad 4 \quad 8 \quad 9 \quad 27 \quad 16 \quad 64 \quad 25 \quad 125 \quad 36$$
$$1^2 \quad 1^3 \quad 2^2 \quad 2^3 \quad 3^2 \quad 3^3 \quad 4^2 \quad 4^3 \quad 5^2 \quad 5^3 \quad 6^2 \quad 6^3$$
$$6^3=216$$

74.(C)。
$$3 \quad 18 \quad 6 \quad 30 \quad 9 \quad 42 \quad 12 \quad 54 \quad 15$$
$$3\times6 \quad 3\times10 \quad 3\times14 \quad 3\times18 \quad 3\times22=66$$

75.(D)。
$$0 \quad 3 \quad 1 \quad 2 \quad -4 \quad 5 \quad -11$$

A組　$0\times(-1)+3\times(+1)+1\times(-1)=2$

B組　$3\times(-1)+1\times(+1)+2\times(-1)=-3+1-2=-4$

同理C組　$-4\times(-1)+5\times(+1)+(-11)\times(-1)=4+5+11=20$

76.(A)。
$$3 \quad 7 \quad 4 \quad 9 \quad 5 \quad 19 \quad 14 \quad 21$$
$$+4 \quad -3 \quad +5 \quad -4 \quad -5 \quad +7$$

77.(B)。
$$8 \quad 1 \quad 8 \quad 2 \quad 16 \quad 3 \quad 48 \quad 4 \quad \_$$
$$8\times1=8 \quad 8\times2=16 \quad 16\times3=48 \quad 48\times4=192$$

78.(B)。
$$1 \quad 11 \quad 21 \quad 26 \quad 31 \quad 36 \quad 41 \quad 46 \quad 51 \quad \_$$
$$+10 \quad +10 \quad 46+10=56$$

79.(C)。
$$12 \quad 18 \quad \_ \quad 22 \quad 20$$
$$+4$$
$$12+4=16 \quad +4$$

80.**(D)**。2 $\overbrace{\qquad}^{+10}$ 12 20 $\overbrace{\qquad}^{+18}$ 30 42

$\underbrace{6+14=20}$ $\underbrace{+22}$

81.**(C)**。840 $\overbrace{420}^{\div 2}$ 280 $\quad\_\quad$ 168 140 105

$\underbrace{\div 3}$

840÷4=210

82.**(A)**。3 6 10 $\quad\_\quad$ 21 28

$\underbrace{+3}$ $\underbrace{+4}$ 10+5=15

83.**(B)**。48 $\quad\_\quad$ 20 10 6 3

48÷2=24 ÷2 ÷2

84.**(D)**。11 12 33 24 $\quad\_\quad$ 36 77

$\overbrace{\qquad\qquad}^{\times 7}$

$\underbrace{\times 3}$

11×5=55

85.**(C)**。4 2 9 4 16 $\quad\_\quad$ 25 8

+2 4+2=6

86.**(B)**。1 5 12 $\quad\_\quad$ 35 51 70 92

+4 +7 12+10=22 +16 +19 +22

87.**(A)**。6 7 16 18 26 $\quad\_\quad$ 36 40

+11 18+11=29

88.**(C)**。3 9 $\quad\_\quad$ 18 21 23 24

+6 9+5=14 +3 +2 +1

第三章 分析推理

命題分析

這種測驗經常是邏輯分析、機率統計,或者是簡單的數學公式,包含一段較長的文字敘述,其中有一些條件可供推理,根據這段文字敘述回答問題。

例題

有卓、洪、孫、楊四位軍官,一同坐在一張方形桌子四周。已知四位軍官中有一位上校,一位是中校,一位是少校,還有一位是中尉。且知:

- 中尉坐在上校的正對面
- 中校坐在中尉的右手邊
- 少校坐在上校的右手邊
- 楊姓軍官坐在中校的正對面
- 卓姓軍官是上校
- 孫姓軍官是中校

( )｜ ◎ 請問下面各敘述何者為正確?
(A)洪姓軍官是中校　　　(B)洪姓軍官是中尉
(C)孫姓軍官是少校　　　(D)孫姓軍官是中尉。

解　◎(B)。因為由條件中已知孫姓軍官是中校,故答案(A)(C)(D)均為錯誤。又由位置的敘述可以推論,少校坐在中校的正對面,故楊姓軍官是少校。唯一未決定官階者為洪姓軍官,可以推論他是必定是中尉,故正確答案是(B)。

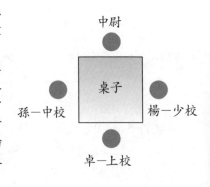

精選試題

第1～2題

某一畢業班，全班共有50人，正在調查畢業旅行的旅遊景點，已知：

(1)去過陽明山的有30人。 　　　　　(2)去過阿里山的有29人。

(3)去過墾丁的有23人。 　　　　　(4)去過陽明山、阿里山的有17人。

(5)去過陽明山、墾丁二地的有13人。 　(6)去過阿里山、墾丁二地的有9人。

(7)又三地均沒去過的有2人。則請問：

(　　) 1. 去過二地的有幾人？ (A)14 (B)19 (C)24 (D)29 人。

(　　) 2. 恰去過一地的有幾人？ (A)14 (B)19 (C)24 (D)29 人。

第3～4題

有一天數學老師小考出了三題，第一題和第二題各為30分，第三題為40分，三題總分為100分。已知全班共有60人：

(1)第一題答對者有24人。 　　　　　(2)第二題答對者有24人。

(3)第三題答對者有32人。 　　　　　(4)第一、二題皆答對者有9人。

(5)第二、三題皆答對者有10人。 　　(6)第一、三題皆答對者有12人。

(7)考零分者有6人。

(　　) 3. 請問考100分者有幾人？ (A)4 (B)5 (C)6 (D)7 人。

(　　) 4. 請問考70分以上的有幾人？ (A)11 (B)13 (C)17 (D)19 人。

第5～6題

小明有一個哥哥、一個弟弟和一個妹妹，已知：

(1)2年後哥哥的年紀是弟弟的2倍。

(2)3年前哥哥的年紀是弟弟年紀的3倍。

(3)弟弟和妹妹年紀相差1歲。

(4)明年小明的年紀恰好是妹妹的2倍少1歲。

(5)2年前小明的年紀恰好是弟弟的2倍。

(　　) 5. 請問小明今年幾歲？ (A)8 (B)10 (C)12 (D)14 歲。

(　　) 6. 請問幾年後，哥哥年紀是妹妹的2倍？ (A)2 (B)3 (C)4 (D)5 年。

第7～8題

動物園內有甲、乙、丙、丁、戊、己6隻長頸鹿在比比看看誰比較高,已知:

(1)甲比丙高,比丁矮。　　　　(2)乙比甲高,比戊矮。

(3)丙比乙矮。　　　　　　　　(4)丁比丙高,比乙矮。

(5)戊比甲高,比己矮。　　　　(6)己比乙高。

( )｜ 7. 請問誰最高?　(A)甲　(B)乙　(C)戊　(D)己。

( )｜ 8. 請問誰最矮?　(A)丙　(B)丁　(C)戊　(D)己。

第9～10題

某一公司做年紀與職等的比較,調查發現:

(1)經理的年紀比科長大。

(2)襄理的年紀比課長小。

(3)廠長的年紀小於經理,但是比課長大。

(4)主任的年紀比科長小,但是比廠長大。

( )｜ 9. 請問六人的年紀由大排到小的順序下列何者正確?

　　　　(A)經理、科長、主任、廠長、課長、襄理

　　　　(B)經理、廠長、主任、襄理、課長、科長

　　　　(C)廠長、襄理、主任、經理、課長、科長

　　　　(D)廠長、科長、主任、課長、經理、襄理。

( )｜ 10. 若此時發現董事長年紀比主任大,則這六人中,比董事長年紀小的有

　　　　　幾人?　(A)1　(B)2　(C)3　(D)4　人。

第11～12題

甲、乙、丙、丁四人的年紀情況如下,並分組兩隊比賽籃球,已知:

(1)乙比甲的年齡大。

(2)甲比他的伙伴的年齡大。

(3)丙比他的兩個對手的年齡都大。

(4)甲與乙的年齡差距比丙與乙的年齡差距更大些。

( ) 11. 四人的年齡從大到小的排列應該是： (A)甲丙乙丁 (B)乙丙甲丁 (C)丙乙甲丁 (D)乙甲丁丙。

( ) 12. 由此判斷，甲應該是跟哪一位同一隊： (A)乙 (B)丙 (C)丁 (D)以上皆非。

第13～14題

某一外語學校新聘有語文老師共27名，已知：

(1)能教英語的有14人。　　　(2)能教日語的有13人。

(3)能教英、日語的有5人。　(4)能教法、日語的有4人。

(5)能教英、法語的有6人。　(6)三種都能教的有2人。

( ) 13. 請問只能教法語的老師有幾人？ (A)4 (B)5 (C)6 (D)7人。

( ) 14. 若該校原有教法語的老師佔原有教外語老師全數的 $\frac{1}{9}$，加入這批老師後，教法語的老師變成佔全校教外語老師的 $\frac{1}{7}$，則請問原有教法語的老師多少人？ (A)2 (B)3 (C)4 (D)5人。

第15～16題

士兵5人做射擊練習，每人有10發子彈，滿分為100分，60分為及格。成績發表，已知：

(1)甲的成績在丙之後，比戊高。　(2)丁的成績在乙之前，恰好60分及格。

(3)戊的成績最低。　　　　　　　(4)5個人的成績都不同。

( ) 15. 請問5人的分數可能排名由高到低：
(A)丙甲丁戊乙 (B)甲丙丁戊乙 (C)丙甲丁乙戊 (D)丙丁甲戊乙。

( ) 16. 若已知有三個人不及格，請問5個人的分數正確排名由高到低：
(A)丙甲丁戊乙 (B)甲丙丁戊乙 (C)丙甲丁乙戊 (D)丙丁甲乙戊。

第17～18題

張飛、趙雲、關羽、劉備及孔明五人來比身高誰高,結果發現,張飛比劉備個子矮,關羽比劉備個子高,又孔明比趙雲個子矮。

( )　17. 請問下列敘述何者正確?　(A)孔明個子最矮　(B)張飛個子最高　(C)關羽個子最高　(D)以上皆非。

( )　18. 若發現趙雲比張飛個子矮,則五人身高由高到矮排列,下列敘述何者正確?　(A)關羽、劉備、趙雲、張飛、孔明　(B)劉備、張飛、關羽、趙雲、孔明　(C)關羽、劉備、張飛、趙雲、孔明　(D)以上皆非。

第19～20題

已知有糖果30顆,小朋友有6人,每人皆可因表現差異而獲得糖果:

( )　19. 請問若每個小朋友分得糖果數量都不相同,分得糖果最多的小朋友,最多可獲得幾顆?　(A)5　(B)10　(C)15　(D)20　顆。

( )　20. 又如果將30顆糖果分給6個小朋友的方法一共有幾種?　(A) 6^{30}　(B) H_6^{30}　(C) P_6^{30}　(D) C_6^{30}　種。

第21～22題

甲地到乙地有陸路三條路線,水路則有兩條路線;而乙地到丙地有兩條陸路,水陸有兩條路線可通。則請問:

( )　21. 某人由甲地經乙地再到丙地,總共有幾種不同的走法?　(A)20　(B)25　(C)30　(D)35　種。

( )　22. 又某人由甲地經過乙地再到丙地後,折返經乙地回甲地;若規定去時要走陸路,回程時要走水路,則一共有幾種不同的走法?　(A)12　(B)24　(C)36　(D)48。

第23～24題

有一艘貨輪已載有貨櫃若干，途經A港口卸下2個貨櫃；在B港口裝上8個貨櫃，卸下3個貨櫃；C港口卸下4個貨櫃，再裝上1個貨櫃；在D港口裝上1個貨櫃；在E港口卸下5個貨櫃。

(　)　23. 若貨輪在E港口卸完貨櫃後，發現貨輪上只剩下80個貨櫃，則請問貨輪剛到達C港時有多少貨櫃？　(A)78　(B)84　(C)87　(D)90　個。

(　)　24. 若貨輪安全載重量為90個貨櫃，則哪一個港口的作業有問題？
　　　　(A)A　(B)B　(C)C　(D)以上皆非。

第25～26題

有紅、綠、藍、黃、白及橙等六種顏色的小木屋依照順序從左至右排成一列；另外分別有中國人、日本人、美國人、法國人、德國人及義大利人等六國人士要住進這六間小木屋。已知：

(1)日本人住在第一間紅色小木屋。　　(2)美國人住在義大利人右邊。
(3)法國人住在日本人與義大利人中間。　(4)美國人住在第四間黃色小木屋。
(5)中國人住在第六間橙色小木屋。

(　)　25. 則請問德國人住在什麼顏色的小木屋？　(A)綠　(B)黃　(C)白　(D)以上皆非。

(　)　26. 以下住屋順序何者正確？
　　　　(A)日本人、德國人、法國人、義大利人、美國人、中國人
　　　　(B)日本人、法國人、美國人、德國人、義大利人、中國人
　　　　(C)日本人、法國人、義大利人、美國人、德國人、中國人
　　　　(D)以上皆非。

第27～28題

甲、乙、丙、丁、戊、己、庚7人比賽賽跑，7人成一路縱隊追趕著。若此時，已知：(1)丁在乙後面。(2)己在丁的後面跟著。(3)丙在庚的前面，在乙的後面追著。(4)甲在己後面跟著，在戊的前面跑著。

( ) 27. 則請問前三名為誰？ (A)戊乙丁 (B)乙丁甲 (C)乙丁己 (D)庚丙丁。

( ) 28. 那一個跑最後？ (A)乙 (B)丁 (C)戊 (D)甲。

第29～30題

趙、錢、孫、李、吳、王6位老師圍坐在圓桌開校務會議，若已知孫老師坐在李老師的對面，李老師坐在錢老師的右手邊，王老師坐在吳老師的左手邊，而趙老師則坐在孫老師的隔壁。

( ) 29. 若依順時鐘的方向來看，6人座位的順序可能是： (A)孫王李吳錢趙
(B)趙錢李吳王孫 (C)李錢趙孫吳王 (D)趙錢孫李吳王。

( ) 30. 若六位老師分別為教國文、英文、數學、音樂、體育、美勞等六科的老師，且已知數學老師坐在美勞老師的對面，體育老師坐在國文老師的右手邊，音樂老師坐在體育老師的對面。若孫老師是國文老師，則請問李老師是教什麼？ (A)英文 (B)數學 (C)體育 (D)音樂。

第31～32題

存錢筒內有10元的硬幣x個，5元硬幣y個，若硬幣共有20個，總值共160元：

( ) 31. 則下列哪一個是符合題意的聯立方程式？

(A) $\begin{cases} x+y=20 \\ 5x+10y=160 \end{cases}$ (B) $\begin{cases} x+y=160 \\ 10x+5y=20 \end{cases}$

(C) $\begin{cases} x+y=10 \\ 10x+5y=160 \end{cases}$ (D) $\begin{cases} x+y=20 \\ 10x+5y=160 \end{cases}$。

( ) 32. 其解(x,y)＝？ (A)(6,10) (B)(8,12) (C)(12,8) (D)(10,6)。

第33～35題

學生分配宿舍有x間，如果每間住5人，則有8人無宿舍可住，若已知學生共有y人：

( ) 33. 請列出其二元一次方程式： (A)y＝5x－8 (B)y＝5x＋8 (C)y＝8x＋5
(D)5y＝x－8。

(　) 34. 若改安排為6人一間宿舍，則有一間房間為2個人住以外，尚有23間空房，請列出其聯立方程式：

(A) $\begin{cases} y = 5x - 8 \\ y = 6x + 144 \end{cases}$　　(B) $\begin{cases} y = 5x + 8 \\ y = 6x + 144 \end{cases}$

(C) $\begin{cases} y = 5x + 8 \\ y = 6x - 142 \end{cases}$　　(D) $\begin{cases} y = 8x + 5 \\ y = 6x - 142 \end{cases}$ 。

(　) 35. 其解(x,y)＝？　(A)(150,758)　(B)(150,754)　(C)(126,758)　(D)(126,754)。

第36～38題

賞鳥季節去觀賞黑面琵鷺和白鷺鷥，發現其中黑面琵鷺數量x的3倍和白鷺鷥數量y的4倍相等，且兩種鳥類共計154隻：

(　) 36. 請列出兩種鳥類數量關係的二元一次方程式：　(A)3x－4＝y　(B)y－3＝x－4　(C)3x＝4y　(D)4x＝3y。

(　) 37. 請列出其聯立方程式：

(A) $\begin{cases} y = 154 + x \\ 4y = 3x \end{cases}$　　(B) $\begin{cases} y = x - 154 \\ 4y = 3x \end{cases}$

(C) $\begin{cases} y = 154 - x \\ y = \frac{4}{3}x \end{cases}$　　(D) $\begin{cases} y = 154 - x \\ y = \frac{3}{4}x \end{cases}$ 。

(　) 38. 請問兩種鳥類各有幾隻？　(A)黑面琵鷺66隻，白鷺鷥88隻　(B)黑面琵鷺88隻，白鷺鷥66隻　(C)黑面琵鷺72隻，白鷺鷥82隻　(D)黑面琵鷺82隻，白鷺鷥72隻。

第39～40題

有一時鐘固定每個小時會快1.5分鐘，若在今天早上8點12分調整為正確時間後：

(　) 39. 請問當上午當到時鐘時間顯示為10點43分時，正確時間應為多少？　(A)10點25分　(B)10點30分　(C)10點35分　(D)10點40分。

( )｜40. 請問此時鐘要過多久，顯示的時間才會恰好和標準時間相同？　(A)16
　　　　　(B)18　(C)20　(D)22　天。

第41～42題

千華國中啦啦隊競賽規定每隊8人，且每隊男、女生均至少要有2人。

( )｜41. 甲班自願參加比賽的同學有2個女生與10個男生，由此12人中選出比
　　　　　賽選手，共有幾種不同的組隊方法？　(A)120　(B)144　(C)210
　　　　　(D)248。

( )｜42. 乙班則有4名男生及7名女生想參加啦啦隊競賽。若由此11人中依規
　　　　　定選出8人組隊，則共有幾種不同的組隊方法？　(A)121　(B)161
　　　　　(C)77　(D)308。

第43～44題

現有紅，橙，黃，綠，藍，靛，紫共七種顏色的七顆彩色珠子，要串成一串
項鍊。

( )｜43. 則全部共有幾種串法？　(A)360種　(B)410種　(C)180種　(D)以上皆
　　　　　非。

( )｜44. 若紅，橙兩色的珠子必須相鄰的方法共有幾種串法？　(A)60種
　　　　　(B)120種　(C)30種　(D)以上皆非。

第45～46題

甲、乙、丙、丁、戊、己、庚、辛共八人一起去吃喜酒，被安排坐在八人座的圓
桌吃飯。若甲、乙兩人為夫妻必須坐在一起，而乙丙兩人有隙怨，不能安排坐在
相鄰。

( )｜45. 甲、乙相鄰而坐的方法共有幾種？　(A)1440　(B)1480　(C)1680
　　　　　(D)1800種。

( )｜46. 乙、丙兩人不相鄰而坐的方法有幾種？　(A)5040　(B)3600　(C)1440
　　　　　(D)720。

第47～48題

有A、B、C、D、E、F等6條單行道，分為東西方向三條，南北方向三條，且每方向都有。已知A為西向東，且與E同向；B為南向北，B且與D同向；E、F互相垂直。

( )｜47. 則A、C兩單行道互相　(A)同向　(B)反向　(C)垂直　(D)以上皆非。

( )｜48. 又B、C兩單行道互相　(A)同向　(B)反向　(C)垂直　(D)以上皆非。

第49～50題

某一小學中有學生一、二、三年級共160人，舉辦了對戶外郊遊地點到陽明山的表決，其表決結果如右表所示。

	贊成	反對	沒意見
一年級	30人	15人	10人
二年級	30人	15人	5人
三年級	25人	25人	5人

( )｜49. 若隨機取樣，恰好抽到二年級又剛好反對的機率有多少？　(A)15.625%　(B)9.375%　(C)0.625%　(D)31.25%。

( )｜50. 又再隨機抽樣，結果還是抽到二年級表示反對的機率有多少？　(A)8.81%　(B)30.82%　(C)27.67%　(D)18.24%。

解答與解析

1.**(C)**。A.陽明山30人　B.阿里山29人　C.墾丁23人
　　A∩B陽明山，阿里山17人
　　A∩C陽明山，墾丁13人
　　B∩C陽明山，墾丁9人
　　A∩B∩C＝A∪B∪C－[（A＋B＋C）－（A∩B＋B∩C＋A∩C）]
　　＝48－（82－39）＝5
　　恰去過二地＝(A∩B)＋(B∩C)＋(A∩C)－2(A∩B∩C)＝29
　　29－5＝24

2.**(B)**。恰去過一地＝A∪B∪C－（恰去過二地）＝48－29＝19

3.**(B)**。至少對一題：54人
　　(A)第一題30分，(B)第二題30分，(C)第三題40分
　　A∩B＝9　A＝24　B＝24　C＝32
　　B∩C＝10　A∩C＝12　A∪B∪C＝54
　　A∪B∪C＝54＝A＋B＋C－(A∩B)－(B∩C)－(A∩C)＋(A∩B∩C)
　　A∩B∩C＝5

4.**(C)**。(A∩C)＋(B∩C)－(A∩B∩C)＝17

5.**(D)**。小明X　　　(1)Y＋2＝2（Z＋2）
　　　　哥哥Y　　　(2)Y－3＝3（Z－3）
　　　　弟弟Z　　　(3)Z±1＝W
　　　　妹妹W　　　(4)X＋1＝2（W＋1）－1
　　　　　　　　　(5)X－2＝2（Z－2）
　　　　Z＝8，Y＝18，X＝14，W＝7

6.**(C)**。N年後，18＋N＝2（7＋N）　　N＝4

7.**(D)**。(1)丁＞甲＞丙。　　　(2)戊＞乙＞甲→戊＞乙＞甲＞丙
　　　　(3)乙＞丙。　　　　　(4)乙＞丁＞丙→戊＞乙＞丁＞甲＞丙
　　　　(5)己＞戊＞甲→己＞戊＞乙＞丁＞甲＞丙
　　　　(6)己＞乙
　　　　∴己最高。

8.**(A)**。∴丙最矮。

9.**(A)**。經理＞科長　　　　　　　襄理＜課長
　　　　課長＜廠長＜經理　　　廠長＜主任＜科長
　　　　襄理＜課長＜廠長＜主任＜科長＜經理

10.**(D)**。比董事長年紀小的有襄理、課長、廠長、主任。

11.**(C)**。1. 乙＞甲　　2. 甲＞a（a≠0）。　　3. 丙＞乙＞甲＞丁⇒a＝丁。

12.**(C)**。∴故知乙丙一隊、甲丁一隊。

13.**(B)**。只能教英語：14－6－5＋2＝5
　　　　只能教日語：13－5－4＋2＝6
　　　　∴能教法語者：27－5－6－3＝13
　　　　只能教法語：13－6－4＋2＝5

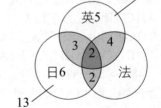

14.**(C)**。設原有外語老師x人
　　　　$\dfrac{1}{9}x+5=\dfrac{1}{7}(x+27)$
　　　　$7x+315=9x+243$　　$2x=72$　　$x=36$
　　　　⇒原有36÷9＝4（人）

15.**(C)**。已知戊最低⇒故選(C)。

16.**(D)**。已知丙＞甲＞戊，丁＝60＞乙＞戊
　　　　∴如有3人不合格，必為甲、乙、戊⇒故選(D)。

17.**(D)**。(1)張＜劉＜關，孔＜趙。(1)五人高矮仍無法比較。

18.**(C)**。(1)孔＜趙＜張＜劉＜關。(2)五人高矮順序可比較。

19.**(C)**。因每位小朋友數量不同
∴由少而多至少為1, 2, 3, 4, 5顆
⇒最多者有30－1－2－3－4－5＝15顆

20.**(A)**。任意分發⇒6^{30}種。

21.**(A)**。
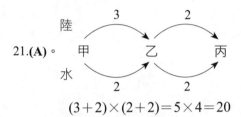
$(3+2)×(2+2)=5×4=20$

22.**(B)**。$(3×2)×(2×2)=6×4=24$

23.**(C)**。
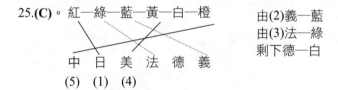
$x=84$，∴在C港貨櫃：$x－2+8－3=87$

24.**(D)**。瞬間最多數量在B港 $84－2+8=90≦90$
∴均無問題。

25.**(C)**。
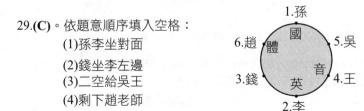
由(2)義—藍
由(3)法—綠
剩下德—白

26.**(C)**。參考前述順序。

27.**(C)**。∵乙＞丁＞己＞甲＞戊，丙＞庚
可知(A)(B)(D)均不成立，故選(C)。

28.**(C)**。又已知乙＞丙＞庚，丁＞己，甲＞戊
可知乙、丁、甲皆不是最後，故選(C)。

29.**(C)**。依題意順序填入空格：
(1)孫李坐對面
(2)錢坐李左邊
(3)二空給吳王
(4)剩下趙老師

30.**(A)**。(1)國右為體育。(2)體音對面坐。(3)數美對面坐。(4)國對面坐英。

31.**(D)**。共有20個→x＋y＝20
　　　　共為160元→10x＋5y＝160
$$\begin{cases} x + y = 20 \\ 10x + 5y = 160 \end{cases}$$

32.**(C)**。$\begin{cases} x + y = 20 \cdots\cdots\cdots(1) \\ 10x + 5y = 160 \cdots(2) \end{cases}$　(2)－(1)×5，5x＝60，x＝12→y＝8

33.**(B)**。總數＝房間數×每間人數＋剩餘人數
　　　　∴y＝5x＋8

34.**(C)**。剩餘可住人數：23×6＋(6－2)＝142
　　　　→y＝6x－142
　　　　∴$\begin{cases} y = 5x + 8 \\ y = 6x - 142 \end{cases}$

35.**(A)**。解聯立
　　　　$\begin{cases} y = 5x + 8 \cdots\cdots(1) \\ y = 6x - 142 \cdots(2) \end{cases}$　(2)－(1)，x＝150→y＝758

36.**(C)**。x的三倍＝y的四倍。∴3x＝4y，$y = \dfrac{3}{4}x$。

37.**(D)**。共154隻→x＋y＝154　y＝154－x
　　　　∴$\begin{cases} y = 154 - x \\ y = \dfrac{3}{4}x \end{cases}$

38.**(B)**。解聯立　$\dfrac{3}{4}x = 154 - x \Rightarrow \dfrac{7}{4}x = 154 \Rightarrow x = 88$，y＝66。

39.**(D)**。每60min快1.5min→每分鐘快$\dfrac{1}{40}$min
　　　　設經過x分
　　　　10時43分－8時12分＝$(1 + \dfrac{1}{40})x$
　　　　$151(\text{min}) = \dfrac{41}{40}x$
　　　　x≒147.3→實際時間為8時12分＋147.3分＝10時40分

40.**(C)**。每天快1.5×24＝36min　每天有60×24＝1440min
　　　　∴1440÷36＝40(日)後，再次顯示標準時間
　　　　但鐘面僅顯示12小時→40÷2＝20(日)後即顯示標準時間。

41.**(C)**。2個女生一定要參加，所以一定是2女6男，由10個男生中選出6個 C_6^{10} ＝210(種)。

42.**(B)**。可能為4男4女，3男5女，2男6女

∴ 方法有 $C_4^4 C_4^7 + C_3^4 C_5^7 + C_2^4 C_6^7 = 35 + 84 + 42 = 161$（種）

43.**(C)**。1.

排成一列有 $7×6×5×4×3×2×1$
　　　　　　$=7×720=5040$

2. 項鍊為一圓圈，則紅色在1～7位置只能算一種，剩下720。

3. 1為紅，2～7之排列，可能與7～2之排列，翻成反面一樣，∴720/2 ＝360。

44.**(D)**。$5×4×3×2×1＝120$。

45.**(A)**。(1)甲、乙兩人坐在一起，有2種坐法，甲左乙右或甲右乙左。

(2)其餘6人之組合有 $C_1^6 × C_1^5 × C_1^4 × C_1^3 × C_1^2 × C_1^1$

　　$=6×5×4×3×2×1=720$

(3) $2×720=1440$種。

46.**(B)**。(1)固定乙座位，則有 $7×6×5×4×3×2×1=5040$ 種。

(2)乙、丙相鄰而坐有1440種。

(3)不相鄰而坐＝$5040－1440=3600$種。

47.**(B)**。(1)

(2)E、F垂直，∴F為南北向
∴剩C為東西向。

(3)每向都有，C與A不同向。

48.**(C)**。B、C互相垂直。

49.**(B)**。$\dfrac{50人}{160人} × \dfrac{15人}{50人} = 9.375\%$

50.**(A)**。(1)第二次抽，則總人數＝159人，二年級剩49人，反對剩14人。

(2)$\dfrac{49人}{159人} × \dfrac{14人}{49人} = 8.81\%$

第四章　圖形推理

命題分析

這種測驗的題目是一系列圖形，請在其中找出它們共有的屬性或
規則，再由四個選項中選出具有同一屬性或規則的圖形。

圖形排列規則

一、解析

簡單的平面圖形，排成一橫列，或是四方塊排列，要推測下一幅圖形，只要
從方位、數量、顏色、組合等方式，尋找相互間變化的規則，即很容易找出下一
幅圖形。

二、規則

(一)圖形以順時針方向 ↻ 變化方位。

例1：□ □ □　　　(A)□ (B)□ (C)□ (D)□

答：**(D)**

　　1. 線以 ↻ 方向移轉方位。

　　2. 由西北➡北➡東北，每次移轉45°。

　　3. 由東北 ↻ 移轉45°➡東。

例2：⤢ ➤ ⤡ ⥝　　　(A)⤓ (B)➤⤚ (C)⤝ (D)⤒

答：**(A)**

　　1. 箭矢以 ↻ 方向移轉方位。

　　2. 由東北➡東➡東南➡南，每次移轉45°。

　　3. 由南 ↻ 移轉45°➡西南

(二) 圖形以逆時針方向 ↺ 變化方位。

例1： ◺ ◹ ◺ 　　　(A)◻ (B)◹ (C)◿ (D)◺

答：**(B)**

　　1.線以 ↺ 方向移轉方位。

　　2.由西北 ➡ 西南 ➡ 東南，每次移轉90°。

　　3.由東南 ↺ 移轉90°➡東北。

- -

例2： ⊕ ⊗ ⊖ ⊘ 　　　(A)⊕ (B)⊕ (C)⊖ (D)⊖

答：**(A)**

　　1.T字形以 ↺ 方向移轉方位。

　　2.由西 ➡ 西南 ➡ 南 ➡ 東南，每次移轉45°。

　　3.由東南 ↺ 移轉45°➡東。

(三) 圖形以順時針、逆時針方向交錯變化方位。

例：

1　2　3　4　　　(A)◯ (B)◯ (C)◯ (D)◯

答：**(B)**

　　1. 圖1 ➡ 圖3，小圓圈 ↺ 由北 ➡ 西，轉90°。

　　2. 圖2 ➡ 圖4，小圓圈 ↺ 由東 ➡ 南，轉90°。

　　3. 圖5之推測，要從第1項變化。小圓圈 ↺ 由西 ➡ 南。

(四) 圖形數量增減。

例1：

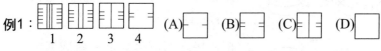

1　2　3　4　　　(A)▭ (B)▤ (C)▤ (D)▢

答：**(A)**

　　1. 直線減少：三條 ➡ 二條 ➡ 一條 ➡ 零條 ➡ 零。

　　2. 橫線減少：十條 ➡ 八條 ➡ 六條 ➡ 四條 ➡ 二條。

例2：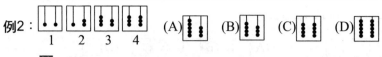

答：**(A)**

　　1.直線：保持2條，沒有變化。

　　2.點數：

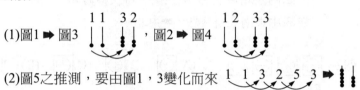

　　(1)圖1 ➡ 圖3 ，圖2 ➡ 圖4

　　(2)圖5之推測，要由圖1，3變化而來

例3：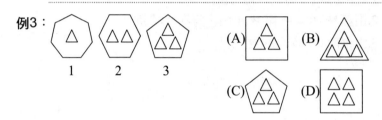

答：**(D)**

　　1.多邊形減少：七邊形 ➡ 六邊形 ➡ 五邊形 ➡ 四邊形。

　　2.三角形增加：1個 ➡ 2個 ➡ 3個 ➡ 4個。

　　3.圖4之推測為四邊形內有4個三角形。

(五) 圖形組合或分離。

　1. ➡ 兩個分離之上下半圓組合成一圓。

　2. ➡ 兩組分離之兩串橢圓形組合成互相連接之圖形。

　3. ➡ 相連接之四個橢圓形分離成兩串橢圓形組。

例1：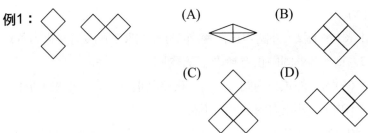

答：**(B)**

兩組分離之相連菱形組合

(A)圖，四塊三角形組合，不符。

(B)圖，水平及垂直菱形組合，非常密合。

(C)圖，四塊菱形組合，水平菱形在垂直菱形下方，不符。

(D)圖，四塊菱形組合，水平菱形在垂直菱形左方，不符。

例2：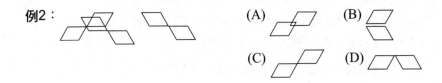

答：**(C)**

相連接之四塊菱形分離

(A)圖，兩塊菱形交錯，不符。

(B)圖，兩塊菱形分離，不符。

(C)圖，兩塊菱形呈向上傾斜且相連，符合。

(D)圖，兩塊菱形呈水平方位，不符。

(六) 圖形內外互換。

例1：

答：**(A)**

1.圖1 ➡ 圖2，外圓內三角 ➡ 外三角內圓(三角沒有變化方位)

2.圖3，為外圓內正方 ➡ 外正方內圓。

　(A)圖，外正方內圓，符合。(圖3之正方沒有變化成菱形)。

　(B)圖，外正方內菱形，不符。

　(C)圖，外圓內三角，不符。

　(D)圖，外菱形內圓。

例2：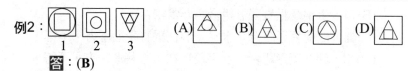

答：**(B)**

1.圖1→圖2，外圓內正方→外正方內圓。

2.圖3，為外倒三角內正三角→外正三角內倒三角。

　(A)圖，外三角內圓形，不符。

　(B)圖，外正三角形內倒三角，符合。

　(C)圖，外圓內正三角，不符。

　(D)圖，外正三角內正方，不符。

例題

( )　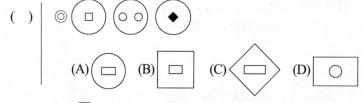

解　◎(A)。由於共同的規則是外圖都是由圓形組成，故正確答案是(A)。

精選試題

( ) 1. 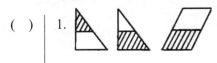　　(A) 　　(B)

(C) 　　(D)

( ) 2. ＋ ✕ □　　(A) 　　(B)

(C) 　　(D)

( ) 3. 　　(A) 　　(B)

(C) 　　(D)

( ) 4. 　　(A) 　　(B)

(C) 　　(D)

( ) 5. 　　(A) 　　(B)

(C) 　　(D)

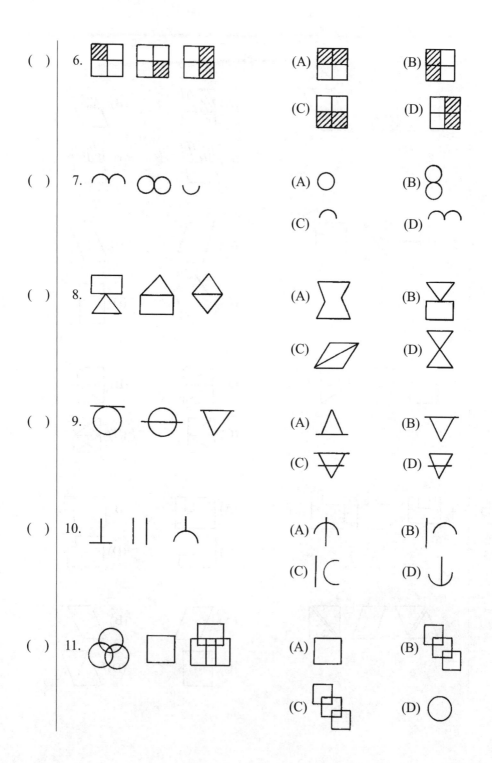

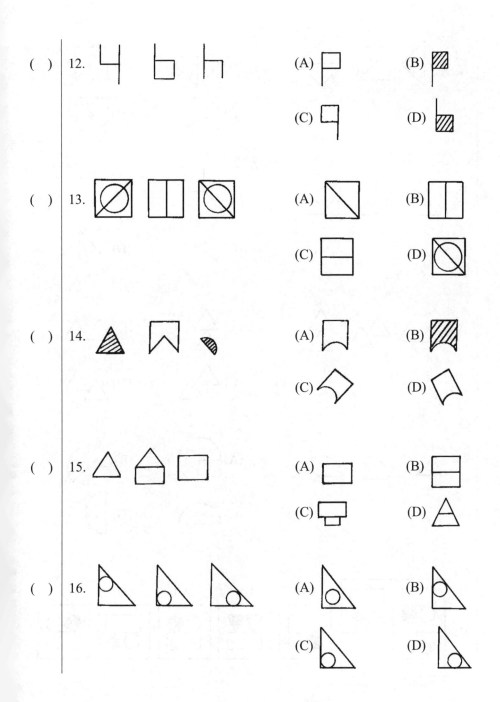

( )　12.

(A)　(B)

(C)　(D)

( )　13.

(A)　(B)

(C)　(D)

( )　14.

(A)　(B)

(C)　(D)

( )　15.

(A)　(B)

(C)　(D)

( )　16.

(A)　(B)

(C)　(D)

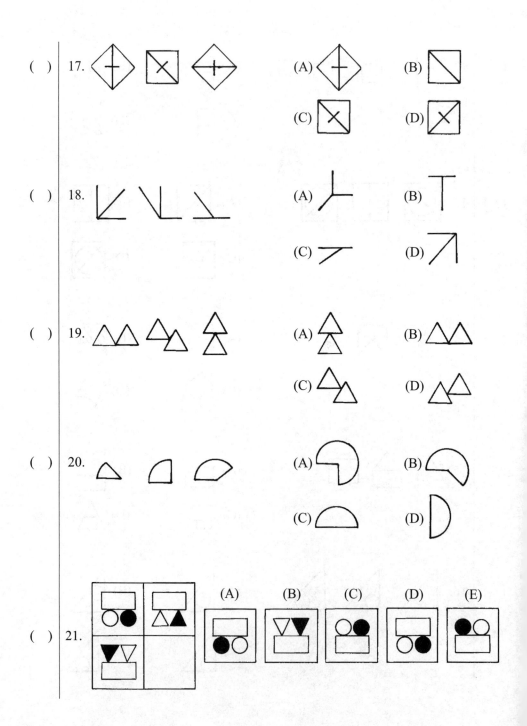

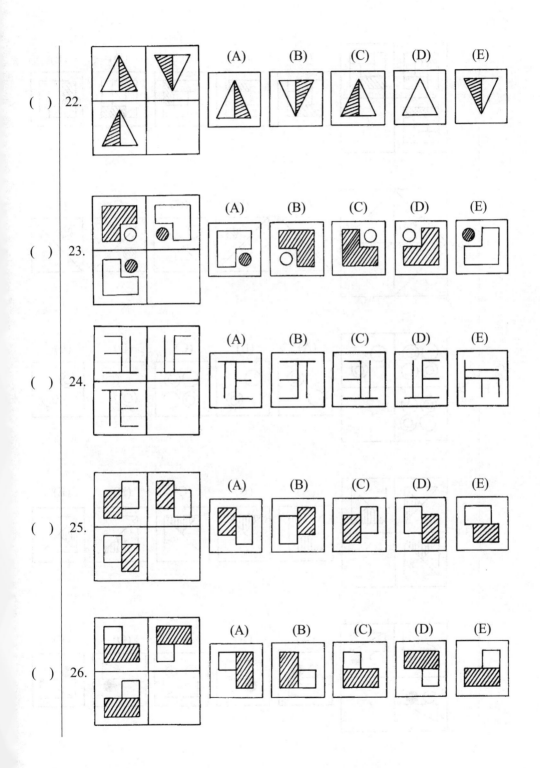

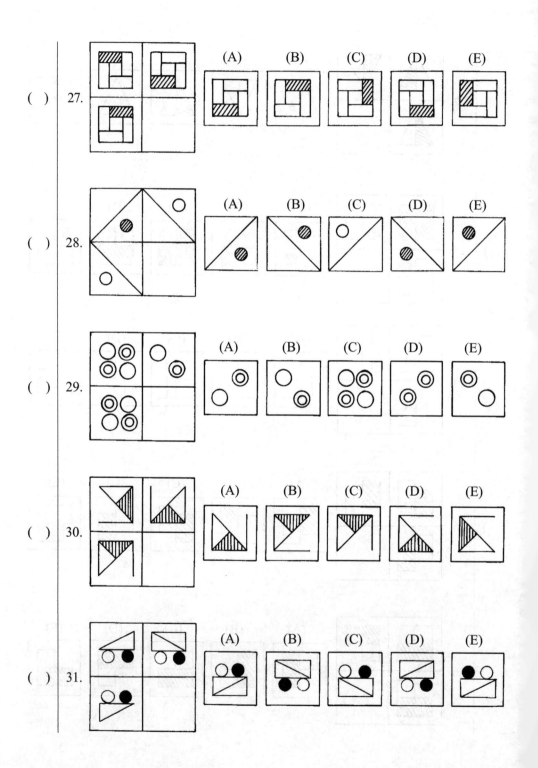

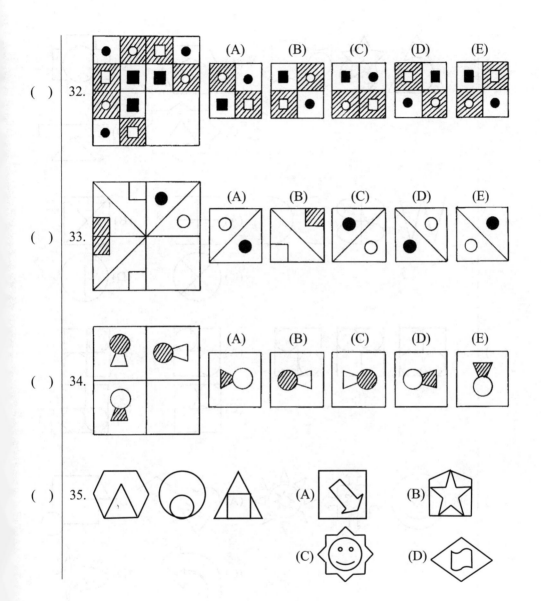

( )　32.

( )　33.

( )　34.

( )　35.

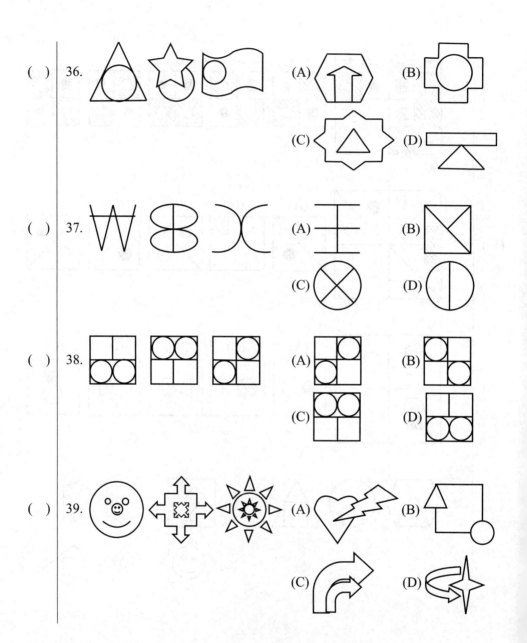

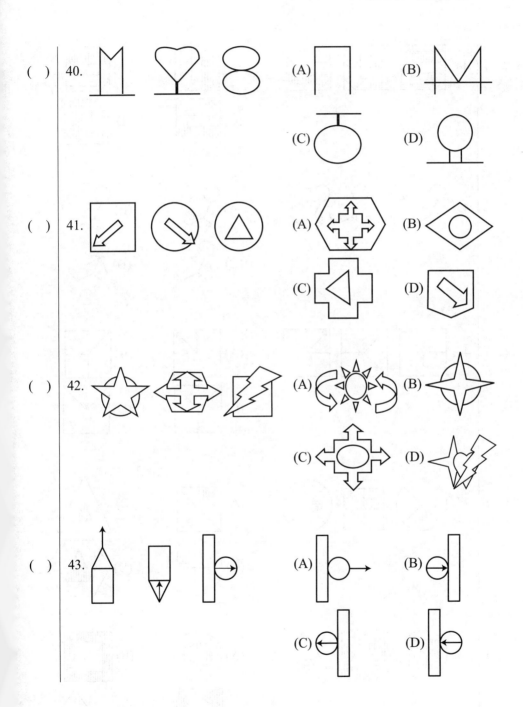

( ) 40.

( ) 41.

( ) 42.

( ) 43.

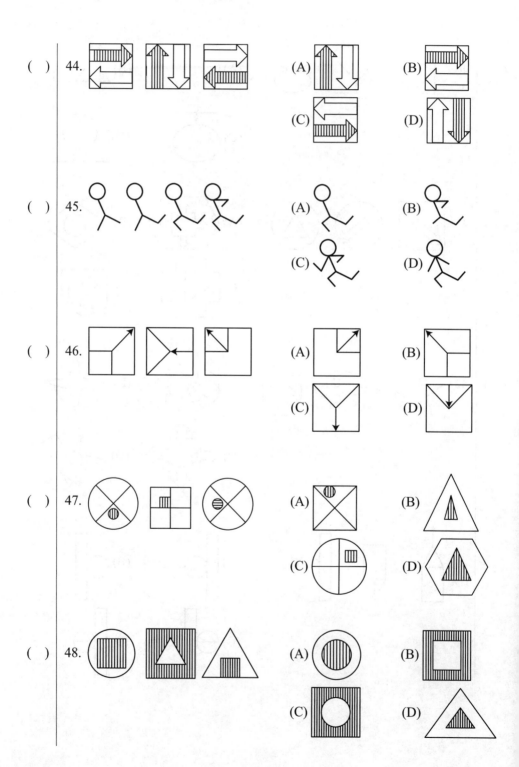

( ) 44.

(A) (B)

(C) (D)

( ) 45.

(A) (B)

(C) (D)

( ) 46.

(A) (B)

(C) (D)

( ) 47.

(A) (B)

(C) (D)

( ) 48.

(A) (B)

(C) (D)

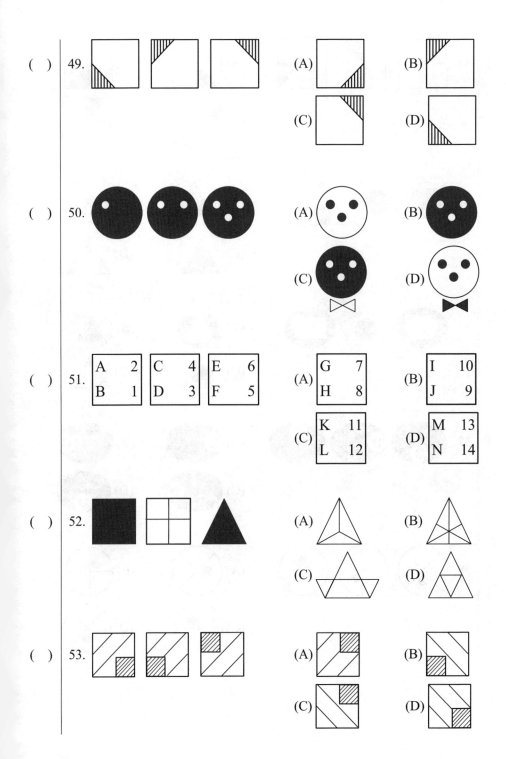

( )　49.

( )　50.

( )　51.

( )　52.

( )　53.

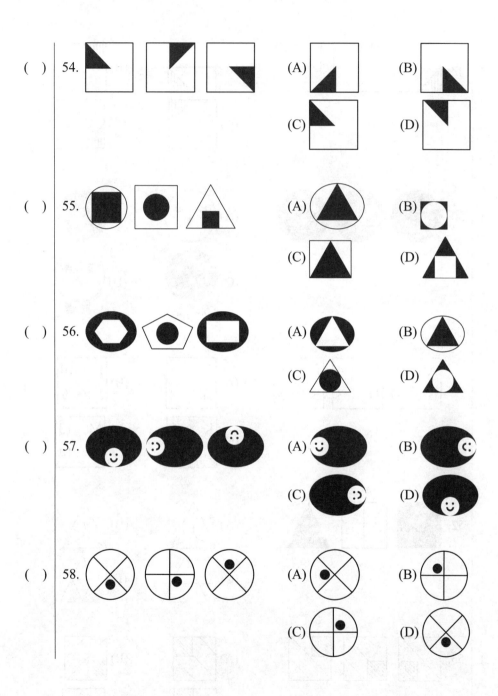

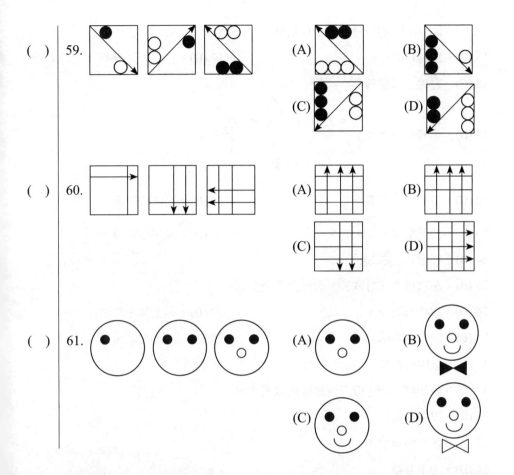

( ) 59.

( ) 60.

( ) 61.

解答與解析

1.**(B)**。上下顏色互換。　　　　　　　2.**(C)**。旋轉45°。

3.**(C)**。圖形上下顛倒。　　　　　　　4.**(C)**。凸出部分變成凹入。

5.**(C)**。合併成一個完整圖形。　　　　6.**(B)**。上下左右相反。

7.**(A)**。一半→完整，以水平線為中軸。　8.**(D)**。上下倒置。

9.**(D)**。橫線位置由上面移到中間。

10.**(C)**。下方線轉90°移到直線右邊。

11.**(D)**。圖1為三個圓形，圖2為一個方形，圖3為三個方形，圖4為一個圓形。

12.**(C)**。上下左右相反，且將缺線補滿。　13.**(C)**。橫線轉90°。

14.**(C)**。圖1為圖2的缺角，且顏色相反。　　15.**(B)**。加上一個長方形。

16.**(B)**。逆轉180°。　　　　　　　　　　17.**(D)**。正方形逆轉45°。

18.**(C)**。左邊二線逆轉45°。

19.**(D)**。順轉45°。

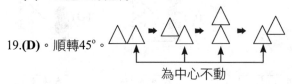

為中心不動

20.**(C)**。每個加 $\frac{1}{8}$ 個圓。　　　　　　21.**(E)**。以中心對稱。

22.**(B)**。上下相反。　　　　　　　　　　23.**(D)**。以中心對稱。

24.**(B)**。鏡像（左右2邊）。

25.**(B)**。左右鏡像（方位），而顏色黑白交錯。

26.**(D)**。以中心對稱。　　　　　　　　　27.**(D)**。與上列左右相反。

28.**(E)**。以中心對稱。　　　　　　　　　29.**(A)**。上下對稱。

30.**(E)**。以中心對稱。

31.**(C)**。圓的排序同，但三角形會變成長方形。

32.**(E)**。以中心對稱。

33.**(D)**。水平線鏡射。

34.**(D)**。上下互補。

35.**(B)**。大的空心幾何圖形中有一小的空心幾何圖形，且小圖與大圖的底部
　　　　相接。

36.**(B)**。題目的三個圖形中皆有一圓。

37.**(D)**。左右兩半圓相反並結合。

38.**(B)**。前兩圖上下相反，後兩圖左右相反。

39.**(C)**。問題圖形皆為相似形。

40.**(B)**。圓形變成尖角。

41.**(C)**。裡面的三角形轉方向。

42.**(B)**。小的有尖角的圖形下面，有另一多邊形。

43.**(B)**。從圖1→2，可看到：(1)箭頭方向不變；(2)圖形左右相反，符合此條件的只有(B)。

44.**(D)**。可觀察到依序逆時針旋轉，故選(D)。

45.**(C)**。可觀察出跑步的動作越來越完整且不減少，故僅(C)符合。

46.**(D)**。向右旋轉45度角，故(D)為正解。

47.**(B)**。內外圖案形狀相同，故選(B)。

48.**(C)**。內外圖案形狀不同，故選(C)。

49.**(A)**。黑色部分順時針旋轉，故選(A)。

50.**(C)**。外加◁▷不打亂次序。

51.**(B)**。從前面的規律看出

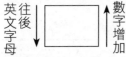

52.**(D)**。■　田　→　▲　△，且分線由各邊中點相連。
全黑　格子　　全黑　格子

53.**(A)**。正方形黑塊以順時針方向旋轉
東南→西南→西北→東北。

54.**(A)**。黑三角塊由西北→東北→東南→西南。

55.**(C)**。外圓（白）內方（黑）→外方（白）內圓（黑）
外三角（白）內方（黑）→外方（白）內三角（黑）。

56.**(C)**。外橢圓（黑）內六角（白）→外五角（白）內圓（黑）
外橢圓（黑）內四角（白）→外三角（白）內圓（黑）。

57.**(B)**。笑臉的位置為逆時針旋轉，方向為順時針旋轉。

58.**(B)**。第一圖→第二圖，以逆時針轉45度
第三圖以逆時針轉45度成(B)圖。

59.**(D)**。箭頭逆時針轉90度，白圈由一個增為二個，第三圖箭頭（西北）以逆時針轉90度則成西南，白圈由二個增為三個。

60.**(B)**。線條一條不變，箭頭由一條（正東）成為二條（正南）
線條二條不變，箭頭由二條（正面）成為三條（正北）。

61.**(C)**。圖增加嘴巴。

第五章 語文推理

這類測驗裡，每個題目有兩組句子，每組句子包括兩個詞。請你運用推理聯想的能力，將前面句子裡兩個詞的語文關係，運用到後面的句子裡，使這兩組句子的語文關係，能夠前後呼應。

例題

( ) 1. _____之於水果，好像母雞之於_____。 (A)青菜－公雞 (B)香蕉－家禽 (C)西瓜－雞蛋 (D)植物－動物。

( ) 2. 水患－乾旱： (A)颱風－洪水 (B)地震－海嘯 (C)天災－人禍 (D)晴朗－陰雨。

解 1.(B)。題意為香蕉是一種水果，就好像母雞是一種家禽，選答(B)能夠使兩者的意思前後呼應，故正確答案是(B)。

2.(D)。由於前面的水患和乾旱是兩個相反的詞，而下面四個答案中只有(D)晴朗和陰雨是相反的詞，故正確答案是(D)。

精選試題

( ) 1. 快樂：悲哀＝喜悅：_____ (A)痛哭 (B)文靜 (C)憂愁 (D)氣慨。

( ) 2. 努力：成功＝怠惰：_____ (A)失望 (B)失敗 (C)傷心 (D)死亡。

( ) 3. 天長：地久＝高山：_____ (A)積雪 (B)樹林 (C)深海 (D)平原。

( ) 4. 母親：孩子＝樹木：_____ (A)葉子 (B)草 (C)樹根 (D)果實。

( ) 5. 生病：治療＝故障：_____ (A)整修 (B)翻新 (C)檢查 (D)測試。

( )　6. 節約：儲蓄＝浪費：_____　(A)吝嗇　(B)刻苦　(C)用功　(D)奢侈。

( )　7. 堯帝：唐＝舜帝：_____　(A)夏　(B)商　(C)周　(D)虞。

( )　8. 困惑：煩惱＝清晰：_____　(A)光明　(B)乾淨　(C)明朗　(D)潔白。

( )　9. 左：右＝西：_____　(A)東　(B)南　(C)北　(D)中。

( )　10. 教師：學校＝醫生：_____　(A)病房　(B)醫院　(C)病床　(D)西藥房。

( )　11. 報紙：新聞＝書本：_____　(A)技術　(B)漫畫　(C)作業　(D)知識。

( )　12. 國民：國家＝國人：_____　(A)機關　(B)團結　(C)團體　(D)眾多。

( )　13. 結婚：離婚＝相聚：_____　(A)離別　(B)永久　(C)訣別　(D)吻別。

( )　14. 煤爐：煤＝瓦斯爐：_____　(A)汽油　(B)食油　(C)煤渣　(D)煤氣。

( )　15. 龍：鳳＝鴛：_____　(A)雞　(B)鴦　(C)鶴　(D)鳥。

( )　16. 噩耗：佳音＝災禍：_____　(A)快樂　(B)得意　(C)歡喜　(D)幸福 (E)無憂。

( )　17. 清高：庸俗＝乾淨：_____　(A)骯亂　(B)不雅　(C)混濁　(D)陳舊 (E)黑暗。

( )　18. 淺顯：深奧＝從容：_____　(A)幽閒　(B)哭泣　(C)憂慮　(D)急迫 (E)安逸。

( )　19. 拮据：窮困＝逐漸：_____　(A)突然　(B)巧妙　(C)興會　(D)湊巧 (E)逐步。

( )　20. 散漫：集中＝發洩：_____　(A)奮發　(B)怒吼　(C)隱瞞　(D)鬱積 (E)放棄。

( )　21. 定罪：法網＝音樂：_____　(A)談天　(B)開會　(C)娛樂　(D)清閒 (E)興奮。

( )　22. 不動聲色：先聲奪人＝天才卓越：_____
　　　　(A)氣度非凡　(B)庸碌無能　(C)雜亂無章
　　　　(D)勞心勞力　(E)一餐百思。

( )　23. 三思而言：草率從事＝言行一致：_____
　　　　(A)言行合一　(B)力行為善　(C)語言不合
　　　　(D)口是心非　(E)言行力行。

( )　24. 夙夜匪懈：貫徹始終＝欲言又止：_____
　　　　(A)口齒伶俐　(B)言無不盡　(C)欲語還休
　　　　(D)信口開河　(E)輕諾寡信。

( )　25. 執迷不悟：痛改前非＝理屈詞窮：_____
　　　　(A)口乾舌盡　(B)有理不明　(C)心有不甘
　　　　(D)理直氣壯　(E)氣勢凌人。

( )　26. 偃旗息鼓：掛牌免戰＝懶懶散散：_____
　　　　(A)聞所未聞　(B)數典忘祖　(C)急急忙忙
　　　　(D)紆紆徐徐　(E)滄海橫流。

( )　27. 愁眉苦臉：愁雲慘霧＝饔飧不繼：_____
　　　　(A)飢寒交迫　(B)豐衣足食　(C)應接不暇
　　　　(D)禍棗災梨　(E)蓋棺論定。

( )　28. 朝氣勃勃：雄心勃勃＝堆積如山：_____
　　　　(A)不可勝數　(B)稀鬆平常　(C)三五成群
　　　　(D)連城之璧　(E)堆金積玉。

( )　29. 狼吞虎嚥：淺嘗細酌＝放浪形骸：_____
　　　　(A)庸俗無貌　(B)痛改前非　(C)虛情假意
　　　　(D)修心養性　(E)節儉樸實。

( )　30. 輕舉妄動：草率從事＝打草驚蛇：_____
　　　　(A)少見多怪　(B)先聲奪人　(C)名不虛傳
　　　　(D)冥頑不靈　(E)剛愎自用。

( )　31. ＿＿＿＿之於鉛筆，好像板擦之於＿＿＿＿
　　　　(A)橡皮擦……粉筆　　　　　　(B)橡皮擦……黑板
　　　　(C)作業簿……粉筆　　　　　　(D)作業簿……黑板。

( )　32. ＿＿＿＿之於公斤，好像距離之於＿＿＿＿
　　　　(A)長短……公尺　　　　　　　(B)重量……空間
　　　　(C)長短……空間　　　　　　　(D)重量……公尺。

( )　33. ＿＿＿＿之於呼吸作用，好像二氧化碳之於＿＿＿＿
　　　　(A)氮氣……光合作用　　　　　(B)氧氣……光合作用
　　　　(C)氮氣……消化作用　　　　　(D)氧氣……消化作用。

( )　34. ＿＿＿＿之於記憶卡，好像傳統相機之於＿＿＿＿
　　　　(A)數位相機……膠片　　　　　(B)電腦……鏡頭
　　　　(C)數位相機……鏡頭　　　　　(D)電腦……膠片。

( )　35. ＿＿＿＿之於新竹，好像雨之於＿＿＿＿
　　　　(A)貢丸……基隆　　　　　　　(B)風……基隆
　　　　(C)貢丸……高雄　　　　　　　(D)風……高雄。

( )　36. ＿＿＿＿之於狗，好像老鼠之於＿＿＿＿
　　　　(A)貓……貓　(B)狗……狗　(C)豬……貓　(D)狗……豬。

( )　37. ＿＿＿＿之於金庸，好像衛斯理之於＿＿＿＿
　　　　(A)老夫子……倪匡　　　　　　(B)令狐沖……王澤
　　　　(C)陳家洛……三毛　　　　　　(D)韋小寶……倪匡。

( )　38. ＿＿＿＿之於端午節，好像月餅之於＿＿＿＿
　　　　(A)湯圓……中秋節　　　　　　(B)粽子……中秋節
　　　　(C)粽子……重陽節　　　　　　(D)湯圓……重陽節。

( )　39. 積極之於＿＿＿＿，好比＿＿＿＿之於失敗
　　　　(A)成功……消極　　　　　　　(B)成功……灰心
　　　　(C)努力……消極　　　　　　　(D)努力……灰心。

( )　40. 鑽石之於＿＿＿＿＿，好比＿＿＿＿＿之於兩
　　　　　(A)克拉……古董　　　　　　(B)公分……古董
　　　　　(C)克拉……黃金　　　　　　(D)公分……翡翠。

( )　41. 木頭之於＿＿＿＿＿，好比＿＿＿＿＿之於生鏽
　　　　　(A)腐朽……磚塊　　　　　　(B)破碎……磚塊
　　　　　(C)腐朽……鐵器　　　　　　(D)破碎……玉器。

( )　42. 權利之於＿＿＿＿＿，好比＿＿＿＿＿之於服務
　　　　　(A)義務……享受　　　　　　(B)義務……施予
　　　　　(C)享受……施予　　　　　　(D)施予……義務。

( )　43. 北投之於＿＿＿＿＿，好比＿＿＿＿＿之於冷泉
　　　　　(A)溫泉……花蓮　　　　　　(B)冷泉……礁溪
　　　　　(C)冷泉……花蓮　　　　　　(D)溫泉……蘇澳。

( )　44. 卡布奇諾之於＿＿＿＿＿，好比＿＿＿＿＿之於日本
　　　　　(A)法國……抹茶　　　　　　(B)西班牙……紅茶
　　　　　(C)美國……綠茶　　　　　　(D)義大利……抹茶。

( )　45. 瓷器之於＿＿＿＿＿，好比＿＿＿＿＿之於日本
　　　　　(A)印度……油畫　　　　　　(B)中國……漆器
　　　　　(C)美國……刺繡　　　　　　(D)法國……能劇。

( )　46. 飛機之於＿＿＿＿＿，好比＿＿＿＿＿之於福特
　　　　　(A)萊特兄弟……汽車　　　　(B)諾貝爾……汽車
　　　　　(C)萊特兄弟……火車　　　　(D)諾貝爾……火車。

( )　47. ＿＿＿＿＿之於壽司，好比美國之於＿＿＿＿＿
　　　　　(A)日本…漢堡　　　　　　　(B)中國…炸雞
　　　　　(C)法國…薯條　　　　　　　(D)印度…咖哩。

( )　48. ＿＿＿＿＿之於萬里長城，好比埃及之於＿＿＿＿＿
　　　　　(A)日本…人面獅身　　　　　(B)英國…比薩斜塔
　　　　　(C)中國…金字塔　　　　　　(D)美國…凱旋門。

( ) 49. _____之於光明，好比日落之於_____
    (A)日出…黑暗　　　　　　(B)太陽…烏鴉
    (C)月亮…彩霞　　　　　　(D)星星…彩虹。

( ) 50. _____之於汽油，好比風帆之於_____
    (A)渡輪…雨水　　　　　　(B)汽車…風
    (C)飛機…電力　　　　　　(D)潛艇…划槳。

( ) 51. _____之於蔬菜，好比豬肉之於_____
    (A)烏龍茶…葷食　　　　　(B)甘蔗…海鮮
    (C)高麗菜…肉類　　　　　(D)草莓…家禽。

( ) 52. _____之於青蛙，好比黃雀之於_____
    (A)海馬…梅花鹿　　　　　(B)烏龜…蜻蜓
    (C)蛇…螳螂　　　　　　　(D)蝌蚪…蜘蛛。

( ) 53. _____之於人，好比_____之於植物
    (A)皮膚…根　　　　　　　(B)手…葉
    (C)鼻…根　　　　(D)鼻…氣孔。

( ) 54. _____之於發明家，好比梵谷之於_____
    (A)甘地…漫畫家　　　　　(B)愛迪生…繪畫家
    (C)林懷民…聲樂家　　　　(D)馬克吐溫…收藏家。

( ) 55. _____之於鐘錶，好比溫度之於_____
    (A)時間…溫度計　　　　　(B)高度…壓力
    (C)方向…時間　　　　　　(D)高度…溫度計。

( ) 56. _____之於天干，好比子丑之於_____
    (A)甲乙…方位　　　　　　(B)丙丁…紫微斗數
    (C)丙丁…地支　　　　　　(D)八字…地支。

( ) 57. _____之於立業，好比落井之於_____
    (A)成家…下石　　　　　　(B)節儉…鑿井
    (C)奢侈…下石　　　　　　(D)成家…鑿井。

( ) 58. _____之於楓紅，好比春天之於_____
(A)冬天…颱風 　　　　(B)春天…彩虹
(C)夏天…夕陽 　　　　(D)秋天…櫻花。

( ) 59. _____之於水果，好比鴨子之於_____
(A)菠菜…鳥類 　　　　(B)蘆筍…植物
(C)香蕉…昆蟲 　　　　(D)百香果…家禽。

( ) 60. _____之於貫徹始終，好比失敗之於_____
(A)努力…焚膏繼晷 　　　(B)成功…畫地自限
(C)成功…再接再厲 　　　(D)興奮…黯然消魂。

( ) 61. _____之於鑽石，好比光年之於_____
(A)克拉…距離 　　　　(B)毫克…時間　(C)奈米…壓力
(D)公尺…重量。

( ) 62. _____之於電腦，好比高速公路之於_____
(A)滑鼠…交流道 　　　(B)鍵盤…收費站
(C)印表機…分隔島 　　(D)網際網路…汽車。

( ) 63. _____之於車輛，好比輸卵管之於_____
(A)汽油…精子 　　　　(B)收費站…精子
(C)交通網路…卵子 　　(D)輪胎…月經。

( ) 64. _____之於大砲，好比子彈之於_____
(A)砲彈…手槍 　　　　(B)投石器…火藥
(C)彈弓…飛機 　　　　(D)弓箭…大刀。

( ) 65. _____之於網球拍，好比棒球之於_____
(A)頭盔…盜壘 　　　　(B)裁判…壘包
(C)球迷…捕手 　　　　(D)網球…球棒。

( ) 66. _____之於光明，好比仇恨之於_____
(A)快樂…愛心 　　　　(B)黑暗…寬恕
(C)寬恕…仁慈 　　　　(D)知足…諒解。

( )　67.　_____之於瀆職，好比清廉之於_____
　　　(A)升官…記過　　　　　　(B)稱職…貪污
　　　(C)彈劾…賄賂　　　　　　(D)申誡…罷免。

( )　68.　_____之於金榜題名，好比痛心疾首之於_____
　　　(A)欣喜若狂…名落孫山　　(B)曲高和寡…江郎才盡
　　　(C)焚膏繼晷…遊手好閒　　(D)有口皆碑…六國封相。

( )　69.　_____之於防微杜漸，好比居安思危之於_____
　　　(A)有備無患…掩耳盜鈴　　(B)亡羊補牢…抱薪救火
　　　(C)曲突徙薪…未雨綢繆　　(D)瓜田李下…四面楚歌。

( )　70.　_____之於兔死狗烹，好比如魚得水之於_____
　　　(A)守成不易…唇亡齒寒　　(B)鳥盡弓藏…平步青雲
　　　(C)死灰復燃…打草驚蛇　　(D)負荊請罪…池魚之殃。

( )　71.　腳之於_____，好比_____之於手
　　　(A)富貴手…戒指　　　　　(B)襪子…手套
　　　(C)香港腳…指甲　　　　　(D)鞋子…鞋帶。

( )　72.　地震之於_____，好比_____之於人禍
　　　(A)搖晃…下雪　　　　　　(B)天災…下雪
　　　(C)震動…戰爭　　　　　　(D)天災…戰爭。

( )　73.　嗩吶之於_____，好比_____之於小提琴
　　　(A)小喇叭…月琴　　　　　(B)琵琶…古箏
　　　(C)吉他…鋼琴　　　　　　(D)二胡…琵琶。

( )　74.　馬鈴薯之於_____，好比_____之於水蜜桃
　　　(A)洋蔥…蘋果　　　　　　(B)蘿蔔…竹筍
　　　(C)香蕉…木瓜　　　　　　(D)白菜…碗豆。

( )　75.　信紙之於_____，好比_____之於奶瓶
　　　(A)郵票…水果　　　　　　(B)郵局…汽水
　　　(C)信封…牛奶　　　　　　(D)郵差…水果。

( )　76. 伉儷情深之於＿＿＿＿＿，好比＿＿＿＿＿之於反目成仇
　　　　　(A)愛恨交織…手帕之交　　(B)鶼鰈情深…水火不容
　　　　　(C)忘年之交…水深火熱　　(D)口蜜腹劍…大義滅親。

( )　77. 期期艾艾之於＿＿＿＿＿，好比＿＿＿＿＿之於口若懸河
　　　　　(A)笑裡藏刀…譁眾取寵　　(B)如坐針氈…江郎才盡
　　　　　(C)辯才無礙…吞吞吐吐　　(D)含沙射影…臥虎藏龍。

( )　78. 積極進取之於＿＿＿＿＿，好比＿＿＿＿＿之於尸位素餐
　　　　　(A)池魚之殃…功虧一簣　　(B)夙夜匪懈…任勞任怨
　　　　　(C)消極頹廢…鞠躬盡瘁　　(D)焚膏繼晷…自怨自艾。

解答與解析

1.**(C)**。快樂時不悲哀，喜悅時不憂愁。

2.**(B)**。努力能成功，怠惰會失敗。

3.**(C)**。天長與地久同義，且天、地對比。高山與深海同屬遼闊之境，山、海對比。

4.**(D)**。母親養育孩子，樹木滋養果實。

5.**(A)**。生病須治療，故障須整修。

6.**(D)**。節約能儲蓄，浪費會奢侈。

7.**(D)**。帝王和朝代的關係，舜帝時代史家稱為虞。

8.**(C)**。困惑會使人煩惱，清晰會使人明朗。

9.**(A)**。左右相反，西東相反。

10.**(B)**。教師在學校工作，醫生在醫院工作。

11.**(D)**。報紙報導新聞，書本傳播知識。

12.**(C)**。國民因國家存在，國人在團體中奮鬥。

13.**(A)**。結婚與離婚相反，相聚與離別相反。

14.**(D)**。煤爐燒煤，瓦斯爐有煤氣。

15.**(B)**。龍鳳一對，鴛鴦一雙。

16.**(D)**。噩耗與佳音為事件消息的相反，災禍與幸福為生活狀況的相反。

17.**(A)**。清高則不庸俗，乾淨則不髒亂。

18.**(D)**。淺顯則不深奧，從容則不急迫。

19.**(E)**。拮据則窮困，逐漸亦逐步。

20.**(D)**。散漫為不集中，發洩為不鬱積。

21.**(C)**。定罪於法網，音樂為娛樂。

22.**(B)**。不動聲色與先聲奪人相反，天才卓越與庸碌無能相反。

23.**(D)**。三思而言為謹慎，不同於草率從事。言行一致為坦誠，口是心非為不誠實。

24.**(C)**。同義詞。

25.**(D)**。相反詞。

26.**(D)**。偃旗息鼓即掛牌免戰，懶懶散散即紆紆徐徐。

27.**(A)**。愁眉苦臉因愁雲慘霧，饔飱不繼即飢寒交迫。

28.**(A)**。朝氣勃勃與雄心勃勃意近，堆積如山形容很多，同不可勝數。

29.**(D)**。狼吞虎嚥相反於淺嘗細酌，放浪形骸相反於修心養性。

30.**(B)**。輕舉妄動意近草率從事，打草驚蛇意近於先聲奪人。

31.**(A)**。橡皮擦可擦鉛筆←→板擦可擦粉筆。

32.**(D)**。公斤為重量單位←→公尺為距離單位。

33.**(B)**。呼吸作用吸氧氣←→光合作用吸二氧化碳。

34.**(A)**。數位相機把照片存在記憶卡←→傳統相機把照片存在膠片。

35.**(B)**。新竹風城←→基隆雨都。

36.**(A)**。狗追貓←→貓追老鼠。

37.**(D)**。金庸寫武俠人物韋小寶←→倪匡寫科幻人物衛斯理。

38.**(B)**。端午節吃粽子←→中秋節吃月餅。

39.**(A)**。積極就會成功←→消極就會失敗。

40.**(C)**。鑽石用克拉計重←→黃金用兩計重。

41.**(C)**。木頭壞掉叫腐朽⟷鐵器壞掉叫生鏽。

42.**(A)**。權利相對於義務⟷享受相對於服務。

43.**(D)**。北投溫泉⟷蘇澳冷泉。

44.**(D)**。義大利有卡布奇諾⟷日本有抹茶。

45.**(B)**。中國產瓷器⟷日本產漆器。

46.**(A)**。萊特兄弟發明飛機⟷福特發明汽車。

47.**(A)**。壽司為日本料理，漢堡為美國食品。

48.**(C)**。萬里長城在中國，金字塔在埃及。

49.**(A)**。日出帶來光明，好比日落帶來黑暗。

50.**(B)**。汽車需要汽油作為動力，風帆需要風作為動力。

51.**(C)**。高麗菜是蔬菜的一種，豬肉是肉類的一種。

52.**(C)**。蛇吃青蛙，黃雀吃螳螂。

53.**(D)**。人用鼻呼吸，植物用氣孔呼吸。

54.**(B)**。愛迪生是著名的發明家，梵谷是著名的畫家。

55.**(A)**。鐘用來判讀時間，就像溫度計用來判讀溫度。

56.**(C)**。甲乙丙丁……屬於天干，子丑寅卯……屬於地支。

57.**(A)**。成家立業，落井下石。

58.**(D)**。秋天楓葉會紅，就像春天櫻花會開。

59.**(D)**。百香果是一種水果，鴨子是一種家禽。

60.**(B)**。貫徹始終就會成功，畫地自限就會失敗。

61.**(A)**。克拉是鑽石的計量單位，光年是宇宙間的距離單位。

62.**(D)**。網際網路連結電腦，傳遞訊息，就像高速公路連結各城市，讓汽車通行。

63.**(C)**。交通網路承載車輛，輸卵管承載卵子。

64.**(A)**。大砲射出砲彈，手槍射出子彈。

65.**(D)**。網球拍擊網球，球棒擊出棒球。

66.**(B)**。相反詞。

67.**(B)**。相反詞。

68.**(A)**。心情的形容詞。

69.**(C)**。相似詞。

70.**(B)**。相似詞。

71.**(B)**。腳穿襪子，手戴手套。

72.**(D)**。地震為天災，戰爭是人禍。

73.**(A)**。中西樂器之外形相似。

74.**(A)**。蔬菜和水果。

75.**(C)**。信紙位於信封之中，牛奶位於奶瓶之中。

76.**(B)**。相似詞。

77.**(C)**。相反詞。

78.**(C)**。相反詞。

Note

第4部分

歷屆試題及解析

國 文

( )　1. 機關或團體基於本身職責，主動對他機關或團體發出的公文稱為
　　　　(A)主動公文　(B)被動公文　(C)紙本公文　(D)電子公文。

( )　2. 機關或團體接到他機關或團體來文後，採取對策而被動回應的公文
　　　　稱為　(A)主動公文　(B)紙本公文　(C)電子公文　(D)被動公文。

( )　3. 依國家機密保護法規定國家機密文書有哪幾種等級，何者為錯誤
　　　　等級？　(A)絕對機密　(B)極機密　(C)機密　(D)密。

( )　4. 主旨段的內容應包括那些重點語順序　(A)起首語、說明、期望語
　　　　(B)起首語、本案、期望語　(C)期望語、辦法、起首語　(D)起
　　　　首語、依據、期望語。

( )　5. 公文之要件有「形式要件」其意涵為何　(A)指公文之內容應具備
　　　　條件　(B)指公文須循法定程序　(C)指案情牽涉較廣、會商未獲
　　　　結論案件　(D)指公文於形式上具備一定項目與格式。

( )　6. 公文類型「函」的意義為　(A)公布法律、發布法規命令時使用　(B)對
　　　　總統有所呈請或報告時使用　(C)上級機關對所屬下級機關有所指示、
　　　　交辦、批復時使用　(D)總統與立法院、監察院公文往復時使用。

( )　7. 國家機密保護法第三十四條規定：凡有刺探或收集經依本法核定
　　　　之國家機密者罰則為　(A)1年以上有期徒刑　(B)3年以下有期徒
　　　　刑　(C)5年以下有期徒刑　(D)7年以下有期徒刑。

( )　8. 有關「書函」的敘述，何者錯誤？　(A)處理簡單、例行性、通
　　　　報性而使用之文書　(B)用語、用字與「函」相同　(C)各機關公
　　　　文往復，或人民與機關間之申請與答復時用之　(D)答復簡單案
　　　　情，或寄送普通文件、書刊，或為一般聯繫等事項使用。

( )　9. 公文製作中有關「主旨」的注意事項為何　(A)扼要說明簽的主要目的、期望或擬辦意見，以不超過50至60字為原則　(B)扼要說明簽的主要目的、擬辦意見為主，內容不宜過長　(C)扼要說明簽的主要期望或擬辦意見，以30字為原則　(D)扼要說明簽的主要目的、期望意見，以70字為原則。

( )　10. 下列詞語用法何者錯誤？　(A)不要「昧」著良心說這種話　(B)「末後」這一封信，是留給你妹妹的　(C)我家都是女生，滿屋子「鶯鶯燕燕」，好不熱鬧　(D)這不是我一個人的問題，你「一味」罵我也沒用。

( )　11. 「很厚的雲層開始滴雨的一個清晨，從東郊入城的叉路口，發生了一起車禍：一輛墨綠的賓字號轎車，像一頭猛獸撲向小動物，把一部破舊的腳踏車，壓在雙道黃色警戒超車線的另一邊。露出外面來的腳踏車後架，上面還牢牢地綁著一把十字鎬，原來結在把手上的飯包，和被拋在前頭撒了一地飯粒，唯一當飯包菜的一顆鹹蛋，撞碎在和平島的沿下。」根據上文內容判斷，下列選項錯誤的是：　(A)被撞的可能是工人，所以帶著十字鎬　(B)撞人的可能是軍人，因為開著墨綠色轎車　(C)撞人的可能是富人，因為開著Benz賓士轎車　(D)被撞的可能是窮人，所以飯包裡的菜只有一顆鹹蛋。

( )　12. 「露水在草葉上滾動，聚集，壓彎了草葉轟然墜地摔開萬道金光」（史鐵生〈我與地壇〉）文中「轟然墜地」是以聽覺渲染哪一種感官效果？　(A)痛覺　(B)視覺　(C)味覺　(D)嗅覺。

( )　13. 「她打掃了一整天，弄得自己□□□□。」空格適合填入以下哪一成語？　(A)朱脣皓齒　(B)蓬蓽生輝　(C)蓬頭垢面　(D)身先士卒。

( )　14. 「以地事秦，猶抱薪救火，薪不盡，火不滅」，意思是：　(A)助紂為虐，不公不義　(B)杯水車薪，無助於事　(C)除惡不盡，死灰復燃　(D)欲殺其害，反助其勢。

( )　15. 「一輛墨綠的賓字號轎車，像一頭猛獸撲向小動物，把一部破舊的腳踏車，壓在雙道黃色警戒超車線的另一邊。露出外面來的腳踏車後架，上面還牢牢地綁著一把十字鎬，原來結在把手上的飯

包，和被拋在後頭撒了一地飯粒，唯一當飯包菜的一顆鹹蛋，撞碎在和平島的沿下。」（黃春明〈蘋果的滋味〉）車禍被撞的受害者，最可能屬於下列何種職業的人？　(A)軍官　(B)自行車選手　(C)便當店老闆　(D)工人。

解答與解析（答案標示為#者，表官方曾公告更正該題答案。）

1. **A**。主動公文：指機關基於本身權責與業務需要，主動對他機關發出之公文，又稱為「創稿」。故選(A)。

2. **D**。被動公文：指機關接到他機關來文後，採取對策作為而發出之公文，又稱為「復文或轉交」。故選(D)。

3. **D**。國家機密等級區分如下：(1)絕對機密，適用於洩漏後足以使國家安全或利益遭受非常重大損害之事項；(2)極機密，適用於洩漏後足以使國家安全或利益遭受重大損害之事項；(3)機密，適用於洩漏後足以使國家安全或利益遭受損害之事項。故選(D)。

4. **B**。「主旨」既然是說明「行文目的與期望」，因此其內容，須包括三項：(1)行文的目的；(2)達到目的的扼要方法；(3)期望用語。故選(B)。

5. **D**。形式要件：指公文於形式上應具備一定之項目與格式，包括：(1)須有負責之表示（如簽署、蓋印章戳或副署）；(2)須有時間之表示（如製作及發文時間，並加註文號）；(3)須合於現行法定格式（用紙、格式、細項）；(4)本文原則上須分段敘述，並具實質意涵（即為一定之作為或特定事物之告知），其表達方式為由左而右之橫行格式。故選(D)。

6. **C**。函是一般機關學校使用最多的公文，其範圍包括：(1)上級機關對所屬下級機關有所指示、交辦、批復時使用；(2)下級機關對上級機關有所請求，或報告時使用；(3)同級機關或不相隸屬機關間行文時也可使用。故選(C)。

7. **C**。國家機密保護法第34條（刺探或收集國家機密之處罰）刺探或收集經依本法核定之國家機密者，處五年以下有期徒刑。刺探或收集依第六條（各機關之人員於其職掌或業務範圍內，有應屬國家機密之事項時，應按其機密程度擬訂等級，先行採取保密措施，並即報請核定；有核定權責人員，應於接獲報請後三十日內核定之。）規定報請核定國家機密之事項者，處三年以下有期徒刑。故選(C)。

8. **C**。書函：(1)書函也是公文的一種，用於：以機關單位名義，對某一公務未決事項，進行磋商、陳述、協調、徵詢或通報之用，因此書函實為協調、通報性質的公文；(2)書函使用的範圍較函廣泛，但不如函的正式和具有權威性；(3)書函的用語措詞，押日期，掛文號都與函相同；(4)書函不署機關首長姓名，蓋長條戳即可；(5)書函的撰擬可視案情需要，用條列式或分段式辦理；(6)條列式書函，可不用期望語和結束語，將事項敘完即可。故選(C)。

9. **A**。主旨是函的精要部份，其內容包含三項要素就是本案的中心思想，行文的目的與期望，然後依程式予以扼要敘述。故選(A)。

10. **C**。鶯鶯燕燕：形容姬妾或妓女眾多。故選(C)。

11. **C**。「一輛墨綠的賓字號轎車，像一頭猛獸撲向小動物，把一部破舊的腳踏車」可以判讀出是一位開著賓士轎車的人，撞上了騎著腳踏車的人，黃春明用「小動物」形容騎腳踏車的人，用「猛獸」形容開賓士的人，可讀出能力的懸殊。

12. **B**。轟然是形容突然而發的巨大聲響。在一聲巨響中看見它掉了下來，可以感覺出速度之快，雖然露珠掉在水裡的聲音可能幾乎聽不見，但能明顯體會出以聽覺渲染視覺的效果。故選(B)。

13. **C**。(A)朱脣皓齒：形容美人面貌姣好。(B)蓬蓽生輝：形容貴客來訪令主人感到增光不少。蓬蓽，窮人住的房子，亦謙稱自己的住宅。(C)蓬頭垢面：形容人頭髮散亂、面容骯髒、不修邊幅的樣子。(D)身先士卒：(1)作戰時將帥奮勇殺敵於士兵之前。(2)比喻領導、帶頭走在眾人之前。故選(C)。

14. **D**。題幹語出蘇洵《六國論》，原文語譯：「用土地侍奉秦國，就好像抱柴救火，柴不燒完，火就不會滅。」(A)助紂為虐，不公不義：比喻協助壞人做壞事，沒有公正的義理。(B)杯水車薪，無助於事：以一杯水去撲滅一車木柴所燃起的火，對事情沒有幫助。(C)除惡不盡，死灰復燃：壞事惡習不完全消滅，又重新活動起來。(D)欲殺其害，反助其勢：想要消滅禍害，反而助長他的勢力。故選(D)。

15. **D**。從「露出外面來的腳踏車後架，上面還牢牢地綁著一把十字鎬」中推知受害者是使用十字鎬的辛苦人。十字鎬是用以掘土石的工具。鐵製鎬頭與木柄呈十字形。故可推知是工人。故選(D)。

108年桃園捷運新進人員（第二次）

( ) 1. 公文程式之類別中「函」為？
(A)公布法律、發布法規命令時使用
(B)對總統有所呈請或報告時使用
(C)各機關間公文往返，或人民與機關間之申請予答復時用之
(D)各機關對公眾有所宣布時用之。

( ) 2. 公文書製作應盡量明白曉暢，辭意清晰，符合公文程式條例第8條所規定之要求？
(A)簡淺明確，並加具標點符號　　(B)淺簡易明，並加具標點符號
(C)簡淺明白，並加具標點符號　　(D)簡淺明潔，並加具標點符號。

( ) 3. 公告之屬性為？　(A)上行文　(B)平行文　(C)下行文　(D)直接復文。

( ) 4. 各機關處理人民陳情案件應予登記、區分、統計及列入管制，並視業務性質分別訂定處理期限，各類處理期限不得超過？
(A)10天　　　　　　　　　　(B)20天
(C)25天　　　　　　　　　　(D)30天。

( ) 5. 公告為公部門公開告示的文書，公告之結構以那些段落為主？
(A)主旨、說明、公告事項　　(B)主旨、說明、依據
(C)主旨、依據、公告事項　　(D)主旨、說明、擬辦。

( ) 6. 總務處營繕事務組收受之文件，認為非屬單位承辦之公文，經改分發後，受移單位如有意見，應如何處理？
(A)即移還總務處，以免延誤時效
(B)即簽明理由報告首長，即行移還，以免延誤時效
(C)即簽明理由陳請首長裁定後，不得再行移還
(D)送還收文單位，另案送發其他單位辦理。

( ) 7. 公文是對公務案件之陳述與處理，應以？
(A)簡單、明瞭、快速　　　　(B)簡單、明瞭、達意
(C)簡單、完整、時效　　　　(D)簡單、完整、整潔　　為主。

( ) 8. 以下何者之間往來的文書，不屬於公文的對象？
(A)機關與機關之間　　　　　(B)機關與人民之間
(C)機關內部　　　　　　　　(D)人民與人民之間。

( ) 9. 希望受理機關盡速辦理公文之時效性，應於公文速別填？
(A)一般件　　　　　　　　　(B)普通件
(C)速件　　　　　　　　　　(D)最速件。

( ) 10. 「這片森林由於地處偏遠、□□□□，所以保存了原始的美麗，在靜謐中透出幾分神祕的氣息。」句中缺空處應填入何者最適合？
(A)人滿為患　　　　　　　　(B)人跡罕至
(C)羅紈之盛　　　　　　　　(D)人聲鼎沸。

( ) 11. 下列哪個成語可以用來形容音樂的美妙？
(A)山高水長　　　　　　　　(B)陽春白雪
(C)擊轅之歌　　　　　　　　(D)下里巴人。

( ) 12. 選項中用字完全正確的是：
(A)生命太短暫，對於想做的事必須急時行動
(B)地震導致這棟大樓傾斜，情況寂寂可危
(C)他犯下多起重大搶案，法院已經發出通輯令
(D)很多事情要未雨綢繆，才不會事到臨頭過於慌張。

下列文章節錄自余秋雨〈智能的夢魘〉，請閱讀後回答第13題～第14題：

一個人最值得珍視的是仁慈的天性，這遠比聰明重要；如果缺乏仁慈的天性，就應該通過艱苦修煉來叩擊良知；如果連良知也叩擊不出來，那就要以長期的教育使他至少懂得敬畏、恪守規矩；如果連這也做不到，那就只能寄希望於他的愚鈍和木訥了；如果他居然頗具智慧，又很有決斷，那就需要警覺，因為這樣的人時時有可能進入一種可怖的夢魘，並把這種夢魘帶給別人。

( ) 13. 根據上文所述，下列何者最重要？
(A)天資聰明　　　　　　　　(B)後天教育
(C)循規蹈矩　　　　　　　　(D)良知良能。

( )　14. 上文作者認為哪一種人會帶給人們痛苦？
　　　　(A)果決無情的人　　　　　　(B)缺乏教育的人
　　　　(C)恪守規矩的人　　　　　　(D)憨厚木訥的人。

( )　15. 小明和小美是研究中國宋代文學的學者，兩人有自己欣賞的宋代
　　　　文學家，依據敘述，(甲)、(乙)分別是指何人？
　　　　小明：(甲)厭惡怪文，推崇古文，擔任主考官時發揮影響力，一
　　　　　　　時文壇風氣改變。
　　　　小美：(乙)可說是中國文學和文化史上的巨擘，書法、繪畫、文
　　　　　　　章、詩詞幾乎無一不會，且都有極高評價，可惜屢遭貶謫。
　　　　(A)蘇軾／李白　　　　　　　(B)歐陽脩／蘇軾
　　　　(C)蘇洵／王安石　　　　　　(D)杜甫／蘇轍。

解答與解析（答案標示為#者，表官方曾公告更正該題答案。）

1. **C**。函：各機關處理公務有左列情形之一時使用。(1)上級機關對所屬下級
機關有所指示、交辦、批復時。(2)下級機關對上級機關有所請求或報
告時。(3)同級機關或不相隸屬機關間行文時。(4)民眾與機關間的申
請與答復時。故選(C)。

2. **A**。第8條（文字之要求）公文文字應簡淺明確，並加具標點符號。故選
(A)。

3. **B**。上行文：對上級機關。平行文：對同級機關、不相隸屬之機關。下行
文：對下級機關。
公告：各機關就主管業務，向公眾或特定之對象宣佈周知時使用。其
方式得張貼於機關之佈告欄，或利用報刊等大眾傳播工具廣為宣布。
故選(B)。

4. **D**。依據「行政院及所屬各機關處理人民陳情案件要點」與管制作業有
關規定，摘錄如下：第11點：各機關處理人民陳情案件應予登記、區
分、統計及列入管制，並視業務性質分別訂定處理期限，各種處理期
限不得超過30日；其未能在規定期限內辦結者，應依分層負責簽請核
准延長，並將延長理由以書面告知陳情人。故選(D)。

5. **C**。公告之結構分為「主旨」、「依據」、「公告事項」（或說明）三
段，段名之上不冠數字，分段數應加以活用，可用「主旨」一段完成

者，不必勉強湊成兩段、三段。公告分段要領：(1)「主旨」應扼要敘述，公告之目的和要求，其文字緊接段名冒號之下書寫。(2)「依據」應將公告事件之原因敘明，引據有關法規及條文名稱或機關來函，非必要不敘來文日期、字號。有兩項以上「依據」者，每項應冠數字，並分項條列，另行低格書寫。(3)「公告事項」（或說明）應將公告內容，分項條列，冠以數字，另行低格書寫。使層次分明，清晰醒目。公告內容儘就「主旨」補充說明事實經過或理由者，改用「說明」為段名。公告如另有附件、附表、簡章、簡則等文件時，儘註明參閱「某某文件」，公告事項內不必重複敘述。故選(C)。

6. **C**。文書處理，應隨到隨辦、隨辦隨送，不得拖延、積壓、損毀、遺失。故選(C)。

7. **B**。公文的重點在於表達意思→以「文」表達「事」。公文程式條例第8條規定：「公文文字應簡淺明確，並加具標點符號。」其作業要求為：正確、清晰、簡明、迅速、整潔、一致、完整。故選(B)。

8. **D**。民眾申請函與答復民眾函：對民眾。故選(D)。

9. **C**。(1)最速件，指特別緊急必須當時或在一日內處理完畢之案件，隨到隨辦，迅速發出。
(2)速件，指次於前款亦應從速處理完畢之案件，以不超過三日為限。
(3)普件，指一般例行之案件，以不超過六日為限。
(4)特別件，指有特殊情形，非短期內所能處理完畢之案件。
故選(C)。

10. **B**。(A)人滿為患：因人多而造成問題或麻煩。(B)人跡罕至：很少有人去的地方。指偏僻荒涼的地方。(C)羅紈之盛：身穿精美的絲織品的遊客很多。(D)人聲鼎沸：形容人眾會聚，喧譁熱烈，像水在鼎裡煮沸一般。故選(B)。

11. **B**。(A)山高水長：喻人品高潔，垂範久遠。(B)陽春白雪：較為深奧難懂的音樂。相對於通俗音樂而言。(C)擊轅之歌：擊：敲打；轅：伸向車前駕牲口的長木。敲擊著轅木唱的歌。指平民百姓的歌。(D)下里巴人：戰國時代楚國的民間通俗歌曲。後泛指通俗的文學藝術。多用來謙稱自己的作品。故選(B)。

12. **D**。(A)「急」時行動→「即」時行動。(B)「寂寂」可危→「岌岌」可危。(C)通「輯」令→通「緝」令。故選(D)。

13. **D**。文章一開始便寫「一個人最值得珍視的是仁慈的天性」這天性便是良知，再看「如果缺乏仁慈的天性，就應該通過艱苦修煉來叩擊良知」可知，人最重要的不是聰明才智，不是富貴名利，而是最難能可貴的良知。故選(D)。

14. **A**。「如果他居然頗具智慧，又很有決斷，那就需要警覺，因為這樣的人時時有可能進入一種可怖的夢魘」可見一個屬於聰明行事又果決的人，倘若他缺乏了仁慈與良知，將帶來讓你無法想像的痛苦。故選(A)。

15. **B**。(A)蘇軾：北宋文學家、書畫家。北宋中期文壇領袖，在詩、辭、散文、書、畫等方面有很高的成就。詩題材廣闊，清新豪健，善用誇張比喻，獨具風格，詞開豪放一派，與辛棄疾同為豪放派代表，並稱蘇辛；散文豪放自如，與歐陽脩並稱歐蘇。／李白：盛唐偉大的浪漫主義詩人。他的詩歌風格豪放飄逸，想像力豐富，意象疏朗，語言誇張而不雕飾，鮮明地反映了盛唐帝國多元與開放的風氣。(B)歐陽脩：北宋政治家、文學家，在政治上有盛名。嘉祐二年，已屆知天命之年的歐陽脩做了禮部貢舉的主考官，以翰林學士身份主持進士考試，提倡平實文風，錄取蘇軾、蘇轍、曾鞏等人，對北宋文風轉變有很大影響。當時歐陽脩批閱試卷看到一份較好的答卷，文章語言流暢，說理透徹。歐陽脩以為是自己學生曾鞏的，因是自己學生，不好取第一，將這份卷子取成第二。試卷拆封，才發現這份卷子是蘇軾所寫。(C)蘇洵：北宋文學家，27歲時，蘇洵才開始發奮讀書，嘉祐元年攜二子蘇軾、蘇轍赴汴京拜謁翰林學士歐陽脩，獻上自己所著作的文章有二十二篇，受到歐陽脩的賞識，以為「雖賈誼、劉向不過也。」／王安石：北宋著名思想家、政治家、文學家、改革家。散文簡潔峻切，短小精悍，論點鮮明，邏輯嚴密，充分發揮了古文的實際功用，其詩擅長說理與修辭。(D)杜甫：唐朝現實主義詩人，其著作以弘大的社會寫實著稱。杜甫被後人奉為「詩聖」。他的詩也因其社會時代意義被譽為「詩史」。／蘇轍：為蘇洵的第二個兒子，大詩人蘇東坡的弟弟，世稱「小蘇」，與父兄並稱為「三蘇」，蘇軾：「子由之文實勝僕，而世俗不知，乃以為不如。其人深，不願人知之。其文如其為人，故汪洋澹泊，有一唱三嘆之聲，而其秀傑之氣終不可沒。」

108年臺北捷運新進技術員（電子／電機類）

( )　1. 下列何者詞義與其他三者不同？
　　　(A)三顧茅廬　　　　　　　　(B)傲視群倫
　　　(C)吐哺握髮　　　　　　　　(D)禮賢下士。

( )　2. 下列各組成語，何者意義相近或相同：
　　　(A)冰清玉潔／寡廉鮮恥　　　(B)舉足輕重／無關緊要
　　　(C)覆巢傾卵／全身而退　　　(D)平步青雲／扶搖直上。

( )　3. 下列文句，何者完全正確：
　　　(A)樹縫裡也陋著一兩點路燈光，沒精打睬的，似乎是渴睡人的眼
　　　(B)我以為這恰是到了好處－酣眠固不可少，小睡也別有風味的
　　　(C)比起我面前深邃悠遠的藍天，就顯得那麼藐小寒酸，俗不可奈
　　　(D)你的書齋也許是明窗境几，彫金飾玉，也許案頭擺放一盆古梅。

( )　4. 下列文句，何者是描寫「樂器彈奏的聲音」：
　　　(A)舉酒欲飲無管絃　　　　　(B)千呼萬喚始出來
　　　(C)沉吟放撥插絃中　　　　　(D)銀瓶乍破水漿迸。

( )　5. 聯綿詞是不能拆開來解釋的詞語。下列何者，不屬於「聯綿詞」？
　　　(A)歡喜　　　　　　　　　　(B)坎坷
　　　(C)慷慨　　　　　　　　　　(D)徬徨。

( )　6. 下列「　」中的數字，何者是「虛指」：
　　　(A)「一」日三秋　　　　　　(B)「一」見如故
　　　(C)「十」年寒窗　　　　　　(D)「十」賭九輸。

( )　7. 「熠熠與娟娟，池塘竹樹邊；亂飛同曳火，成聚卻無煙。微雨灑不滅，輕風吹卻燃；舊曾書案上，頻把作囊懸。」上述詩作所描寫歌詠的對象是：
　　　(A)蟬　　　　　　　　　　　(B)蛾
　　　(C)螢　　　　　　　　　　　(D)蝶。

( )　8. 荀子〈勸學〉：「干、越、夷、貉之子，生而同聲，長而異俗，教使之然也」，意思是：
(A)性雖相近，教化各異　　　　　(B)有教無類，各呈特質
(C)入境隨俗，多元融合　　　　　(D)因材施教，適材適所。

( )　9. 閱讀下文，推斷□□□內最適合填入的詞語依序為何？
「半世紀前，阿姨開了間糕餅店，□□□因塑形切下的邊邊角角或做壞了的麵包。當時家家戶戶物質生活並不富裕，同學都羨慕我有免費的麵包可吃，□□□我早就吃膩了。負笈北上後，麵包需要花錢買，我半工半讀，過得拮据，□□□阿姨做的麵包的好。」
(A)常送來／才知道／卻不知　　　(B)常送來／卻不知／才知道
(C)偶遇到／才知道／卻不知　　　(D)偶遇到／卻不知／才知道。

( )　10. 下列哪些文句何者屬於「季節情境」的描寫：
(A)明月出天山，蒼茫雲海間　　　(B)浮雲遊子意，落日故人情
(C)永結無情遊，相期邈雲漢　　　(D)草枯鷹眼疾，雪盡馬蹄輕。

( )　11. 台灣古典詩中有對於在地特產的詩作，閱讀下列詩歌，是指哪一項台灣美食小吃呢？
「細細熬成貯玉缸，非同凡草品無雙。醍醐漿與金莖露，一樣嘗時熱氣降。」
(A)仙草冰　　　　　　　　　　　(B)芒果冰
(C)杏仁露　　　　　　　　　　　(D)豆腐乳。

( )　12. 「質而綺，真且醇，自可傳之千古；樽中酒，籬下詩，豈甘了此一生。」上述對聯所描寫的人物是：
(A)李白　　　　　　　　　　　　(B)王維
(C)陶淵明　　　　　　　　　　　(D)白居易。

( )　13. 「士生於世，使其中不自得，將何往而非病？使其中坦然，不以物傷性，將何適而非快」，上文所呈現的心境，最接近下列哪一選項？
(A)人間如夢，一樽還酹江月
(B)莫聽穿林打葉聲，何妨吟嘯且徐行
(C)料得年年腸斷處，明月夜，短松崗
(D)長恨此身非我有，何時忘卻營營。

( ) 14. 閱讀下文，推斷「即使我小心翼翼地做出臣服不具攻擊性的動作」應填入何處，可使全文最為通順？

「常會撞見一隻很有威嚴的成年公猴端坐小徑中央，＿＿甲＿＿，擋住我此行去路，＿＿乙＿＿，也許是位階很高的猴王架勢，＿＿丙＿＿，狹路相逢卻懶得讓路，＿＿丁＿＿，想要借道通過，那猴王仍免不了張牙舞爪對我小小威嚇一番，猴王老是繃著臉不夠放鬆。」

(A)甲　　　　　　　　(B)乙
(C)丙　　　　　　　　(D)丁。

( ) 15. 閱讀下文，推斷□□□□內最適合填入的詞語依序為何？

「為了觀察溪鳥，連續兩三個鐘頭枯坐在岩石後，我已□□□□，溪鳥們多半沒有這種鎮靜功夫。魚狗的捕魚方法是□□□□。雖然是體型最小的溪鳥，牠卻最聰明慧黠。魚狗發現獵物時，總是巧妙地利用垂直降落的重力加速度，從空中□□□□、潛入水中戮捕而上。然後，銜至附近岩石，慢慢處理。」

(A)少見多怪／說一不二／俯衝而下
(B)少見多怪／獨一無二／俯拾皆是
(C)習以為常／說一不二／俯拾皆是
(D)習以為常／獨一無二／俯衝而下。

( ) 16. 閱讀下文，根據文意推斷敘述的重心，填入＿＿＿＿內，可使全文完整而明確。

「我一直認為＿＿＿＿。故事之所以需要編纂，是因為收成文字。轉折、關鍵需要剪裁順應文氣，像一盤大廚的菜，摘根去籽，只取精華，擷取適當的部位；連大廚信手拈撒的鹽巴以及那麼一點調汁醬料，其實都是工夫，經驗裡篩選試煉，設計過的。端出來的只有真實不行，背後是一番心血。」

(A)好故事是因為真有其事，以真實為經緯，它是編的，也不是編的
(B)好故事是因為容許真實，以虛構為依歸，必是編的，也可不編的
(C)新故事是為了真有其事，以真實為經緯，少許編的，也完全編的
(D)新故事是為了容許真實，以虛構為依歸，能是編的，也可不編的。

閱讀下文，回答第17題～第18題

石虎（leopard cat）又稱做豹貓、山貓，身上似豹斑的花紋讓人看到都會驚歎牠的美麗。和家貓最簡單的分辨方式是，石虎耳後有明顯的白斑。若從正面觀察，最明顯的就是石虎眼睛內側有向上延伸的兩條白色線條。石虎擅長爬樹，也能游水。晨昏與夜間較活躍，但白天也活動。休息時藏身於樹上或濃密草叢，到河岸、田間、林下、淺溪捕獵，常見從稜線下切尋找水源。

最近兩年來，有越來越多石虎屍體被發現，可從屍體判別其性別和年齡，建立基礎資料，了解死亡季節變化、年齡和性別結構組成。從胃內含物更可直接了解石虎的狀況，在筆者解剖的三具屍體中，其中一隻吃了一隻體重超過200公克的刺鼠，牠連鼠頭都沒有吃，整個胃就被塞滿了，很明顯是_____，而刺鼠是我們在野外發現石虎排遺中很容易發現的食物，因刺鼠剛毛構造輕易可辨。這些屍體可製作成標本，當成未來研究之用。

( )　17. 依據上文，下列何者沒有提及？
　　　　(A)石虎的外貌　　　　　　　　(B)石虎的食物
　　　　(C)石虎的危機　　　　　　　　(D)石虎的活動。

( )　18. 依據上文，文中_____內應填入哪些文句，最能符合上下文意的推斷？
　　　　(A)飽食後打鬥而死　　　　　　(B)飽食後被車撞死
　　　　(C)啃食後打鬥而死　　　　　　(D)啃食後被車撞死。

( )　19. 下列何者「　」中的讀音與其他三者不同？
　　　　(A)倚「扉」而望　　　　　　　(B)「誹」謗之木
　　　　(C)明星「緋」聞　　　　　　　(D)霾雨「霏」霏。

( )　20. 下列「　」內的通用字，何者錯誤？
　　　　(A)吾時「俯」而不答—「伏」
　　　　(B)其「原」皆生於無恥也—「源」
　　　　(C)以此「伏」事公卿，無不寵愛—「服」
　　　　(D)天下「其」有不亂，國家其有不亡者乎—同「豈」。

( )　21. 乾□、鼓□、暴□，以上□的字，依序應填入何者最適合？
　　　　(A)噪／燥／譟　　　　　　　　(B)燥／噪／譟
　　　　(C)燥／譟／躁　　　　　　　　(D)噪／燥／躁

（ ） 22. 閱讀下文，推斷□□內最適合填入的詞語依序為何？
「夕陽煥照，紅霞滿天飛，船隻落寞在回航的航線，蓊鬱遠山以其□□不變的姿態橫亙浪緣。飛魚照樣飛起身來，照樣衝落至上，鬼頭刀十分從容，滿滿□□住我所有的視線、我的胸膛之前，牠身上的藍色亮點將持久在我的內心裡□□。」
(A)綿亙／盤整／閃耀　　(B)綿亙／盤據／閃躲
(C)恆古／盤據／閃耀　　(D)恆古／盤據／閃躲。

（ ） 23. 下列「　」中的注音寫成國字後，何者兩兩相同？
(A)揶「ㄩˊ」嘲弄／至死不「ㄩˊ」
(B)心無旁「ㄨˋ」／好高「ㄨˋ」遠
(C)動員「ㄎㄢ」亂／查「ㄎㄢ」災情
(D)「ㄐㄧㄝˊ」然不同／攔「ㄐㄧㄝˊ」扒手。

（ ） 24. 「異代不同時，問如此江山，龍蟠虎臥幾詞客；先生易流寓，有長留天地，月白風清一草堂。」上述對聯所描寫的人物是：
(A)韓愈　　　　　(B)李白
(C)杜甫　　　　　(D)蘇軾。

（ ） 25. 下列詩句，何者蘊含「今昔之嘆」？
(A)天下英雄氣，千秋尚凜然　(B)勢分三足鼎，業復五銖錢
(C)得相能開國，生兒不象賢　(D)淒涼蜀故妓，來舞魏宮前。

解答與解析（答案標示為#者，表官方曾公告更正該題答案。）

1. **B**。(A)三顧茅廬：比喻敬賢之禮或誠心邀請。(B)傲視群倫：指人才華出眾，成就非凡。(C)吐哺握髮：比喻求賢殷切。周公惟恐失去天下賢人，洗一次頭時，曾多回握著尚未梳理的頭髮；吃一頓飯時，亦數次吐出口中食物，迫不及待的去接待賢士。(D)禮賢下士：有地位者能尊禮有才德的人，謙恭待士。《舊唐書·卷一三一·李勉傳》：「其在大官，禮賢下士，終始盡心。故選(B)。

2. **D**。(A)冰清玉潔：喻品行高潔。／寡廉鮮恥：沒有操守，不知廉恥。(B)舉足輕重：喻所居地位極為重要，一舉一動皆足以影響全局。／無關緊要：不重要。(C)覆巢傾卵：覆：翻倒。巢：鳥窩。傾：破壞。

卵：蛋。翻倒了鳥窩，打破了鳥蛋。比喻整體毀滅了，各部分都不復存在。亦比喻滅門之禍，無一得免。／全身而退：指完全無傷無損。也指從危險處境完好如初的離開。(D)平步青雲：喻順利無阻，迅速晉升高位。／扶搖直上：喻仕途得志。故選(D)。

3. **B**。(A)朱自清〈荷塘月色〉：樹縫裡也陋著→漏著，沒精打眛的→沒精打采，似乎是渴睡人的眼。(C)鍾理和〈我的書齋〉：深邃悠遠的藍天，就顯得那麼藐小寒酸→渺小，俗不可奈→俗不可耐。(D)鍾理和〈我的書齋〉：你的書齋也許是明窗境几→明窗淨几，彫金飾玉→雕金飾玉，也許案頭擺放一盆古梅。故選(B)。

4. **D**。(A)舉起酒杯要飲卻沒有助興的音樂。(B)千呼萬喚她才緩緩地走出來。(C)沉吟著收起撥片插在琴弦中。(D)好像銀瓶撞破水漿四濺。故選(D)。

5. **A**。聯綿詞，是由兩個大都具有聲韻關係的音節組成的單語素「表音詞」，不能拆解。大體分為雙聲聯綿詞、疊韻聯綿詞、非雙聲非疊韻聯綿詞。
　　(1)雙聲聯綿詞：嶔奇、坎坷、崎嶇、躊躇、叮噹、彷彿、淋漓、玲瓏。
　　(2)疊韻聯綿詞：氤氳、睥睨、嶙峋、崢嶸、蜿蜒、逡巡、倥傯、婆娑、逍遙。
　　(3)非雙聲非疊韻聯綿詞：芙蓉、茉莉、薔薇、玻璃、模糊、絡繹、蚯蚓。
　　(A)歡ㄏㄨㄢ喜ㄒㄧˇ。(B)坎ㄎㄢˇ坷ㄎㄜˇ。(C)慷ㄎㄤ慨ㄎㄞˇ。(D)徬ㄆㄤˊ徨ㄏㄨㄤˊ。故選(A)。

6. **C**。(A)「一」日三秋：一天不見面，就像過了三個季度。(B)「一」見如故：第一次見面就相處和樂融洽，如同老朋友一般。(C)「十」年寒窗：形容長年讀書。(D)「十」賭九輸：十次賭博九次輸。故選(C)。

7. **C**。從不滅及囊懸兩字可推想到「車胤囊螢」「囊螢積雪」，均可推知為螢。故選(C)。

8. **A**。「南方的邗、越和東夷、北貉的嬰孩生下來哭聲相同，長大了風俗卻不相同，這是教育使他們這樣的！」故選(A)。

9. **B**。從文後的「當時生活並不富裕」「羨慕我有免費麵包吃」都可以想像得出是常吃麵包喔！所以接「常送來」，「早吃膩了」別人還羨慕我有麵包吃，所以是「卻不知」，等自己生活的較困頓，還得自己花錢時，憶起當年被自己嫌膩的免費麵包有多香，所以是「才知道」。故選(B)。

10. **D**。(A)李白〈關山月〉：「皎潔的明月從天山那升起，徘徊在渺茫的雲海之間。」(B)李白〈送友人〉：「遊子的心意，像天上的飄浮不定的白雲，在落日餘暉下送別，不勝依依。」(C)李白〈月下獨酌〉：

「願意永遠結成忘情好友，一起漫遊在縹緲的銀河高處。」(D)王維〈觀獵〉：「枯萎的野草，遮不住尖銳的鷹眼；積雪融化，飛馳的馬蹄更像風追葉飄。」故選(D)。

11. **A**。「細細熬成」必須用火熬煮，所以先將芒果冰刪除，從另三項想，需要熬煮的，煮後放入缸切成一塊塊的，天熱時吃它可以降火氣。故選(A)。

12. **C**。從「質而綺」、「樽中酒，籬下詩」中可知是採菊東籬下又愛喝酒的陶淵明。蘇軾評論陶淵明的詩：「質而實綺，癯而實腴」。（意思：文詞看似質樸，實則極美。質，質樸。綺，華麗。內容看似貧乏，實則豐富。癯，音ㄑㄩˊ，瘦。腴，音ㄩˊ，豐腴。）故選(C)。

13. **B**。蘇轍〈黃州快哉亭記〉：「人活在世上，假使內心不愉快，那麼無論到哪裡，會不感到憂傷嗎？假使內心坦蕩，不因物欲而傷害天賦靈明之性，那麼無論哪裡，會不感到快樂嗎？」(A)蘇軾〈念奴嬌·赤壁懷古〉：「人的一生就像做了一場大夢，還是將一杯酒獻給江上的明月，和我同飲共醉吧！」(B)蘇軾〈定風波〉：「不要管那穿過濃密樹林敲打樹葉的雨聲，何不一面唱歌，一面慢慢的散步呢！一根竹杖、一雙草鞋，比騎著馬還要輕快。」(C)蘇軾〈江城子〉：「料想那明月照耀著、長著小松樹的墳山，就是妻子年年痛欲斷腸的地方。」(D)蘇軾〈臨江仙〉：「我常常怨恨，我自身沒有自由，什麼時候才能忘記名利，不再奔走在名利場面？」故選(B)。

14. **D**。題幹可知是怕驚擾到猴王，讓猴王誤以為遭受威脅而反擊，從嘗試推斷任何動物在遇見人類時，免不了張張口、伸伸爪吼個幾聲來虛張聲勢。故選(D)。

15. **D**。少見多怪：譏人識見不廣，遇事多以為可怪。／說一不二：說話算數，堅定不移。／俯衝而下：利用垂直降落的重力加速度，從空中俯衝而下。／獨一無二：喻最突出或極少見，沒有可比或相同的。／俯拾皆是：形容到處都有，很容易取得。習以為常：養成習慣後，便成為常規。故選(D)。

16. **A**。文末寫「只有真實不行，背後是一番心血。」可推知他是真實的，但要怎樣才能勾起閱讀的興趣，如何引人入勝呢？太依真實未經修剪或是適當的添加，怕無法讓人想讀吧！故選(A)。

17. **C**。(A)石虎的外貌：石虎耳後有明顯的白斑。若從正面觀察，最明顯的就是石虎眼睛內側有向上延伸的兩條白色線條。(B)石虎的食物：其中一隻吃了一隻體重超過200公克的刺鼠。(D)石虎的活動：石虎擅長

爬樹，也能游水。晨昏與夜間較活躍，但白天也活動。休息時藏身於樹上或濃密草叢，到河岸、田間、林下、淺溪捕獵，常見從稜線下切尋找水源。故選(C)。

18. **B**。文中雖沒提，但我們可從新聞中知道政府並沒有對瀕臨絕種的石虎做妥善的保護，比如蓋石虎專用的安全步道，讓石虎不再與車爭道，苗栗縣議員甚至説出是因為石虎太多才被車撞死這樣令人憤慨的話。故選(B)。

19. **B**。(A)倚「扉」ㄈㄟ而望：靠在門扉上遠望。(B)「誹」ㄈㄟˇ謗之木：相傳堯時立木牌於橋邊，供人書寫諫言。後世因於宮外立木，任人書寫政治得失，稱為「誹謗之木」。(C)明星「緋」ㄈㄟ聞：明星感情、婚姻方面的傳聞。(D)霪雨「霏」ㄈㄟ霏：雨雪煙雲盛密的樣子。故選(B)。

20. **A**。吾時「俯」而不答→俛。「我當時低著頭不願回答。」故選(A)。

21. **C**。乾燥：缺乏水分。燥：乾的、缺少水分的。鼓譟：大眾一起發出呼喊喧鬧的聲音。譟：喧譁、喧擾。暴躁：遇事急躁、魯莽，不能控制感情。躁：性急、不冷靜。故選(C)。

22. **C**。「山以不變的姿態橫亙」可知山自古以來都在那，故知是「恆古」，鬼頭刀和飛魚佔據視線、胸膛，知是「盤據」，亮點是一閃一閃的「閃耀」。故選(C)。

23. **D**。(A)揶「揄」嘲弄：調笑戲弄。／至死不「渝」：到死都不改變。至：到；渝：改變。(B)心無旁「騖」：專心一意而無其他念頭。／好高「騖」遠：形容一味地嚮往高遠的目標而不切實際。騖：放縱的追求。(C)動員「戡」亂：於戰時或緊急狀況時，動員國家全部的人力和資源，支援國防軍事活動，以平定戰事亂象的措施。戡：克、平定。／查「勘」災情：訪查勘驗災情。勘：察看、考核。(D)「截」然不同：彼此差異非常明顯。／攔「截」扒手：迎頭阻擋，截斷去路。故選(D)。

24. **C**。關鍵字「草堂」，杜甫在成都西郊浣花溪畔築茅屋而居，即為著名的成都杜甫草堂。稱杜甫杜拾遺、杜工部；又稱杜少陵、杜草堂。故選(C)。

25. **D**。題目原詩出自於劉禹錫〈蜀先主廟〉。(A)「天地間的英雄氣概經過了千年之後，仍然是讓人敬畏。」(B)「形成了三足鼎立的形勢，振興國家後又恢復了五銖錢。」(C)「得到諸葛亮做為丞相並建立了開國大業，可惜生了不像父親這麼賢明的兒子。」(D)「淒涼那時蜀國的歌妓，卻在魏宮前面歌舞。」故選(D)。

108年臺北捷運新進技術員（機械／土木類）

( )　1. 「雨□天晴後，□著腰的他，走到紅漆的欄杆旁，想□望雨後彩虹，卻驀然而躓。」以上缺空的字，依序應填入：
(A)霽／佝／眺
(B)霽／痀／佻
(C)薺／痀／佻
(D)薺／佝／眺。

( )　2. 下列各組成語，何者意義相近或相同：
(A)不易之論／不經之談
(B)毛遂自薦／遁世逃名
(C)不可一世／妄自尊大
(D)並行不悖／勢不兩立。

( )　3. 下列何者詞義與其他三者不同？
(A)不屈不撓
(B)奮不顧身
(C)再接再厲
(D)徘徊踟躕。

( )　4. 袁宏道云：「世人所難得者為『趣』。『趣』如山中之□、水中之□、花中之□、女中之態，雖善說者不能下一語，唯會心者知之。」上文□的字詞，依序應該是：
(A)清／景／容
(B)清／容／景
(C)色／光／味
(D)色／味／光。

( )　5. 下列何者，不是《紅樓夢》？　(A)石頭記　(B)良緣錄　(C)風月寶鑑　(D)金陵十二釵。

( )　6. 章回小說有「奸、淫、邪、盜」四大奇書，下列何者的對應關係正確：
(A)三國演義—淫
(B)西遊記—奸
(C)水滸傳—盜
(D)金瓶梅—邪。

( )　7. 〈晚遊六橋待月記〉：「由斷橋至蘇隄一帶，綠煙紅霧，瀰漫二十餘里。」文中「綠煙紅霧」是描述哪一種情景：
(A)煙霧瀰漫
(B)花木繁茂
(C)天際彩虹
(D)男女遊客。

( )　8. 閱讀下文，推斷□□□內最適合填入的詞語依序為何？
「坐上清晨的火車，車廂裡一片靜寂，□□沒有幾位旅客。其中一站上來了一位老婆婆，老婆婆拉開嗓門詢問車次、站次，中氣十足的聲響打破了車廂的寧靜。我不知道其他人有何感想，於我□□□一絲的不開心，因為我知道那是最純樸、最沒有心機的聲音，□□□老婆婆可能因為重聽才會說話這麼大聲。」
(A)幾乎／卻不能／也想像　　(B)幾乎／卻沒有／也知道
(C)完全／卻不知／也體諒　　(D)完全／卻無法／也明白。

( )　9. 閱讀下文，推斷□□□□內最適合填入的詞語依序為何？
「翡冷翠稱為文藝復興搖籃之地，即因這個地方□□□□，人才輩出；然而天才倘無人□□□□，生活不得保障，便無由安心創作，則才智亦恐難發揮。從這個觀點上看，翡冷翠的梅第奇家族委實□□□□。」
(A)人文薈萃／褓抱提攜／前途無量
(B)人文薈萃／賞識提攜／功德無量
(C)人心不古／賞識提攜／前途無量
(D)人心不古／褓抱提攜／功德無量。

( )　10. 李煜〈浪淘沙〉：「獨自莫凭欄，無限江山，別時容易見時難」，上文的意思是：
(A)傾訴長年飄泊，老病孤愁的複雜感情
(B)敘寫懷鄉之感，思念家鄉父老的愁緒
(C)表現悠閒超脫，對大自然的順適自得
(D)抒發國破家亡傷感，江山故國的情思。

( )　11. 張志和〈漁歌子〉：「西塞山前白鷺飛，桃花流水鱖魚肥，青箬笠，綠簑衣，斜風細雨不須歸」，最適合上文所描寫的「漁夫」形象是：
(A)飲酒作樂忘卻俗事　　(B)樂天知命把握當下
(C)樂而忘歸悠閒自得　　(D)自得其樂放浪形骸。

( )　12. 「蒹葭蒼蒼，白露為霜。所謂伊人，在水一方。」是描寫哪一方面的情感？　(A)愛情　(B)親情　(C)友情　(D)手足。

( ) 13. 「開，或者關／都可以／有時候是阻擋／有時候是歡迎／進，或者出／都可以／它真正的意思／只是通過／」，此詩所其呈現的人生哲思是：
(A)要有勇敢追求真理的認真執著
(B)應當審慎抉擇自己的人生道路
(C)敞開心胸接受外在事物的改變
(D)人生不必過於執著或守住不放。

( ) 14. 「秦義方朝著遺像又□了一眼，把柺杖撂在地上，掙扎著伏身便跪了下去，□了幾個響頭，掏出手帕來□眼淚。」上文□處，最適合填入的語詞，依序應是：
(A)瞇／拜／拍 　　　　　(B)瞇／磕／拍
(C)瞅／拜／抹 　　　　　(D)瞅／磕／抹。

( ) 15. 子曰：「飯疏食，飲水，曲肱而枕之，樂亦在其中矣！不義而富且貴，於我如浮雲」，針對文中的生活態度，最適合的選項是：
(A)安貧樂道 　　　　　(B)守分知足
(C)不拘小節 　　　　　(D)心平氣和。

( ) 16. 「像印地安的武士／雄壯威武的直立著／他那堅固的盔甲裡／卻深藏著一顆甜蜜又堅毅的心」上述詩作所描寫歌詠的對象是：
(A)西瓜　 (B)鳳梨　 (C)香蕉　 (D)荔枝。

( ) 17. 「如果我們心底有塊園地，像寂靜森林，像陽光也穿透不了的暗層，那麼詩就會在那兒滋長起來。最後與最早，只是時間問題，不是詩人找到詩，而是詩找到詩人。詩像愛情，因為說不清楚，所以迷人。」根據上文，作者認為能產出詩的主要原因是：
(A)大自然所賦予的靈感 　　　　　(B)獨居靜觀所得的情境
(C)與生俱來深藏的靈感 　　　　　(D)持之以恆醞釀的情境。

閱讀下文，回答第18題～第19題

「書變成愛的收納櫃。當人把自己的愛寫下來，儲存在書的容器裡，就放心地認為愛已完成。寫下的是為了忘記，當愛變成一片字海，施愛的人已遠走他鄉。」

( ) 18. 依據上文，作者認為「書」與「愛」的關係是： (A)互惠平等 (B)互為因果 (C)你追我跑 (D)你儂我儂。

( ) 19. 「譬喻」是在描寫事物或說明道理時，將一件事物或道理指成另一件事物或道理的修辭法，這兩件事物或道理之中具有一些共同點。根據上文，下列選項二者關係，何者不符合此定義？
(A)愛／收納櫃 (B)字海／收納櫃
(C)忘記／收納櫃 (D)他鄉／收納櫃。

( ) 20. 下列各組詞語所標示的注音符號，其字形完全相同的選項是：
(A)小心ㄧˋ ㄧˋ／精神ㄧˋ ㄧˋ
(B)意氣ㄧㄤˊ ㄧㄤˊ／沸沸ㄧㄤˊ ㄧㄤˊ
(C)ㄐㄧˊ ㄐㄧˊ可危／ㄐㄧˊ ㄐㄧˊ營營
(D)深情ㄇㄛˋ ㄇㄛˋ／ㄇㄛˋ ㄇㄛˋ無語。

( ) 21. 下列「 」中詞語，用字完全正確的選項是：
(A)這種「病歷」，我們已經擁有相當完整的「病例」紀錄
(B)參加「化裝」舞會前，總要先精心「化妝」打扮一番
(C)如果「預訂」端午連續假日返鄉，必須「預定」高鐵車票
(D)穿著「秩服」的警察最終「制服」了敵人。選擇題題目內容。

( ) 22. 戴望舒〈夕陽下〉：「晚霞在暮天上□□，溪水在殘日裡□□，我瘦長的影子飄在地上，像山間古樹底寂寞的□□。」閱讀上文，推斷□□內最適合填入的詞語依序為何？
(A)漂浮／優游／小蟲 (B)漂浮／流金／新芽
(C)撒錦／流金／幽靈 (D)撒錦／優游／小花。

( ) 23. 下列選項何者與〈出師表〉：「夙夜憂嘆，恐託付不效」之「效」義相同？ (A)苟臨危「效」命，尚當不顧以奮身 (B)願陛下託臣以討賊興復之「效」 (C)若真也葬花，可謂東施「效」顰 (D)不「效」，則治臣之罪。

( ) 24. 子曰：「歲寒，然後知松柏之後凋也」，針對文中的生活態度，最適合的選項是： (A)超然物外 (B)安貧守道 (C)安常守故 (D)高風亮節。

( ) 25. 「藉由一路蜿蜒而上的／山路／不斷做出選擇」，仔細推敲上文所描繪出的中文「字形」是： (A)出 (B)岩 (C)岔 (D)志。

解答與解析（答案標示為#者，表官方曾公告更正該題答案。）

1. **A**。霽ㄐㄧˋ、雨後或霜雪過後轉晴。／佝ㄎㄡˋ、背部向前彎曲。／眺ㄊㄧㄠˋ、遠望。／痀ㄐㄩ駝背、背脊彎曲。／佻ㄊㄧㄠ輕薄、不莊重。／薺ㄐㄧˋ、植物名。故選(A)。

2. **C**。(A)不易之論：至精至當，不可改易的言論。／不經之談：荒誕、沒有根據的話。(B)毛遂自薦：喻自告奮勇，自我推薦。／遁世逃名：逃離人世，隱姓埋名。(C)不可一世：形容狂妄自大已達極點。／妄自尊大：驕矜自大，自命不凡。(D)並行不悖：同時進行，不相妨礙。／勢不兩立：敵對的雙方不能同時並存。故選(C)。

3. **D**。(A)不屈不撓：不因為受阻礙而屈服。(B)奮不顧身：勇往直前，不顧生死。(C)再接再厲：勇往直前，不顧生死。(D)徘徊踟ㄔˊ躕ㄔㄨˊ：徘徊不前的樣子。故選(D)。

4. **D**。原文語譯「對於世間人而言，最難得到的，莫過於『趣』。趣如同山上的景色，水中的滋味，花中的光彩，女子中的姿態，即使是擅長言語的人也無法形容，只有用心體會的人能了解。」

5. **B**。《紅樓夢》又名《情僧錄》、《風月寶鑑》、《金陵十二釵》、《金玉緣》；因故事是從女媧補天時所剩下的一塊石頭講起，故又名《石頭記》。故選(B)。

6. **C**。《三國演義》（奸）：羅貫中，共120回。故事裡有許多人物較量計謀，你來我往，心機城府，顯露無遺。《西遊記》（邪）：吳承恩，描寫神魔正邪的對決，共100回。《金瓶梅》（淫）：蘭陵笑笑生，言情而展露男女情愛，共100回。《水滸傳》（盜）：施耐庵，官逼民反是最佳寫照，共100回。故選(C)。

7. **B**。「從斷橋到蘇隄一帶，楊柳如綠煙，桃花似紅霧，綿延二十多里。」故選(B)。

8. **B**。從「沒有幾位」中可知有人只是很少而已，所以選「幾乎」；從後文「我知道那是最純樸……」知道「我」並沒有不開心、生氣，所以選「卻沒有」，老婆婆是因為重聽才說這麼大聲而不是故意吵人的，因此選「也知道」。故選(B)。

9. **B**。人文薈萃：人類文化集中於一處。比喻傑出人物會聚。襁抱提攜：襁抱，用襁褓包起來抱著。提攜，牽著手走路。襁抱提攜指父母對孩

子的細心照顧。前途無量：前途看好，無可限量。賞識提攜：認識別人的才能而加以讚賞、器重、提拔。功德無量：舊時指功勞恩德非常大。現多用來稱讚做了好事。人心不古：感嘆現在的人，失去古人忠厚淳樸的心地。故選(B)。

10. **D**。原詞語譯「太陽下山時，獨自一人在高樓上倚靠欄杆遙望遠方，想到以前擁有的無限江山，心中便泛起陣陣傷感。離別它是容易的，再要見到它卻很艱難。」李煜，南唐最後一個國君，被宋王朝俘後，受封「違命侯」，實同禁囚。這首詞吐露了他對已失去的帝王生活無限惋惜和留戀之情。故選(D)。

11. **C**。「西塞山前白鷺自由地翱翔。桃花隨著流水飄去，水中鱖魚又大又肥。江岸上一位戴著青色的箬笠，身上披著綠色的蓑衣的老翁，坐在船上沐浴在斜風細雨裡流連忘返。」故選(C)。

12. **A**。「蘆葦一片碧綠蒼蒼，白露凝結成霜。我思念的那人，就在河水對岸的那一邊。」所謂：常常說起的，即思念、思慕之意。伊人：「那個人」。伊，是、此，指示代詞。故選(A)。

13. **D**。從文中可以讀出，同一件事只要換個心態看、換個角度想，將會有不同的解讀，不必拘泥於刻板的思維，方能讓自己自在許多。故選(D)。

14. **D**。睞的意思是眼瞼上下微閉。文中秦義方應是看著遺像而不是對遺像閉起眼，所以選瞅ㄔㄡˇ，看；從後文「幾個響頭」推知是「磕」才會有聲音；手帕是用來擦或抹眼淚。故選(D)。

15. **A**。孔子說：「吃粗糙的飯，只喝水，彎曲手臂當枕頭來睡覺，物質條件雖然貧乏，快樂就在這生活當中。不義所得到的財富及尊貴，對我來說，就像天上的浮雲一般，和我一點關係都沒有。」(A)安貧樂道：以信守道義為樂，而能安於貧困的處境。(B)守分知足：安守本分滿於現狀。(C)不拘小節：不被生活上的細節所拘束。(D)心平氣和：心氣平和，不急不怒。故選(A)。

16. **B**。從「印地安的武士」中想像印地安人戴著的羽毛的帽子；「堅固的盔甲」外皮有點硬；「甜蜜又堅毅的心」果肉甜甜而且不是軟的。故選(B)。

17. **C**。心底的園地有雨水滋潤、有陽光孕育，雖然不被人所見，但心底的詩意在雨水陽光的守護下，慢慢抽芽。故選(C)。

18. **B**。因為有愛才能成為字海，才有遺忘與記憶。故選(B)。

19. **D**。(A)愛／收納櫃，愛放在裡面才能打開來慢慢回味。(B)字海／收納櫃，字放在裡面也許成書也許是日後可以閱讀可以記錄記憶。(C)忘記／收納櫃，放在裡面方能不忘記。(D)他鄉／收納櫃，人已遠去無法收藏了。故選(D)。

20. **B**。(A)小心翼翼：非常謹慎，不敢疏忽。／精神奕奕：情緒高昂，有朝氣的樣子。(B)意氣揚揚：形容自滿自得的樣子。／沸沸揚揚：形容人聲雜亂，議論紛紛，如水沸騰一般。(C)岌岌可危：形容非常危險。／汲汲營營：多形容人急切求取名利的樣子。(D)深情脈脈：眼神含情，相視不語的樣子。／默默無語：默不作聲，不說一句話。故選(B)。

21. **B**。(A)病歷→病例，病例→病歷。病例：疾病的例子。病歷：醫院中記載病人病情、診斷過程和處理方法的紀錄。(C)預訂→預定，預定→預訂。預訂：事先訂購。預定：事先規定。(D)秩服→制服。制服：規定式樣的服裝。秩服指的是爵祿與服飾的等級。故選(B)。

22. **C**。晚霞是有顏色的，有時還色彩繽紛，所以接「撒錦」；落日仍是黃色的，倒影落在溪水上，如「流金」般，因「我」是個瘦瘦高高的人，在古樹下像個「幽靈」般孤單。故選(C)。

23. **D**。(A)臨危效命：面臨危難時，能英勇無私，犧牲生命。效：致送、奉獻。(B)希望陛下把討伐奸賊、復興漢室的任務交給我。效：任務。(C)喻不衡量本身的條件，而盲目胡亂的模仿他人，以致收到反效果。效：摹仿。(D)如果不能完成任務，就治我的罪。效：成功。故選(D)。

24. **D**。「天氣寒冷的時候，然後才知道松柏的堅貞，在所有的草木中是最後凋零的。」勉勵人應有堅貞的氣節。(A)超然物外：澹泊曠達，不為物欲所局限。(B)安貧守道：安於貧困，並以道德自持。(C)安常守故：習慣於日常的平穩生活，保守舊的一套。指守舊不知變革。(D)高風亮節：高尚的品格，堅貞的氣節。故選(D)。

25. **C**。不停選擇、不停分出新的思緒。故選(C)。

108年臺中捷運站務員／技術員

( ) 1. 下列各組「 」內的詞，何者意義相同？ (A)「寄」蜉蝣於天地／到台北以後，學校宿舍成為我的「寄」身之處 (B)男女衣著，「悉」如外人／同學們得「悉」此事，都感到十分訝異 (C)遷客「騷」人，多會於此／公司即將裁員的消息引起一陣「騷」動 (D)引氣不齊，巧拙有「素」／領國家俸祿的公務員豈能尸位「素」餐。

( ) 2. 下列文句中，何者用字完全正確？ (A)面對無常的生命，蒼海桑田的變化，必須以廣闊的胸襟來接納 (B)生活中的點滴片段，若是細心觀察記錄，都可能成為行文寫作的好材料 (C)面對浩翰的海洋，一股強烈的力量拍擊著我的心，終於體驗到大自然的壯美 (D)隔壁的王先生雖然已屆不惑之年，參與進修時仍表現出茲茲不倦的精神。

( ) 3. 下列文句中的「微」，何者與范仲淹〈岳陽樓記〉：「然則何時而樂耶？其必曰：先天下之憂而憂，後天下之樂而樂乎！噫！微斯人，吾誰與歸」的「微」字義相同？ (A)「微」管仲，吾其被髮左衽矣 (B)天下之事，常發於至「微」，而終為大患 (C)一日，風雪嚴寒，從數騎出，「微」行，入古寺 (D)吾觀三代以下，世衰道「微」，棄禮義，捐廉恥。

( ) 4. 《論語·子罕》：「譬如為山，未成一簣，止，吾止也。」此句涵義與下列何者相同？ (A)斬草不除根，春風吹又生 (B)鍥而舍之，朽木不折 (C)欲窮千里目，更上一層樓 (D)溫故而知新，可以為師矣。

( ) 5. 子曰：「知之者，不如好之者；好之者，不如樂之者。」下列選項，何者沒有表現出「樂在其中」的好學精神？ (A)一簞食，一瓢飲，在陋巷，人不堪其憂，回也不改其樂 (B)士志於道，而恥惡衣惡食者 (C)閑靜少言，不慕榮利，好讀書，不求甚解，每有會意，便欣然忘食 (D)發憤忘食，樂以忘憂，不知老之將至。

(　)　6.「君子之德，風；小人之德，草。草上之風，必偃。」的文意與下
　　　列何者相近？　(A)其身正，不令而行；其身不正，雖令不從　(B)
　　　名不正，則言不順；言不順，則事不成　(C)道之以德，齊之以禮，
　　　有恥且格　(D)舉直錯諸枉，則民服；舉枉錯諸直，則民不服。

(　)　7.據報導，某富家子因一時缺錢，竟偽造文書，偷領女友的存款。
　　　對此，報紙可能會以何者為評語？　(A)小人窮斯濫矣　(B)賢賢
　　　易色　(C)學而不思則罔　(D)暴虎馮河，死而無悔。

(　)　8.閱讀下文，康橋帶給詩人的種種改變，讓詩人對康橋產生哪種感情？
　　　我的眼是康橋教我睜的，我的求知慾是康橋給我撥動的，我的自
　　　我的意識是康橋給我胚胎的。我在美國有整兩年，在英國也算是
　　　整兩年。……如其我到美國的時候是一個不含糊的草包，我離開
　　　自由神的時候也還是那原封沒有動；但如其我在美國時候不曾通
　　　竅，我在康橋的日子至少自己明白了原先只是一肚子顢頇。（徐
　　　志摩〈吸煙與文化〉）
　　　(A)揉碎在浮藻間，／沉澱著彩虹似的夢
　　　(B)夏蟲也為我沉默，／沉默是今晚的康橋
　　　(C)我揮一揮衣袖，／不帶走一片雲彩
　　　(D)在康河的柔波裡，／我甘心做一條水草。

(　)　9.閱讀下文，請問本文的主旨是：
　　　孟子稱：「人之患，在好為人師。」由魏晉氏以下，人益不事師。
　　　今之世不聞有師，有，輒譁笑之，以為狂人。獨韓愈奮不顧流俗，
　　　犯笑侮，收召後學，作〈師說〉，因抗顏而為師。世果群怪聚罵，
　　　指目牽引，而增與為言詞。愈以是得狂名；居長安，炊不暇熟，又
　　　挈挈而東①，如是者數矣。（柳宗元〈答韋中立論師道書〉）。
　　　【註】①挈挈而東：便又被外放而匆匆忙忙地向東奔去。
　　　(A)孟子：「人之患，在好為人師。」作者認為韓愈不應為人師
　　　(B)韓愈不顧世俗的態度，作者不以為然
　　　(C)韓愈抗顏而為師，不被世人所認同
　　　(D)說明從魏、晉以來，世人逐漸明白師道之可貴。

（　）　10. 下列有關章回小說的類別，何者錯誤？　(A)《西遊記》：神魔小說　(B)《儒林外史》：歷史小說　(C)《紅樓夢》：言情小說　(D)《老殘遊記》：譴責小說。

（　）　11. 閱讀此詩，判斷與下列哪首詩句的情感最為接近？三十年前／你從柳梢頭望我／我正年少／你圓／人也圓／三十年後／我從椰樹梢頭望你／你是一杯鄉色酒／你滿／鄉愁也滿。（舒蘭〈鄉色酒〉）(A)蒹葭萋萋，白露未晞。所謂伊人，在水之湄　(B)月上柳梢頭，人約黃昏後　(C)但願人長久，千里共嬋娟　(D)日暮鄉關何處是，煙波江上使人愁。

（　）　12. 詩文常以代稱稱人物，如以「紅袖」代稱美女。下列「　」中詞語所代稱的意涵，何者解釋錯誤？　(A)固「一世之雄」也，而今安在哉：指周瑜　(B)妝成每被「秋娘」妒：指歌伎　(C)江州司馬「青衫」溼：指白居易　(D)慈烏復慈烏，鳥中之「曾參」：指孝子。

（　）　13. 《鯨生鯨世》是廖鴻基描寫觀察鯨豚的作品，書名借用讀音相近的字辭，使用了「雙關」法。下列廣告用語，何者也使用相同的技巧？　(A)清涼一夏：冷氣機　(B)繼續喝茶五千年：茶飲料　(C)生命就是該浪費在美好的事物上：咖啡　(D)全家就是你家：便利商店。

（　）　14. 「首□兩端、亡□補牢、杯弓□影、亢□有悔、蠅營□苟」，以上□內的動物皆屬於十二生肖，其依序應為：　(A)兔／牛／蛇／龍／狗　(B)鼠／豬／龍／虎／狗　(C)兔／羊／蛇／虎／雞　(D)鼠／羊／蛇／龍／狗。

（　）　15. 下列詩句，何者不是描寫男女間的愛情？　(A)君家何處住？妾住在橫塘。停船暫借問，或恐是同鄉　(B)十五始展眉，願同塵與灰。常存抱柱信，豈上望夫臺　(C)舍南舍北皆春水，但見群鷗日日來。花徑不曾緣客掃，蓬門今始為君開　(D)衣帶漸寬終不悔，為伊消得人憔悴。

( ) 16. 「有一個獵人在夜間打獵時發現了一隻鹿，便在後面拚命追趕，眼看即將得手。此時另一邊來了一夥追趕山豬的人，獵人想說那邊人多，想必追趕更大型的獵物，於是放棄追鹿，改跟著大夥前進。不久，獵人捕捉到一隻渾身白色的野獸，以為是珍獸，便帶回家飼養。珍獸出奇的對獵人很友善。有一天雨後，暴雨竟將這頭珍獸身上的白色泥巴沖刷下來，獵人這時才發現牠是自己走失的公豬——遇事不看清楚，獵人盲從附和眾人，放棄了追鹿，結果一無所獲。」下列選項，何者最適合作為本則故事的註腳？
(A)有志者事竟成，半途而廢絕對遭致失敗
(B)人必自尊而後人尊之，人必自侮而後人侮之
(C)人云亦云的人，追求到手的往往不會是真理
(D)事有緩急，物有貴賤，選擇之前要三思而行。

( ) 17. 下列是一段中間被拆散的散文，請依文意選出排列順序最恰當的選項：我非常喜歡的王羲之、王獻之父子的幾個傳本法帖，大多是生活便條。(甲)完全不是為了讓人珍藏和懸掛。／(乙)接受這張便條的人或許眼睛一亮，卻也並不驚駭萬狀。／(丙)今天看來，用這樣美妙絕倫的字寫便條實在太奢侈了，／(丁)只是為了一件瑣事，提筆信手塗了幾句，／(戊)而在他們卻是再自然不過的事情。於是，一種包括書寫者、接受者和周圍無數相類似的文人們在內的整體文化人格氣韻，就在這短短的便條中洩露無遺。（余秋雨〈筆墨祭〉）
(A)(乙)(丙)(丁)(甲)(戊)　　　　(B)(甲)(乙)(戊)(丁)(丙)
(C)(丙)(乙)(丁)(戊)(甲)　　　　(D)(丁)(甲)(丙)(戊)(乙)。

( ) 18. 下列關於「楚辭」的敘述，何者正確？　(A)為戰國時期北方文學之代表　(B)與《詩經》並列，同為百代韻文之祖　(C)屈原將自己的作品輯錄為《楚辭》一書　(D)為十三經之一。

( ) 19. 下列選項中的敘述，何者說明錯誤？　(A)「先君子」與「先父」都是對自己已去世的父親的一種尊稱　(B)「臣竊以為過矣」句中的「竊」字是一種謙詞　(C)在古文當中，「吾」、「爾」、「余」意同「我」　(D)「先輩」與「先生」在古代可用來指比自己年紀大或者有經驗的長者。

( )　20. 請閱讀下列文章,並選出最適合填入「」內的文句:知名畫家齊白石曾自一詩句得到靈感而完成一幅畫,他在畫中把一個只能用耳朵聽而不能用眼睛看的現象,通過酣暢的筆墨表現出來。這幅名為「」的畫作目前收藏在中國現代文學館。　(A)螢火一星沿岸草　(B)蛙聲十里出山泉　(C)新詩未必能諧俗　(D)解事人稀莫浪傳。

( )　21. 〈蘭亭集序〉:「固知一死生為虛誕,齊彭殤為妄作」的「一死生」、「齊彭殤」意近於:　(A)死生有命,富貴在天　(B)死生壽夭,等量齊觀　(C)待時守分,知命樂天　(D)修真養性,卻病延年。

( )　22. 下列文句,何者沒有錯別字?　(A)小王自從去年失業之後,就倭靡不振至今　(B)張老師病逝,學生們皆趕赴靈堂哀棹致意　(C)經過多年努力,他終於躋身國際明星之列　(D)這位女孩明眸浩齒,笑容甜美,深受大家喜愛。

( )　23. 下列文句中「」的成語,何者使用正確?
(A)榮華富貴有如「眾星拱月」,轉眼之間皆成空
(B)這個案子疑雲重重,真相「歷歷如繪」,讓警方辦案相當吃力
(C)鬧鐘一響,弟弟馬上「掩耳盜鈴」按掉鬧鐘,繼續睡覺
(D)在那「篳路藍縷」的年代,我們的先人留下了無數拓荒的足跡。

( )　24. 下列詩句,何者傳達了「思鄉」之情?　(A)曾經滄海難為水,除卻巫山不是雲。取次花叢懶回顧,半緣修道半緣君　(B)渭城朝雨浥輕塵,客舍青青柳色新。勸君更盡一杯酒,西出陽關無故人　(C)戍鼓斷人行,邊秋一雁聲。露從今夜白,月是故鄉明　(D)結廬在人境,而無車馬喧。問君何能爾?心遠地自偏。

( )　25. 在網路上輸入下列何組關鍵字,可以找到陶淵明的相關資料?
(A)羲皇上人／無弦琴／五柳先生
(B)天上謫仙人／將進酒／高力士脫靴
(C)滄浪之水／眾人皆醉我獨醒／漁父
(D)至聖先師／春秋／有教無類。

解答與解析（答案標示為#者，表官方曾公告更正該題答案。）

1. **A**。(A)寄居、暫時託身。(B)「悉」如外人：全、都／同學們得「悉」此事：知道。(C)遷客「騷」人：憂愁／引起一陣「騷」動：擾亂。(D)巧拙有「素」：本質，指人的性情／公務員豈能尸位「素」餐：平白地。故選(A)。

2. **B**。(A)「蒼」海桑田的變化→「滄」海桑田。(C)面對浩「翰」的海洋→浩「瀚」。(D)「茲茲」不倦的精神→「孜孜」不倦。故選(B)。

3. **A**。題幹原文語譯：范仲淹〈岳陽樓記〉：「那麼要到什麼時候才快樂呢？我想他們一定會說：『在天下一般人還未知道要擔憂之前，他們已經有所擔憂，在天下一般人都快樂了之後，他們才享受到快樂。』唉！要是沒有這樣的人，我還可以跟誰在一起呢？」(A)無、沒有。《論語‧憲問》：「若沒有了管仲，我今天怕也是披髮左衽的人了。」(B)細小。方孝孺〈指喻〉：「天下的事故，通常發生在極為細微，隱而不顯的地方，最後成為莫大的禍患。」(C)副詞，暗中地。方苞〈左忠毅公軼事〉：「有一天颳風下雪，天氣十分寒冷，他帶領幾個騎馬的侍從出門，暗中巡訪，進入一座古老的寺廟。」(D)衰弱。顧炎武〈廉恥〉：「我觀察夏、商、周三代以來，世風衰敗、道德淪喪；人們廢棄禮義，拋卻廉恥。」故選(A)。

4. **B**。題幹原文語譯「這就好像堆一座山，只差一籠土而未完成，這時停下來，便前功盡棄，這是我自己要停下來的啊！」(A)「斬除野草必須連根除盡，不然的話，等到春天來了，被和暖的風一吹，又會生長出來。」喻處理問題要從根本著手，澈底解決，否則經過一段時間，又會成為問題。(B)荀子〈勸學〉：「刻幾下就停下來，腐爛的木頭也刻不斷。」讀書貴在持之以恆。(C)王之渙〈登鸛雀樓〉：「想要看到更遠的景物，必須再爬上一層樓。」勉勵人力求上進，開拓眼界。(D)《論語‧為政》：「溫習舊知識時，能有新收穫，就可以做老師了。」故選(B)。

5. **B**。題幹原文語譯「孔子說：『對於學習事務的道理，僅是了解它的人，比不上喜愛他的人；喜愛他的人，又不如能樂在其中的人。』」(A)《論語‧雍也》：「只吃一簞飯（盛飯的圓形竹器），只喝一瓢水（以瓠剖成兩半用來盛水），住在粗陋的小屋之中，別人是憂愁得難忍其苦，回呀！仍然不改自得其樂，真有賢德啊！顏回。」(B)《論語‧里仁》：「一位讀書人，立定了志向，發願學習修齊治平的仁道，假使對於粗惡

的衣服和飲食，仍然感到羞恥難堪，就不足以和他談論仁道了！」(C)陶淵明〈五柳先生傳〉：「安閑沉靜，很少說話，也不羨慕榮華利祿。喜歡讀書，讀書只求領會要旨，不在一字一句的解釋過分深究；每當對書中的內容有所領會的時候，就會高興得忘了吃飯。」(D)《論語‧述而》：「一發憤讀書就連吃飯也會忘記，讀書讀到非常快樂就忘了憂愁，甚至連自己快要老了也不知道。」故選(B)。

6. **A**。題幹原文語譯：《論語‧顏淵》：「在上位者的德政好比是風，老百姓的德行好比是草，風加諸於草上，草必定會隨風仆倒。」喻道德文教的感化人。(A)《論語‧子路》「一個居上位的人自己篤守中正，不必發號施令，人民就會實行；一個居上位的人自己不篤守中正，就算發號施令，人民也不會服從。」(B)《論語‧子路》：「名份不正當，就無法說得順理（理不直則氣不壯），說話不能順理，做起來就不容易成功」說明正名的重要。(C)《論語‧為政》：「用法制政令來引導人民，用刑罰整飭齊一人民的行動，人民只求避免觸犯法令刑罰，但卻沒有羞恥心；如果用道德去引導人民，用禮義去整飭齊一人民的行動，人民不但有羞恥心，而且能到達善的境界。」孔子認為：用道德禮義治國，比用政令刑罰，更能引導人民向善。道，音ㄉㄠˇ，通「導」，引導、教導。之，指人民。以，用。(D)《論語‧為政》：「舉用正直的人，安置在心術邪曲的人之上，那麼人民便會心悅誠服；舉用心術邪曲的人，安置在正直的人之上，那麼人民便不會心悅誠服。」孔子認為國君能重用正直之士，百姓才會心悅誠服。舉，舉用、提拔。直，正直的人。錯，通「措」，安置。諸，之於。枉，心術邪曲的人。說明若要使人民有羞恥心且能守規範，就非採行德化、禮治不可。說明治國者使人民心悅誠服的方法，在於舉用正直的人，抑制邪曲的人。故選(A)。

7. **A**。(A)《論語‧衛靈公》：「小人一貧困就守不住心性，甚至言行失當了。」(B)《論語‧學而》：「用敬重賢人的心替代愛好美色的心。」上「賢」，動詞，敬重。下「賢」，名詞，賢人。易，動詞，替代。色，美色。賢賢即尊重賢者。(C)《論語‧為政》：「只是學習而不思考，就會迷惘而無所得；只是空想而不學習，就會危疑而不能定。」(D)《論語‧述而》：「赤手空拳和老虎搏鬥，徒步涉水過河，死了都不會後悔。」故選(A)。

8. **D**。綠油油的水草在水波中對詩人招搖，那樣的愜意平靜。好像水草在向詩人打招呼。「我甘心做一條水草」，不僅物我合一，也表達了詩人對康河的永久戀情，願意留在康河，「生於斯，長於斯。」故選(D)。

9. **C**。「孟子説：『人的缺失，就在於喜歡當人家的老師。』自從魏晉以來，人們更加不重視老師。當今世上，不再聽説有人要做老師；如果有，那麼眾人就譏笑他，認為這必定是個狂妄的人。只有韓愈挺身而出，不顧當時的風氣，冒著被眾人取笑侮辱，招收門人弟子，並且寫〈師説〉這篇文章，正經嚴肅地當起老師。社會上果然有許多人覺得韓愈很奇怪，於是聚在一起罵他，用手指著他、用眼睛瞪他，指指點點、拉拉扯扯，甚至説一些指責批評的話，韓愈因此得到『狂妄』的名聲。他居住在長安的時候，飯都還來不及煮熟，又匆忙被外放到東都洛陽去了，這樣的情形已經有好幾次了。」抗顏：面色嚴正不屈。指目：不僅用手指，而且也以眼睛注視著。掣掣：急切的樣子。過言：過分的言論、言過其實。故選(C)。

10. **B**。《儒林外史》：諷刺小説，《儒林外史》所寫內容，假託明朝，實為清朝，而且十之八九的人物都實有其人。作者吳敬梓，全書共五十六回，描寫了康雍時期科舉制度下讀書人的功名和生活。故選(B)。

11. **D**。(A)《詩經‧國風‧秦風》：「蘆葦一片茂盛，白露還沒全乾。我思念的那人，就在河水邊上。」蒹葭：茂盛的樣子。白露未「晞」：乾。逆著水流去找，道路險陡攀升；順著水流去找，彷彿在水中高地上。「湄」：水邊。(B)歐陽脩《生查子‧元夕》：「當月亮自柳梢升起時，那人與我相約在黃昏後見面。」(C)蘇軾〈水調歌頭〉：「希望這世上所有人的親人能平安健康，即便相隔千里，也能共享這美好的月光。」(D)崔顥〈黃鶴樓〉：「暮色昏暗，登樓四望，不知道故鄉在何方？看著煙霧迷茫的江面，使人更添思鄉愁緒。」故選(D)。

12. **A**。(A)固「一世之雄」也，而今安在哉：指曹操。蘇軾〈赤壁賦〉：「『月明星稀，烏鵲南飛』，此非曹孟德之詩乎？西望夏口，東望武昌，山川相繆，鬱乎蒼蒼，此非孟德之困于周郎者乎？方其破荊州，下江陵，順流而東也，舳艫千里，旌旗蔽空，釃酒臨江，橫槊賦詩，固一世之雄也，而今安在哉？」語譯：「『月明星稀，烏鵲南飛』，這不是曹操的詩句嗎？向西望到夏口，向東望至武昌，山水環繞，草木茂盛，這不就是當初曹操被周瑜困住的地方嗎？當曹操佔領荊州，攻下江陵，順著江水東下的時候，戰船綿延千里，旌旗遮蔽天空。當時的他，面對著大江暢飲，橫握著長矛吟詩，可以説是一代的英雄吧！如今在哪裡呢？」故選(A)。

13. **A**。一語同時關顧到兩種事物或兼含兩種意義的修辭方法，包括字音的諧聲，字義的兼指，語意的暗示，都是「雙關」。(1)字音雙關：又稱諧音雙關，一個字詞除本身所隱含的意義外，兼含另一個與本字詞，同音或音近字詞的意義。(2)詞義雙關：一個字詞兼含兩種意義或事物。(3)句義雙關：一句話或一段字，兼含兩件事物或兩層意思。故選(A)。

14. **D**。首鼠兩端：在兩者之間猶豫不決又動搖不定。首鼠：鼠性多疑，出洞時一進一退，不能自決；兩端：拿不定主意。亡羊補牢：喻犯錯後及時更正，尚能補救。杯弓蛇影：喻為不存在的事情枉自驚惶。亢龍有悔：意謂居高位的人要戒驕，否則會因失敗而後悔。形容驕傲者不免招禍。亦指要懂得進退。蠅營狗苟：比喻為了名利不擇手段，像蒼蠅一樣飛來飛去，像狗一樣不知羞恥。故選(D)。

15. **C**。(A)崔顥〈長干行〉：「你家住在什麼地方，我家住在橫塘一帶。停船我來打聽一下，或許我們還是同鄉。」(B)李白〈長干行〉：「十五歲才展開愁眉，希望能和你長相廝守。我對你的感情信守不變，哪會願意登上望夫台？」(C)杜甫〈客至〉：「屋舍的前後都瀰漫著一片的春水，只見成群結隊的沙鷗天天飛來。花間小路從來不曾為客打掃，蓬草做的門扉今天開始為您敞開。市場太遠盤裡沒有兩樣葷菜，家境貧寒壺中只有濁酒招待。如果願意跟隔壁老頭對酌，隔著籬笆喚他前來飲幾杯。」(D)柳永〈蝶戀花〉：「我因消瘦而感到衣帶漸漸寬鬆了，但我始終不後悔，為了她，相思憔悴是值得的。」故選(C)。

16. **C**。文中的獵人追著鹿，在這喻意為真理，追著追著看見聽見別人正在追趕的獵物，他以為是更好的，結果真的抓到了他以為的稀世珍寶，當雨水沖刷後，廬山真面目現出……真理往往被人云亦云的謊言矇蔽，必須用心才能看見真理的存在。故選(C)。

17. **D**。依文意既然是生活便條，就當是隨手隨性一寫，彷彿是我們現今便利貼般的隨性，故接(丁)，寫完可能便丟了或隨手放，故接(甲)，這樣隨手一扔對我們來說太可惜，他們的字今天不僅是稀世珍寶，還是研習書法的範本，故接(丙)，對我們是珍寶對當時的王氏父子來說就是平常生活的隨手一記，所以接(戊)，(乙)。故選(D)。

18. **B**。(A)為戰國時期南方文學之代表。(C)西漢時劉向將屈原、宋玉等人的作品編輯成集並命名為《楚辭》，楚辭又成為一部詩歌總集的名稱。(D)《楚辭》在四庫全書列為集部。十三經：《周易》、《尚書》、《詩經》、

《周禮》、《儀禮》、《禮記》、《左傳》（附《春秋》）、《公羊傳》、《穀梁傳》、《孝經》、《論語》、《爾雅》、《孟子》。故選(B)。

19. **C**。在古文當中，「爾」意同「你」。故選(C)。

20. **B**。蛙聲與泉水聲聽得見卻看不見。故選(B)。

21. **B**。「於是知道把死生看作一樣是虛妄的，把長壽和短命看成等同是荒誕的。」固知一死生為虛誕，齊彭殤為妄作：一死生出自《莊子‧德充符》：「以死生為一條。」解作把死和生看成一樣。齊彭殤：把長壽、短命當成一回事。彭指的是彭祖，相傳彭祖活了八百歲。殤意思是夭折。《莊子‧齊物論》：「莫壽於殤子，而彭祖為夭。」這裡指連莊子這樣通達的說話也不能排遣人生無盡的悲哀，所以是白說白做。故選(B)。

22. **C**。(A)「倭」靡不振至今→「萎」靡不振。(B)赴靈堂哀「棹」致意→哀「悼」。(D)這位女孩明眸「浩」齒→明眸「皓」齒。故選(C)。

23. **D**。(A)眾星拱月：喻許多人共同簇擁一個人。(B)歷歷如繪：描寫、陳述得清楚，就像畫面呈現眼前一般。(C)掩耳盜鈴：喻自欺欺人。(D)篳路藍縷：篳路藍縷指駕柴車，穿破衣，以開闢山林。比喻創造事業的艱苦。故選(D)。

24. **C**。(A)元稹〈離思〉：「曾經見過滄海的浩瀚，便不會為其他流水所動。除了圍繞巫山的纏綿雲霧，其他地方的雲霧實在是不能使我動容。就算走過紫嫣紅的花叢，也懶得回頭。一半是因為修養身心，一半是因為你！」(B)王維〈渭城曲〉：「我勸您還是喝盡這一杯酒吧，因為往西出了陽關以後，您再也碰不到熟識的老朋友了。」(C)杜甫〈月夜憶舍弟〉：「戍樓上的更鼓聲隔斷了人們的來往，邊塞的秋天裡，一隻孤雁在鳴叫。從今夜就進入了白露節氣，月亮還是故鄉的最明亮。有兄弟卻都分散了，沒有家無法探問生死。寄往洛陽城的家書常常不能送到，何況戰亂頻繁沒有停止。」(D)陶淵明〈飲酒詩之五〉：「我把房子建在人群聚集的地方，卻一點也感覺不到車馬的喧鬧聲，你問我為什麼能做到這樣，那是因為我的心性超然，只要不惹塵俗，自然就會覺得住的地方是很偏遠。」故選(C)。

25. **A**。(B)天上謫仙人／將進酒／高力士脫靴：李白。(C)滄浪之水／眾人皆醉我獨醒／漁父：屈原。(D)至聖先師／春秋／有教無類：孔子。故選(A)。

108年臺中捷運技術員（機械類）

( )　1. 下列關於年齡的別稱，請由幼至長的順序排列：　(甲)而立之年
　　　　(乙)不惑之年　(丙)破瓜之年　(丁)耳順之年。
　　　　(A)丙甲乙丁　　　　　　　　　　(B)丙乙甲丁
　　　　(C)乙甲丙丁　　　　　　　　　　(D)甲乙丙丁。

( )　2. 子曰：「色難。有事，弟子服其勞，有酒食，先生饌，曾是以
　　　　為孝乎？」上文中的「色難」意思是：　(A)給長輩的食物，要
　　　　色、香、味俱全很困難　(B)當長輩面露難看的臉色，要用同理
　　　　心去體會　(C)幫長輩物色喜愛的食物與商品，是很難的　(D)侍
　　　　奉父母、長輩，以和顏悅色為難。

( )　3. 根據下文，下列選項何者符合作者的想法？
　　　　一窗之隔，有了距離，有了迂迴緩衝的空間，也有了咀嚼和沈澱
　　　　的時間。而比起純粹山光水色，得了窗之框取，也讓窗外景致更
　　　　多了來自人的勾勒、定義與詮釋，自此更多了溫度、故事、人味
　　　　與情味。〔葉怡蘭〈旅行‧在窗畔〉〕
　　　　(A)自然美景勝於人文景觀
　　　　(B)透過窗子賞景比直接觀賞景物更有味道
　　　　(C)窗子框住視線，侷限人的視野
　　　　(D)窗框的設計與質感，才是欣賞重點。

( )　4. 下列詩句中的描述，何者是秋天的景色？　(A)明月照積雪，朔
　　　　風勁且哀　(B)黃梅時節家家雨，青草池塘處處蛙　(C)犬吠水聲
　　　　中，桃花帶雨濃　(D)月落烏啼霜滿天，江楓漁火對愁眠。

( )　5. 孟子曰：「惻隱之心，仁之端也；羞惡之心，義之端也；辭讓之
　　　　心，禮之端也；是非之心，智之端也。人之有是四端也，猶其有
　　　　四體也。」根據上文，下列敘述何者有誤？
　　　　(A)仁義禮智，就像人的四肢一樣
　　　　(B)憐憫傷痛的心，是仁的善端
　　　　(C)羞恥憎惡的心，是義的善端
　　　　(D)分辨是非對錯，是禮的善端。

( )　6. 蘇軾〈赤壁賦〉：「寄蜉蝣與天地，渺滄海之一粟」所傳達的是何種感慨？　(A)生命無常，應及時行樂　(B)生命短暫且渺小　(C)天地萬物皆有情　(D)富貴由命，不必強求。

( )　7. 子曰：「求也退，故進之。由也兼人，故退之。」上文的敘述是展現孔子的何種教育方式？　(A)因材施教　(B)不屑之教　(C)有教無類　(D)啟發式教育。

( )　8. 比較下列兩首詞的風格，選出正確的選項：。
甲、春花秋月何時了？往事知多少。小樓昨夜又東風，故國不堪回首月明中。〔李煜〈虞美人〉〕。
乙、大江東去，浪淘盡，千古風流人物。故壘西邊，人道是，三國周郎赤壁。亂石穿空，驚濤拍岸，捲起千堆雪。江山如畫，一時多少豪傑。〔蘇軾〈念奴嬌·赤壁懷古〉〕　(A)甲乙兩詞皆屬婉約風格　(B)甲乙兩詞皆屬豪放風格　(C)甲詞婉約，乙詞豪放　(D)甲詞豪放，乙詞婉約。

( )　9. 杜甫的詩句：「三顧頻煩天下計，兩朝開濟老臣心。出師未捷身先死，長使英雄淚滿襟」所描寫的歷史人物是誰？　(A)關羽　(B)曹操　(C)周瑜　(D)諸葛亮。

( )　10. 黃春明〈死去活來〉：「不是病。醫院說，老樹敗根，沒辦法。他們知道，特別是鄉下老人，不希望在外頭過往。沒時間了，還是快回家。就這樣，送她來的救護車，又替老人家帶半口氣送回山上。」文中所描述的是何種臺灣的喪葬習俗？　(A)砍家鄉老樹做棺材　(B)讓臨終的人留一口氣回家　(C)必定由救護車護送回家　(D)清除敗根老樹，否則帶來霉運。

( )　11. 唐太宗在魏徵死後曾說：「夫以銅為鏡，可以正衣冠；以古為鏡，可以知興替；以人為鏡，可以明得失。朕常保此三鏡，以防己過。今魏徵殂逝，遂亡一鏡矣！」由上文推斷，魏徵屬於「三鏡」中的哪一種？　(A)以人為鏡　(B)以銅為鏡　(C)以古為鏡　(D)以上三者皆非。

( )　12. 下列何者不是形容女子的成語？　(A)閉月羞花　(B)沉魚落雁　(C)玉樹臨風　(D)臨去秋波。

(　)　13. 下列歇後語的意思，何者正確？　(A)姜太公釣魚——大開眼界
　　　　(B)劉姥姥進大觀園——路人皆知　(C)司馬昭之心——願者上鉤
　　　　(D)關公門前耍大刀——自不量力。

(　)　14. 「拂水斜煙一萬條，幾隨春色倚河橋。不知別後誰攀摺，猶自風
　　　　流勝舞腰」此首詩描寫何種植物？　(A)荷花　(B)柳樹　(C)竹
　　　　子　(D)牡丹花。

(　)　15. 白樸〈沉醉東風〉：「黃蘆岸白蘋渡口，綠楊堤紅蓼灘頭。雖無
　　　　刎頸交，卻有忘機友。點秋江白鷺沙鷗。傲殺人間萬戶侯，不識
　　　　字煙波釣叟。」下列選項，何者最接近此首元曲中主人翁的心情
　　　　為何？　(A)藐視官場權貴　(B)感嘆富貴如浮雲　(C)遺憾未能
　　　　讀書識字　(D)希望擁有生死之交。

(　)　16. 白居易〈琵琶行〉：「同是天涯淪落人，相逢何必曾相識」的意
　　　　思是：　(A)因為相識多年，所以一點就通　(B)因為未曾相識，
　　　　所以無法理解　(C)因為有相同的遭遇，所以感同身受　(D)因為
　　　　久別重逢，所以一言難盡。

(　)　17. 「桂花開時，香雲成海／月輪高處，廣寒有宮」此對聯適合甚麼
　　　　節令張貼？　(A)春節　(B)端午節　(C)重陽節　(D)中秋節。

(　)　18. 大雄的書面報告裡有「沙場、玉門關、孤城、青海」等字眼，推
　　　　測他這份報告研究的是：　(A)田園詩　(B)閨怨詩　(C)邊塞詩
　　　　(D)浪漫詩。

(　)　19. 曹操〈短歌行〉：「何以解憂，惟有杜康。」其中「杜康」可以
　　　　代表何物？　(A)月　(B)酒　(C)茶　(D)風。

(　)　20. 「剪不斷，理還亂，是離愁」此句的將抽象的離愁，轉變為具體
　　　　可剪可理的東西，此為「形象化」的修辭技巧。下列文句何者也
　　　　運用將抽象轉為具體的修辭技巧？　(A)千山鳥飛絕，萬徑人蹤
　　　　滅　(B)結廬在人境，而無車馬喧　(C)微風過處，送來縷縷清香
　　　　(D)只恐雙溪舴艋舟，載不動許多愁。

( ) 21. 「魏晉名士喜談玄學，反對禮法約束，時有□□□□之舉止。」
上述缺空處應該填入什麼詞語？ (A)戰戰兢兢 (B)墨守成規
(C)放浪形骸 (D)抱殘守缺。

( ) 22. 新聞的標題：「惹上『大麻煩』──某球隊球員因持有毒品遭警方
逮捕」其中「大麻煩」除了可指毒品大麻，也可指一件麻煩的事，
這屬於何種修辭技巧？ (A)譬喻 (B)誇飾 (C)雙關 (D)借代。

( ) 23. 下列選項中的稱謂意涵，何者正確？ (A)稱人父子為「賢伉儷」
(B)稱人兄弟為「賢昆仲」 (C)稱人夫妻為「賢喬梓」 (D)稱
呼對方的師長為「敝業師」。

( ) 24. 徐國能〈奉茶〉：「我想起一位喜歡獨自登山的朋友，一次聚會
中，說到有一回獨自登上頂峰，萬籟俱寂，只有雲氣飄蕩，一片
簡陋的草亭中，竟也有一桶熱茶，當時他面對浮在雲海之上的群
山萬壑，啜飲香茗，雖孤身佇立，並不感到寂寞。」上文透過
「奉茶」想表達什麼？ (A)獨處的滋味 (B)攻頂的快感 (C)
人情的溫暖 (D)美景的陶醉。

( ) 25. 張曼娟〈寫給中年人的情書〉：「孟子說過的許多話中，我最喜
歡的是這一句『大人者，不失其赤子之心者也。』我想成為一個
不失赤子之心的大人：對世界依然充滿好奇與熱情；願意為了理
想披掛上陣；具有更大的包容力與同理心；為他人付出與奉獻是
快樂的事。」下列選項中的人物，何者不屬於擁有赤子之心的大
人？ (A)周遊列國想實踐理想的孔子 (B)寬容大度能接受諫言
的唐太宗 (C)驕橫跋扈結黨專權的胡惟庸 (D)廣設義田致力於
公益的范仲淹。

解答與解析（答案標示為#者，表官方曾公告更正該題答案。）

1. **A**。(甲)而立之年：三十歲。(乙)不惑之年：四十歲。(丙)破瓜之年：十六
歲。喻女子十六歲。因瓜字在隸書及南北朝的魏碑體中，可拆成二個
八字，二八一十六，故當時人以「破瓜」表示女子芳齡。(丁)耳順之
年：六十歲。《論語·為政第二》子曰：「吾十有五而志於學，三十

而立，四十而不惑，五十而知天命，六十而耳順，七十而從心所欲，不逾矩。」丙＜甲＜乙＜丁。故選(A)。

2. **D**。孔子說：「侍奉父母，能隨時和顏悅色是最難得的！有事時，由兒女出勞力為父母去做；有酒飯時，讓父母享用，難道這樣做就算是孝順嗎？」色難：謂侍奉父母，以能和顏悅色最為困難。故選(D)。

3. **B**。文中一開始便點出「一窗之隔，有了距離，有了迂迴緩衝的空間，也有了咀嚼和沈澱的時間。」可知隔著窗看世界，少了身邊的喧擾，自己多了許多思考與想像的空間。故選(B)。

4. **D**。(A)冬天，關鍵字：雪、朔風。謝靈運〈歲暮〉：「明月照在積雪上，北風猛烈而且淒厲。」(B)夏天，關鍵字：黃梅、蛙。趙師秀〈約客〉：「梅子黃時，處處都在下雨，長滿青草的池塘邊上，傳來陣陣蛙叫聲。」(C)春天，關鍵字：桃花。李白〈訪戴天山道士不遇〉：「隱隱的犬吠聲夾雜在淙淙的流水聲中，桃花繁盛帶著點點露水。」(D)秋天，關鍵字：霜、楓。張繼〈楓橋夜泊〉：「月亮逐漸沉落，滿天的霜寒透著烏鴉的啼聲，只有江邊的楓樹、漁船的燈火，伴著我在愁緒中入眠。」故選(D)。

5. **D**。孟子說：「憐憫傷痛的心，是仁的發端；羞恥憎惡的心，是義的發端；謙辭禮讓的心，是禮的發端，辨別是非善惡的心，是智的發端；一個人有仁義禮智這四端，就如同身上有手足四肢一樣，生來就具備的。」故選(D)。

6. **B**。「我們把蜉蝣般短暫的生命寄託在天地之間，渺小得像大海裡的小米粒。」故選(B)。

7. **A**。「冉求生性謙退，所以鼓勵他進取；仲由生性好勝，所以抑制他，使他懂得退讓些。」求，冉有：孔子弟子。姓冉，名求，字子有，魯人。退：謙退，指個性謙讓。兼人：好勇過人、好勝心切。孔子因材施教，使學生行事無過與不及的弊病。故選(A)。

8. **C**。詞家的作品大致可分為兩派：一是豪放派以蘇軾、辛棄疾、陸游為代表，一是婉約派以周邦彥、李清照、柳永、晏殊、晏幾道、秦觀、姜夔、吳文英、李煜、歐陽脩等。甲為李煜〈虞美人〉：「春天的花兒、秋天的月亮，何時才是盡頭？不知道多少往事，被它們勾上心頭！昨天夜裏，東風又一次吹上我居住的小樓。明朗的月色中想起故國，心中的痛苦難以忍受。雕花的欄杆、漢白玉台階，想來應該保

留。當時那裏的人兒啊，美好容顏難依舊。如果有人問我，你心中到底有多少哀愁？就和春天的江水一樣，一刻不停地滾滾東流！」乙為蘇軾〈念奴嬌・赤壁懷古〉：「浩大的長江，滔滔不絕的向東方流去，而滾滾的江水不知沖盡多少英雄人物。在舊營的西邊，聽說就是三國時代周瑜打敗曹操的赤壁。在那裏，雜亂的石山高聳入雲，駭人的浪濤像要撕裂江岸似的，捲起了千萬堆雪白的浪花。美好的江山，就像圖畫一樣；但這中間又產生了多少英雄人物呢？遙想周瑜在赤壁戰役的時候，剛剛娶了美麗的小喬，特別顯得英姿煥發。他頭上戴著絲帛做的便帽，手上輕搖著羽扇，在閒談笑語之間，就把強大的敵軍燒成灰燼了。可是我在這裡想歸想又有什麼用處呢？你們應該會笑我太多情了，才會這麼早就生出滿頭白花花的頭髮。人活在世上，就像一場春夢，還不如斟一杯酒倒入江中，和江水中的明月乾一杯吧！」故選(C)。

9. **D**。杜甫〈蜀相〉：「當年劉備三顧茅廬，向諸葛亮討教統一天下的大計。輔佐兩朝開創大業，匡濟危時，竭盡老臣一片忠心。出兵北伐還沒成功便先病死，使古往今來的英雄，不禁都為他淚濕衣襟。」諸葛亮，關鍵字：三顧、出師未捷。故選(D)。

10. **B**。「沒時間了，還是快回家」……「帶半口氣送回山上」中可知「她」已將過世，「不是病」那是願，想在家中斷最後一口氣、在家閤上眼才心安。故選(B)。

11. **A**。題幹原文語譯「用銅做鏡子，可以從其中端正自己的衣帽儀容；以古人古事當鏡子，可以從其中瞭解一個朝代興盛或衰敗的原因；用人做鏡子，可以從其中明白自己言談行為中的對錯得失。我曾經擁有和珍惜這三面鏡子，一直用他們來防止自己犯錯。現在魏徵已經死了，我失去一面好鏡子了。」故選(A)。

12. **C**。(A)閉月羞花：形容女子容貌姣好，足使花、月為之退掩、失色。(B)沉魚落雁：形容女子的容貌美麗。(C)玉樹臨風：形容人年少才貌出眾。(D)臨去秋波：臨別時傳情的眼眸。秋波，秋天澄淨的水波。比喻清澈明亮的眼睛。秋波，秋天澄淨的水波。比喻清澈明亮的眼睛。故選(C)。

13. **D**。(A)姜太公釣魚——願者上鉤。(B)劉姥姥進大觀園——大開眼界。(C)司馬昭之心——路人皆知。故選(D)。

14. **B**。從「一萬條」「攀摺」可推為柳樹。趙嘏〈〈ㄨㄥ〉〈東亭柳〉：「千萬條的垂絲在斜煙籠罩下漂浮在水面，隨著春色沉醉河邊。不知離別之後誰來攀折了它們，依然呈現裊裊姿態勝過女子的細腰。」故選(B)。

15. **A**。「在長滿黃蘆的岸邊，飄浮著白蘋花的渡口，搖曳著綠楊柳的堤岸，開著紅蓼花的灘頭。雖無生死之交；卻有不懷心機的朋友：那就是在秋江上點水嬉遊的白鷺沙鷗。什麼將相侯王，全都沒放在眼裡！他就是那個目不識丁，在煙霧浩渺的江上垂釣的老漁夫。」刎頸交：指友誼深摯，可以同生死、共患難的朋友。典出《史記‧廉頗藺相如列傳》。忘機：忘卻機心，與世無爭。殺：音ㄕㄚˋ，通「煞」，極、甚之意。萬戶侯：享有萬戶田賦收入的侯爵。泛指大官顯貴者。藉歌詠漁家生活，表達淡泊忘機的心志。故選(A)。

16. **C**。「彼此同是流落天涯的人，雖說初次相逢，又何必曾經相識呢？」詩人感情的波濤為琵琶女的命運所激動，發出了「同是天涯淪落人，相逢何必曾相識」的感嘆。故選(C)。

17. **D**。從「桂花」「月輪」（滿月）「廣寒」（相傳嫦娥住在廣寒宮）可知為中秋節。故選(D)。

18. **C**。(A)田園詩：荊扉、柴門、空山、墟里、鳥鳴、桑麻、秋菊、夕陽、場圃。(B)閨怨詩：春閨、素手、珠簾、羅幕、綺窗、粉淚。(C)邊塞詩：將軍、金甲、胡羌、煙塵、琵琶、轅門、胡琴、長城、瀚海。(D)浪漫詩：天梯、青冥、雲霓、夢遊、金樽、長嘯、朝暮、月影、歌吟。故選(C)。

19. **B**。杜康相傳是周代善於釀酒的人，故作為酒的代稱。故選(B)。

20. **D**。形象化：將抽象的事情具體化（擬虛為實），愁是看不見摸不到的一種心情，卻能被船所運載，而愁太重了，船竟載不動。故選(D)。

21. **C**。(A)戰戰兢兢：因畏懼而顫抖。形容戒懼謹慎的樣子。(B)墨守成規：形容思想保守，固守舊規矩不肯改變。(C)放浪形骸：縱情放任，沒有約束。(D)抱殘守缺：固守舊有事物或思想，而不知改進變通。故選(C)。

22. **C**。屬詞義雙關。雙關是用一詞語同時關顧到兩種不同的事物或兼含兩種不同的意義的修辭方式。雙關是一種歷史悠久的表達方法，在古代的史傳、民歌、小說、戲曲中，即廣泛的被使用。雙關若運用得當，可使文章蘊藉，文字風趣、語言鮮活，常可收到意想不到的奇效。雙關的分類歸納起來可分為三類：(1)諧音雙關：一個字詞除了本身所含的

意義之外，又兼含另一個與本字詞同音或音近的字詞的意義，叫諧音雙關。(2)詞義雙關：一個詞語在句中兼含兩種意思的，叫「詞義雙關」。(3)句義雙關：一句話或是一段文字，雙關到兩件事物或兩層意思的，叫「句義雙關」。故選(C)。

23. **B**。(A)稱人父子為「賢喬梓」。(C)稱人夫妻為「賢伉儷」。(D)稱呼對方的師長為「尊師」。故選(B)。

24. **C**。雲霧繚繞的頂峰，可以想像得出應該是挺寒冷的，安安靜靜的又有些寒的山上，四周無人，卻看見一桶熱茶，是誰泡的放的都不重要，重要的是讓登上頂峰的人，有杯熱呼呼的茶可以暖身，身暖了，心更暖，因為那人情的溫度。故選(C)。

25. **C**。有赤子之心的人，率真任性，自在天然，無聲名之累，無利祿之念，不巧謀算計，不虛飾矯情，孔子為了實踐教育理想周遊列國，也曾受到阻礙，孔子卻不曾放棄理想；魏徵對唐太宗是不假言詞不討好的諫言，太宗雖曾動怒卻虛心納諫，表現出有容乃大的精神；錢公輔〈義田紀〉：「范文正公，蘇人也，平生好施與，擇其親而貧，疏而賢者，咸施之。方貴顯時，置負郭常稔之田千畝，號曰義田，以養濟群。」范仲淹為實踐理想設置義田，造福人民並宏揚其推愛的精神。胡惟庸，明朝開國功臣，最後一任中書省丞相。因被疑叛亂，遭明太祖處死。驕橫跋扈結黨專權已違背了赤子之心的不求名利。故選(C)。

NOTE

109年桃園捷運公司新進人員（第一次）

（　） 1. 有關簽稿之原則，「以稿代簽」為　(A)牽涉較廣，會商未獲結論案件　(B)依法准駁，但案情特殊須加說明之案件　(C)一般案情簡單，或例行承轉之案件　(D)須限時辦發不及先行請示之案件。

請閱讀下列引文

> 與善人居，如入芝蘭之室，久而自芳也；與惡人居，如入鮑魚之肆，久而自臭也。墨子悲於染絲，是之謂矣。君子必慎交遊焉。孔子曰：「＿＿＿」顏、閔之徒，何可世得！但優於我，便足貴之。
>
> 《顏氏家訓·慕賢篇》

（　） 2. 請依文意推敲，選出與「」內的句子意思相近的選項。
　　(A)交朋友，各行各業的人都可以接觸一些
　　(B)朋友間不應該存在猜忌
　　(C)交朋友應該選擇那些有權勢的人
　　(D)不要和不如自己的人作朋友。

（　） 3. 公文程式之類別中「咨」為：
　　(A)公布法律、任免、獎懲官員，總統、軍事機關、部隊發布命令時使用
　　(B)總統與立法院、監察院公文往復時用之
　　(C)對總統有所呈請或報告時用之
　　(D)各機關間公文往返，或人民與機關間之申請與答復時用之。

（　） 4. 下列關於公告的製作要點，何者為非？
　　(A)公告應以官方文字書寫，且不可過於白話
　　(B)有些公告可以免用三段式，例如工程實施或者標價物品即可用表格呈現
　　(C)公告內容不需要將機關來文日期、開會會議記錄等列入其中
　　(D)公告除了利用機關的布告欄，也可以透過報刊等大眾傳播工具作為公布的媒介。

( ) 5. 中國第一篇文學批評專文〈典論論文〉中論述各類文體各有所宜，曰：「蓋奏議宜□，書論宜□，銘誄尚□，詩賦欲□」，下列選項，依序填入正確的是
(A)實、雅、理、麗
(B)理、麗、實、雅
(C)理、麗、雅、實
(D)雅、理、實、麗。

( ) 6. 公文夾的顏色常依公文處理的時限性來區分，白色公文夾應該用於？
(A)最速件 (B)速件 (C)普通件 (D)機密件。

( ) 7. (甲)核稿；(乙)擬稿；(丙)陳核；(丁)會商；(戊)會稿；(己)閱稿；(庚)判行；(辛)擬辦。就實際處理公文時的步驟，依序排列為
(A)(乙)(辛)(己)(甲)(丁)(戊)(丙)(庚)
(B)(辛)(丁)(丙)(乙)(甲)(戊)(己)(庚)
(C)(丁)(辛)(乙)(戊)(甲)(丙)(庚)(己)
(D)(丁)(辛)(己)(乙)(丙)(甲)(戊)(庚)。

( ) 8. 公文主旨之期望及目的語，對「平行機關」可用？
(A)希 照辦 (B)請 核示 (C)請 查照 (D)請 核備。

( ) 9. 下列何者為無隸屬關係的較低級機關對較高級機關用語
(A)鈞部 (B)鈞府 (C)鈞長 (D)大部。

( ) 10. 下列各組「」中的字音，何者字形兩兩相同？
(A)「ㄕㄨˋ」忽而逝／「ㄕㄨˋ」光乍現
(B)「ㄍㄨˇ」惑人心／巫「ㄍㄨˇ」之禍
(C)有所希「ㄐㄧˋ」／老「ㄐㄧˋ」伏櫪
(D)銷聲「ㄋㄧˋ」跡／「ㄋㄧˋ」稱。

( ) 11. 東漢建安文學有所謂「三祖陳王」，其中「三祖」指的是
(A)曹操、曹丕、曹叡
(B)曹丕、曹植、曹沖
(C)曹操、曹丕、曹植
(D)曹操、劉備、孫權。

( ) 12. 有關於「對聯」的定義，何者有誤？
(A)對聯的正格為上下聯字數、句數相等，句型、詞性相同
(B)上聯為平聲，下聯為仄聲
(C)上聯應置右，下聯應置左
(D)就對又稱當句對，為對聯的變格。

( ) 13. 下列各組文句「」內的詞，意義前後相同的是
(A)是以「區區」不能廢遠／余「區區」處敗屋中
(B)孟嘗君怪其疾也，「衣冠」而見之／昔齊人有欲金者，清旦「衣冠」而之市
(C)武仲以能「屬」文為蘭臺令史／舉酒「屬」客誦明月之詩
(D)夢啼妝淚紅「闌干」／沉香亭北倚「闌干」。

( ) 14. 下列是有關年齡的題辭：甲、年齊大衍；乙、從心所欲；丙、壯圖大展；丁、天保九如　請依照由少至老的順序排序，選出正確答案　(A)甲乙丙丁　(B)乙丁甲丙　(C)丙丁乙甲　(D)丙甲乙丁。

( ) 15. 下列有關公文結構的敘述，正確的是
(A)希望受文機關辦理之速度，可填「最速件」、「速件」等，普通件亦須寫「普通件」
(B)公文的主體視需要可分為「主旨」、「說明」、「辦法」三段，或用一段、兩段均可
(C)保密等級可填「絕對機密」、「極機密」、「機密」、「密」，如非密件則寫「非密件」
(D)公文本文，「說明」及「辦法」不可更改名稱。

解答與解析（答案標示為#者，表官方曾公告更正該題答案。）

1. **C**。「以稿代簽」為一般案情簡單，或例行承轉之案件，可「以稿代簽」。故選(C)。

2. **D**。題幹原文語譯「與善人相處，就像進入滿是芝草蘭花的屋子中一樣，時間一長自己也變得芬芳起來；與惡人相處，就像進入滿是鮑魚的店鋪一樣，時間一長自己也變得腥臭起來。墨子因看見人們染絲而感嘆，說的也就是這個意思。君子與人交往一定要慎重。孔子說：『不要和不如自己的人交朋友。』像顏回、閔損那樣的賢人，我們一生都難遇到！只要比我優秀的人，也就足以讓我敬重了。」故選(D)。

3. **B**。答：總統與立法院、監察院公文往復時使用。故選(B)。

4. **A**。公告寫作一律使用通俗、簡潔易懂的文字製作，絕對避免使用艱澀費解的字彙。故選(A)。

5. **D**。題幹原文「蓋議宜雅，書論宜理，銘誄尚實，詩賦欲麗。」原文語譯「奏議應該典雅莊重，書論必須條理清晰，銘誄注重真實，詩賦要求華美。」故選(D)。

6. **C**。公文夾顏色及用途：

(1)紅色－用於最速件。　　(2)藍色－用於速件。

(3)白色－用於普通件。　　(4)黃色－用於機密件。

故選(C)。

7. **B**。公文處理流程，指文書自收文或交辦起至發文、歸檔止之全部流程，分為下列步驟：

(1)收文處理：簽收、拆驗、分文、編號、登錄、傳遞。

(2)文件簽辦：擬辦、送會、陳核、核定。

(3)文稿擬判：擬稿、會稿、核稿、判行。

故選(B)。

8. **C**。(A)希　照辦：請下級機關知悉辦理時用。

(B)請　核示：下級機關（屬員）對上級機關或首長用。

(C)請　查照：請平行機關知悉辦理時用。

(D)請　核備：下級機關（屬員）對上級機關或首長用。

故選(C)。

9. **D**。有隸屬關係的下級機關對上級機關用，如「鈞部」、「鈞院」、「鈞府」。無隸屬關係之下級機關對較高級機關用，例如本校對五院行文稱「大院」、對教育部以外之其他部會局處稱「大部」、「大局」、「大處」。故選(D)。

10. **B**。(A)「倏」忽而逝：極快地眨眼之間就消失了。／「曙」光乍現：清晨的日光突然顯現。比喻原先混沌不明的事情突然出現轉機、希望。

(B)「蠱」惑人心：以謠言欺騙、迷惑、煽動人心。／巫「蠱」之禍：以詛咒害人的邪術。

(C)有所希「冀」：希望得到。／老「驥」伏櫪：驥，好馬；櫪，馬槽。老驥伏櫪指好馬雖老了，伏在馬槽邊，仍想奔跑千里。比喻年紀雖大，卻仍懷雄心壯志。

(D)銷聲「匿」跡：隱藏形跡，不公開出現。／「暱」稱：親暱的稱呼。關係親密，而以特殊的用語來稱呼。

故選(B)。

11. **A**。三祖陳王：東漢建安文學代表人物。三祖魏武帝曹操、魏文帝曹丕、魏明帝曹叡。陳王：陳思王曹植。故選(A)。

12. **B**。對聯：直寫豎貼，貼在右邊的是「上聯」，貼在左邊的是「下聯」。（左右以面對門而言，右上左下。）
　　(1)上下聯必須平仄相對，且上聯的末字必為仄聲，下聯的末字必為平聲。
　　(2)上下聯的字數必須相等，斷句一致。
　　(3)上下聯各字詞必須合乎對偶原則，詞性要兩兩相對。
　　(4)上下聯句法要相對。故選(B)。

13. **B**。(A)區區：微細；指小小的私情。李密〈陳情表〉：「我不忍廢養而遠離。」／區區：謙詞，小小的。歸有光〈項脊軒志〉：「我這樣的小人物，住在這個破舊的屋子裡。」
　　(B)衣冠：衣服和帽子。〈馮諼客孟嘗君〉：「孟嘗君對馮諼這麼快回來感到很奇怪，穿戴好衣帽接見他。」／衣冠：衣服和帽子。《列子·說符》：「從前有個齊國人想要金子，清晨穿好衣服，戴上帽子到市集去。」
　　(C)屬：ㄓㄨˇ，連綴、連續。曹丕《典論·論文》：「武仲因為會寫文章而擔任蘭臺令史，可是他一下筆就寫個沒完。」／屬：ㄓㄨˇ，倒酒勸飲。蘇軾〈前赤壁賦〉：「我端起酒杯勸客人們喝酒，朗誦詩經『明月』的篇章及『窈窕』的明歌。」
　　(D)闌干：縱橫交錯之意。白居易〈琵琶行〉：「在夢中哭泣，醒來時發現妝容已因淚水而散亂。」／闌干：竹木或金屬條編成的柵欄，常置於陽臺前或通道間。李白〈清平調〉：「邀妃子在沉香亭北，倚著欄杆佇立欣賞名花。」故選(B)。

14. **D**。甲、年齊大衍：50歲；乙、從心所欲：70歲；丙、壯圖大展：30歲；丁、天保九如：天保：《詩經·小雅》中的篇名；九如：該詩中連用了九個「如」字，有祝賀福壽延綿不絕之意。舊時祝壽的話，祝賀福壽綿長。故選(D)。

15. **B**。(A)希望受文機關辦理之速度，可填「最速件」、「速件」等，普通件無須寫「普通件」。
　　(C)依文書處理手冊上的規定，密等分成「絕對機密」、「極機密」、「機密」、「密」等四種，如非密件，則不必填寫任何字樣，保持空白即可。一般考試不用填寫維持本欄位空白就可以了。

(D)「說明」：當案情必須就事實、來源或理由，作較詳細之敘述，無法於「主旨」內容納時，用本段說明。本段段名，可因公文內容改用「經過」、「原因」等其他名稱。「辦法」：向受文者提出之具體要求無法在「主旨」內簡述時，用本段列舉。本段段名，可因公文內容改用「建議」、「請求」、「擬辦」、「核示事項」等其他名稱。

故選(B)。

NOTE

109年桃園捷運公司新進人員（第二次）

( )　1. 關於現行公文用語所使用的稱謂語，下列敘述何者正確？
　　(A)有隸屬關係之下級機關對上級機關應用「大部、大院」
　　(B)無隸屬關係之較低級機關對較高級機關應用「鈞部、鈞府」
　　(C)機關或首長對屬員、或機關對人民應使用「貴」
　　(D)屬員對長官、或下級機關首長對上級機關首長自稱時應使用「職」。

請閱讀紀弦的〈在地球上散步〉，回答第2題：

> 在地球上散步，
> 獨自踽踽地，
> 我揚起了我的**黑手杖**，
> 並把它沉重地點在
> 堅而冷了的地殼上，
> 讓那邊棲息著的人們
> 可以聽見**一聲微響**，
> 因而感知了我的存在。

( )　2. 本詩的主旨為何？
　　(A)以創作來使得人們注意到自己
　　(B)把散步的過程寫成一首詩
　　(C)抱怨自己的作品沒有人看
　　(D)批評自己的作品。

( )　3. 有關於「題辭」的定義，何者正確？
　　(A)若需祝賀男壽，應提「寶婺騰輝」
　　(B)若師長喪，可用「神傷棠棣」
　　(C)若須祝賀音樂比賽，可使用「陽春白雪」
　　(D)教育界的題辭可使用「杏林之光」。

( ) 4. 依照「公文」寫作原則，下列何者有誤？
(A)個人與醫院簽署的手術同意書屬於公文
(B)人民對政府機關提出申請的申請函屬於公文
(C)公文的製作具有一定流程，若不合此程式，則不視為是公文
(D)公文的處理或製作應遵循公文程式條例。

( ) 5. 下列「」內的讀音，字形前後相同的是
(A)油「ㄍㄡ、」／「ㄍㄡ、」病
(B)糟「ㄊㄚ、」／邋「ㄊㄚ、」
(C)震「ㄏㄢ、」／「ㄏㄢ、」動人心
(D)鞠躬盡「ㄘㄨㄟ、」／出類拔「ㄘㄨㄟ、」。

( ) 6. 下列有關公文的敘述，錯誤的是
(A)發文與受文者當中，至少有一方是機關
(B)私人著述和處理私務的文書，例如私人來往的書信、基於權利
義務關係所製作的書據契約，因與公務無關，不能稱為公文
(C)公文於擬稿階段時，不須遵守特定格式，稍可發揮創意提供長
官參考
(D)公文須符合一定程式，凡不合程式的文書，應不得視為公文。

( ) 7. 按照律詩格律，頷聯、頸聯必須對仗。杜甫〈旅夜書懷〉：「星
垂□□闊，月湧大江流」為一工整對仗句，請問□□中應該填入
的是： (A)平野 (B)視野 (C)獨夜 (D)夜鄉。

( ) 8. 有關公文中「函」之敘述，正確的是：
(A)「說明」、「辦法」分項條列時，應以每項表達一意為原則
(B)承轉公文，可在稿內書：「照錄原文，敘至某處」字樣辦理
(C)文末首長簽署時，不可因簡化起見，首長職銜之後僅書
「姓」，名字以「〇〇」表示
(D)「請核示」、「請查照」、「請照辦」等期望語列入「主
旨」，於「辦法」段內應再重複，以示尊重。

( ) 9. 公文中如有提及「文到5日內回復」或「請於文到一個月內辦
理」等語句，應置於下列何者？ (A)主旨 (B)說明 (C)辦法
(D)視情況而定。

( ) 10. 下列選項，何者不屬於公文程式類別中「函」使用的時機
　　　(A)上級機關對所屬下級機關有所指示、交辦、批復時
　　　(B)下級機關對上級機關有所有所請求或報告時
　　　(C)民眾與機關間之申請或答覆時
　　　(D)各機關就主管業務或依據法令規定，向公眾或特定對象宣布
　　　　周知時。

請閱讀張大春對於文言文的見解後，回答第11題

週末，功課不多，但是仍然要從文言文課程的起點說起。

就讓我們順便學兩句英文吧！說是英文，說這兩句英文的卻是印度人。他叫吉杜‧克里希那穆提（Jiddu Krishnamurti），他可能是第一位用通俗語言向西方世界介紹印度哲學的人。我沒有能力闡釋或發揮他的思想，但是介紹兩句話來破這個「不知」的宗旨，儘管不免借題發揮，卻還合用得很。

吉杜‧克里希那穆提說過這麼一段話：

The begining of learning is to unlearn the differences of things. (註1)

如果感覺這兩句有一點繞，不易理會，就請再參考下面這兩句出自地理學家、地緣政治家Halford John Mackinder的名言（麥金德比克里希那穆提年長三十四歲，兩人一生並無交集）：

Knowledge is one. Its division into subjects is a concession to human weakness.(註2)

這是我們「不知」（疑是）之路的啟程。

如果我們不從向來的學習之道出發、不從分別事物的知見出發，不朝著分科教學與應試所獲得的成績與學位出發、是否還能獲得真正的知見呢？那樣的知見，會不會不為世人所嚮往甚或認可呢？

文言文教育的背後，其實還有這樣一個知識論的邊緣問題——文言文所傳遞的信息如何稱得上是知識？（套用過往我那一代人在青年時期的說法，是：文言文知識如何成為可能？）

　　　　　　　　　　　　　　——張大春　　2017年9月23日臉書貼文

(註1)：譯文：學習的開始是從忘記事物的不同開始。
(註2)：譯文：知識本是一體的，它的學科分類只是讓步於人類的軟弱罷了。

（　）｜ 11. 如教育部須使用這篇文章，故寄公文予作者，下列敘述何者有誤？
　　　　(A)若需引用此文章，應置於附件
　　　　(B)若文中使用期望語，應盡可能以「請」代替「希」
　　　　(C)教育部應稱作者為「貴會」
　　　　(D)若公文中需提到作者友人張三，應稱其為「張三先生」或
　　　　　「張三君」。

請閱讀下列引文，並回答第12～13題

初，鄭武公娶于申，曰武姜，生莊公及共叔段。莊公寤生，驚姜氏，故名曰寤生，遂惡之。

愛共叔段，欲立之。亟請於武公，公弗許。

及莊公即位，為之請制。公曰：「制，巖邑也。虢叔死焉，他邑唯命。」請京，使居之，謂之京城大叔。

祭仲曰：「都城過百雉，國之害也。先王之制：大都不過參國之一；中，五之一；小，九之一。今京不度，非制也，君將不堪。」公曰：「姜氏欲之，焉辟害？」對曰：「姜氏何厭之有？不如早為之所，無使滋蔓；蔓，難圖也。蔓草猶不可除，況君之寵弟乎？」公曰：「多行不義必自斃，子姑待之。」

既而大叔命西鄙、北鄙貳於己。公子呂曰：「國不堪貳，君將若之何？欲與大叔，臣請事之；若弗與，則請除之，無生民心。」公曰：「無庸，將自及。」

大叔又收貳以為己邑，至于廩延。子封曰：「可矣！厚將得眾。」公曰：「不義不暱，厚將崩。」

大叔完聚，繕甲兵，具卒乘，將襲鄭；夫人將啟之。公聞其期，曰：「可矣。」命子封帥車二百乘以伐京，京叛大叔段。段入于鄢，公伐諸鄢。五月辛丑，大叔出奔共。

書曰：「鄭伯克段於鄢。」段不弟，故不言弟。如二君，故曰克。稱鄭伯，譏失教也。謂之鄭志，不言出奔，難之也。

　　　　　　　　　　　　　　　　鄭伯克段於鄢《左傳》隱公元年

( )　12. 請問關於本文，下列敘述何者正確？　(A)鄭伯的名字叫做克段　(B)京城是當時的首都　(C)母親姜氏偏愛哥哥　(D)鄭伯具有伺機而動的耐心。

( )　13. 文末寫道：「段不弟，故不言弟。如二君，故曰克。稱鄭伯，譏失教也。」請問作者是站在哪一邊的立場？　(A)哥哥，因為他才是適當的君王　(B)弟弟，因為哥哥應該讓弟弟　(C)都不認同，因為各自失職　(D)都認同，認為只是孩子兒戲。

( )　14. 鄭阿桃（地址：桃園市桃園區縣府路1號）要寫信給他任職公司的董事長劉園哥（地址：桃園市大園區領航北路四段251號），下圖橫式信封的書寫方式，符合今日規範的是

```
┌──────────────────────────────┐
│ 33001                        │
│ 桃園市桃園區縣府路1號           │
│                              │
│     33743                    │
│     (A)桃園市大園區領航北路四段251號 │
│     (B)劉先生園哥董事長    (C)安啟  │
│                              │
│                    (D)鄭阿桃寄  │
└──────────────────────────────┘
```

(A)收件人地址的位置　　　　　　(B)收件人的姓名與稱呼
(C)啟封詞　　　　　　　　　　　(D)寄件人姓名的位置。

( )　15. 鄭愁予名作〈錯誤〉：「我達達的馬蹄是美麗的錯誤／我不是歸人，是個過客……」下列流行歌詞中「你」、「我」的關係，與此詩最相近的選項是
(A)夜已深，還有什麼人，讓你這樣醒著數傷痕。為何臨睡前會想要留一盞燈，你若不肯說，我就不問
(B)牽你手，若無其事牽你手，你像被動的木偶，多狠多讓人厭惡的劇透
(C)因為愛，所以愛，珍惜在一起的愉快，一分開，你不在，懷念空氣裡的對白
(D)我知道有時候也需要吵吵鬧鬧，但始終也知道只有你對我最好，豆漿離不開油條，讓我愛你愛到老。

解答與解析 （答案標示為#者，表官方曾公告更正該題答案。）

1. **D**。(A)有隸屬關係之下級機關對上級機關應用「鈞部」、「鈞院」、「鈞府」。
   (B)無隸屬關係之下級機關對較高級機關用，例如本校對五院行文稱「大院」、對教育部以外之其他部會局處稱「大部」、「大局」、「大處」。
   (C)對平行機關、或上級機關對下級機關（或首長）、或機關與人民團體用，如「貴府」、「貴會」、「貴校」、「貴公司」、「貴單位」。
   故選(D)。

2. **A**。從詩末「聽見一聲微響，因而感知了我的存在。」可推知是要藉創作讓人注意到自己。故選(A)。

3. **C**。(A)寶婺騰輝用於賀女壽。男壽可用瑞藹懸弧、椿庭日永、南極騰輝等。
   (B)師長喪可用立雪神傷、桃李興悲、高山安仰等。神傷棠棣用於哀兄弟喪。尚可用雁行失序、遽零棣萼。
   (D)教育界的題辭可使用杏壇之光、絃歌不輟、教澤永霑。杏林之光用於醫界，尚可用良相良醫、仁心良術、仁術超群等。
   故選(C)。

4. **#**。(A)醫療同意書就是法律上的「契約」，是立基於醫病雙方意思表示合致。(C)凡各級政府機關之間，或政府機關與民間團體或人民之間，為處理公務事項而相互用來傳達規定或意思主張，而依一定程式所製作的文書表件者，均可稱為「公文」。而人民因需要向政府機關提出之申請函件，雖非「處理公務」，但因被申請對象為政府機關，目的亦希望政府機關基於法令與職權進行處理者，實與政府機關的「行政行為」有所關聯，仍屬處理公務的一環，其往來文書亦稱之為「公文」。故選(A)(C)。

5. **C**。(A)油「垢」：含油的汙垢。／「詬」病：原指恥辱。引申為譏罵、指摘。
   (B)糟「蹋」：損壞而不加愛惜。／邋「遢」：不整潔或做事不謹慎。
   (C)震「撼」：震動搖撼。／「撼」動人心：震驚撼動人的內心。
   (D)鞠躬盡「瘁」：鞠躬，彎身以示敬慎。盡瘁，竭盡辛勞。鞠躬盡瘁指不辭辛勞，盡力於國事。／出類拔「萃」：才能特出，超越眾人。
   故選(C)。

6. **#**。擬稿注意事項如下：(1)擬稿需條理分明，其措詞以切實、誠懇、簡明扼要為準，所有模稜空泛之詞、陳腐套語、地方俗語、與公務無關者等，均應避免。(2)引敘來文或法令條文，以扼要摘述足供參證為

度，不宜緊以「云云照敘」，自圖省事，如必須提供全文，應以電子
文件、抄件或影印附送。(3)各種名稱如非習用有素，不宜省文縮寫，
如遇釋文且關係重要者，請以括弧加註原文，以資對照。(4)文稿表示
意見，應以負責態度，或提出具體意見供受文者抉擇，不得僅作層轉
手續，或用「可否照准」、「究應如何辦理」等空言敷衍。(5)擬稿以
一文一事為原則，來文如係一文數事者，得分為數文答覆。(6)引述原
文其直接語氣均應改為間接語氣，如「貴」「鈞」等應改為「○○」
「本」「該」等。(7)簽宜載明年月日及單位。(8)擬辦復文或轉行之
稿件，應敘入來文機關之發文字日期及字號，俾便考察。(9)案件如以
分行其他機關者，應於文末敘名，以免重複行文。(10)文稿中多個機
關名稱同時出現時，按照既定機關順序，由左至右依序排列。(11)字
跡請力求清晰，不得潦草，如有添註塗改，應於添改處簽章。(12)文
稿分項或分條撰擬時，應分別冠以數字。上下左右空隙，力求勻稱，
機關全銜、受文者、本文等應採用大字體，以資醒目。(13)稿有一頁
以上者應裝訂妥當，並於騎縫處蓋（印）騎縫章或職名章，同時於每
頁之下緣加註頁碼。故選(C)(D)。

7. **A**。五言：每句的二、四字要講求平仄，一、三字的平仄可以不論。律
詩：(1)二、四、六、八句必須押韻。(2)三、五、七句不可押韻。(3)
第一句可押可不押。(4)不可轉韻，平仄不可通押。(5)按照律詩格
律，頷聯、頸聯必須對仗。杜甫〈旅夜書懷〉：「微風吹拂著江岸的
細草，那立著高高桅杆的小船在夜裏孤零地停泊。星星垂在天邊，平
野顯得更加寬闊；月光隨波流動，大江滾滾向東流。」故選(A)。

8. **A**。(B)承轉公文，請摘敘來文要點，不宜在「稿」內書：「照錄原文，
敘至某處」字樣，來文過長仍應儘量摘敘，無法摘敘時，可照規
定列為附件。
(C)文末首長簽署，敘稿時，為簡化起見，首長職銜之下僅書
「姓」，名字則以「○○」表示。
(D)概括之期望語「請核示」、「請查照」、「請照辦」等，列入
「主旨」，不在「辦法」段內重複；至具體詳細要求有所作為
時，請列入「辦法」段內。
故選(A)。

9. **A**。主旨：(1)全文精要說明目的與期望。(2)力求具體扼要。(3)不分段一
項完成。(4)能用主旨1段完成的勿分割為2段3段。(5)定有辦理復文期
限的須敘明。故選(A)。

10. **D**。公告：各機關就主管業務或依據法令規定，向公眾或特定之對象宣布周知時使用。故選(D)。

11. **C**。機關對人民稱「台端」、「女士」，或通稱「君」、「台端」；對團體稱「貴」，自稱「本」。故選(C)。

12. **D**。「從前，鄭武公在申國娶了一妻子，叫武姜，她生下莊公和共叔段。莊公出生時腳先出來，武姜受到驚嚇，因此給他取名叫「寤生」，很厭惡他。武姜偏愛共叔段，想立共叔段為世子，多次向武公請求，武公都不答應。到莊公即位的時候，武姜就替共叔段請求分封到制邑去。莊公說：「制這個地方，從前虢叔就死在那裡，若是封給其它城邑，我都可以照吩咐辦。」武姜便請求封給太叔京邑，莊公答應了，讓他住在那裡，稱他為京城太叔。大夫祭仲說：「分封的都城如果城牆超過三百方丈長，那就會成為國家的禍害。先王的制度規定，國內最大的城邑不能超過國都的三分之一，中等的不得超過它的五分之一，小的不能超過它的九分之一。京邑的城牆不合法度，非法制所許，恐怕對您有所不利。」莊公說：「姜氏想要這樣，我怎能躲開這種禍害呢？」祭仲回答說：「姜氏哪有滿足的時候！不如及早處置，別讓禍根滋長蔓延，一滋長蔓延就難辦了。蔓延開來的野草還不能鏟除乾淨，何況是您受寵愛的弟弟呢？」莊公說：「多做不義的事情，必定會自己垮臺，你姑且等著瞧吧。」過了不久，太叔段使原來屬於鄭國的西邊和北邊的邊邑也背叛歸為自己。公子呂說：「國家不能有兩個國君，現在您打算怎麼辦？您如果打算把鄭國交給太叔，那麼我就去服待他；如果不給，那麼就請除掉他，不要使百姓們產生疑慮。」莊公說：「不用除掉他，他自己將要遭到災禍的。」太叔又把兩屬的邊邑改為自己統轄的地方，一直擴展到廩延。公子呂說：「可以行動了！土地擴大了，他將得到老百姓的擁護。」莊公說：「對君主不義，對兄長不親，土地雖然擴大了，他也會垮臺的。」太叔修治城廓，聚集百姓，修整盔甲武器，準備好兵馬戰車，將要偷襲鄭國。武姜打算開城門作內應。莊公打聽到公叔段偷襲的時候，說：「可以出擊了！」命令子封率領車二百乘，去討伐京邑。京邑的人民背叛共叔段，共叔段於是逃到鄢城。莊公又追到鄢城討伐他。五月二十三日，太叔段逃到共國。《春秋》記載道：「鄭伯克段于鄢。」意思是說共叔段不遵守做弟弟的本分，所以不說他是莊公的弟弟；兄弟倆如同兩個國君一樣爭鬥，所以用「克」字；稱莊公為「鄭伯」，是譏諷

他對弟弟失教；趕走共叔段是出於鄭莊公的本意，不寫共叔段自動出奔，是史官下筆有為難之處。故選(D)。

13. **C**。不弟：不守為弟之道。與「父不父，子不子」用法相同。《春秋》記載道：「鄭伯克段于鄢。」意思是説「共叔段不遵守做弟弟的本分。」如二君，故曰克：兄弟倆如同兩個國君一樣爭鬥，所以用「克」字；克，戰勝。故選(C)。

14. **A**。(B)收件人的姓名與稱呼：先生與董事長擇一寫便可，字體一樣。(C)啟封詞：安啟用於祖父母、父母，宜改用鈞啟。(D)寄件人姓名的位置應在寄件人住址下方。故選(A)。

15. **A**。〈錯誤〉是鄭愁予於1954年創作的一首現代詩。全詩以江南小城為中心意象，寫出了戰爭年月閨中思婦盼望歸人的情懷，屬於閨怨詩，寓意深刻。故選(A)。

NOTE

110年臺中捷運站務員

( )　1.「比喻」的修辭，常見於文學作品中，比喻的方式亦有許多類型。如：「獨立高樓思渺然，『月光如水水如天』」（唐趙嘏江樓感舊）前一個比喻的喻體同時兼任後一個比喻的主體，形成「A如B，B如C」的格式。「水」既是「月光如水」的喻體，又是「水如天」這一比喻的本體。以下選項何者亦屬此種喻式？
(A)客心如水水如愁，容易歸帆趁急流（清葉燮客發苕溪）
(B)月色滿床兼滿地，江聲如鼓復如潮（唐元稹江樓月）
(C)年光往事如流水，休說情迷（五代馮延巳采桑子）
(D)詩情飲興如雲薄，草色花光似酒釀（宋范成大登西樓）。

( )　2.由於受外來文化的影響，我們日常生活用語中常夾雜許多外來語，下列敘述，「不」含外來語的選項是：　(A)複製羊桃莉是基因研究的成果　(B)政治愈混亂，電視臺的叩應節目愈精彩　(C)郵局除了可以寄信之外，也可以繳生活中的水電、稅款　(D)最近便利商店大打便當戰，實際受惠的是消費者。

( )　3.下列有關作者文學風格的敘述，何者有誤？
(A)東晉陶潛詩文自然樸質，平淡有致，為古今隱逸詩人之宗
(B)蘇軾文章汪洋宏肆；蘇轍文章汪洋澹泊，體氣高妙
(C)宋濂文章雍容典雅，與劉基同為明初的文宗
(D)李白詩渾雄高古，沉鬱頓挫，語言精鍊，格律謹嚴。

( )　4.下列有關九流十家的代表人物，敘述錯誤的是：　(A)道家：楊朱
(B)農家：許行　(C)名家：呂不韋　(D)陰陽家：鄒衍。

( )　5.下列有關小說中的歇後語，何者有誤？　(A)劉姥姥進大觀園－－眼花撩亂　(B)孫悟空照鏡子－－裡外不是人　(C)林沖上梁山－－官逼民反　(D)潘金蓮哭武大郎－－虛情假意。

( )　6.溫庭筠〈商山早行〉：「雞聲茅店月，人迹板橋霜」，捨棄一切語法關係，全用名詞，羅列出視覺及聽覺等意象。下列選項之語法，何者與之相同？　(A)風鳴兩岸葉，月照一孤舟　(B)鳥聲梅店雨，野色柳橋春　(C)大漠孤煙直，長河落日圓　(D)渡頭餘落日，墟里上孤煙。

( )　7. 下列有關公文的敘述，何者有誤？　(A)結構通常採「主旨」、「說明」、「辦法」三段式　(B)公文的寫作宜儘量使用語體文　(C)依行文系統有上行、平行、下行三種　(D)函僅於平行之機關行之。

( )　8. 劉禪身為國家領袖，如果同意了諸葛亮的意見，可以如何批示？(A)應從緩議　(B)准予照辦　(C)敬表同意　(D)歉難同意。

( )　9. (甲)假如我是一朵雪花／□□的在半空裡瀟灑；(乙)我將於□□人海中訪我唯一靈魂之伴侶；(丙)水粼粼，夜冥冥，思□□／何處是我戀的多情友。上述三首都是徐志摩的詩，缺空處皆是疊詞。根據文意來判斷，最適合填入的選項是：　(A)亭亭／浩浩／深深　(B)翩翩／茫茫／悠悠　(C)輕輕／漫漫／悄悄　(D)飄飄／渺渺／長長。

( )　10. 顏真卿所書〈羅婉順墓志銘〉新近出土，文中有一段形容墓主的文字：「宗廟之間，不施敬於人，而人自敬；丘隴之間，不施哀於人而人自哀。」下列哪一句話，最符合墓主的表現？　(A)桃李不言，下自成蹊　(B)豔如桃李，冷若冰霜　(C)桃李滿門，作育英才　(D)桃李爭妍，春光明媚。

( )　11. 依據《教育部重編國語辭典修訂本》，「交通」可以指「汽車、船舶、飛機等各種運輸工具在陸地、水上或空中的往來」。下列何者作此解釋？　(A)阡陌「交通」，雞犬相聞　(B)周道四達，禮樂「交通」　(C)地處山區，「交通」不便　(D)「交通」外官，依勢凌弱。

( )　12. 波斯詩人奧瑪珈音曾寫過兩句詩：「Not one returns to tell us of the Road, Which to discover we must travel too.」（《魯拜集》）郭沫若譯為：「卻曾無一人歸來／告訴我們當走的道路。」黃克孫將之譯為古典詩歌形式。請問下列哪一句最能對應這兩句詩？　(A)大地蒼天原逆旅，匆匆客歲已無多　(B)多少英雄來復去，錦衣華蓋盡同途　(C)此心本似無根草，來是行雲去是風　(D)漫漫別路深如許，寂寞行人只自知。

( )　13. 現行公文用語，下列敘述何者正確？　(A)行文給直屬上級機關首長，稱謂語宜用「鈞長（部）」　(B)交通部回應民眾的稱謂語應以「貴府」稱之　(C)教育部對行政院的公文起首語應以「檢送」為佳　(D)市政府接獲民眾申請函於回覆引述時應寫「已悉」。

( )　14. 下列文句何者完全沒有錯別字？
(A)金馬影帝常在獲獎後成為眾所屬目的產品代言人
(B)中東地區戰火頻仍，獨裁主義者窮兵黷武，以暴力恐嚇百姓
(C)面對人事整合，公司職員們同仇敵慨，寫下請願信表達不滿
(D)雲門舞集精湛的舞藝中飽富人文省思，實為藝文界的領頭羊。

( )　15. 下列是一段現代詩，請依詩的語言和文意選出排列順序最恰當的選項。「傳說／宇宙是個透藍的瓶子甲、我們並比著出雲／乙、則彩虹是垂落的菀蔓／丙、則你的夢是花／丁、人間不復仰及／戊、我的假想是葉銀河是一下的枝子」（鄭愁予〈夢〉）　(A)甲乙丙戊丁　(B)甲丙丁乙戊　(C)丙戊甲丁乙　(D)丙乙甲丁戊。

( )　16. 下列詩文句所描寫的季節何者與「六出飛花入戶時，坐看青竹變瓊枝」的季節相同？
(A)江水漾西風，江花脫晚紅
(B)荷盡已無擎雨蓋，菊殘猶有傲霜枝
(C)畫長吟罷蟬鳴樹，夜深爐落螢入帷
(D)垂楊拂綠水，搖豔東風年。

( )　17. 詩人卞之琳的〈斷章〉：「你站在橋上看風景，看風景的人在樓上看你。明月裝飾了你的窗子，你裝飾了別人的夢。」，詩評家皆言這是一首用字精練，結構巧妙的新詩。下列選項有關此詩的分析，何者錯誤？
(A)作者以第三人稱全知觀點書寫事件
(B)詩中的畫面中心點座落在「你」這個角色
(C)作者運用了主客易位的寫作手法陳述空間的相對性
(D)視角近似「江畔何人初見月？江月何年初照人」的鏡頭式書寫。

( )　18. 臺中文學館舉辦女性作家系列展,針對作家風格與作品特色的評論資料配對哪個選項正確?

甲、在女性散文中,她以散文集《流言》對臺灣女性散文影響相當大,而其作品中文字兼具華麗與蒼涼、意象繁複,對人情世故雖常冷眼旁觀,卻又充滿理解。

乙、她集學者、散文家、翻譯家於一身。其散文作品《飲膳札記》藉居家聚會裡一道道菜餚串起生活裡的人際互動與記憶。其對日本古典文學名著《源氏物語》、《枕草子》的翻譯更為中日文學立下卓越貢獻。

丙、其作品堪稱臺灣現代回憶文學之典範。創作兼跨小說、散文,其中散文多為憶舊抒情之作,〈髻〉一文運用了象徵手法,寫母親一生在婚姻裡的無奈與束縛。另有《煙愁》、《桂花雨》均為膾炙人口的散文著作。

(A)張曉風／林文月／簡媜　　　(B)張愛玲／龍應台／蔡素芬
(C)張愛玲／林文月／琦君　　　(D)簡媜／張曉風／琦君。

( )　19. 下列文句,何者沒有錯別字?　(A)來到這個世外桃園,放眼望去,是一片青脆的草原　(B)凡事不要怕困難佻戰,腳踏實地,總有金榜提名的一天　(C)對於公眾議題的討論,本來就見人見智,莫中一是　(D)應試者個個學有專精,實力不分軒輊,真是人才濟濟。

( )　20. 下列那一個成語不是形容「屋宇建築的精美華麗」?　(A)雕樑畫棟　(B)冠冕堂皇　(C)美侖美奐　(D)瓊樓玉宇。

( )　21. 下列詩句何者所指的季節是「冬天」?　(A)六出飛花入戶時,坐看青竹變瓊枝　(B)雪消門外千山綠,花發江邊二月晴　(C)月落烏啼霜滿天,江楓漁火對愁眠　(D)接天蓮葉無窮碧,映日荷花別樣紅。

( )　22. 某日新聞標題:「祝融意外損失慘重,市府實作救災演練」,是指市政府在做那一類的防災演練?　(A)地震　(B)水災　(C)風災　(D)火災。

( )　23.「或曰：山北與水沙連內山錯，山南之水達於八掌溪。然自有諸羅以來，未聞有躡屩登之者。山之見恆於冬日，數刻而止……臘月既望，館人奔告：『□□見矣！』時旁午，風靜無塵，四宇清澈，日與山射，晶瑩耀目，如雪、如冰，如飛瀑，如鋪練，如截肪。」文中的□□應填入下列何者？　(A)雪山　(B)玉山　(C)陽明山　(D)合歡山。

( )　24.臺中市政府交通局長檢陳一份關於捷運工程的報告書給臺中市長，並等待市長的回應。這份公文的期望語應如何使用才正確？　(A)請查照　(B)請鑒核　(C)請照辦　(D)請辦理見復。

( )　25.臺中市政府訂定「臺中市政府及所屬各機關學校員工職場霸凌防治與申訴作業注意事項」，為交付各區公所辦理時，應使用何種公文？　(A)命令　(B)公告　(C)函　(D)簽。

解答與解析（答案標示為#者，表官方曾公告更正該題答案。）

1. **A**。「客心如水」，以水喻客心，「水如愁」，以愁喻水，借水比喻，點明了客心就是愁心。故選(A)。

2. **C**。基因：為英語gene的音譯。叩應：為英語call in的音譯。便當：為日文。故選(C)。

3. **D**。李白作品想像奇特豐富，風格雄奇浪漫，意境獨特，清新俊逸；善於利用誇飾與譬喻等手法、自然優美的詞句，表現出奔放的情感。詩句行雲流水，渾然天成。他善於從民歌、神話中汲取營養素材，構成其特有的瑰麗絢爛的色彩，是屈原以來積極浪漫主義詩歌的新高峰。韓愈云：「李杜文章在，光焰萬丈長。」故選(D)。

4. **C**。名家：公孫龍、惠施，源出禮官。主張正名定份，但卻流於詭辯。司馬談：「名家使人儉而善失真；然其正名實，不可不察也。」故選(C)。

5. **B**。孫悟空照鏡子－－目中無人。豬八戒照鏡子－－裡外不是人。故選(B)。

6. **B**。溫庭筠〈商山早行〉：「雞啼聲嘹亮，茅草店沐浴在曉月的餘輝，只見凌亂的足跡，木板橋上覆蓋著早秋的寒霜。」(A)孟浩然〈宿桐廬江寄廣陵舊遊〉：「晚風撼動著兩岸的樹木，發出颯颯的聲響。夜裡只有明月，臨照著我的孤舟。」→「鳴」和「照」為動詞。(C)王維〈使

至塞上〉：「浩瀚的沙漠上，烽火台一股濃煙直直上升，在空曠的河邊上，落日仍是那樣的圓那樣的紅。」→「落」為動詞。(D)王維〈輞川閒居贈裴秀才迪〉：「碼頭上斜照著落日餘暉，村落裡也升起了一縷炊煙。」→「上」「落」為動詞。故選(B)。

7. **D**。函用於各級機關公文往返，或人民與機關間的申請與答覆。故選(D)。

8. **B**。(A)應從緩議：機關首長對屬員或其所屬機關首長用。(B)准予照辦：上級機關對下級機關或首長用。(C)敬表同意：對平行機關或人民團體表示同意時用。(D)歉難同意：對平行機關或人民團體表示不同意時用。「歉難同意」指遺憾難以同意。故選(B)。

9. **B**。(甲)「雪花」應該是輕盈沒重量的，風一吹便隨風「翩翩」起舞。(乙)世俗人生中這麼多的人，世界這麼的大，所以選「茫茫」。(丙)水這樣的清澈，這樣的深夜裡思念朋友的心更重了，選「悠悠」。(A)亭亭：高聳直立、高潔貌。／浩浩：水流盛大、廣大的樣子。／深深：濃密。(B)翩翩：行動輕快的樣子。／茫茫：廣大無邊的樣子。／悠悠：憂思的樣子。(C)輕輕：小心、簡單輕易。／漫漫：長遠、長久、無邊無際。／悄悄：憂愁的樣子、寂靜的樣子。(D)飄飄：風吹的樣子、飄泊不定。／渺渺：遼闊而蒼茫的樣子。長長：形容物體或形狀相當的長。故選(B)。

10. **A**。宗廟：王室、國家的代稱。丘隴：墳墓。桃李不言，下自成蹊：蹊，小路。全句指桃樹、李樹不會說話，但因其花朵美豔，果實可口，人們紛紛去摘取，於是便在樹下踩出一條路來。比喻為人真誠篤實，自然能感召人心。故選(A)。

11. **C**。(A)「交通」：交錯相通、通達無阻。陶淵明〈桃花源記〉：「田間小路交錯相通，雞的啼叫聲和狗吠聲，到處可以聽到。」(B)《禮記·樂記》：「周朝的德政便可以普及四面八方，禮與樂便能交互通行。」四達，通達四方，風行天下。「交通」：溝通。(D)「交通」：依勢凌弱。故選(C)。

12. **D**。一條長長的路，不知要走向哪也不知要在哪落腳，長路上，竟沒遇見一個人跟我說說話，告訴我該怎麼走下去……。故選(D)。

13. **A**。(B)交通部回應民眾的稱謂語應以「台端」稱之。(C)教育部對行政院的公文起首語應以「謹查」為佳。(D)市政府接獲民眾申請函於回覆引述時應寫「敬表同意」或「同意照辦」或「歉難同意」或「礙難同意」。故選(A)。

14. **D**。(A)眾所「屬」目→眾所「矚」目：大家特別注意、關切。(B)窮兵「瀆」武→窮兵「黷」武：恣意運用兵力，發動戰爭。黷：輕妄、濫用。(C)同仇敵「慨」→同仇敵「愾」：「同仇」，一致對抗仇敵。語出《詩經·秦風·無衣》。「敵愾」，抵禦怨恨的人。語本《左傳·文公四年》。「同仇敵愾」指共同抵禦仇敵。故選(D)。

15. **C**。既然有個藍色的瓶子，那就拿來裝東西吧！裝什麼呢？先裝你的夢好了(丙)，你的夢裝完當然要裝我的夢囉(戊)，小小的瓶子，我們花和葉緊緊依偎(甲)，倆人相依是多少人希冀的一件事啊(丁)，天邊彎彎的彩虹，彷若花的藤蔓垂掛人間(乙)……。故選(C)。

16. **B**。冬天，關鍵字「六出」、「瓊枝」。高駢〈對雪〉：「雪花飄著飛入了窗戶，我坐在窗前，看著青綠色的竹子變成白玉般的潔白。」六出：雪花呈六角形，故以「六出」稱雪花。瓊枝：竹枝因雪覆蓋面似白玉一般。(A)秋天，關鍵字「西風」。王安石〈江上〉：「江面上吹過一陣秋風，江岸上的落花在夕陽照射下紛紛飄落。」(B)冬天，關鍵字「菊殘」、「傲霜枝」。蘇軾〈贈劉景文〉：「荷花已經落盡，連那擎雨的荷葉也已經凋謝枯萎；秋菊也已凋謝，卻仍有那挺拔的枝幹仍在那傲霜獨立。」(C)夏天，關鍵字「晝長」「蟬」「螢」，翁森〈四時讀書樂〉：「在漫長的白天讀完書後，靜聽樹上蟬的鳴叫；讀到深夜，看著燈花一節節掉落，並觀賞螢火蟲飛進帳幕來。」(D)春天，關鍵字「垂楊」、「東風」，李白〈折楊柳〉：「垂楊清清拂著綠水，美麗的枝條隨春風飄揚，更顯嬌美。」故選(B)。

17. **A**。詩人用第一人稱自己的眼光來看「你」，看「你」在看什麼、做什麼，詩中並沒任何的形容詞，而是用了三個動詞站、看、裝飾，讓讀者更添想像。故選(A)。

18. **C**。甲、《流言》為張愛玲的作品。尚著有《傾城之戀》、《半生緣》、《怨女》、《秧歌》、《第一爐香》等。乙、林文月《飲膳札記》藉居家聚會裡的菜餚串起生活的人際互動與記憶。尚著有《京都一年》、《飲酒及與飲酒相關的記憶》、《蒙娜麗莎微笑的嘴角》等。丙、琦君〈髻〉一文運用了象徵手法，寫母親一生在婚姻裡的無奈與束縛。另有《煙愁》、《桂花雨》均為膾炙人口的散文著作。簡媜自稱是「不可救藥的散文愛好者」。作品有《水問》、《胭脂盆地》、《女兒紅》、《舊情復燃》等。龍應台她自稱是「被歷史丟向離散的女兒」，是「永遠的插班生」，她說：「從前便是孤島，現在仍舊

是；現在是邊緣人，從前也未嘗不是。」有《野火集》、《孩子你慢慢來》、《我的不安》、《大江大海1949》等。蔡素芬回國後從事翻譯工作。在過程中，台南鹽田將改闢為機場的消息，觸動了蔡素芬。因而在1993年寫成《鹽田兒女》。作品有《鹽田兒女》、《橄欖樹》、《星星都在說話》等。故選(C)。

19. **D**。(A)世外桃「園」→世外桃「源」，青「脆」→青「翠」的草原。(B)「佻」戰→「挑」戰，金榜「提」名→金榜「題」名。「題」有簽署、寫在上面等義；「提」有舉出、揭示等意思。「金榜題名」指考試被錄取，名登金榜之上，所以當用「題」而非「提」。(C)見「人」見智→見「仁」見智：對同一件事，每個人看法各異。語本《易經·繫辭上》。莫「中」一是→莫「衷」一是：形容眾說紛紜，無法得到一致的結論。故選(D)。

20. **B**。(A)雕樑畫棟：有彩繪雕刻的梁柱。用來形容建築物的富麗堂皇。(B)冠冕堂皇：形容莊嚴體面、氣派高貴的樣子。亦用於形容表面上光明正大的樣子。冠，帽子。冕，古代官員的禮帽。「冠冕」，引申為首位、體面之意。語出《三國志·卷三七·蜀書·龐統法正傳·龐統》。「堂皇」，古代官員辦事的大堂，引申為氣勢宏偉的樣子。語出《漢書·卷六七·楊胡朱梅云傳·胡建》。(C)美侖美奐：形容房屋規模高大、裝飾華美。語本《禮記·檀弓下》。(D)瓊樓玉宇：形容精美華麗的樓閣。亦用以指月宮或神仙住的地方。故選(B)。

21. **A**。(A)冬天，關鍵字「六出」、「瓊枝」。高駢〈對雪〉：「雪花飄著飛入了窗戶，我坐在窗前，看著青綠色的竹子變成白玉般的潔白。」六出：雪花呈六角形，故以「六出」稱雪花。瓊枝：竹枝因雪覆蓋面似白玉一般。(B)春天，關鍵字「雪消」、「綠」、「二月」。歐陽脩〈春日西湖寄謝法曹歌〉：「春天已經來到，西湖的春景美不勝收。春水呈碧綠色，好像新染出的織物一樣。」(C)秋天，關鍵字「霜」、「楓」。張繼〈楓橋夜泊〉：「月亮漸漸沉落，滿天的霜寒伴著烏鴉的啼聲，只有江邊的楓樹、漁船的燈火，陪著我在愁緒中入眠。」(D)夏天，關鍵字「荷」。楊萬里〈曉出淨慈寺送林子方〉：「密密的荷葉彷彿與藍天相連接，亭亭玉立的荷花盛開著，在陽光輝映下，顯得格外的鮮艷嬌紅。」故選(A)。

22. **D**。祝融，火神。《呂氏春秋・孟夏紀・孟夏》：「其神祝融。」漢・高誘・注：「祝融，顓頊氏後，老童之子，吳回也，為高辛氏火正，死為火官之神。」後用以指火或火災。故選(D)。

23. **B**。先要想想玉山的地理位置，然後找出關鍵字「山南之水達於八掌溪」。陳夢林〈望玉山記〉：「或曰：山之麓有溫泉；或曰：山北與水沙連內山錯，山南之水達於八掌溪。然自有諸羅以來，未聞有躐屩登之者。山之見恆於冬日，數刻而止。予自秋七月至邑，越半歲矣。問玉山，輒指大武巒山後煙雲以對，且曰：『是不可以有意遇之。』臘月既望，館人奔告：『玉山見矣！』時旁午，風靜無塵，四宇清澈，日與山射，晶瑩耀目，如雪、如冰、如飛瀑、如舖練、如截肪。」原文語譯：「有人說：『玉山的山腳下有溫泉！』有人說：『玉山北面與日月潭附近的群山參差交錯，玉山南邊的溪水一直流入八掌溪。』但是自從有諸羅縣以來，卻不曾聽說曾有人穿著草鞋登上玉山的。而玉山山頭的出現，常僅止於冬天的某些時候。我從秋天七月到諸羅縣，到今天已經超過半年了，問人玉山在那兒？每每得到的回應就是跟我指著大武群山後面那一片煙雲瀰漫的地方；而且還說：『要看玉山呀！那是可遇而不可求的啊！』農曆十二月十六日，旅店的人跑來告訴我：『玉山出現了！』當時接近中午，風靜悄悄地，空氣中沒有任何塵埃，上下四方，全是一片澄淨透明。日光和玉山相互輝映，明亮而透澈，光彩耀眼，像雪、像冰、像飛奔的瀑布、像鋪展開來的白絹、像被切開的脂肪。」躐屩ㄐㄩㄝˊ，穿著草鞋。旁午，接近中午之時。旁，音ㄅㄤˋ，通「傍」，接近。故選(B)。

24. **B**。(A)請查照：請平行機關知悉辦理時用。請查明照辦，屬一般請求。(B)請鑒核：下級機關（屬員）對上級機關或首長用。「鑒核」：報核案件。(C)請照辦：請下級機關知悉辦理時用。(D)請辦理見復：請下級機關知悉辦理時用。故選(B)。

25. **C**。(A)命令：公布法律、任免、獎懲官員，總統、軍事機關、部隊發布命令時用之。(B)公告：各機關對公眾有所宣布時用之。(C)函：各機關間公文往復，或人民與機關間之申請與答復時用之。(D)簽：表達或陳述意見供長官瞭解案情並作抉擇之參據。故選(C)。

110年臺中捷運控制工程師

（　）　1. 詞彙意義有時隨著時間而轉變，例如「去」在古代是「離開」之意，但後來卻轉變為「前往」之意。下列「　」內的字，詞意轉變有幾項？　(甲)錄畢，「走」送之，不敢稍逾約／「走」在鄉間小路，一片翠綠映入眼簾；(乙)臨表「涕」泣，不知所云／只見他一把眼淚，一把鼻「涕」，好不傷心；(丙)「酷」吏列傳／「酷」哥辣妹在舞會中盡情飆舞；(丁)「風流」倜儻／「風流」成性；(戊)淒淒不似「向前」聲，滿座重聞皆掩泣做了過河卒子，只有拼命「向前」　(A)二項　(B)三項　(C)四項　(D)五項。

（　）　2. 小美在有關古典小說的報告中，整理出與該小說相關的詩文各一首，但忙中有錯，請你挑出其中「錯誤」的選項是：
(A)「滿紙荒唐言，一把辛酸淚，都云作者癡，誰解其中味」－－紅樓夢
(B)「滾滾長江東逝水，浪花淘盡英雄，是非成敗轉頭空，青山依舊在，幾度夕陽紅；白髮漁樵江渚上，慣看秋月春風，一壺濁酒喜相逢，古今多少事，都付笑談中」－－三國演義
(C)「姑妄言之姑且聽之，豆棚瓜架雨如絲，料應厭作人間語，愛聽秋墳鬼唱詩」－－聊齋誌異
(D)「紛紛五代亂離間，一旦雲開復見天；草木百年新雨露，車書萬里舊江山」－－儒林外史。

（　）　3. 中國語文在表達數量時，為修辭、音讀、節奏等需要，而使用字數相乘手法，如「阿舒已二八」中的「二八」是指十六歲，下列何者也使用這種手法？　(A)蓋予所至，比好遊者尚不能「十一」（遊褒禪山記）　(B)而散亡磨滅，百不「一、二」焉（送徐無黨南歸序）　(C)冠者「五六」人，童子「六七」人，浴乎沂，風乎雩詠而歸（論語）　(D)「三五」之夜，明月半牆，風移影動，珊珊可愛（項脊軒志）。

( )　4. 下列各選項「　」內的注音寫成國字，何者兩兩相同？　(A)他帶著酒瓶步履「ㄇㄢˊ」跚走進屋裡，女人早看透丈夫「ㄇㄢˊ」頇無能，不是個可以依靠的對象　(B)儘管他環「ㄉㄨˇ」蕭然，仍視阿「ㄉㄨˇ」物為身外之物，自在逍遙的過活　(C)這朝廷中敢批其逆「ㄌㄧㄣˊ」的忠臣，已是鳳毛「ㄌㄧㄣˊ」角了　(D)王老師鼓勵學生的話往往振聾發「ㄎㄨㄟˋ」，幫助了很多迷途的羔羊走向幸福的人生，然而自己卻依然中「ㄎㄨㄟˋ」猶虛，彷彿他的人生就是要貢獻給這些有緣與他相遇的孩子們。

( )　5. 下列有關小說中的歇後語，何者有誤？　(A)劉姥姥進大觀園－－眼花撩亂　(B)孫悟空照鏡子－－裡外不是人　(C)林沖上梁山－－官逼民反　(D)潘金蓮哭武大郎－－虛情假意。

( )　6. 下列有關公文用語之敘述，何者有誤？　(A)「台端」乃機關或首長對屬員，或機關對人民之用語　(B)「鈞座」乃屬員對長官或有隸屬關係之下級機關首長對上級機關首長之用語　(C)「希照辦」乃對平行機關之期望用語　(D)「請鑒核」乃對上級機關或首長之期望用語。

7～8為題組，請依題意選出適當答案

( )　7. 魏徵〈諫太宗十思疏〉：「臣聞求木之長者，必固其根本；欲流之遠者，必浚其泉源；思國之安者，必積其德義。源不深而望流之遠，根不固而求木之長，德不厚而思國之安，臣雖下愚，知其不可，而況於明哲乎？」以上是魏徵寫給國家最高領導人唐太宗的奏章，若依現代公文分類，應屬何者？　(A)令　(B)呈　(C)咨　(D)函。

( )　8. 如將上述文字視為公文中的「說明」，那麼「主旨」應該怎麼寫最適當？　(A)願陛下鼓勵種植以鞏固國家根本　(B)願陛下疏通溝渠以促進水力發展　(C)願陛下厚積道德以謀求國家安定　(D)願陛下興辦教育以儲備優秀人才。

( )　9. 劉禪身為國家領袖，如果同意了諸葛亮的意見，可以如何批示？　(A)應從緩議　(B)准予照辦　(C)敬表同意　(D)歉難同意。

( )　10. 沈葆楨上奏：「自埃及紅海開通以後，洋船無須繞過金山，金山之煤遂稀，其價亦日昂。而臺煤仍不暢銷者，以東洋之煤成本較輕，獨擅其利故也。今欲分東洋之利，必將臺煤減稅以廣招徠。」從這段文字來看，要解決臺煤的銷售問題，可以從何處著手？　(A)強化運輸　(B)增加產量　(C)減輕稅賦　(D)提高品質。

( )　11. 清代詩人黃遵憲經常在詩中提及近現代事物，例如他的〈今別離〉四首組詩。下列四個選項皆是從他的組詩中摘錄而來，請問何者描寫的是交通工具？　(A)送者未及返，君在天盡頭。望影倏不見，煙波杳悠悠　(B)朝寄平安語，暮寄相思字。馳書迅已極，云是君所寄　(C)地長不能縮，翼短不能飛。開函喜動色，分明是君容　(D)自君鏡奩來，入妾懷袖中。只有戀君心，海枯終不移。

( )　12. 波斯詩人奧瑪珈音曾寫過兩句詩：「Not one returns to tell us of the Road, Which to discover we must travel too.」（《魯拜集》）郭沫若譯為：「卻曾無一人歸來／告訴我們當走的道路。」黃克孫將之譯為古典詩歌形式。請問下列哪一句最能對應這兩句詩？
(A)大地蒼天原逆旅，匆匆客歲已無多
(B)多少英雄來復去，錦衣華蓋盡同途
(C)此心本似無根草，來是行雲去是風
(D)漫漫別路深如許，寂寞行人只自知。

( )　13. 現行公文用語，下列敘述何者正確？
(A)行文給直屬上級機關首長，稱謂語宜用「鈞長（部）」
(B)交通部回應民眾的稱謂語應以「貴府」稱之
(C)教育部對行政院的公文起首語應以「檢送」為佳
(D)市政府接獲民眾申請函於回覆引述時應寫「已悉」。

( )　14. 下列選項各組題辭，何者可用於相同場合？　(A)喜比螽麟／熊夢徵祥　(B)振聾發聵／春秋之筆　(C)天賜遐齡／鳳卜宜昌　(D)功著杏林／杏壇之光。

( ) 15. 下列成語的使用，何者用法正確？
(A)東坡晚年的處世之道已達恬靜自適、「不忮不求」的曠達心胸
(B)陸游「無時無刻」關心朝政，只因其心裡仍有壯志未酬之遺憾
(C)司馬遷是史書界的「樗櫟之才」，為史學家們留下治學的榜樣
(D)柳宗元筆下的西山「巧奪天工」令人歎為觀止，實為遊記名篇。

( ) 16. 文學常以一語兼含兩種事物或意義的修辭技巧，稱為「雙關」，
其中又可分為「諧音雙關」和「諧義雙關」。下列文句「」中字
詞，何者採用諧音雙關？
(A)此「局」全輸矣！於此失卻局，奇哉！（杜光庭〈虯髯客傳〉）
(B)蠟燭「有心」還惜別，替人垂淚到天明（杜牧〈贈別〉）
(C)理絲入殘機，何悟不成「匹」（〈子夜歌〉）
(D)春蠶到死「絲」方盡，蠟炬成灰淚始乾（李商隱〈無題〉）。

( ) 17. 下列詩文句所描寫的季節何者與「六出飛花入戶時，坐看青竹變
瓊枝」的季節相同？
(A)江水漾西風，江花脫晚紅
(B)荷盡已無擎雨蓋，菊殘猶有傲霜枝
(C)晝長吟罷蟬鳴樹，夜深燼落螢入帷
(D)垂楊拂綠水，搖豔東風年。

( ) 18. 詩人卞之琳的〈斷章〉：「你站在橋上看風景，看風景的人在樓
上看你。明月裝飾了你的窗子，你裝飾了別人的夢。」，詩評家
皆言這是一首用字精練，結構巧妙的新詩。下列選項有關此詩的
分析，何者錯誤？
(A)作者以第三人稱全知觀點書寫事件
(B)詩中的畫面中心點座落在「你」這個角色
(C)作者運用了主客易位的寫作手法陳述空間的相對性
(D)視角近似「江畔何人初見月？江月何年初照人」的鏡頭式書寫。

( )　19. 臺中文學館舉辦女性作家系列展，針對作家風格與作品特色的評論資料配對哪個選項正確？

甲、在女性散文中，她以散文集《流言》對臺灣女性散文影響相當大，而其作品中文字兼具華麗與蒼涼、意象繁複，對人情世故雖常冷眼旁觀，卻又充滿理解。

乙、她集學者、散文家、翻譯家於一身。其散文作品《飲膳札記》藉居家聚會裡一道道菜餚串起生活裡的人際互動與記憶。其對日本古典文學名著《源氏物語》、《枕草子》的翻譯更為中日文學立下卓越貢獻。

丙、其作品堪稱臺灣現代回憶文學之典範。創作兼跨小說、散文，其中散文多為憶舊抒情之作，〈髻〉一文運用了象徵手法，寫母親一生在婚姻裡的無奈與束縛。另有《煙愁》、《桂花雨》均為膾炙人口的散文著作。

(A)張曉風／林文月／簡媜

(B)張愛玲／龍應台／蔡素芬

(C)張愛玲／林文月／琦君

(D)簡媜／張曉風／琦君。

( )　20. 民國110年春節的農曆歲次是「辛丑」年。請問民國113年春節的農曆歲次為何？　(A)庚子　(B)癸卯　(C)甲午　(D)甲辰。

( )　21. 下列詩句何者所指的季節是「冬天」？

(A)六出飛花入戶時，坐看青竹變瓊枝

(B)雪消門外千山綠，花發江邊二月晴

(C)月落烏啼霜滿天，江楓漁火對愁眠

(D)接天蓮葉無窮碧，映日荷花別樣紅。

( )　22. 荀子〈勸學〉：「青，取之於藍，而青於藍；冰，水為之，而寒於水」的意思為何？

(A)飲水思源，不可忘本　　　　(B)反覆無常，隨機應變

(C)不斷學習，更加出色　　　　(D)如人飲水，冷暖自知。

( )　23. 下列引號內詞語的解釋，何者錯誤？
　　　　(A)舍鄭以為「東道主」，行李之往來，共其乏困：接待賓客的
　　　　　　主人
　　　　(B)因聞得鹽政欲聘一「西賓」，雨村便相托友力，謀了進去：
　　　　　　教導學生的老師
　　　　(C)凡人有此一德者，足以「南面」稱孤矣：孤獨無助的失敗者
　　　　(D)夢斷「北堂」千古恨，機懸東壁一天愁：引申為母親的代稱。

( )　24. 臺中市政府交通局長檢陳一份關於捷運工程的報告書給臺中市
　　　　長，並等待市長的回應。這份公文的期望語應如何使用才正確？
　　　　(A)請查照　　　　　　　　(B)請鑒核
　　　　(C)請照辦　　　　　　　　(D)請辦理見復。

( )　25. 依<文書處理手冊>，下列敘述何者錯誤？
　　　　(A)文稿有2頁以上者應裝訂妥當，並於騎縫處蓋（印）騎縫章或
　　　　　　職名章，同時於每頁之下緣加註頁碼。
　　　　(B)擬稿以一文一事為原則，來文如係一文數事者，得分為數文
　　　　　　答復。
　　　　(C)文稿表示意見時，為尊重首長的行政裁量權，應多用「可否
　　　　　　照准」、「究應如何辦理」等用語。
　　　　(D)「主旨」、「說明」、「辦法」3段，得靈活運用，可用1段
　　　　　　完成者，不必勉強湊成2段、3段。

解答與解析（答案標示為#者，表官方曾公告更正該題答案。）

1. **D**。(甲)宋濂〈送東陽馬生序〉：「抄寫完後，趕快送還人家，不敢稍稍
　　超過約定的期限。」「走」，跑，這裡意為「趕快」。／「走」：步
　　行。(乙)諸葛亮〈出師表〉：「心情激動，一時之間涕淚直流，不知道
　　該說什麼了」「涕」，眼淚。／一把鼻「涕」，鼻涕。(丙)「酷」殘
　　忍、暴虐。／「酷」哥辣妹，瀟灑中帶點冷漠。(丁)「風流」倜儻，有
　　才學而不拘禮法。／「風流」成性，形容男子處處留情，貪好女色。
　　(戊)「向前」，以前、先前。／「向前」，往前。故選(D)。

2. **D**。關鍵字「五代」。《水滸傳》內容講述北宋山東梁山泊以宋江為首的梁山好漢，由被逼落草，發展壯大，直至受到朝廷招安，東征西討的歷程。中國年代：……隋→唐→五代十國→北宋→南宋……。故選(D)。

3. **D**。(A)王安石〈遊褒禪山記〉：「我們走進去的深度，比起那些喜歡探險的人來，大概還不足十分之一。」「十一」：十分之一。(B)歐陽脩〈送徐無黨南歸序〉：「大部分的作品卻已隨時間而散失，至今只存留百分之一二而已。」「一、二」：百分之一二。(C)《論語先進》：「春天衣服穿完了，邀請青年人五六位，六七個小孩在沂水邊玩玩水，洗洗臉，在舞雩台上吹吹風，然後一路唱著歌走回來。」「五六」人，「六七」均為虛數。(D)歸有光〈項脊軒志〉：「農曆十五的夜晚，明月高懸，照亮半截牆壁，桂樹的影子交雜錯落，微風吹過影子搖動，可愛極了。」「三五」：3×5=15，農曆15日。故選(D)。

4. **B**。(A)「蹣」跚，形容步伐不穩，歪歪斜斜的樣子。「顢」頂無能，形容不明事理，糊裡糊塗。(B)環「堵」蕭然，家中除了四面圍繞的土牆，別無他物。形容居室簡陋，十分貧窮。阿「堵」物，借指錢。劉義慶《世說新語·規箴》：「晉王衍嫉其婦貪濁，口未曾言錢字。婦欲試之，使婢以錢繞床，王衍晨起，即令婢曰：『舉卻阿堵物。』」(C)逆「鱗」，指龍喉下倒生的鱗片。《韓非子·說難》：「喉下有逆鱗徑尺，若人有嬰之者，則必殺人。」鳳毛「麟」角，喻稀罕珍貴的人、物。(D)振聾發「聵」，喻大聲疾呼，以喚醒愚昧的人。中「饋」猶虛，喻男子尚未娶妻。中饋，借指妻子。故選(B)。

5. **B**。孫悟空照鏡子－－目中無人。豬八戒照鏡子－－裡外不是人。故選(B)。

6. **C**。「希照辦」請下級機關知悉辦理時用。故選(C)。

7. **B**。(A)令：公布、修正或廢止法令；獎懲及各種人事命令。(B)呈：對總統有所呈請或報告時用之。(C)咨：咨乃「諮商」之意；總統與國民大會、立法院公文往復時用之。(D)函：各機關間公文往復，或人民與機關間之申請與答覆時用之。原文語譯：「臣聽說要想讓樹木長得高大，一定要穩固它的根基；想要河水流得長遠，一定要疏通它的源頭；要使國家穩定，一定要積聚它的民心。源頭不深卻希望河水流得遠長，根不穩固卻要求樹木長得高大，道德不深厚卻想國家安定，臣雖然愚笨，也知道這是不可能的，何況像陛下這樣明智的人呢？」故選(B)。

8. **C**。「主旨」：為全文精要，以說明行文目的與期望，應力求具體扼要。可知魏徵最希望唐太宗做到「要使國家穩定，一定要積聚它的民心。」故選(C)。

9. **B**。(A)應從緩議：機關首長對屬員或其所屬機關首長用。(B)准予照辦：上級機關對下級機關或首長用。(C)敬表同意：對平行機關或人民團體表示同意時用。(D)歉難同意：對平行機關或人民團體表示不同意時用。「歉難同意」指遺憾難以同意。故選(B)。

10. **C**。關鍵句「今欲分東洋之利，必將臺煤減稅以廣招徠ㄌㄞˊ。」招徠，吸引兜攬。故選(C)。

11. **A**。「送行的人還沒來得及返回，離開的人就已到達天的盡頭（是指船行得快），望著遠處的船忽然就不見了，只有煙波盪漾迷濛。（形容船行急速，讓人望洋興歎）故選(A)。

12. **D**。一條長長的路，不知要走向哪也不知要在哪落腳，長路上，竟沒遇見一個人跟我說說話，告訴我該怎麼走下去⋯⋯。故選(D)。

13. **A**。(B)交通部回應民眾的稱謂語應以「台端」稱之。(C)教育部對行政院的公文起首語應以「謹查」為佳。(D)市政府接獲民眾申請函於回覆引述時應寫「敬表同意」或「同意照辦」或「歉難同意」或「礙難同意」。故選(A)。

14. **B**。(A)喜比螽麟：賀生女。尚可用明珠入掌、祥徵虺夢、掌上明珠。／熊夢徵祥：賀生男。尚可用弄璋誌喜、麟趾呈祥。(B)振聾發聵：報社。振聾發聵：聵：音「ㄎㄨㄟˋ」，天生耳聾、聽不見或指糊塗不明事理。比喻以言論喚醒糊塗麻木的人。／春秋之筆：報社。春秋之筆。相傳孔子據魯史修《春秋》，筆則筆，削則削；字寓褒貶，不佞不諛，使亂臣賊子懼。遂以「春秋筆」指據事直書的史筆。(C)天賜遐齡：賀男壽。尚可用南極騰輝、樹茂椿庭、椿庭日永。／鳳卜宜昌：賀出嫁：鳳，借指女子。形容女子出嫁會給夫家帶來昌盛。尚可用桃灼呈祥、雀屏妙選、琴韻初調。(D)功著杏林：教育界。尚可用絃歌不輟、黌舍巍峨、洙泗高風。／杏壇之光：醫界。尚可用博愛濟眾、華佗再世、著手成春。故選(B)。

15. **A**。(A)不忮ㄓˋ、不求：忮，嫉妒。不忮指不嫉妒；不求指不貪得。不忮不求本指不嫉妒他人，不貪求非分名利，後多用來形容淡泊名利，不做非分事情的處世態度。(B)無時無刻：指沒有時時刻刻、隨時的意思。

(C)樗ㄕㄨ櫟ㄌㄧˋ之才：喻平庸無用之材，或自謙才能低下。(D)巧奪天工：喻人工巧妙神奇。故選(A)。

16. **D**。(A)義雙關→兼指棋局與世局。（杜光庭〈虯髯客傳〉）(B)義雙關→蠟燭有燭芯，在詩人的眼裡燭芯卻變成了「惜別」之心，把蠟燭擬人化了。燭心、人心（思念的心）（杜牧〈贈別〉）(C)以織絲不成匹段隱喻情人不能匹配。（〈子夜歌〉）(D)音相關→「絲」，思，思念之心。（李商隱〈無題〉）故選(D)。

17. **B**。冬天，關鍵字「六出」、「瓊枝」。高駢〈對雪〉：「雪花飄著飛入了窗戶，我坐在窗前，看著青綠色的竹子變成白玉般的潔白。」六出：雪花呈六角形，故以「六出」稱雪花。瓊枝：竹枝因雪覆蓋面似白玉一般。(A)秋天，關鍵字「西風」。王安石〈江上〉：「江面上吹過一陣秋風，江岸上的落花在夕陽照射下紛紛飄落。」(B)冬天，關鍵字「菊殘」、「傲霜枝」。蘇軾〈贈劉景文〉：「荷花已經落盡，連那擎雨的荷葉也已經凋謝枯萎；秋菊也已凋謝，卻仍有那挺拔的枝幹仍在那傲霜獨立。」(C)夏天，關鍵字「晝長」、「蟬」、「螢」，翁森〈四時讀書樂〉：「在漫長的白天讀完書後，靜聽樹上蟬的鳴叫；讀到深夜，看著燈花一節節掉落，並觀賞螢火蟲飛進帳幕來。」(D)春天，關鍵字「垂楊」、「東風」，李白〈折楊柳〉：「垂楊清清拂著綠水，美麗的枝條隨春風飄揚，更顯嬌美。」故選(B)。

18. **A**。詩人用第一人稱自己的眼光來看「你」，看「你」在看什麼、做什麼，詩中並沒任何的形容詞，而是用了三個動詞站、看、裝飾，讓讀者更添想像。故選(A)。

19. **C**。甲、《流言》：張愛玲的作品。尚著有《傾城之戀》、《半生緣》、《怨女》、《秧歌》、《第一爐香》等。乙、林文月《飲膳札記》藉居家聚會裡的菜餚串起生活的人際互動與記憶。尚著有《京都一年》、《飲酒及與飲酒相關的記憶》、《蒙娜麗莎微笑的嘴角》等。丙、琦君〈髻〉一文運用了象徵手法，寫母親一生在婚姻裡的無奈與束縛。另有《煙愁》、《桂花雨》均為膾炙人口的散文著作。簡媜自稱是「不可救藥的散文愛好者」。作品有《水問》、《胭脂盆地》、《女兒紅》、《舊情復燃》等。龍應台她自稱是「被歷史丟向離散的女兒」，是「永遠的插班生」，她說：「從前便是孤島，現在仍舊是；現在是邊緣人，從前也未嘗不是。」有《野火集》、《孩子你慢

慢來》、《我的不安》、《大江大海1949》等。蔡素芬回國後從事翻譯工作。在過程中，台南鹽田將改闢為機場的消息，觸動了蔡素芬。因而在1993年寫成《鹽田兒女》。作品有《鹽田兒女》、《橄欖樹》、《星星都在說話》等。故選(C)。

20. **D**。天干：甲、乙、丙、丁、戊、己、庚、辛、壬、癸。地支：子、丑、寅、卯、辰、巳、午、未、申、酉、戌、亥。今年是辛丑年，天干從「辛」後三年得「甲」，地支「丑」往後推三年得「辰」，113年為「甲辰」。故選(D)。

21. **A**。(A)冬天，關鍵字「六出」、「瓊枝」。高駢〈對雪〉：「雪花飄著飛入了窗戶，我坐在窗前，看著青綠色的竹子變成白玉般的潔白。」六出：雪花呈六角形，故以「六出」稱雪花。瓊枝：竹枝因雪覆蓋面似白玉一般。(B)春天，關鍵字「雪消」、「綠」、「二月」。歐陽脩〈春日西湖寄謝法曹歌〉：「春天已經來到，西湖的春景美不勝收。春水呈碧綠色，好像新染出的織物一樣。」(C)秋天，關鍵字「霜」、「楓」。張繼〈楓橋夜泊〉：「月亮漸漸沉落，滿天的霜寒伴著烏鴉的啼聲，只有江邊的楓樹、漁船的燈火，陪著我在愁緒中入眠。」(D)夏天，關鍵字「荷」。楊萬里〈曉出淨慈寺送林子方〉：「密密的荷葉彷彿與藍天相連接，亭亭玉立的荷花盛開著，在陽光輝映下，顯得格外的鮮艷嬌紅。」故選(A)。

22. **C**。「靛青，是從藍草中提取的，卻比藍草的顏色還要青；冰，是水凝固而成的，卻比水還要寒冷。」喻求學能使人進步。故選(C)。

23. **C**。南面，君位。孤，君王自稱。南面稱孤指自立為君，稱王天下。《莊子·盜跖》：「凡人有此一德者，足以南面稱孤矣。」故選(C)。

24. **B**。(A)請查照：請平行機關知悉辦理時用。請查明照辦，屬一般請求。(B)請鑒核：下級機關（屬員）對上級機關或首長用。「鑒核」：報核案件。(C)請照辦：請下級機關知悉辦理時用。(D)請辦理見復：請下級機關知悉辦理時用。故選(B)。

25. **C**。對上級機關或首長用：請鑒核、請核示、請鑒察、請備查、請核備。故選(C)。

111年臺北捷運新進司機員

( )　1. 下列何者讀音異於其他三者？　(A)綴　(B)墜　(C)惴　(D)輟。

( )　2.「蜀江春水拍山流」中的哪一字最能表現出聲音的意象？
　　　(A)江　(B)水　(C)拍　(D)流。

( )　3.「僕自到九江，已涉三載，形骸且健，方寸甚安」（白居易〈與
　　　元微之書〉），其中「方寸甚安」是指：　(A)治安甚好　(B)內
　　　心安適　(C)身體健康　(D)居家平安。

( )　4.「綠螘新醅酒，紅泥小火爐。晚來天欲雪，能飲一杯無？」（白
　　　居易〈問劉十九〉）詩中並未運用到的顏色是：　(A)白　(B)紅
　　　(C)綠　(D)黃。

( )　5.「連理枝頭展鳳羽／合歡筵前賞牡丹」此幅對聯意在祝賀：
　　　(A)金榜題名　(B)喬遷誌慶　(C)結婚賀喜　(D)喜獲麟兒。

( )　6.「我乃曠野裡□□□□的一匹狼／不是先知，沒有半個字的嘆
　　　息。」（紀弦〈狼之獨步〉）缺空的成語是：
　　　(A)動心忍性　　　　　　　　　(B)獨來獨往
　　　(C)呼朋引伴　　　　　　　　　(D)身強體健。

( )　7. 子曰言君子，下列何者不是？　(A)內省不疚　(B)恥其言而過其
　　　行　(C)反求諸己　(D)自行束脩以上。

( )　8.「她坐在裡面做針線，由她的貓和她的兒子陪著。我清楚記得一
　　　股暖流緩緩充進我的棉衣，棉絮膨脹起來，輕軟無比。……血液
　　　把這種快樂傳遍內臟，最後在臉頰上留下心滿意足的紅潤。」
　　　（王鼎鈞〈一方陽光〉）上文末「在臉頰上留下心滿意足的紅
　　　潤」是來自於：
　　　(A)溫暖的陽光　　　　　　　　(B)貓兒的輕軟
　　　(C)棉衣的膨脹　　　　　　　　(D)母子的溫馨。

( )　9.「唐山流寓話巢痕，潮惠漳泉齒最繁。二百年來繁衍后，寄生小草已深根。」（丘逢甲〈臺灣竹枝詞〉）這首詩概括寫出了臺灣的：　(A)生態發展　(B)遺民思想　(C)移民歷程　(D)政權遞變。

( )　10. 下列何者運用了誇飾法？　(A)黃河之水天上來　(B)人生七十古來稀　(C)閒庭有菊映新缸　(D)樂耕門外勸春耕。

( )　11. 請閱讀下文，並作答以下2題：

> 「蓋周廣百畝間，實一大沸鑊，余身乃行鑊蓋上，所賴以不陷者，熱氣鼓之耳。右旁巨石間，一穴獨大，思巨石無陷理，乃即石上俯瞰之。穴中毒焰撲人，目不能視，觸腦欲裂，急退百步乃止。左旁一溪，聲如倒峽，即沸泉所出源也。」（郁永河〈採硫日記〉）

作者形容他深入硫穴時，彷彿身在：　(A)遼闊的原野　(B)熱騰的鍋蓋　(C)倒懸的峽谷　(D)奔騰的溪流。

( )　12. 承上題，作者的寫作手法是：　(A)議論　(B)排比　(C)寫實　(D)頂真。

( )　13. 下列哪一句表現出觀賞口技表演時的引人入勝？　(A)賓客無不伸頸側目微笑　(B)賓客意稍舒正坐　(C)滿座寂然無敢譁者　(D)賓客變色離席憤臂出袖。

( )　14. 下列哪一句表現相思之苦？　(A)兩鬢風霜客　(B)晝短苦夜長　(C)思君令人老　(D)生年不滿百。

( )　15.《禮記‧曲禮下》曰：「凡視，上於面則傲，下於帶則憂，傾則奸。」意謂看人：
(A)以平視宜
(B)高於臉則心虛
(C)低於腰帶則傲慢
(D)斜眼看人則有憂患。

( )　16. 「吾善養吾浩然之氣。彼氣有七，吾氣有一，以一敵七，吾何患焉！況浩然者，乃天地之正氣也。」（文天祥〈正氣歌〉）上文中所謂「吾氣有一」是指：
　　　(A)我還有一口氣在　　　　　　(B)我有一個氣窗
　　　(C)獄中只剩我一人有氣息　　　(D)我有一股浩然正氣。

( )　17. 歷代演義小說中所塑造的角色形象，下列何者正確？
　　　(A)《西遊記》：豬八戒捨身取義
　　　(B)《三國演義》：關羽忠肝義膽
　　　(C)《金瓶梅》：武松溫文儒雅
　　　(D)《紅樓夢》：潘金蓮憂鬱多愁。

( )　18. 下列歷史故事何者並非出自《史記》？
　　　(A)完璧歸趙　　　　　　　　　　(B)負荊請罪
　　　(C)逼上梁山　　　　　　　　　　(D)雞鳴狗盜。

( )　19. 「風飄飄，雨瀟瀟，便做陳摶睡不著。懊惱傷懷抱，撲簌簌淚點拋。秋蟬兒噪罷寒蛩兒叫，淅零零細雨打芭蕉。」（關漢卿〈大德歌·秋〉）以下描述何者有誤？
　　　(A)風雨飄瀟，備感寂寥　　　　　(B)頭痛煩惱，久病不癒
　　　(C)夜半思人，難以入眠　　　　　(D)秋蟲催愁，雨落淚下。

( )　20. 下列各句何者有錯字？　(A)杯盤狼藉　(B)威震華夏　(C)鞠躬盡瘁　(D)西點烘碚。

( )　21. 下列何者詞義與其他三者不同？　(A)萬國　(B)九州　(C)四海　(D)宇宙。

( )　22. 下列各複詞的使用，何者正確？　(A)犖犖大方　(B)切切私語　(C)小時了了，大未必佳　(D)快快大國。

( )　23. 請閱讀下文，並作答以下2題：

> 「永有某氏者，畏日，拘忌異甚。以為己生歲值子，鼠，子神也。因愛鼠，不畜貓，禁僮僕勿擊鼠。倉廩庖廚，悉以恣鼠，不問。由是鼠相告，皆來某氏，飽食而無禍。某氏室無完器，椸無完衣，飲食，大率鼠之餘也。畫累累與人兼行，夜則竊齧鬥暴，其聲萬狀，不可以寢，終不厭。數歲，某氏徙居他州，後人來居，鼠為態如故。其人惡之，乃假五六貓，闔門，撤瓦，灌穴，購僮羅捕之，殺鼠如丘。嗚呼！彼以其飽食無禍為可恆也哉？」（柳宗元〈永某氏之鼠〉）

文中永某氏愛鼠的原因是：　(A)家境好可以養鼠　(B)討厭貓犬　(C)喜歡被鼠環繞　(D)生肖屬鼠而愛之。

( )　24. 承上題，眾鼠飽食而無禍日久，待後人來居，結果是：　(A)一如故往　(B)同屋而居，更加囂張　(C)被關門捕殺　(D)與人分道而行。

( )　25. 請閱讀下文，依序選出□□內最適合填入的詞語：

> 「□□的天空，貼滿了明亮的星星，也□□著老人說故事的興致，他繼續地說：我與兩個兒子以平常的力道很自然的划船，海上全是被夕陽照射成黑色的船隻，乍看是非常令人□□的景致，好像汪洋大海是為了我們達悟人的船隻而存在似的。」（夏曼藍波安〈望海的歲月〉）

(A)乾淨／激發／振奮　　　　　(B)蔚藍／敦促／沮喪
(C)汙濁／壓抑／悲憤　　　　　(D)灼熱／提醒／溫馨。

解答與解析（答案標示為#者，表官方曾公告更正該題答案。）

1. **D**。(A)綴：ㄓㄨㄟˋ，縫補、連結。(B)墜：ㄓㄨㄟˋ，掉落、喪失。(C)惴：ㄓㄨㄟˋ，憂慮、恐懼。(D)輟：ㄔㄨㄛˋ，停止。故選(D)。

2. **C**。蜀江江水拍打岸邊發出了聲音，會有聲音，也是因為「拍打」才發出來的。劉禹錫〈竹枝詞〉：「山桃紅花滿上頭，蜀江春水拍山流。花紅易衰似郎意，水流無限似儂愁。」故選(C)。

3. **B**。原文語譯：「我自從到了九江，已經過了三年。身體還算健康，心情很平靜。」方寸之間，指內心。故選(B)。

4. **D**。原文語譯「我新釀的米酒還未過濾，酒面上泛起一層綠泡，還有紅泥做成的小火爐。現在天氣很冷，到了晚上，應該快要下雪了，你願意留在我這裡喝一杯嗎？」酒（綠色）、火爐（紅色）、雪（白色）。故選(D)。

5. **C**。關鍵字「連理枝」指兩棵樹的枝條糾結在一起，後比喻恩愛的夫妻。「合歡」：一同歡樂。故選(C)。

6. **B**。題目便已看到是「狼之『獨』步」，再以狼的生活習性來看，可知為「獨來獨往」。動心忍性：以外在的困厄，震撼其心志，使其性格愈發堅強。後多用作不顧外在的困難、阻礙，堅持下去。紀弦〈狼之獨步〉：我乃曠野裡獨來獨往的一匹狼／不是先知，沒有半個字的嘆息／而恆以數聲悽厲已極之長嗥／搖撼彼空無一物之天地／使天地戰慄如同發了瘧疾；／並颳起涼風颯颯的，／颯颯颯颯的：／這就是一種過癮。故選(B)。

7. **D**。(A)內省不疚：「自我反省，沒有愧疚。」《論語·顏淵》：「司馬牛問君子。子曰：『君子不憂不懼。』曰：『不憂不懼，斯謂之君子已乎？』子曰：『內省不疚，夫何憂何懼？』」(B)恥其言而過其行：「以言語超過他的行為而感到可恥。」《論語·憲問》：「子曰：『君子恥其言而過其行。』」(C)反求諸己：反過來自我省察。指從自己本身找出原因，自我反省。《論語·衛靈公》：「子曰：『君子求諸己，小人求諸人。』」(D)自行束脩以上：「凡是自動奉送一些敬師禮來的人。」束脩：脩，乾肉，束是計量詞，束脩指十條肉乾。束脩，是最薄的禮物。《論語·述而》：「子曰：『自行束脩以上，吾未嘗無誨焉。』」故選(D)。

8. **D**。媽媽在作針線，有兒子有貓陪伴，就算不說話也是多溫馨的幸福，因為感覺幸福快樂，所以微笑所以兩頰自然紅潤。故選(D)。

9. **C**。呈現臺灣民間生活的多元面貌。此詩輕快活潑，寫出閩、粵人士當初移民臺灣後，對祖籍念念不忘，並在臺灣生根的歷史過程，也是一首對島民來源的追本溯源之作。故選(C)。

10. **A**。黃河之上水天來：難道你沒看見，那黃河的水是從天上奔騰而來的嗎？（黃河的河水，是不會從天上傾瀉下來的，李白在這，是形容黃河水勢洶湧奔騰。）故選(A)。

11. **B**。原文語譯「大概在周圍一百畝間，真的像一個沸騰的大鍋子，我像走在鍋蓋上，之所以可以不陷下去，是因為熱氣上衝被撐起來了。右手邊的巨石，有一個特別大的洞穴，想這麼大的石頭能存在這裡就沒有掉落掩埋的道理，於是靠在石頭上俯視硫穴，洞穴中毒氣撲來，眼睛沒辦法看，碰觸到腦袋就像要裂開一樣，趕緊後退好幾百步才停下來。左手邊有一條溪，溪水急衝入峽谷般發出響聲，這就是溫泉的源頭。」故選(B)。

12. **C**。一路上都是以寫實筆法記錄所見。故選(C)。

13. **A**。林嗣環〈口技〉原文「京中有善口技者。會賓客大宴，於廳事之東北角，施八尺屏障，口技人坐屏障中，一桌、一椅、一扇、一撫尺而已。眾賓團坐。少頃，但聞屏障中撫尺一下，滿坐寂然，無敢嘩者。遙聞深巷中犬吠，便有婦人驚覺欠伸，其夫囈語。既而兒醒，大啼。夫亦醒。婦撫兒乳，兒含乳啼，婦拍而嗚之。又一大兒醒，絮絮不止。當是時，婦手拍兒聲，口中嗚聲，兒含乳啼聲，大兒初醒聲，夫叱大兒聲，一時齊發，眾妙畢備。滿坐賓客無不伸頸，側目，微笑，默嘆，以為妙絕。未幾，夫齁聲起，婦拍兒亦漸拍漸止。微聞有鼠作作索索，盆器傾側，婦夢中咳嗽。賓客意少舒，稍稍正坐。忽一人大呼：『火起』，夫起大呼，婦亦起大呼。兩兒齊哭。俄而百千人大呼，百千兒哭，百千犬吠。中間力拉崩倒之聲，火爆聲，呼呼風聲，百千齊作；又夾百千求救聲，曳屋許許聲，搶奪聲，潑水聲。凡所應有，無所不有。雖人有百手，手有百指，不能指其一端；人有百口，口有百舌，不能名其一處也。於是賓客無不變色離席，奮袖出臂，兩股戰戰，幾欲先走。忽然撫尺一下，群響畢絕。撤屏視之，一人、一桌、一椅、一扇、一撫尺而已。」故選(A)。

14. **C**。(A)兩鬢風霜客：兩鬢斑白歷經風霜的旅人。(B)晝短苦夜長：老是埋怨白天是如此短暫，黑夜是如此漫長。(C)思君令人老：思念你以至於身心憔悴。（這裡的『老』並不是指年齡的老去）(D)生年不滿百：一個人活在世上通常不滿百歲。故選(C)。

15. **A**。原文語譯「看人時，視線高於對方的臉部，就顯得驕傲，視線低於對方的腰帶，就顯得憂鬱，如果斜眼看人，則顯心術不正。」故選(A)。

16. **D**。「它有七種氣，我只有一種氣，用我的一種氣可以敵過那七種氣，我還擔憂什麼呢！況且博大剛正的，就是天地之間的凜然正氣。」故選(D)。

17. **B**。(A)豬八戒懶惰、貪吃和好色，常常使唐僧師徒陷於困境當中，他兩次攛掇唐僧趕走孫悟空，並多次在危難時刻要分行李散夥回高老莊。取回真經後，豬八戒由於「又有頑心，色情未泯」被封為淨壇使者。(C)《金瓶梅》中的武松和《水滸傳》裡的武松其實不太一樣，如《金瓶梅》裡的殺嫂嫂潘金蓮的描寫，武松的英雄形象變成了殘酷冷血的。《金瓶梅》中的武松仍保有最初的那份市井氣，以一種不那麼完美的英雄形象出現。(D)潘金蓮是《金瓶梅》中的角色，《紅樓夢》中林黛玉多愁善感。故選(B)。

18. **C**。(A)完璧歸趙：藺相如奉使秦國，交涉以和氏璧換取秦城時，識破秦國訛詐，巧妙使璧安然回到趙國。典出《史記·卷八一·廉頗藺相如傳》。後比喻物歸原主。(B)負荊請罪：背著荊條，前往對方居所自請責罰。典出《史記·卷八一·廉頗藺相如列傳》。後用「負荊請罪」比喻主動向對方承認錯誤，請求責罰和原諒。(C)逼上梁山：《水滸傳》中寫林沖因遭到誣陷，刺配滄州，終被逼上梁山，落草為寇。典出《水滸傳》第一一回。後用「逼上梁山」比喻被迫走上絕路，而做出自己不想做或不應做的事。(D)雞鳴狗盜：戰國時秦昭王囚孟嘗君，打算加以殺害，孟嘗君得門下食客雞鳴狗盜的技能協助，得以脫難。典出《史記·卷七五·孟嘗君列傳》。後用「雞鳴狗盜」比喻有某種卑下技能的人，或指卑微的技能。故選(C)。

19. **B**。「寒風飄飄，冷雨瀟瀟，就是那能睡的陳摶也睡不著。說不完的煩惱和愁苦傷透了心懷，傷心的淚水撲簌簌地像斷線珍珠飛拋。秋蟬煩噪罷了蟋蟀又叫，漸漸瀝瀝的細雨輕打著芭蕉。」便做：就算，即使。陳摶，五代宋初著名道士，希夷先生，曾修道于華山，常一睡百天不醒。這句的意思是：思人心切，即使做了陳摶也難以入睡。故選(B)。

20. **D**。西點烘「碚」→烘「焙」。故選(D)。

21. **D**。(A)萬國：指極眾多的國家。(B)九州：一般乃指《周禮》九州，為揚、荊、豫、青、兗、雍、幽、冀、并。後用作中國的代稱。(C)四海：古代認為中國四周環海，因而稱四方為「四海」。泛指天下各處。(D)宇宙：是所有時間、空間與其包含的內容物所構成的統一體。故選(D)。

22. **C**。(A)「犖犖」ㄌㄨㄛˋ、大方→「落落」大方：舉止自然坦率，毫無扭捏作態、矯揉造作。／「大大」方方：態度自然從容。(B)「切切」

私語→「竊竊」私語：私下密語。(C)小時了了，大未必佳：人在幼年時聰明敏捷，表現優良，長大之後未必能有所成就。(D)「怏怏」大國→「泱泱」大國：稱讚國力強大的國家，懷有寬大的氣度與良好的風範。故選(C)。

23. **D**。原文語譯「永州有個姓某的人，畏懼生辰，拘泥於禁忌特別嚴重。認為自己生辰年是子年，鼠，是子年的神啊，因此愛惜老鼠，不養貓狗，禁令童僕：不准打老鼠。倉庫廚房，也都讓老鼠隨意出入，不加阻止干涉。於是老鼠互相轉告，都來到某家，每天吃飽也沒有禍患。某家的房子裡沒有完整的器具，衣架上沒有件完好的衣服。吃的喝的，大都是老鼠吃剩下的。（老鼠）白天一隻隻地和人同行；晚上就咬東西猛烈地打鬥，牠們發出各種各樣不同的吵鬧的聲響。讓人沒辦法睡覺，但他始終不厭煩。幾年以後，姓某的遷居到其他州。後面的人來這裡住，老鼠表現得和以前一樣。那人說：「這些在陰暗處活動的壞傢伙，偷東西打架特別厲害，這怎麼會成這個樣子呢！」借來五六隻貓，關起門，撤掉瓦用水灌老鼠洞穴，僱傭童僕用網捕抓老鼠，殺死的老鼠堆積得像坐小山丘，丟到偏僻的地方，臭味幾個月才消散。嗚呼！牠們以為吃得飽又沒有災禍是可以長久的啊！」畏日：害怕觸犯時日的忌諱，椸：衣架。故選(D)。

24. **C**。「假五六貓，闔門，撤瓦，灌穴，購僮羅捕之，殺鼠如丘。」假，借。故選(C)。

25. **A**。能看見星星可見不僅是晚上了，而且是在乾淨沒有光害的地方才能看見滿空閃亮的星星；老人說故事，而且會一直一直說，足見有股動力讓他說不停，努力划船的畫面是會振奮人心的。故選(A)。

111年臺北捷運新進控制員

題目 歸零

人心就像一個容器，當面臨改變或學習新事物時，必須清空自己，才能使心靈澄澈而更易接受新想法。就像歷經千辛萬苦攀爬到山頂後，縱然有登峰的喜悅與發現，還是需要下到山谷，重新再挑戰新的高峰。

請以「歸零」為題，就自身經驗或見聞，書寫一篇完整的文章，闡述看法。

破題分析

什麼是「歸零」？什麼時候會讓你想歸零？每個人都應當有歸零的時候，歸零像是倒空可是不是放空，一個讓你去省思自己內在的題目。

寫作引導

許多人都有被生活壓到喘不過氣的時候，有人寧可被壓死也不願意放過自己，你是想被壓垮，還是想從麻袋探出頭呼吸新鮮空氣呢？想想看自己在何時突然大大嘆口氣，想重新再來過呢？當你寫作時，記得不要將引文當成自己的內容，可從引文中去思考你心中的歸零該是如何？

寫作範例

　　希臘哲人赫拉克利特：「人不可能兩次踩在同一條河流。」是啊！萬事萬物、世間的種種都是沒有定性的，就算你一直踩在河水中沒離開，但，河水不停的往前流，它早已不是原來你踩的那些河水，而你呢？每一分鐘的自己說難聽點，都老了一分鐘，你已經不是一分鐘前的你了，這河水，是不是也洗淨了你某些塵埃呢？身上的塵埃容易洗滌，心上的塵埃，便必須自己有足夠的勇氣將它抖落與洗淨。

　　我想多數人都不是含金湯匙出生，我們必須靠自己的雙手打拚，從讀大學前選填志願，到進入職場開始工作，你都是選擇自己喜歡的還是跟現實低頭，讀了、做了自己不喜歡的呢？都說一山還有一山高，人不可能永遠第一名，如果總是要爭第一名，是不是太累太辛苦了，這樣哪天不小心絆到腳滑

到第二名，是不是痛死了呢？不要把自己綁得這麼緊，無論走的路是不是自己所喜歡，一定有好累、好無力的時候，甚至常常被長官、同事認為你不夠好、不夠努力，明明已經這麼努力了，怎麼還有這些多的話語呢？而你，對自己的要求又在哪？

每個人都有許多可能，不要替自己畫圈圈，不要害怕跨出改變的那一步，孔子說：「君子不器。」你怎知跨出這一步，將現在的自己倒光，重新再慢慢填滿，不是一件好事！曾在某處工作，一直猶豫是否該換工作，一位同事問：「繼續在這，妳會怎樣？」我說：「煩人的人事繼續煩。」「離開呢？」「我會快樂！」「那就離開！」你是想繼續嘆氣還是重新開始呢？相信多數人都不想甚至害怕改變，許多人一大把年紀後仍不知自己究竟喜歡什麼、想做什麼，有時，真的不妨停下腳步靜下心，傾聽自己心底的聲音，聽見自己最真實的聲音，你的心在哪裡，你的寶藏也在那裡。每次的失意或許都有上帝最好的安排，將自己生活的時鐘重新調過，回到0:00，讓自己從心出發，準備好倒空自己了嗎？

當你走進賣場或便利商店的飲料區，站在玻璃門前挑選時，有沒有發現沒有一瓶飲料是全滿，而應該都算是八分滿，有沒有想過為什麼呢？《易經》：「日中則昃，月盈則食。」裝滿的水無法再加水，只有七分八分滿，代表你還有再裝的空間，當你是可以晃動的水時，代表還有好多不一樣的可能，你想替自己的瓶子加點什麼呢？勇氣？快樂？成功……？如果瓶子的空間不夠，記得倒掉負面的思緒，許自己一個乾淨的瓶子，不要害怕將自己倒空、歸零，歸零後重新出發，每一步都充滿喜樂與自信，「你的日子如何，力量也如何！」微笑的張開雙臂迎接燦爛的陽光。

111年臺中捷運新進人員

( )　1. 請選出選項中「」裡的成語運用正確者：
(A)初到城市生活，有如「吳牛喘月」般鬧了許多笑話
(B)我的這點淺見只是「野人獻曝」，僅供大家參考
(C)規劃事務必須全面，要秉持「首鼠兩端」的精神以免疏漏
(D)王主任平日瀟灑慣了，穿著時常出現「尾大不掉」的狀況。

( )　2. 請從以下選項中的人物判讀選出錯誤者：
(A)南陽臥龍有大志，腹內雄兵正分奇—諸葛亮
(B)道若江河，隨地可成洙泗；聖如日月，普天皆有春秋—孔子
(C)一騎紅塵妃子笑，無人知是荔枝來—楊貴妃
(D)剛直不阿，留得正氣沖霄漢；幽愁發憤，著成信史照塵寰—
孔子。

( )　3. 漢字的構詞有時會由意思完全不同的二字組詞，表義只取其一，
習稱「偏義」複詞。請判斷以下選項並選出非屬偏義複詞者：
(A)如人飲水，「冷暖」自知　　(B)你且去探一探他「虛實」
(C)宮中府中，不宜「異同」　　(D)將往日的「恩怨」一筆勾消。

( )　4. 請問下列選項何者用字完全正確：
(A)你如不多留意自己的出入場合，電玩場可是罪惡的淵藪，所謂
「星星之火可以遼原」將來一定後患無窮
(B)你前些日子言語汙衊他人已經是過分了，如今又變本加厲地在
網路上散播，小心惹出糾紛
(C)這位學者離鄉背井、遠赴海外進修學位，對於假設命題抱持鍥
而不捨的精神尋思演譯，終於有所成就
(D)歷經了政界商場的爾腴我詐，某企業大老毅然決定反樸歸真，
放棄事業回鄉去過漁樵江渚的日子。

(　)　5. 試從下列文獻所定義「聖人」之章句加以判斷歸屬何家，並依(甲)(乙)(丙)(丁)順序選出判斷正確者：　(甲)思天下之民匹夫匹婦有不與被堯舜之澤者，若己推而內之溝中，其自任以天下之重也；(乙)聖人之治，虛其心，強其腹，弱其志，強其骨；(丙)天有五星，地有五行。……三光者，陰陽之精，氣本在地，而聖人統理之；(丁)聖人德若堯舜，行若伯夷，而位不載於世，則功不立，名不遂
　　(A)儒／陰陽／道／法　　　　　(B)儒／道／陰陽／法
　　(C)墨／道／陰陽／儒　　　　　(D)墨／陰陽／道／儒。

(　)　6. (甲)弱冠；(乙)耄耋之年；(丙)破瓜之年；(丁)荳蔻年華；(戊)不惑之年。以上代稱的年齡，由小而大排列應為
　　(A)(甲)(丙)(乙)(戊)(丁)　　　 (B)(戊)(丙)(甲)(乙)(丁)
　　(C)(丁)(丙)(甲)(戊)(乙)　　　 (D)(丙)(丁)(乙)(戊)(甲)。

(　)　7. 請判讀以下選項前後「」的意思並選出意義相同者：
　　(A)阡陌「交通」，雞犬相聞／今日「交通」發達，往來非常方便
　　(B)君子「不齒」，今其智乃反不能及／他的行為真令人「不齒」
　　(C)「開張」聖聽，察納雅言／新店「開張」，歡迎大家光臨
　　(D)「行李」之往來，供其乏困／收拾好「行李」，整點準時出發。

(　)　8. 下列三首詠物詩，描寫的對象依序是：
　　甲、海是永世的歸屬／一枚貝殼，在遙遠的沙灘／記憶著／你怎樣／液態時的柔情／固態時的等待
　　乙、桃之夭夭盡逃之夭夭／凡迎風紅妝的都紅過了／唯壓你不倒，壓不倒／逆風赫赫你標舉的燦爛／列黃旗簇金劍耀眼的長瓣
　　丙、數百個空虛心靈／在這裡互相敲擊寂寞／把煩人的白天敲走／把寂靜的夜晚擊醒／專心研究十個瓶子／遭受一連串打擊後／倒了再爬起來的勇氣
　　(A)沙／菊花／音樂廳　　　　　(B)鹽／桃花／音樂廳
　　(C)沙／桃花／保齡球館　　　　(D)鹽／菊花／保齡球館。

( )　9. 白先勇曾說：「中國文學的一大特色，是對歷代興亡、感時傷懷的追悼，從屈原的〈離騷〉到杜甫的〈秋興〉八首，其中所表現出人世滄桑的一種蒼涼感，正是中國文學最高的境界。」據此詮釋，最能與下列哪一部古典名著互相應對：
(A)三國演義　　　　　　　　(B)儒林外史
(C)水滸傳　　　　　　　　　(D)紅樓夢。

( )　10. 選出下列選項中的字與其六書造字原則搭配正確者：
(A)木、石、鳥→象形　　　　(B)刃、甘、武→指事
(C)上、下、日→會意　　　　(D)止、江、鴉→假借。

( )　11. 請問以下「　」中的國字，何者注音前後相同：
(A)「霰」彈槍／閒「散」　　(B)「燠」熱／治「癒」
(C)霧「霾」／塵「蟎」　　　(D)懸「崖」／生「涯」。

( )　12. 以下成語的缺空處皆為動物，請選出依順序正確者：
□齒徒長／亡□補牢／□□衍慶／□□啼血
(A)犬／羊／彩蝶／黃鶯　　　(B)馬／牛／螽斯／黃鶯
(C)犬／牛／彩蝶／杜鵑　　　(D)馬／羊／螽斯／杜鵑。

( )　13. 閱讀張愛玲〈談音樂〉並選出( )處依序最適合填入的選項：

大規模的交響樂自然又不同，那是(甲)五四運動一般地衝了來，把每一個人的聲音都變了它的聲音，前後左右呼嘯喊嚷的都是自己的聲音，人一開口就(乙)於自己的聲音的深宏遠大；又像在初睡醒的時候聽見人向你說話，不大知道是自己說的還是人家說的，感到(丙)的恐怖。

(A)淅瀝淅瀝／震驚／模糊　　(B)淅瀝淅瀝／罔顧／清晰
(C)浩浩蕩蕩／罔顧／清晰　　(D)浩浩蕩蕩／震驚／模糊。

（　）｜ 14. 閱讀以下篇章並選出詮釋正確者：

孟子曰：「伯夷，目不視惡色，耳不聽惡聲。非其君不事，非其民不使。治則進，亂則退。橫政之所出，橫民之所止，不忍居也。思與鄉人處，如以朝衣朝冠坐於塗炭也。當紂之時，居北海之濱，以待天下之清也。故聞伯夷之風者，頑夫廉，懦夫有立志。」

「伊尹曰：『何事非君？何使非民？』治亦進，亂亦進。曰：『天之生斯民也，使先知覺後知，使先覺覺後覺。予，天民之先覺者也；予將以此道覺此民也。』思天下之民匹夫匹婦有不與被堯舜之澤者，若己推而內之溝中，其自任以天下之重也。」

「柳下惠，不羞汙君，不辭小官。進不隱賢，必以其道。遺佚而不怨，阨窮而不憫。與鄉人處，由由然不忍去也。『爾為爾，我為我，雖袒裼裸裎於我側，爾焉能浼我哉？』故聞柳下惠之風者，鄙夫寬，薄夫敦。」

「孔子之去齊，接淅而行；去魯，曰：『遲遲吾行也。』去父母國之道也。可以速而速，可以久而久，可以處而處，可以仕而仕，孔子也。」

(A)伯夷「非其君不事，非其民不使」可見其恣意妄為之態
(B)伊尹「使先知覺後知，使先覺覺後覺」可知是教育上的貢獻
(C)柳下惠「爾焉能浼我哉？」可知其不介意所處環境之親合
(D)孔子去齊「接淅而行」可知其判斷迅速、行事果斷。

（　）｜ 15. 洪繻〈鐵車路〉一詩對興建鐵路一事，表達了反對的意思。他在詩中說「西人逞巧亦良危，顛躓往往艱一線。我道帶礪在河山，縋幽鑿險山河變。自古眾志方成城，不聞鐵車與敵戰。又況勞民復傷財，民窮財盡滋內患。臺灣千里如金甌，渾沌鑿死山靈顛。」請問洪繻反對的理由並不包括下列何者？
(A)國防　　　　　　　(B)經濟
(C)環保　　　　　　　(D)外交。

（　）| 16. 將軍派小兵勘查地形。小兵回覆：「前方是蠶叢鳥道。」將軍說：「白話一點。」小兵說：「前方是□□□□。」下列何者是小兵的回覆？　(A)阡陌交通　(B)花街柳巷　(C)羊腸小徑　(D)通衢大道。

（　）| 17. 「我面向群峰前的山湖，悄然獨立，／你，林中的歌手啊！／你是那峰巔回聲中的回聲，／而我。也只是那湖心映影中的映影，／百年不過一瞬，／我把握住這片刻將你□□。」（〈林鳥〉張秀亞）請問缺空的詞語應填入何者？　(A)傾聽　(B)擁抱　(C)凝視　(D)回憶。

（　）| 18. 施梅樵〈由臺中將之大里，候車殊久始至，作此以示古戟〉：「人生萬事鮮如意，□□□□□□□。東屯大里咫尺間，一面之緣慳難致。」請問欠缺的詩句應為下列何者？　(A)半日待車車不至　(B)乘車既久人欲睡　(C)天嶺旋向菩薩寺　(D)良朋轉眼分兩地。

（　）| 19. 在歡度佳節的節目上，主持人引用了這麼兩句詩：「無雲世界秋三五，共看蟾盤上海涯。」從詩句上來看，這個節目是為了什麼節日而製作的？　(A)元宵　(B)七夕　(C)中秋　(D)重陽。

（　）| 20. 曾國藩的好友吳嘉賓曾勸告他說：「用功譬若掘井，與其多掘數井而皆不及泉。何若老守一井，求及泉而用之不竭乎？」從這段話可知，吳嘉賓認為曾國藩有什麼缺點需要改進？　(A)博而不精　(B)涅而不緇　(C)滿而不溢　(D)華而不實。

（　）| 21. 「區區」一詞有許多解釋，往往須由前後文意判斷，才能知道意思。「小生區區千里而來，只為小姐這門親事。」句中的「區區」，作什麼解釋最好？　(A)迂腐固執　(B)辛苦奔波　(C)摯誠愛戀　(D)微不足道。

（　）| 22. 《莊子‧逍遙遊》有這麼四個字：「窮髮之北」。學者成玄英用另一個詞來替代「窮髮」一詞，請問最有可能是什麼詞？　(A)不毛　(B)皓首　(C)蛾眉　(D)垂髫。

( )　23. 某人在書店裡看到一本《莞爾集》，請問這本書最有可能是哪一類的書？　(A)笑話類　(B)工程類　(C)法律類　(D)投資類。

( )　24. 某位導演拍了一部古裝劇，主題曲有以下歌詞：「明月浩無邊，安排鐵板銅琶，我歌唱大江東去。」從主題曲來看，請問該劇的主角最可能是誰？　(A)孔子　(B)項羽　(C)李白　(D)蘇軾。

( )　25. 有位古人穿越到現代，見到捷運上的人們因為上下車和座位的事情吵得不可開交，於是嘆了一口氣，說：「當察亂何自起，起不相愛。」請問這位古人最有可能是誰？
(A)許行　　　　　　　　(B)墨翟
(C)韓非　　　　　　　　(D)莊周。

解答與解析（答案標示為#者，表官方曾公告更正該題答案。）

1. **B**。(A)吳牛喘月：喻人遇事過分懼怕，有嘲笑的成分在。也可以表示不明實際狀況，單憑表面便作出錯誤的判斷。《世說新語‧言語》：「滿分畏風，在晉武帝座，北窗作琉璃屏，實密似疏，奮有難色，帝笑之。奮答曰：『臣猶吳牛見月而喘。』」(B)野人獻曝：喻平凡人所貢獻的平凡事物。(C)首鼠兩端：形容猶豫不決的樣子。語出《史記‧卷一○七‧魏其武安侯列傳》。(D)尾大不掉：喻下屬的勢力強大，在上者難以駕馭。語出《左傳‧昭公十一年》：「末大必折，尾大不掉，君所知也。」後亦比喻事物因本末關係倒置，形成難以控制的局面。故選(B)。

2. **D**。司馬遷。關鍵字「幽愁發憤」因李陵案受宮刑。「信史」在獄中完成第一部紀傳體通史《史記》。李陵為西漢著名將領李廣的孫子，曾兵敗被匈奴所俘虜，在番邦多年後再返回漢朝。西元前漢武帝認為李陵是叛降，遷怒於為李陵辯護的司馬遷，將司馬遷處以腐刑（閹割）並囚禁。故選(D)。

3. **A**。(A)如人飲水，「冷暖」自知：喻人必須親身經歷，才能真切的體會事理。(B)你且去探一探他「虛實」：偏「實」。(C)宮中府中，不宜「異同」：偏「異」。(D)將往日的「恩怨」一筆勾消：偏「怨」。故選(A)。

4. **B**。　(A)罪惡的淵「藪」：過濾米的竹器。→淵「藪」比喻人或物聚集的
地方。淵，魚所居的地方。藪，獸所聚的地方。星星之火可以「遼」
原→「燎」原：火燒原野。比喻禍亂勢強，難以阻遏。(C)演「譯」
→演「繹」：從一些假設的命題出發，運用邏輯的規則，導出另一命
題的過程。(D)爾「腴」我詐→爾「虞」我詐：形容人際間的鉤心鬥
角。故選(B)。

5. **B**。　(甲)《孟子‧萬章》：「天下的人民，不論是男是女，如果享不到堯
舜盛世時那種幸福的，就像自己把他推入溝裡去一樣，他是自己擔當
天下的重任。」(乙)《老子‧道德經》：「有大智慧的人治理人民的
方法是：排空人民巧智多慾的內心，滿足人民的溫飽需求。減弱人
民狂亂生事的心志，提高人民的自立自足能力。」(丙)《史記‧天官
書》：「天上有五顆星（水星、金星、木星、火星、土星）地上有五
行。天上有五星的運行，地上有五行的交替變化。天上划分出列宿，
地上分封出州域。日、月、星這三光，是地上陰陽上升後所形成，精
氣的根源在地上，所以聖明的帝王能認識和掌握。」(丁)《韓非子‧
功名》：「聖人他們的道德如同堯舜，行為好像伯夷，但勢位卻不被
世人所擁護時，就會功不成，名不立。」故選(B)。

6. **C**。　(甲)弱冠：男子二十歲，古代男子年滿二十歲加冠。《禮記‧曲禮
上》：「二十曰弱冠。」故以弱冠、加冠代指成年人年二十歲。(乙)
耄耋之年：耄，年紀約八、九十歲；耋，年紀約七、八十歲。耄耋是
指年紀很大的人。(丙)破瓜之年：女子十六歲「瓜」字在隸書及南北
朝魏碑體中可拆成兩個八字，隱有二八一十六的意思，詩文中習稱女
子十六歲為破瓜之年。陸游詩〈無題〉：「碧玉當年未破瓜，學成歌
舞入侯家。」(丁)荳蔻年華：女子十三歲，杜牧〈贈別〉：「娉娉嫋
嫋十三餘，豆蔻梢頭二月初。」指女子十三歲時，身姿輕盈好像南方
豆蔻花一樣美麗可愛。(戊)不惑之年：四十歲，不惑指遇見事物能明
辨是非而不疑惑。語出《論語‧為政》：「子曰：吾十有五而志於
學，三十而立，四十而不惑，五十而知天命，六十而耳順，七十而從
心所欲，不踰矩。」丁→丙→甲→戊→乙。故選(C)。

7. **B**。　(A)阡陌「交通」：通達無阻。／今日「交通」發達：汽車、船舶、
飛機等各種運輸工具在陸地、水上或空中的往來。亦指信函、電報等
來往。(B)君子「不齒」：羞與為伍。韓愈〈師說〉：「君子們不屑一
提，現在他們的見識竟反而趕不上這些人。」／他的行為真令人「不

齒」：羞與為伍。(C)「開張」聖聽，察納雅言：開展、不閉塞。／新店「開張」：商店開始營業。(D)「行李」之往來，供其乏困：行人、使者。《左傳·燭之武退秦師》：「你的使者往來的時候，供應他們缺乏的東西」。／收拾好「行李」：出門時所攜帶的行裝。故選(B)。

8. **D**。甲、從「海是永世的歸屬」推知它源自於大海，「液態時」從海中來，經過加工而成「固態」，推知為「鹽」。乙、「凡迎風紅妝的都紅過了」可見它的顏色比紅還美，「列黃」開後是黃色的，可推為菊花。丙、「十個瓶子」「打擊後」指丟球打到瓶子／「倒了再爬起來」下一局要重新排列再被打，可推知為保齡球館。故選(D)。

9. **D**。(A)三國演義：描寫的是從東漢末年到西晉初年近百年間的歷史，反映了三國時的政治軍事鬥爭以及各類社會矛盾的滲透與轉化。故事起於黃巾起義，終於西晉統一，被譽為中國謀略全書。(B)儒林外史：以寫實主義描繪各類人士對於功名富貴的不同表現，一方面真實的揭示人性被腐蝕的過程和原因，一方面熱情地歌頌了少數人物以堅持自我的方式所作的對於人性的守護。古典諷刺文學的代表。(C)水滸傳：內容講述北宋山東梁山泊以宋江為首的梁山好漢，由被逼落草，發展壯大，直至受到朝廷招安。人物形象栩栩如生，最早的白話章回小說。(D)紅樓夢：遠古女媧煉石補天遺下的頑石，通靈性，為賈寶玉出世時所銜的「通靈寶玉」，「通靈寶玉」歷盡世間辛酸悲歡的故事，就是《石頭記》，亦即《紅樓夢》。以賈寶玉的愛情、婚姻為中心，描述賈家興衰的悲喜故事，悲劇收場。故選(D)。

10. **A**。(A)木、石、鳥→象形。(B)刃、甘→指事；武→會意。(C)上、下→指事；日→象形。(D)止→象形；江、鴉→形聲。故選(A)。

11. **B**。(A)「霰」ㄒㄧㄢˋ彈槍／閒「散」ㄙㄢˇ。(B)「燠」ㄩˋ熱／治「癒」ㄩˋ。(C)霧「霾」ㄇㄞˊ／塵「蟎」ㄇㄢˇ。(D)懸「崖」ㄧㄞˊ／生「涯」ㄧㄚˊ。故選(B)。

12. **D**。馬齒徒長：自謙年歲徒增卻毫無建樹。亡羊補牢：喻犯錯後及時更正，還有補救的機會。螽斯衍慶：螽斯，一種昆蟲名，產卵極多；衍，延續；慶，喜慶。故用以祝福別人多子多孫的賀辭。杜鵑啼血：相傳周末蜀王杜宇，亡國而死，其魄化為杜鵑，日夜悲啼，淚盡繼以血，哀鳴而終。後以杜鵑啼血比喻哀傷至極。故選(D)。

13. **D**。「五四運動一般地衝了來」可推想人應該不少，「衝」可見聲勢浩大，「淅瀝淅瀝」形容雨聲、水聲，不會用來形容人的聲音。每一個人都要說出自己想說的話，那麼多的聲音中，自己的聲音被聽見了，「震驚」！因為「初睡醒」所以怕自己聽得不夠清楚。故選(D)。

14. **C**。孟子說：「伯夷，眼睛不去看不正當的顏色，耳朵不去聽不好的聲音。不是賢明的君主，他不去事奉；不是他理想的百姓，不去使喚。天下太平的時候，出來做事；天下混亂時，就退隱田野。在施行暴政的國家，亂民聚集的地方，他都不忍心去居住。他以為和無知的人相處，就好像穿戴著禮服禮帽卻坐在骯髒的爛泥或炭灰上面。商紂的時候，他住在北海邊上，等待著天下清平。所以聽見伯夷的高風亮節的人，連貪得無厭的人都廉潔了，原本懦弱的也變剛強不屈了。」「伊尹說：『哪個君主，不可以事奉？哪種百姓，不可以使喚？』天下太平時出來做官，天下昏亂也出來做官，說：『上天生育這些百姓，就是要先知先覺的人來教導後知後覺的人。我是這些人中的先覺者，我要以堯舜之道來喚醒這些人。』伊尹這樣想：在天下的百姓中，只要有一個男的或一個婦女沒有享受到堯舜之道的好處，就像自己把他推入溝裡去一樣，這就是他以天下的重擔為己任的態度。」「柳下惠不以事奉不好的君主為羞恥，也不因官小而辭官。既然做了官，就不隱藏自己的才能，但一定按他的原則辦事。自己被遺棄不用，也不怨恨；窮困，也不憂愁。和無知的鄉下人相處，也高高興興地不忍離開。『你是你，我是我，即使你在我旁邊赤身露體，哪能就沾染我呢？』所以聽到柳下惠高風亮節的人，胸襟狹小的人也開闊了，刻薄的人也厚道了。」「孔子離開齊國時，米已經洗好，卻急得連煮飯都等不及，撈起米就走了；離開魯國時，卻說：『我們慢慢走吧！』這是離開祖國的態度。應該馬上走就馬上走，應該繼續久留就繼續久留，應該隱居就隱居，應該做官就做官，這就是孔子。」遺佚：不被重用。袒裼ㄊ一ˋ：脫衣見體。浼：污染。鄙夫：心胸狹窄的人。薄夫：刻薄的人。接淅而行：急於離去；捧著已經淘濕的米。朱熹曰：接，猶承也；淅，漬米也。漬米將炊，而欲去之速，故以手承米而行，不及炊也。故選(C)。

15. **D**。顛躓：敗亡；傾覆。礪在河山：喻時間久遠，任何動盪也決不變心。眾志成城：眾人同心，力量堅固如城。比喻團結一致，同心協力。縋幽：緣繩下於幽深之處。山河：喻國土、江山。（國防）「勞民復傷財，民窮財盡」（經濟）。「渾沌鑿險山河變」（環保）。故選(D)。

16. **C**。蠶叢鳥道：險絕的山路。(A)阡陌交通：田間小路交錯相通。(B)花街柳巷：花、柳，舊指娼妓。風化區，妓院聚集的地方。(C)羊腸小徑：形容狹窄曲折的小路。(D)通衢大道：通往四面八方的交通要道。以「羊腸小徑」較貼近。故選(C)。

17. **A**。文中的「林中的歌手」可知，有「人」在唱歌，歌聲是用耳朵聽的，無法看或擁抱。故選(A)。

18. **A**。詩中提到等了好久車還來，明明從東屯到大里很快的，大里彷彿就在眼前（咫尺間），車不來，我看不見你啊！緣慳〈一ㄢ一面，無緣相見。故選(A)。

19. **C**。曹松〈中秋對月〉。關鍵字「秋三五」乘數，3×5＝15，秋15，「蟾盤」代指月亮，可推知為中秋節。故選(C)。

20. **A**。(A)博而不精：學識廣博卻不精深。(B)涅而不緇：用黑色染料也染不黑。喻本質之好，不受惡劣環境影響。《論語‧陽貨》：「不曰堅乎，磨而不磷；不曰白乎，涅而不緇。」(C)滿而不溢：器物已經滿了但沒有溢出。比喻有資產而不濫用，有才能而不炫耀，指善於節制守度。(D)華而不實：華，開花。花開得好看，卻不結果實。喻外表好看，內容卻空虛。《左傳‧文公五年》：「且華而不實，怨之所聚也。」故選(A)。

21. **B**。從「千里而來……只為」可推知「區區」在這是指奔走盡力。故選(B)。

22. **A**。窮髮，荒遠無草木的地方。《莊子‧逍遙遊》：「窮髮之北，有冥海者，天池也。」(A)不毛：草木不生，荒涼的地方。(B)皓首：年老而頭髮變白。白髮。(C)蛾眉：美人細長而彎曲的眉毛，如蠶蛾的觸鬚，故稱為「蛾眉」。(D)垂髫：指兒童或童年。髫，兒童垂下的頭髮。故選(A)。

23. **A**。莞爾：微笑的樣子。《論語‧陽貨》：「夫子莞爾而笑曰：『割雞焉用牛刀。』」故選(A)。

24. **D**。「鐵板銅琶」典故出自《歷代詩餘》宋俞文豹《吹劍錄》評論蘇詞風格的話：東坡在玉堂日，有幕士善謳，因問：「我詞比柳（柳永）詞如何？」對曰：「柳郎中詞，只好於十七八女孩執紅牙拍板，唱『楊柳岸曉風殘月』，學士詞，須關西大漢、銅琵琶、鐵綽板，唱『大江東去』。」故選(D)。

25. **B**。語出《墨子‧兼愛》：「試著考察這些混亂是從哪裡產生的呢？原來是起於人與人之間不相愛。」

(A)許行：戰國時楚人，著名的農學家。主張君民並耕而食，與其徒數十人，皆衣褐，捆屨織席以為食。(B)墨翟：墨子，提出了兼愛、非攻、尚賢、尚同、天志、明鬼、非命、非樂、節葬、節用等觀點。(C)韓非：法家思想的代表人物，認為應該要「法」、「術」、「勢」三者並重，是法家的集大成者。(D)莊周：道家學派代表人物，與老子並稱老莊。最早提出的內聖外王思想對儒家影響深遠。故選(B)。

NOTE

英 文

( ) 1. He has no choice but _____ to Mr. Hambrick for what he did to him yesterday evening.
(A)to apologize (B)apologize
(C)apologized (D)apologizing

( ) 2. One of the most important steps you need to take to improve your English _____ to practice it regularly.
(A)has (B)being
(C)is (D)are

( ) 3. On my drive into town, I was ordered to _____ to take a breath test.
(A)pull over (B)pull our legs
(C)look upon (D)pass through

( ) 4. Anyone _____ is interested in applying for the position is supposed to send a resume and two reference letters to the company.
(A)where (B)that
(C)which (D)what

( ) 5. Neither public nor private sector _____ able to offer enough job openings to those who are unemployed.
(A)is (B)be
(C)being (D)are

( ) 6. "What can I do to relax?" "That's easy! _____ your mobile phone, sit down and close your eyes."
(A)Switch away (B)Switch off
(C)Switch over (D)Switch out

( )　7. Jack has a passion for outdoor activities, among _____ cycling is his favorite.
　　(A)that　　　　　　　　　　(B)which
　　(C)what　　　　　　　　　　(D)them

( )　8. It is said that Mr. Liu isn't happy about our work, which _____ yesterday.
　　(A)should be done　　　　　(B)should have been done
　　(C)must be done　　　　　　(D)will have been done

( )　9. Marian's brother was addicted to gambling and ended up _____ his money at the casino.
　　(A)loss　　　　　　　　　　(B)to lose
　　(C)lost　　　　　　　　　　(D)losing

( )　10. As _____ in the last e-mail, work on the Yellow Eagle project will commence at the beginning of next month.
　　(A)has mentioned　　　　　　(B)mentioned
　　(C)being mentioned　　　　　(D)to mention

( )　11. The management _____ dealing with all the business contracts carefully.
　　(A)using　　　　　　　　　　(B)used to
　　(C)used　　　　　　　　　　(D)is used to

( )　12. The purpose of traffic policy planed by city council is to stop traffic jam _____.
　　(A)happen　　　　　　　　　(B)to happen
　　(C)happened　　　　　　　　(D)from happening

( )　13. As the meeting came to an end, please _____ this important document to the head of financial department.
　　(A)forward　　　　　　　　　(B)forehead
　　(C)reward　　　　　　　　　(D)formal

( ) 14. Peter _____ for the project since he was promoted to be the chief manager of the department.
(A)is preparing　　　　　(B)prepared
(C)has been preparing　　(D)has been prepared

( ) 15. I wish the new employees would act as if they _____ enthusiastic about learning everything about this company.
(A)are　(B)is　(C)were　(D)being

( ) 16. It's too bad that it's raining. If it _____we could go for a drive.
(A)hasn't been raining　(B)isn't raining
(C)wasn't raining　　　(D)weren't raining

( ) 17. Researchers have found that your diet can affect the health of your entire body and _____ improve metabolic functions.
(A)therefore　(B)to
(C)rather　　(D)since

( ) 18. To lower teenager car accident rates, it is essential that every school _____ children about traffic laws.
(A)will be teaching　(B)taught
(C)teaches　　　　　(D)teach

( ) 19. Ms. Taylor would make great efforts to _____ her students to a variety of ways of practicing and using Spanish.
(A)expose　(B)extend
(C)expand　(D)explore

( ) 20. _____ that African swine fever could hit Taiwanese pork industry, the government plans to carry out strict inspections on travelers coming from China and other Southeast Asian nations into Taiwan.
(A)Worry　(B)Worried
(C)To worry　(D)Having worried

解答與解析（答案標示為#者，表官方曾公告更正該題答案。）

1. **A**。 他除了向漢布里克先生對他昨天晚上所做的一切道歉之外，別無選擇。

   解 其中一種表現「不得不……」之常見句型是"have no choice but + to +動詞原形"，故本題要使用"to apologize"，即選項(A)。另外茲整理常見的「不得不……」之常見句型如下：（需注意片語後方動詞變化）

   cannot but + 動詞原形

   cannot help but + 動詞原形

   cannot choose but + 動詞原形

   can do nothing but + 動詞原形

   cannot help + Ving

   have no choice/ option/ alternative but + to 動詞原形

2. **C**。 為了提升英語能力，你需要採取的最重要步驟之一是要經常練習。

   解 "One of the most important steps you need to take to improve your English"是一個主詞（第三人稱單數），而to practice it regularly為一不定詞片語，其作為主詞補語，是用來補充說明主詞的內容。其句型為"S（主詞）+V（動詞）+C（補語）"，其中的動詞是「不完全不及物動詞」（如is, are, taste, look），故要選擇單數不完全不及物動詞is，即選項(C)。

3. **A**。 在我開車進城時，被要求開到路邊進行酒精測試。

   (A)開到路邊　(B)跟我們開玩笑　(C)看待　(D)通過

   解 本題考的是片語之用法，由於題目有提到關鍵字drive（開車）、breath test（酒精測試），所以最可能的片語是pull over（開到路邊）。

4. **B**。 任何對於申請該職位有興趣的人都應該向公司發送簡歷和兩封推薦信給公司。

   解 本題考的是關係代名詞之用法，由於空格前面出現先行詞anyone（任何人），而空格後面連接的是不完整句（缺少主詞），所以需要使用關係代名詞who/that，故本題選擇選項(B)。至於選項(A)where是關係副詞，前面的先行詞要是地方名詞，且後面連接的是完整句，故錯誤；選項(C)which是關係代名詞，但前面的關係代名詞要是「非人」的名詞，故錯誤；選項(D)what是複合關係代名

詞，其功能等於「先行詞+關係代名詞」，故前面不需要先行詞，故錯誤。

5. **A**。　公部門和私部門都不能夠為失業者提供足夠的就業機會。

解　Neither,... nor（兩者皆不）要留意動詞需依離nor最近的主詞做變化。以本題為例，離nor最近的主詞private sector是第三人稱單數，所以使用第三人稱單數動詞is。

6. **B**。　「我可以做些什麼事來放鬆？」「這很容易！關掉你的手機，坐下來和閉上眼睛。」

(A)轉移　(B)關閉　(C)切換　(D)變更

解　本題考的是有關於switch片語之用法，由於題目有提到關鍵字mobile phone（手機），所以最可能的片語是switch off（關閉）。

7. **B**。　傑克對戶外活動充滿熱情，其中騎自行車是他的最愛。

解　本題考的是關係代名詞之用法，由於空格後面為不完整句，而先行詞是outdoor activities（戶外活動），為非人名詞。故選擇關係代名詞which，即選項(B)。特別需要注意的是，若本題為完整句（將前面的逗號改成句號），則需使用人稱代名詞them。

8. **B**。　據説劉先生對我們昨天應該就要完成的工作不滿意。

(A)應該完成　(B)應該已經完成　(C)必須完成　(D)無此用法

解　題目出現關鍵字yesterday（昨天），故應該使用的是過去式助動詞。故選項(C)(D)可以先刪除，至於題目的意思是「本來過去應該做某事而實際上當時沒有做」，是與「過去事實相反」，其句型是"人+should have +p.p."，故本題選擇選項(B)。

9. **D**。　瑪麗安的兄弟沉迷於賭博，結果在賭場輸光錢了。

解　end up（最終、結果是）連接的是動名詞，故本題選擇lose的動名詞losing，即選項(D)。

10. **B**。　正如上一封電子郵件中提及的，黃鷹項目的工作將於下個月初開始。

解　本題考的是分詞構句之用法，由於黃鷹項目的工作是在電子郵件中「被」提及，所以屬於被動之用法，故使用被動式mentioned。

11. **D**。　要使用經營手段謹慎處理所有的業務合約。

(A)使用　(B)習慣於　(C)使用　(D)被用來

解　本題考的是use之常見片語用法，由於management（經營、管理手段）是一種方法，是「被」用來處理所有的業務合約，故使用被動式is used to。

另外，茲整理與use有關之常見片語如下：
(1) used to（用來表示過去經常做的行為，但現在不再發生了。）
　　句型：used to + V（動詞原型）
(2) be used to
　　用法一 描述物品被用來做某件事情
　　句型：物 + be used to + V（動詞原型）
　　註：這裡的used是use的被動語態，而to是不定詞，後面要加動詞
　　　　原型。
　　用法二 指人習慣於某樣東西或某件事
　　句型：人 + be used to + Ving（動名詞）/ N（名詞）
　　註：這裡的to是介係詞，所以後面要加動名詞或名詞。
(3) get used to（表示從「不習慣」到「習慣」的過程，意思是變得習
　　慣於、開始習慣於某件事或物。）
　　句型：人 + get used to + Ving（動名詞）/ N（名詞）

12. **D**。 市議會制定交通政策的目的是防止交通堵塞發生。

　　解 由題目文意，要表達防止某事發生的句型是"stop sth. from
　　happening"，其中from有「遠離」的意思，故本題選擇選項(D)。
　　另外與stop有關之常見片語還有：停下來做…… stop to V（停下
　　來做……）、stop Ving（停止做……）、stop... from Ving（阻
　　止某人做／某事……，即本題之用法）。

13. **A**。 會議結束時，請將這份重要文件轉交給財務的部門主管。
　　(A)轉交　(B)額頭　(C)獎勵　(D)正式
　　解 既然是文件，使用forward（轉交）連接最符合文意。

14. **D**。 自從彼得被提升為該部門的總經理，他對於該計畫的就已經做好準
　　備了。
　　解 "be prepared to do..."的意思是「樂意做某事」、「對某事在思想上
　　有準備」，要留意這裡的prepared是形容詞。而以本題而言，因為
　　有關鍵字since（自從），所以主要句動詞要使用現在完成式，故
　　使用has been prepared，即選項(D)。

15. **C**。　我希望新進員工能表現出好像很熱心學習有關於這家公司的一切。

　　解　由於關鍵字as if（彷彿、好像）、wish（希望），所以知道考的是假設語氣，又主要句動詞是現在式wish，故表現的是「與現在事實相反」的用法，故本題使用過去式動詞were，即選項(C)。

16. **D**。　下雨實在太糟糕了。如果現在沒有下雨的話，我們可以去兜風。

　　解　本題也是考假設語氣的用法，因為主要句是"could go"（可以去），屬於「與現在事實相反」之句型，要留意的是雖然it是第三人稱單數，但因為是假設語氣，故需要使用的過去式動詞固定是were，而非was。

17. **A**。　研究人員發現，你的飲食會影響你整個身體的健康，並因此改善代謝功能。

　　(A)因此　(B)為了　(C)而非　(D)自從；因為

　　解　飲食影響身體健康是「原因」，而改善代謝功能是「結果」，故使用副詞therefore（因此）連接最合適。

18. **D**。　為了降低青少年的車禍率,每個學校應該教導孩子交通法規至關重要。

　　解　以虛構主詞it開頭所連接的某些特殊形容詞（如urgent、mandatory、crucial、essential、necessary、imperative），通常其後所引導的that-子句帶有某些程度的緊迫性，故要用「原形動詞」來表示假設語氣。所以本題選擇選項(D)。

19. **A**。　泰勒女士會努力讓她的學生盡可能處於以各種方式練習和使用西班牙語的狀態。

　　(A)暴露；使……處於（某種）狀態　(B)延伸　(C)擴展　(D)探索

　　解　expose含有「暴露；使……處於（某種）狀態」之意，其常見句型為expose A to B（將A暴露於B；將A處於B之情況），其與文意最為吻合。故選擇選項(A)。

20. **B**。　政府擔心非洲豬瘟可能襲擊台灣豬肉產業,政府計劃實施對來自中國和其他東南亞國家的旅客進行嚴格檢查。

　　解　由於空格所連接的是不完整句（缺少主詞），可以想到是考分詞構句的用法，其原句的前半部分可還原成"The government is worried that African swine fever could hit Taiwanese pork industry." 將與主要句子同樣的主詞the government省略，並將is改成being並省略，最後用逗號連接，即形成題幹的敘述。

108年臺中捷運技術員（機械類）

( ) 1. Thank you for _____ me of the appointment with my dentist this afternoon. I completely forgot about it!
(A)reminding (B)repairing
(C)retiring (D)retreating

( ) 2. Global sea level rise puts many people at _____ of losing their homes.
(A)judge (B)argue
(C)risk (D)rumor

( ) 3. Since I don't know anything about the stock market, I _____ if it is wise to lend you money to invest.
(A)insist (B)complete
(C)mention (D)wonder

( ) 4. Mr. Huang always serves the freshest possible food and makes the atmosphere as _____ as he can so that his customers will want to come back.
(A)nervous (B)conscious
(C)pleasant (D)valuable

( ) 5. Developing _____ interests and hobbies can decrease conflict in marriage and strengthen the relationship between you and your spouse.
(A)profitable (B)innocent
(C)reluctant (D)common

( ) 6. It is hard to get along with Tina. She has no _____ for other people's ideas and always gets her away.
(A)respect (B)anxiety
(C)prediction (D)exaggeration

(　) 7. According to a new report, offshore wind has the potential to _____ global electricity demand in the future.
(A)expect　　　　　　(B)attend
(C)fulfill　　　　　　(D)attempt

(　) 8. After the tragedy, people start to _____ the government for not doing enough for those who desperately need to be looked after.
(A)appeal　　　　　　(B)impress
(C)witness　　　　　　(D)blame

(　) 9. The new equipment will help us become more _____ in predicting typhoons.
(A)separate　　　　　(B)accurate
(C)pessimistic　　　　(D)symbolic

(　) 10. Please go on with what you are doing, and don't let us _____ you.
(A)interrupt　　　　　(B)contribute
(C)cooperate　　　　　(D)disguise

(　) 11. It is found that _____ all screens at least 30 minutes before bedtime can help you get a better night's sleep.
(A)taking part in　　　(B)turning off
(C)switching on　　　　(D)composing of

(　) 12. When it comes to _____ , Eddie is a master.
(A)public speak　　　　(B)speech public
(C)speak publicly　　　(D)speaking publicly

(　) 13. Tina works out at the gym three times a week, and _____ .
(A)so am I　　　　　　(B)neither am I
(C)so do I　　　　　　(D)neither do I

(　) 14. Tina looks as if she _____ an adult. In fact, she's a ten-year-old girl.
(A)were　　　　　　　(B)had been
(C)can't be　　　　　　(D)hasn't been

( ) 15. The temperature dropped quickly _____ the heavy rain.
　　(A)since 　　　　　　　　(B)though
　　(C)in spite of 　　　　　(D)because of

( ) 16. Sharon left the water _____ while she was talking with friends on the phone.
　　(A)run 　　　　　　　　(B)to run
　　(C)running 　　　　　　(D)ran

17～21為題組，請依題意選出適當答案：

　　Black Friday is the day after the American holiday of Thanksgiving, which is celebrated on the fourth Thursday of November. Lots of ___17.___ offer discounts on this day, and customers go crazy shopping for Christmas. Last year, people in the USA ___18.___ an estimated $54.7 billion between Black Friday and Cyber Monday (the Monday after Thanksgiving, when people buy more online).

　　Though many of us love to get a ___19.___ , some feel that events like Black Friday encourage people to buy things that they don't really need. They started to advocate something quite the ___20.___ . Since 1997, Buy Nothing Day has been held on the same day as Black Friday. People are challenged to buy ___21.___ nothing for 24 hours. The purpose is to make people think more about their spending and to make better decisions about what they buy.

( ) 17. (A)officials 　　(B)employees 　　(C)applicants 　　(D)retailers

( ) 18. (A)spend 　　(B)spending 　　(C)spent 　　(D)has spent

( ) 19. (A)proof 　　(B)debt 　　(C)hike 　　(D)bargain

( ) 20. (A)priority 　　(B)progress 　　(C)opposite 　　(D)oppression

( ) 21. (A)rapidly 　　(B)absolutely 　　(C)skeptically 　　(D)constantly

22～25為題組，請依題意選出適當答案：

Dear Mr. Ortiz：

　　This is to request permission to use your company's parking lot for a charity farmer's market 　22.　 November 30, 2019.

　　My company would be 　23.　 for all setup and cleanup, and we will provide proof of insurance for any damage or injury 　24.　might occur. We will also provide portable toilets so that participants will not be using your 　25.　.

Please let me know if you can grant us this permission to use your premises.

Sincerely,

Sara Porter

( )　22. (A)in　　　　　(B)at　　　　　　(C)on　　　　　(D)for

( )　23. (A)relevant　　(B)responsible　　(C)redundant　　(D)ridiculous

( )　24. (A)what　　　　(B)that　　　　　(C)who　　　　(D)where

( )　25. (A)innovations　(B)compliments　(C)banquets　　(D)facilities

---

解答與解析（答案標示為#者，表官方曾公告更正該題答案。）

1. **A**。　謝謝你讓我想起今天下午的牙醫門診。我完全忘記了！
   (A)提醒　　　　　　　　　(B)修理
   (C)退役　　　　　　　　　(D)退休
   解 第一句是「謝謝某人……」，加上由第二句：I completely forgot about it!（我完全忘記了！），推知「提醒」對方看牙醫的事情。故本題答案是(A)reminding。
   【觀念延伸】
   remind＋人＋of＝提醒某人……

2. **C**。　全球海平面上升，使得很多人有失去家園的風險。
   (A)判斷　　　　　　　　　(B)爭論
   (C)風險　　　　　　　　　(D)謠傳
   解 本句的重點詞是"of losing their homes（失去家園）"，由「海平面上升」，推知是「有這方面危險」，四個選項中，找出與此字類似的單字。故選(C)。

【觀念延伸】

at risk of＋V-ing有「冒……風險」的意思。

3. **D**。　因為我對股市一無所知，所以我不知道借錢給你投資是否明智。

   (A)堅持　　　　　　　　　　(B)完成

   (C)提到　　　　　　　　　　(D)想知道

   解　前面提到：對股票一無所知，空格後是：if it is wise to lend you money to invest（我不知道借錢給你投資是否明智），因此空格推測「不確定，想知道」等等相似意思，符合題意，選項(D)最接近上文的意思。故選(D)。

   【觀念延伸】

   S＋wonder＋if it is...＝某人想知道做某事是否……

4. **C**。　黃先生總是提供最新鮮的食物，盡可能營造愉快氛圍，所以他的顧客會想再來。（一直有回頭客）

   (A)緊張的　　　　　　　　　(B)有意識的

   (C)愉快的　　　　　　　　　(D)價值的

   解　由serves the freshest possible food 「提供最新鮮食物」，和「愉悅」氣氛，所以才會一直有回頭客。故選(C)。

   【觀念延伸】

   as＋形容詞/副詞＋as＝盡可能…… 注意要用原級。

5. **D**。　發展共同興趣和喜好可以減少婚姻衝突，並加強你和另一半之間的關係。

   (A)有利的　　　　　　　　　(B)無辜的

   (C)不情願　　　　　　　　　(D)相同的

   解　本句的重點：interests and hobbies（興趣嗜好）和decrease conflict in marriage（減少婚姻衝突）。故選(D)。

6. **A**。　Tina很難相處。她不尊重別人想法，總是隨心所欲

   (A)尊重　　　　　　　　　　(B)焦慮

   (C)預測　　　　　　　　　　(D)誇大

   解　no respect for other people's ideas是指「不尊重別人想法」，由「隨心所欲」可推知。故選(A)。

   【觀念延伸】

   get along＋with＋人＝「和某人相處」的意思。

7. **C**。　根據一份新報告，離岸風電在未來有滿足全球電力需求的潛力。
　　(A)期望　　　　　　　　(B)參加
　　(C)滿足　　　　　　　　(D)嘗試
　　解　由offshore wind（離岸風電）和global electricity demand（全球電力需求），推知是能達到或是滿足需求。故選(C)。
　　【觀念延伸】
　　S＋has/have＋the potential＋to＋...指「……有……的潛力」。

8. **D**。　悲劇發生後，人們開始指責政府對那些急需照料的人做得不夠多。
　　(A)上訴　　　　　　　　(B)印象深刻
　　(C)見證　　　　　　　　(D)責備
　　解　After the tragedy是指「悲劇發生後」，由此推知後面的動詞是負面的。blame＋...＋for＋V-ing＝針對某事指責……。故選(D)。
　　【觀念延伸】
　　S＋need＋to＋Vr＝某人需要……

9. **B**。　新設備將幫我們更加準確的預測颱風。
　　(A)分開　　　　　　　　(B)準確的
　　(C)悲觀的　　　　　　　(D)象徵的
　　解　由The new equipment（新設備）和predicting typhoons（預測颱風），推知應該更加「準的」。故選(B)。
　　【觀念延伸】
　　become＋形容詞，如：become more handsome（變得更帥）。

10. **A**。　請繼續手邊工作，別讓我們打斷你。
　　(A)打斷　　　　　　　　(B)貢獻
　　(C)合作　　　　　　　　(D)假扮
　　解　go on是指「繼續」，第二句指出：don't let us...是指「別讓我們」。interrupt和go on（繼續）有相反意。故選(A)。
　　【觀念延伸】
　　let（讓）是使役動詞，後接原形動詞。

11. **B**。　研究發現至少睡前半小時關掉所有螢幕，可以幫你睡得更好。
　　(A)參與　　　　　　　　(B)關掉
　　(C)開啟　　　　　　　　(D)組成
　　解　all screens（所有螢幕），before bedtime（睡前）和get a better night's sleep（睡得更好），因此「關掉」螢幕，比較合理。故選(B)。

【觀念延伸】

It is found that...是指「據發現……」。

12. **D**。　當提到公開演講時，Eddie是大師。

解　本題考片語。公開演説寫法為：speaking publicly或public speaking。故選(D)。

【觀念延伸】

when是連接詞，表示「當，雖然，在……時候」。

13. **C**。　Tina一星期在健身房運動三次，我也是。

解　本題考文法。

「我也是」的寫法：So＋助動詞/be＋S...助動詞和BeV視前面子句而定，如本題：Tina works out at the gym three times a week，動詞是work out，因此用助動詞do或does，由I可推知答案為do。故選(C)。

【觀念延伸】

Neither＋do/did/does/beV＋S...＝……也不。

14. **A**。　Tina看起來好像已經成年了。實際上，她是個十歲的女孩。

　(A)是（過去式）　　　　　　　(B)過去曾經（過去完成）

　(C)不可能（現在式）　　　　　(D)不曾（現在完成）

解　本題考文法。

由「Tina看起來像成年人」和「只有十歲」，推知和現在事實相反的假設句。if＋S＋were＋...＝好像……。故選(A)。

【觀念延伸】

與現在事實相反的Be動詞，只用were。

15. **D**。　由於下大雨，溫度急速下降。

　(A)自從　　　　　　　　　　　(B)雖然

　(C)儘管　　　　　　　　　　　(D)因為

解　由the heavy rain（下大雨）和The temperature dropped quickly.（溫度急速下降。）推知兩者間有因果關係。故選(D)。

【觀念延伸】

Because＋子句A, 子句B...＝「因為……，所以」，注意用because，如果接片語或名詞，則用because of（因為……）。

16. **C**。　Sharon和朋友用電話聊天時，讓（水龍頭的）水一直流著。

　(A)運行　　(B)運行　　(C)運行　　(D)運行

解 本題考文法。

leave＋...＋V-ing有「任由……，遺忘……」之意。故選(C)。

【觀念延伸】

water是受詞，可主動執行run的動作，用V-ing 當形容詞。

keep＋V-ing＝繼續……

17～21為題組，請依題意選出適當答案：

黑色星期五是美國感恩節假期後第二天，此節日在11月第四個星期四慶祝。許多零售商在這天會提供特價，顧客為了聖誕節瘋狂購物。在去年黑色星期五和網路星期一（美國感恩節過後的第一個星期一，人們利用網上購買更多商品）期間，美國人估計花了547億美元。

儘管我們許多人都喜歡特價商品，但有些人認為像黑色星期五諸如此類的活動，會鼓勵人們買他們並非真的需要的物品。他們開始提倡完全相反的活動。自1997年以來，國際無消費日和黑色星期五在同天舉行。人們被要求在24小時內絕不買任何東西。此目的是使人們對花費能多加考慮，且對他們購買的商品做出更好的決定。

【重點單字】

Thanksgiving(n.) 感恩節　　estimate (v.) 估計

encourage (v.) 鼓勵　　　　advocate (v.)提倡

17. **D**。 (A)官員　(B)員工　(C)申請人　(D)零售商

解 四個選項都是名詞，本題可由空格前的句子，推論出答案：offer discounts（提供特價）。故選(D)retailers（零售商）。故選(D)。

【觀念延伸】

offer當動詞，是指「提供」。當名詞，則為「報價」

18. **C**。 (A)spend（簡單現在）　　(B)spending（V-ing）

(C)spent（過去式）　　　(D)has spent（現在完成）

解 四個選項都是不同時態的動詞spend。

spend是指「花費」，過去式和p.p.都是spent，由Last year（去年），推知時態用簡單過去式。故選(C)。

【觀念延伸】

注意時間副詞，有利於判斷。

19. **D**。 (A)證明　(B)債務　(C)健行　(D)特價品，討價還價

　　解 四個選項都是名詞，本題可由空格前的句子，推論出答案。前面提到黑色星期五會有很多特價品，加上空格提到：buy things that they don't really need（買他們並非真的需要的物品）故選(D)。

【觀念延伸】

though（儘管），後面接語意轉折的子句。

相同單字還有：although，since等等。

20. **C**。 (A)優先　(B)進步　(C)相反　(D)壓抑

　　解 四個選項都是名詞，本題可由空格後的子句，推論出答案：Since 1997, Buy Nothing Day has been held on the same day（自1997年以來，國際無消費日在同天舉行）。此活動和黑色星期五是截然不同的。故選(C)。

【觀念延伸】

start to＋Vr...＝是指「開始做……」。

21. **B**。 (A)快速地　(B)絕對地　(C)懷疑地　(D)不斷地

　　解 四個選項都是副詞。由nothing（無物），以及前面提到Buy Nothing Day （國際無消費日），推知「絕對」不買東西，因此可以確定本題答案為(B)absolutely。

【觀念延伸】

be challenged to＋Vr...＝被要求……

22～25為題組，請依題意選出適當答案：

歐帝斯先生您好：

這封信是為了在2019年11月30日時，能使用貴司停車場用於慈善農貿市場的申請許可。

本公司將負責所有的布置和清理工作，且我們將可能發生的破壞或損害提供保險證明。我們還將提供流動式廁所，如此參與者將不會使用您的設施。

如果您可能授予我們使用房屋的權限，請讓我知道。

真誠地

Sara Porter

【重點單字】

permission (n.) 許可　　　　cleanup (n.) 大掃除

insurance (n.) 保險　　　　provide (v.) 提供

22. **C**。 (A)在 (B)在 (C)在 (D)對於

解 on＋月＋日＋年＝在……年月日。如：on May 12, 2019（2019年5月12日）。故選(C)。

【觀念延伸】

in＋年/月。如：in April（在四月）。

23. **B**。 (A)相關的 (B)負責的 (C)多餘的 (D)荒謬的

解 四個選項都是形容詞。be responsible for＋...＝負責……。故選(B)。

【觀念延伸】

S＋provide...＋for ...＝對……提供。注意介係詞用法。

24. **B**。 (A)什麼 (B)那 (C)誰 (D)在哪裡

解 先行詞為damage or injury，意思是「破壞和損害」，是指「物品」，關係代名詞用which或是that。選項(C)who，先行詞要用「人」，選項(D)where，是關係副詞。故選(B)。

【觀念延伸】

先行詞若是「人＋動物」，關係代名詞用that。

25. **D**。 (A)創新 (B)讚美 (C)宴會 (D)設施

解 四個選項都是名詞，本題可由空格前的句子，推論出答案：provide portable toilets（提供流動式廁所）因此可推知「不會用到公司設施」。故選(D)。

【觀念延伸】

so that ...＝如此一來。so that通常表目的。如：He has to study hard so that he won't fail the test.（他必須努力讀書，才不會考不及格。）

109年桃園捷運新進人員（第一次）

一、閱讀測驗

　　Do you want to bolster your chances of maintaining your New Year's resolution? Then consider heeding these tips from scholars at Stanford University: we should ingrain "tiny habits" for ourselves rather than try to rework our behaviors outright. Tiny goals like "flossing one tooth" may sound like ridiculously small achievements, but broad goals like "eating healthy" are more **elusive** because they're more abstractions than achievable feats. Instead, desired behaviors incorporated as day-to-day habits are much more effective since you'll carry them out without thinking about it.

　　Keeping a scorecard could also help you track your progress since this will keep you tuned in on your efforts. It'll also create a sense of satisfaction if you manage to keep your resolution. Besides, maintaining a sense of purpose in the face of temptation is key to achieving goals; practicing mindfulness through meditation might help promote self-regulation. Last, you should keep your resolution to yourself. Announcing your goal implies a sense of completion, meaning you're less likely to follow through. Lifehacker, however, counters this suggestion, advising that you tell friends or family members. Having social support helps people achieve difficult goals and holds them accountable for following through with their resolution.

（　　）1. What is the main purpose of the passage?
  (A)To explain the difficulty of keeping New Year's resolution.
  (B)To illustrate the benefits of making New Year's resolution.
  (C)To provide advice on how to stick to New Year's resolution.
  (D)To compare New Year's resolution to a daunting task.

（　　）2. What does the word "**elusive**" in the second paragraph most likely mean?
  (A)feasible　　　　　　　　(B)vague
  (C)crucial　　　　　　　　(D)apparent

( ) 3. According to the passage, which of the following tips may have pros and cons?
　　(A)announce your goals to friends
　　(B)keep a scorecard
　　(C)make modest change in habits
　　(D)do mindfulness practice

二、字彙

( ) 4. If you are _____ to run errands for me, just tell me. I won't force you to do things you don't want to.
　　(A)indifferent　　　　　(B)reluctant
　　(C)sympathetic　　　　(D)willing

( ) 5. Jenny really _____ the prize because she has spent a great amount of time and effort doing research on the cure for the rare disease.
　　(A)inherits　　　　　　(B)manipulates
　　(C)retains　　　　　　(D)deserves

( ) 6. For those who do not _____ the traffic regulation, they must pay a fine of NT$1,800.
　　(A)abide by　　　　　　(B)call for
　　(C)bring in　　　　　　(D)depend on

( ) 7. The door of this convenience store slides open _____ when you push the button, so you don't have to open it yourself.
　　(A)intentionally　　　　(B)originally
　　(C)automatically　　　　(D)frequently

( ) 8. On Christmas day, many people have fun in gift _____ activities. They feel excited when they receive the gifts they want.
　　(A)exchange　　　　　　(B)wrapping
　　(C)recruitment　　　　　(D)refund

( )　9. Housing prices in Taipei City have soared extremely in recent years, which _____ younger households from purchasing houses there.
(A)deters (B)alerts
(C)encourages (D)increases

( )　10. They went to the same high school and college. Now they even work in the same company. What a _____!
(A)probability (B)revolution
(C)farewell (D)coincidence

( )　11. The actress feels very delighted and _____ to be able to work with some of the most talented and world-renowned directors.
(A)impoverished (B)depressed
(C)frustrated (D)privileged

( )　12. It's difficult for people to function well when they're sleep _____. They can't focus well if they don't have enough sleep.
(A)deprived (B)occupied
(C)replaced (D)starved

( )　13. No one can say with _____ certainty that the world economy will undoubtedly turn better next year. The future is unpredictable.
(A)accurate (B)absolute
(C)additional (D)appropriate

( )　14. To save time in a conference, please do not talk about things that are not _____ to the main topic.
(A)relevant (B)sensible
(C)accurate (D)condensed

( )　15. Reading can broaden your _____. So, read as many different kinds of books as you can.
(A)atmospheres (B)horizons
(C)surfaces (D)mechanisms

( ) 16. Exercising for thirty minutes is one of Anita's daily _____. She does it every day and that's how she keeps fit.
(A)accessories　　　　　(B)belongings
(C)routines　　　　　　(D)capacities

( ) 17. For information _____, users should change their passwords at least once every three months.
(A)leakage　　　　　　(B)security
(C)flow　　　　　　　 (D)processing

( ) 18. It was my teacher who _____ me to study abroad, and it turned out to be the best time in my life.
(A)dissuaded　　　　　 (B)rescued
(C)inspired　　　　　　(D)conveyed

( ) 19. The contract will not be legally binding until it has been _____ agreed to by both parties.
(A)evidently　　　　　 (B)nearly
(C)liberally　　　　　　(D)formally

( ) 20. You can add the fluid to the powder, or _____, you can add the powder to the fluid.
(A)conversely　　　　　(B)namely
(C)generally　　　　　 (D)precisely

解答與解析（答案標示為#者，表官方曾公告更正該題答案。）

一、閱讀測驗

你想要提升維持新年願望的可能性嗎？那麼參考史丹福大學學者們的建議吧：我們應該為自己內化「小習慣」，而非將我們既有的行為砍掉重練。像「用牙線清理一顆牙齒」這樣的細微目標可能聽起來小到有點可笑，但是像「健康飲食」這樣的大目標又顯得過於籠統，因為這當中抽象的成份多於可行的成果。因此，將目標行為融入每天的習慣才是比較有效的方式，因為這些行為不用特別考慮，你自然就會去做了。

使用計分卡可幫助你追蹤自己的進步歷程，因為這方法會讓你留意自己的努力，而且當你努力達成願望時，它也提供了滿足感。此外，保持目的導向不受當前誘惑也是達成目標的關鍵；透過打坐時靜觀冥想可能有助於自我調整。最後，建議將這些願望讓自己知道即可；公開自己的目標則暗示某種成就感，意味著自己不太可能想達成目標。不過，生活黑客反對這種說法，他們建議應該要將願望告知家人親友；他們相信社群支持可幫助人們達成困難的目標，並且以負責任的態度完成他們的願望。

1. **C**。　本篇短文的主要目的為何？
   (A)解釋維持新年願望的困難處。
   (B)說明立下新年願望的好處。
   (C)提供如何堅持新年願望的建議。
   (D)將新年願望比喻為艱鉅的任務。
   解 本題為主旨題。文章第一段中Then consider heeding these tips from scholars at Stanford University可知作者將提供一些專家學者的建議，故選(C)。

2. **B**。　第二段中的"elusive"最有可能指何意？
   (A)可行的　(B)模糊的　(C)關鍵的　(D)明顯的
   解 本題為字義題。該字在第一段倒數第二句，句中出現關鍵字broad「廣泛的；籠統的」及more abstractions「更多抽象事物」，可推測較接近的選項為(B)vague。

3. **A**。　根據本篇短文，下列哪種建議可能有正反兩面的看法？
   (A)將你的目標宣布給朋友知道
   (B)使用計分卡
   (C)慢慢改變習慣
   (D)進行靜觀冥想
   解 本題為細節題。文章中第二段Announcing your goal implies a sense of completion, meaning you're less likely to follow through. Lifehacker, however, counters this suggestion, advising that you tell friends or family members. 上述兩句說明大家對「將個人願望公告周知」的看法不一，故選(A)。

二、字彙

4. **B**。 如果你不願意幫我跑腿，跟我說沒關係。我不會勉強你做不想做的事。

(A)冷漠的　(B)不願意的　(C)同情的　(D)願意的

解 本題考字義。第二句提到you don't want to，暗示這是對方「不想」做的事情，故選(B)reluctant。

5. **D**。 Jenny的確該得到這份獎勵，因為她花了很多心力在研究罕見疾病的治療上面。

(A)遺傳　(B)操縱　(C)保持　(D)該得到

解 本題考字義。由文意可知，由於Jenny的付出，推知這份獎勵「應當」讓她獲得，故選(D)deserves。

6. **A**。 對於那些不遵守交通規則的人，他們必定會遭受一千八百元台幣之罰款。

(A)遵守　(B)呼籲　(C)產生　(D)依靠

解 本題考字義。句中提到會遭罰款，暗示這些人不「遵守」交通規則，故選(A)abide by。

7. **C**。 當你按下按鈕時，這家超商的門會自動開啟，因此不須要手動開門。

(A)故意地　(B)原本地　(C)自動地　(D)常常地

解 本題考字義。該句說明超商的門不用手動打開，意指它可以「自動」開關，故選(C)automatically。

8. **A**。 聖誕節當天，大家喜歡玩交換禮物的活動。當他們拿到自己想要的禮物時會非常開心。

(A)交換　(B)包裝　(C)招募　(D)退款

解 本題考字義。由第二句when they receive the gifts they want可知大家拿到的不是自己的禮物，暗示禮物透過「交換」的方式進行，故選(A)exchange。

9. **A**。 台北市房價這幾年漲得很離譜，這也阻止了年輕家庭在那裡買房子。

(A)阻止　(B)警告　(C)鼓勵　(D)增加

解 本題考字義。本句提到北市房價大漲，常理推論年輕家庭所得有限，可能對在那裡購屋產生「卻步」，故選(A)deters。

10. **D**。 他們上同一所高中及大學，甚至目前還在同一家公司上班。這真是巧合！

(A)可能性　(B)革命　(C)道別　(D)巧合

解 本題考字義。文意描述兩人念書及工作機構皆相同，暗示這屬於「巧合」的情況，故選(D)coincidence。

11. **D**。　能跟一些有才華的國際知名導演合作，這位女演員感到十分開心及榮幸。

(A)貧困的　(B)沮喪的　(C)挫折的　(D)榮幸的

解 本題考字義。句中提到跟國際名導合作，推知以正面的詞彙描述女演員心情較合理，故選(D)privileged。

12. **A**。　當人們睡眠被剝奪時，就很難正常運作；他們如果睡眠不足，就無法集中專注力。

(A)剝奪　(B)佔據　(C)取代　(D)飢餓

解 本題考字義。第二句關鍵詞don't have enough sleep暗示睡眠品質被「剝奪」，故選(A)deprived。

13. **B**。　沒有人能絕對肯定明年全球經濟一定會好轉。未來是難以預測的。

(A)正確的　(B)絕對的　(C)額外的　(D)適當的

解 本題考字義。句中say with certainty表示「肯定地說」，而absolute則適合用來修飾certainty的程度，故選(B)。

14. **A**。　為了把握研討會的時間，請勿討論跟主題不相關的事情。

(A)相關的　(B)明智的　(C)正確的　(D)濃縮的

解 本題考字義。該題前句提到研討會時間有限，引導出後句希望只針對「相關」議題討論，以免時間不夠用，故選(A)relevant。

15. **B**。　閱讀可以開拓你的視野，因此盡可能地廣泛閱讀吧！

(A)氣氛　(B)視野　(C)表面　(D)機制

解 本題考字義。文意表示鼓勵大家多閱讀，推知閱讀可打開人的「視野」，故選(B)horizons。

16. **C**。　Anita每天固定作息之一就是運動半小時；她靠天天運動保持身材。

(A)配件　(B)財物　(C)例行事務　(D)能力

解 本題考字義。由句中關鍵詞daily及every day可知運動是Anita「固定從事」的項目，故選(C)routines。

17. **B**。　基於資訊安全考量，網路使用者應該至少每三個月更換一次密碼。

(A)洩漏　(B)安全　(C)流動　(D)處理

解 本題考字義。該句提到應定期更換密碼，表示這行為目的為保障資訊「安全」，故選(B)security。

18. **C**。　鼓勵我出國念書的人是我的老師，結果這成為我人生最棒的時光。
   (A)勸阻　(B)解救　(C)鼓勵　(D)傳達
   解　本題考字義。從本句關鍵詞to study abroad及the best time in my life推知老師對作者採取較正向的行為，故選(C)inspired。

19. **D**。　這份合約在未經雙方正式同意之前，都不具有合法的效力。
   (A)明顯地　(B)幾乎地　(C)自由地　(D)正式地
   解　本題考字義。該句說明合約只有在雙方都「正式」認可後才開始生效，故選(D)formally。

20. **A**。　你可以將液體倒入粉末中；反之，你也可以將粉末倒入液體中。
   (A)相反地　(B)也就是　(C)一般地　(D)精確地
   解　本題考上下文。由題目的文意可知前後兩句呈現相對關係，操作順序正好相反，故選(A)conversely。

NOTE

109年桃園捷運新進人員（第二次）

一、字彙、文法

( )　1. That rich man is very _____. He never donates even a penny to those in need.
(A)stingy
(B)generous
(C)irritable
(D)humble

( )　2. These drills will _____ you with the skills needed in carrying out the task through repeated practice.
(A)alienate
(B)familiarize
(C)disconnect
(D)distinguish

( )　3. Before you sign a _____, read "terms of agreement" carefully to ensure that your rights are protected.
(A)contract
(B)resume
(C)reference
(D)petition

( )　4. The financial crisis we faced was difficult to deal with, but experienced managers _____ came up with a solution after a thorough discussion.
(A)currently
(B)eventually
(C)originally
(D)initially

( )　5. This is a secret between you and me. Please do not _____ it to other people.
(A)conceal
(B)instill
(C)guard
(D)reveal

( )　6. If the relation between the two countries keeps _____, they may sever all the diplomatic links.
(A)strengthening
(B)deteriorating
(C)restoring
(D)establishing

( ) 7. Go to bed early, _____ you'll feel less energetic the next day.
    (A)therefore   (B)whereas
    (C)otherwise   (D)yet

( ) 8. Emily's doctor suggested that she _____ more exercise in order to be healthier.
    (A)do   (B)does
    (C)did   (D)done

( ) 9. _____ to sunlight too long without applying sunscreen, Regina got sunburnt.
    (A)Expose   (B)Exposed
    (C)Exposing   (D)To expose

( ) 10. Some research indicated positive results, _____ other studies did not.
    (A)while   (B)so
    (C)since   (D)nor

( ) 11. Steve made it very clear that his action figure collection was not for sale because he _____ it very much.
    (A)explored   (B)operated
    (C)organized   (D)treasured

( ) 12. The politician required the newspaper agency to apologize for the _____ report in which they implied he had taken bribes from wealthy businessmen.
    (A)appropriate   (B)incorrect
    (C)genuine   (D)sincere

( ) 13. Kids have a short attention _____; that is, they cannot concentrate on something for a long time.
    (A)strength   (B)storage
    (C)span   (D)setting

( ) 14. Tiffany was promoted to chief secretary when it had fallen _____
two months ago. The former chief secretary resigned after he got
involved in a political scandal.
(A)hollow　　　　　　　　(B)vacant
(C)flexible　　　　　　　　(D)remote

( ) 15. The virus is not _____ to the elderly; statistics show that it strikes
both young and old with the recent spike in cases primarily at the age
between 20 and 39.
(A)confined　　　　　　　(B)guaranteed
(C)isolated　　　　　　　　(D)occupied

( ) 16. In response to potential terrorist attacks, the government has adopted
stricter security _____ at airports and train stations.
(A)composition　　　　　　(B)departure
(C)screening　　　　　　　(D)engagement

( ) 17. Josh's sense of insecurity may _____ from his tragic childhood
experience of witnessing his parents constantly fighting with each other.
(A)commit　　　　　　　　(B)detach
(C)spring　　　　　　　　　(D)prevent

二、閱讀測驗

　　A few years ago, Charles Littnan, a lead scientist of the Hawaiian monk seal
program, received an unusual email with the brief title—"Eel in nose." After a few
exchanged emails, Littnan realized that there was a seal with an eel up its nose.
While the researchers decided to remove the eel from the seal's nostril and regarded
it as a bizarre accident, it kept happening for a few times sufficient enough to rule
out an isolated accident. The fact that this was never reported until recently, and
that it was only happening to juveniles, was even more puzzling.

However, several theories about such a strange behavior have already been ruled out. The islands are remote and visited only by biologists, so it couldn't be the hand of a **malevolent** human. The seals' nostrils also shut when they are diving for food, so it's unlikely that an eel would jump into the nose of a seal. The other idea scientists were considering was vomiting, but again it's unlikely that an eel would have been pushed through the nasal cavity.

Littman has another idea. It seems that juvenile seals may not be all that different from human teenagers. It may be a "teenage trend"—one seal accidentally got an eel up its nose, and then others started copying it because they thought it was "cool." There's no evidence to truly back this up, but at this point, it's as good an idea as any.

( )　18. How many hypotheses are mentioned in this passage?
　　　　(A)one　　　　　　　　　(B)two
　　　　(C)three　　　　　　　 (D)four

( )　19. What does the word "malevolent" in the second paragraph most likely mean?
　　　　(A)considerate　　　　　(B)diligent
　　　　(C)vicious　　　　　　　(D)amiable

( )　20. What can be inferred from the passage?
　　　　(A)Juvenile monk seals may imitate others because they think it's fashionable.
　　　　(B)None of the monk seals who had eels stuck in their nostril survived
　　　　(C)Young monk seals cannot swim with their nostrils shut.
　　　　(D)No more monk seals will be found with an eel up their nose because it is dangerous.

解答與解析（答案標示為#者，表官方曾公告更正該題答案。）

一、字彙、文法

1. **A**。　那個有錢人非常吝嗇，他對窮人幾乎是一毛不拔。
(A)吝嗇的　(B)大方的　(C)煩躁的　(D)謙虛的
解　本題考字義。其中第二句提到He never donates...，表示其特質為小氣吝嗇，故選(A)stingy。

2. **B**。　透過反覆練習，這些演練會讓你熟悉執行任務時所需的技能。
(A)疏遠　(B)使熟悉　(C)切斷　(D)分辨
解　本題考字義。由文中最後關鍵詞repeated practice推知本句強調熟能生巧的概念，故選(B)familiarize。

3. **A**。　在你簽約之前，記得先仔細看過協議條款，以確保你的權益。
(A)合約　(B)履歷　(C)參考書目　(D)請願書
解　本題考字義。該句中出現terms of agreement推測應為契約相關文件，因此較接近的選項為(A)contract。

4. **B**。　我們面臨到棘手的財務危機，但資深經理們最後在充分討論後想出了解決辦法。
(A)目前地　(B)最後地　(C)原本地　(D)開始地
解　本題考上下文。前一句提到difficult to deal with，後一句提到but...a solution，表示事件隨著時間推移有了轉變，故選(B)eventually。

5. **D**。　這是我們之間的祕密，請別讓其他人知道。
(A)隱藏　(B)灌輸　(C)捍衛　(D)透露
解　本題考字義。其中第一句關鍵詞a secret between you and me暗示不能讓其他人知道，故正解為(D)reveal。

6. **B**。　如果這兩國的關係持續惡化，他們可能會切斷所有的外交連結。
(A)強化　(B)惡化　(C)恢復　(D)建立
解　本題考字義。由後半句關鍵詞sever...links推知雙方國家關係應該變差，故選(B)deteriorating。

7. **C**。　早點睡吧，不然你隔天精神會變差。
(A)因此　(B)然而　(C)否則　(D)但是

解 本題考上下文。文中第一句提到早睡，第二句提到隔天沒精神，前後兩句呈對比關係，暗示如果不早睡會帶來的可能後果，故選(C)otherwise。

8. **A**。 Emily的醫生建議她要多運動讓自己更健康。
(A)做（原形動詞）　　　　(B)做（現在式第三人稱單數動詞）
(C)做（過去式動詞）　　　(D)做（過去分詞）
解 本題考suggest用法。表示建議或命令的動詞，如suggest、advise等，後面所接的that子句須搭配原形動詞，因該原形動詞前方省略了助動詞should。故由空格前方suggested that...可知後面須接原形動詞(A)do。

9. **B**。 由於一直被日曬又沒擦防曬乳，Regina被曬傷了。
(A)曝曬（原形動詞）　　　(B)曝曬（過去分詞）
(C)曝曬（現在分詞）　　　(D)曝曬（不定詞）
解 本題考分詞構句。由於expose的意思為「使曝曬」，主詞多半為太陽或光線；而該句以人做為主詞表示被動，故應將動詞改為過去分詞，故選(B)Exposed。

10. **A**。 有的研究顯示出有正面效果，然而其他的研究則無。
(A)然而　(B)所以　(C)因為　(D)也不
解 本題考上下文。由該題的前後兩句文意相反，推知兩者為對比關係，故較合適的選項為(A)while。

11. **D**。 Steve很清楚表示他收集的公仔是非賣品，因為他非常珍惜。
(A)探索　(B)操作　(C)組織　(D)珍惜
解 本題考字義。從文中的關鍵詞not for sale表示Steve對公仔的態度是正向的，故選(D)treasured。

12. **B**。 這名政治家要求這報社為不實的報導道歉，該報導影射他接受了富商的賄賂。
(A)適當的　(B)不正確的　(C)真正的　(D)誠懇的
解 本題考字義。該句出現apologize及後半段提到的負面報導，表示修飾該報導的形容詞為負面字義的可能性較高，故選(B)incorrect。

13. **C**。 小孩的注意力很短；也就是說，他們無法專注在某件事物上太久。
(A)力氣　(B)儲存　(C)時間長度　(D)設定

解 本題考字義。其中後半句最後出現for a long time推知主題跟時間長度有關，故較合理的選項為(C)span。

14. **B**。 Tiffany兩個月前升為秘書長；前一位秘書長則因政治醜聞而辭職。
   (A)挖空的 (B)空缺的 (C)有彈性的 (D)遙遠的
   解 本題考字義。該題第一句提到promoted to...而第二句提到The former...resigned...，暗示前一位辭職後的職缺由Tiffany接任，故選(B)vacant。

15. **A**。 這病毒不會只出現在老年人身上，統計顯示老少人口病毒感染人數近期都達到高峰，主要在20至39歲年齡層之間。
   (A)侷限 (B)保證 (C)孤立 (D)佔據
   解 本題考字義。文中前半句雖提到the elderly，但後半句提到年輕及老年人患者數量都很多，暗示老年人非唯一的族群，故選(A)confined。

16. **C**。 對於恐怖份子的攻擊，政府在機場及火車站採取更嚴謹的安檢措施。
   (A)組成 (B)離開 (C)檢查 (D)執行
   解 本題考字義。由前半句出現的關鍵字terrorist attacks推測政府將嚴加戒備此現象，故應會加強大眾運輸的安全及篩檢管制，因此選(C)screening為正解。

17. **C**。 Josh的不安全感可能來自童年目睹雙親不斷肢體衝突的悲慘經驗。
   (A)履行 (B)分離 (C)來自 (D)阻止
   解 本題考字義。該題空格前面提到sense of insecurity，後面提到tragic childhood experience，暗示前後兩者為因果關係，且後面的原因產生前面的結果，故選(C)spring。

二、閱讀測驗

幾年前，一位研究夏威夷僧海豹計畫的頂尖科學家查爾斯·李南（Charles Littnan），收到一則不尋常的電子郵件，而標題只有簡短的三個字：鼻子裡的鰻魚。在幾次信件來回之後，李南了解有一隻鰻魚在海豹的鼻子裡。當研究者試著把鰻魚從海豹的鼻孔中移除，並將這件事視為一個罕見的意外；但這件事又連續發生了幾次，次數多到排除單一個案的可能。事實上，這件事直到最近才被報導，更令人不解的是，這只發生在未成年的海豹身上。

然而，有些關於這種奇怪行為的理論已經被排除了。這個島嶼相當偏遠，只有生物學家來過，不可能是人為的惡意造成；海豹的鼻孔在潛水覓食時是關閉的，因此鰻魚不太可能跳進海豹的鼻子裡；科學家想到的另一個可能性是嘔吐，但是同樣地，鰻魚不太可能被推進鼻腔中。

李南則有不同的想法。未成年的海豹或許和人類青少年階段相似，這或許是青少年的潮流－一隻海豹不小心將一隻鰻魚困在鼻腔中，其它海豹因為覺得這很「酷」所以開始仿效。目前雖然尚未有證據可支持這說法，但就目前為止，它是最能夠解釋的理論。

18. **D**。　本篇短文提到幾項假設？
　　(A)一項　(B)兩項　(C)三項　(D)四項
　　解　本題為推論題。其中文章第一段提到一種假設，第二段則說明其他科學家所提的兩項理論，最後一段則為李南本人的另一個假設，因此本文共提到四項假設，故選(D)。

19. **C**。　第二段中的"malevolent"最有可能指何意？
　　(A)體貼的　(B)勤勞的　(C)惡意的　(D)親切的
　　解　本題為字義題。該字出現在第二段第二行...couldn't be the hand of a malevolent human中，否定句表示它們不可能落入人類手中，暗示malevolent最有可能為負面的語詞，故選(C)。

20. **A**。　本篇短文可推論哪項敘述？
　　(A)未成年僧海豹可能有模仿的習性，因為牠們覺得很酷。
　　(B)只要鼻孔有鰻魚卡住的僧海豹，最後都無法存活。
　　(C)年輕僧海豹游泳時無法關閉鼻孔。
　　(D)之後不會再發現有僧海豹的鼻孔有鰻魚卡住，因為這情況是危險的。
　　解　本題為推論題。從文章中第三段第二行...others started copying it because they thought it was "cool"推知未成年海豹可能也有類似人類模仿及認知的行為模式，而(B)(C)(D)選項的敘述在文章中並無提到，故選(A)。

109年臺北捷運新進司機員

一、選擇題

( )　1. Alice, like her sister Lisa, _____ studying to be a lawyer.
　　　(A)also　　　　　　　　　　(B)are
　　　(C)is　　　　　　　　　　　(D)have been

( )　2. No company is allowed to make its employees _____ overtime without extra pay on a national holiday.
　　　(A)work　　　　　　　　　　(B)works
　　　(C)be working　　　　　　　(D)worked

( )　3. The copy machine is not working well. The paper keeps getting stuck in the machine and the copies _____ very light.
　　　(A)comes out　　　　　　　　(B)come out
　　　(C)coming out　　　　　　　(D)will coming

( )　4. You should order the tickets _____ if you want to get a good seat.
　　　(A)right away　　　　　　　　(B)as soon as
　　　(C)once　　　　　　　　　　(D)at ease

( )　5. If you leave a message on my voice mail, I will _____ as soon as possible.
　　　(A)cut off　　　　　　　　　(B)call back
　　　(C)hold on　　　　　　　　　(D)hang up

( )　6. You can use the desk by the window _____ the table by the door.
　　　(A)but　　　　　　　　　　　(B)nor
　　　(C)for　　　　　　　　　　　(D)or

( )　7. Mr. Lee moved to the country side because he was tired _____ city life.
　　　(A)on　　　　　　　　　　　(B)at
　　　(C)of　　　　　　　　　　　(D)to

( )　8. Every once _____ a while, David treats his customers to lunch.
(A)at (B)in
(C)on (D)to

( )　9. Having a good working relationship _____ management and the workforce is a challenge.
(A)between (B)among
(C)beside (D)inside

( ) 10. Even though it will mean higher rent, we have decided that the only good _____ for our station is right in the center of the city.
(A)location (B)situation
(C)position (D)placement

( ) 11. I would like to take a computer programming course, but it is hard to find one that _____ my schedule.
(A)avoids (B)meets
(C)expects (D)introduces

( ) 12. A book is being _____ by J. K. Rowling and will be published next year.
(A)write (B)writing
(C)wrote (D)written

( ) 13. The action movie is _____ to be released in the theaters next month.
(A)schedule (B)scheduling
(C)scheduled (D)to scheduling

( ) 14. I like to have my desk _____ the window so I can take advantage of the natural light.
(A)near (B)about
(C)above (D)from

( ) 15. In regard _____ your question, we have no answers at this time.

(A)about (B)to

(C)from (D)with

( ) 16. A: When do you want to visit the bookstore?

B: _____

(A)Whenever you are available. (B)Not quite right.

(C)Are you sure? (D)Let's do lunch.

( ) 17. A: It is really cold and windy today!

B: _____

(A)No. This is not my day.

(B)Best time of the year.

(C)Yes. Remember to keep warm.

(D)It is a sunny day.

( ) 18. A: I need to know the details about the project.

B: _____

(A)Wait, I just signed up for a new course.

(B)No problem. I will come over as soon as I can.

(C)I forgot your number.

(D)The menu looks really attractive.

( ) 19. A: Why was Mandy late to work today?

B: _____

(A)Her car broke down. (B)She woke up really early today.

(C)Me too. (D)So will Cindy.

( ) 20. A: Did anyone call while I was out?

B: _____

(A)I didn't call you. (B)Can I take a message?

(C)I will call back later. (D)Not even one person.

( )　21. A: Would you like to put the book in a paper or plastic bag?

　　　　B: _____

　　　　(A)Bags are recyclable.　　　　(B)Either is fine.

　　　　(C)Only for this book.　　　　(D)Take your time.

( )　22. A: The annual celebration is in two days.

　　　　B: _____

　　　　(A)I joined the party last week.　(B)It happens twice a year.

　　　　(C)It is a long flight.　　　　(D)We are almost ready.

二、閱讀測驗

Stocking up to prepare for a crisis

When there is a crisis, people tend to clear supermarket shelves for the things they feel they might need. This behavior is called "panic buying". Stocking up on food and other supplies helps people feel they have some level of control over events. Unlike most animals, humans can perceive some future threats and prepare for them. The greater the perceived threat, the stronger the reaction will be. Buying up large stores of supplies – which can lead to empty supermarket shelves – may seem like an irrational emotion response. But emotions are not irrational, they help us decide how to focus our attention. Then, panic buying is not so bad after all.

( )　23. What is the main idea of the passage?

　　　　(A)Panic buying might be a positive thing.

　　　　(B)Everyone should stock up on food and other supplies.

　　　　(C)When there is crisis, there is threat.

　　　　(D)Emotions lead to irrational behavior.

( )　24. What does the author of the passage think about 'panic buying'?

　　　　(A)It is irrational.

　　　　(B)It is good for the supermarkets.

　　　　(C)It is a way to relieve emotional stress.

　　　　(D)It is animal-like.

( ) 25. Which word can replace "perceive"?
    (A)prepare   (B)foresee
    (C)receive   (D)accept

解答與解析 （答案標示為#者，表官方曾公告更正該題答案。）

一、選擇題

1. **C**。 Alice跟她的姐姐Lisa一樣都正在學習成為律師。
    (A)也   (B)are
    (C)is   (D)have been
    解 此句逗點和逗點中間只是補充資訊，真正的主詞仍然是Alice，因此be動詞要用單數，此題選(C)。

2. **A**。 沒有任何公司可以在國定假日請員工加班但不支付加班費。
    (A)work   (B)works
    (C)be working   (D)worked
    解 make為使役動詞，使役動詞後要接原形動詞，此題選(A)。

3. **B**。 那部印表機運作不太正常，一直卡紙而且印出來的影本墨水很淺。
    (A)comes out   (B)come out
    (C)coming out   (D)will coming
    解 空格前為copies，因為是複數所以後面動詞不加s，且此題時態用現在簡單式即可，此題答案選(B)。

4. **A**。 如果想要坐在好位置，你應該馬上去訂票。
    (A)立即   (B)一……就……
    (C)一旦   (D)自在
    解 此題重點在「如果你想坐在好位置」，從後面可推論是應該「馬上」訂票才能搶到好位置，此題選(A)。

5. **B**。 如果你在我的語音信箱留言，我會盡速回撥。
    (A)切斷   (B)回撥
    (C)稍等   (D)掛斷（電話）
    解 as soon as possible為「盡快」，因此可以判斷是聽到留言後會盡速回撥，此題選(B)。

6. **D**。 你可以用窗邊的桌子或門邊的桌子。

(A)但是 　　　　　　　(B)也不是

(C)給 　　　　　　　　(D)或

解 前半句後半句都在講桌子，因此or是最合適的，此題選(D)。

7. **C**。 李先生因為厭倦城市生活所以搬去鄉下。

(A)on 　　　　　　　　(B)at

(C)of 　　　　　　　　(D)to

解 「tired of＋名詞／動名詞」為「厭倦某事」，為常見用法，因此看見tired就知道介系詞要接of，此題選(C)。

8. **B**。 Davd每隔一段時間就會請他的客戶吃飯。

(A)at 　　　　　　　　(B)in

(C)on 　　　　　　　　(D)to

解 "once in a while"為固定用法，為「每隔一段時間」的意思，此題選(B)。

9. **A**。 資方和勞方之間擁有良好的工作關係是個挑戰。

(A)之間 　　　　　　　(B)之中

(C)旁 　　　　　　　　(D)裡面

解 選項(C)(D)明顯不正確所以可先刪去，among和between雖然都是解釋成「之間」不過用法有所不同，among強調的是「整體性」，而非明確指出個別為何，而between則是強調「個別性」，會明確指出個別為何，舉例來說：There is a secret among three of them.（他們三個之間有個秘密），此句並沒有明確且個別點出是哪三個人因此要用among，若是要用between則應該是：There is a secret between Nick, Alex and Tom.（Nick、Alex、Tom之間有個秘密），因為有明確指出是哪三個人因此要用between，本題題目有明確指出「勞方」和「資方」，因此要用between，此題選(A)。

10. **A**。 即使租金更高，我們已決定市中心是我們車站座落的最佳地點。

(A)地點 　　　　　　　(B)情況

(C)位置 　　　　　　　(D)放置

解 選項(B)(D)明顯不符合因此先刪去，比較有疑慮的只有選項(C)的position，不過position雖然也有「位置」的意思但指的是某物體與其他物體相對的位置，而location才是指某物設置的地點，因此答案選(A)。

11. **B**。　我想上程式設計的課程，但是很難找到能配合我行程的。
    (A)避免　　　　　　　　　　　(B)符合
    (C)期望　　　　　　　　　　　(D)介紹
    解　but表示語氣轉折，因此可推論後半句內容會與前半段有所衝突，
    "it is hard to do something"為「很難做某事」，所以可以推論為
    很難配合行程表，meet除了是「會見」的意思也是「符合」的意
    思，如"meet one's expectation"也與本題的meet同樣解釋為「符
    合」，此題選(B)。

12. **D**。　這本書為J.K.羅琳所著，且將在明年出版。
    (A)write　　　　　　　　　　(B)writing
    (C)wrote　　　　　　　　　　(D)written
    解　書是「被」寫出來的，因此要用被動式，也就是「be動詞＋過去
    分詞」，答案選(D)。

13. **C**。　那部動作片預定在下個月於電影院上映。
    (A)schedule　　　　　　　　(B)scheduling
    (C)scheduled　　　　　　　 (D)to scheduling
    解　動作片是「被」播映而不是主動播映，因此要用被動式，答案選
    (C)。

14. **A**。　我想讓我的桌子靠近窗戶，這樣就能利用太陽光。
    (A)近的　　　　　　　　　　　(B)關於
    (C)在……之上　　　　　　　　(D)從
    解　"take advantage of something"為「利用」的意思，因此從後半句表示
    能利用太陽光可以判斷是將桌子靠近窗邊，此題選(A)。

15. **B**。　關於你的疑問，我們現在無法回應。
    (A)about　　　　　　　　　　(B)to
    (C)from　　　　　　　　　　 (D)with
    解　"in regard to"為固定用法，因此看到in regard就要反應後面介系詞
    為to，此題選(B)。

16. **A**。　A：你想要什麼時候去逛書店？
    B：只要你有空的時候都可以。
    (A)只要你有空的時候都可以。　(B)不完全正確。
    (C)你確定嗎？　　　　　　　　(D)我們吃午餐吧。

解 此題問的是"when"因此可以知道A問的是「時間」，選項(A)是最合適的答案，"available"在此解釋為「空閒的」，此題選(A)。

17. **C**。　A：今天真的很冷風又很大！

B：是啊，注意保暖。

(A)不，我今天真不順。　　(B)一年中最棒的時刻。

(C)是啊，注意保暖。　　　(D)今天是晴天。

解 A提到很冷且風很大，因此要從這兩個線索推測B的回覆，只有選項(C)有對應到A的內容，此題選(C)。

18. **B**。　A：我要知道關於這個計畫的細節。

B：沒問題，我會盡速過去。

(A)等一下，我剛報名一堂新課程。

(B)沒問題，我會盡速過去。

(C)我忘記你的電話號碼了。

(D)菜單看起來很吸引人。

解 其他三個選項都答非所問，此題選(B)。

19. **A**。　A：Mandy今天上班怎麼會遲到？

B：她的車子壞掉了。

(A)她的車子壞掉了。　　(B)她今天很早起床。

(C)我也是。　　　　　　(D)Cindy也會這樣做。

解 題目問的是"why"，因此知道問的是遲到的「原因」，此題選(A)。

20. **D**。　A：我外出時有人打來嗎？

B：一個都沒有。

(A)我沒有打給你。　　(B)我可以留言嗎？

(C)我等等會再回撥。　(D)一個都沒有。

解 A問的是打來，因此可判斷B的回覆應該跟「數量」、「人名」有關，此題選(D)。

21. **B**。　A：你的書要用紙袋裝還是塑膠袋裝？

B：任一種都可以。

(A)袋子是可回收的。　　(B)任一種都可以。

(C)只有這本書。　　　　(D)慢慢來。

解 A問的是要放在紙袋或塑膠袋，因此可推測B的回覆會是兩者之一，either有兩者之一的意思，此題選(B)。

22. **D**。　A：一年一度的慶典將在兩天後舉行。

　　　　　B：我們差不多準備好了。

　　　(A)我上禮拜參加了派對。　　　(B)它一年發生兩次。

　　　(C)這是個長途的飛行。　　　(D)我們差不多準備好了。

　　　解　其他三個選項與A的內容完全無關，此題選(D)。

二、閱讀測驗

為了緊急時刻而囤貨

當出現緊急狀況時，人們常將超市架上他們認為需要的物品全部清空，這個行為稱為「恐慌性購買」，囤積食物或其他物資使人們感到自己對於重大情況有某種程度上的掌控度，與其他大多數的動物不同，人類能察覺一些潛在的威脅並提前做準備，他們察覺的威脅越大，反應也會更激烈，將大型商店的物資一掃而空－－這造成超市的架上空蕩蕩的－－可能看似是不理智的情感表現，不過情感並非是不理智的，它幫助我們決定如何集中我們的注意力，這樣一來，恐慌性購買也不是那麼糟了。

23. **A**。　本篇主旨為何？

　　　(A)恐慌性購買可能是正向的。

　　　(B)大家都該囤積食物和其他物資。

　　　(C)有危機時就有威脅。

　　　(D)情感導致不理智的行為。

　　　解　本文的最後一句為本文重點，此題選(A)。

24. **C**。　本文作者對於「恐慌性購買」的看法是？

　　　(A)是很不理智的。　　　　　　　(B)對於超市而言是好事。

　　　(C)是釋放情感壓力的一種方式。　(D)與動物很相似。

　　　解　本文後半段有解釋雖然「恐慌性消費」看似不理性，但其實這行為本身能幫助我們決定如何集中注意力，因此答案選(C)。

25. **B**。　哪個字能取代"perceive"？

　　　(A)準備　　　　　　　　　　　　(B)預料

　　　(C)接收　　　　　　　　　　　　(D)接受

　　　解　"perceive"為「感知」、「察覺」之意，而"foresee"為「預料」、「預知」之意，兩者意思相近，此題選(B)。

109年臺北捷運新進站務員

( )　1. Our newest station _____ in two months, so we need to start hiring new employees.
　　　(A)will open　　　　　　　(B)had opened
　　　(C)would open　　　　　　(D)has opened

( )　2. Julia is a famous and highly _____ doctor.
　　　(A)respect　　　　　　　　(B)respected
　　　(C)respecting　　　　　　　(D)to respect

( )　3. Fortunately, his response _____ both sides, and the conflict was resolved successfully.
　　　(A)satisfaction　　　　　　(B)satisfied
　　　(C)satisfactory　　　　　　(D)satisfactorily

( )　4. By this time next year, the appearance of our station _____ greatly improved.
　　　(A)has been　　　　　　　(B)is
　　　(C)is being　　　　　　　(D)will be

( )　5. We made an order for new components last week, and they told us that the package _____ yesterday.
　　　(A)ship　　　　　　　　　(B)shipped
　　　(C)was shipped　　　　　　(D)are shipping

( )　6. The contract with the new company expires _____ March.
　　　(A)at　　　　　　　　　　(B)on
　　　(C)for　　　　　　　　　　(D)in

( )　7. You need to _____ your request form for vacation days at least one week in advance.
　　　(A)turn in　　　　　　　　(B)turn on
　　　(C)turn up　　　　　　　　(D)turn out

( )　8. Since the main purpose of the trip was business, I don't have to pay
　　　_____ my plane tickets.
　　　(A)with　　　　　　　　　(B)for
　　　(C)to　　　　　　　　　　(D)about

( )　9. There are several _____ from work this week because many
　　　people have the flu.
　　　(A)absentees　　　　　　(B)attendants
　　　(C)workers　　　　　　　(D)owners

( ) 10. Please enclose your resume with your _____ to this position.
　　　(A)formation　　　　　　(B)application
　　　(C)stimulation　　　　　　(D)creation

( ) 11. His opinions are very personal. I don't think his views are _____ of
　　　all the workers here.
　　　(A)preventive　　　　　　(B)conservative
　　　(C)negative　　　　　　　(D)representative

( ) 12. We are _____ with new challenges in this new era.
　　　(A)planned　　　　　　　(B)stayed
　　　(C)faced　　　　　　　　(D)talked

( ) 13. All the basic _____ new employees need to know about our
　　　company is in this handbook.
　　　(A)emotion　　　　　　　(B)information
　　　(C)sensation　　　　　　(D)deformation

( ) 14. A: How about having the meeting on Sunday?
　　　B: _____
　　　(A)The weather is perfect.
　　　(B)Let's have a picnic.
　　　(C)Sorry. I already have plans.
　　　(D)Yes. The food is delicious.

( )　15. A: How did you get to work today?

B: _____

(A)I took another route by bike.

(B)I was late for work today.

(C)I am always early.

(D)Almost two hours.

( )　16. A: Did you manage to get an appointment this week?

B: _____

(A)My manager wants to see me.

(B)Do you want an appointment?

(C)I just fixed my car last week.

(D)They are fully booked.

閱讀測驗（第17～19題）

Basic protective measures against the new coronavirus

Airborne viruses have been spreading around the world in the speed of light – and the most recent one has spread as far as North America and Europe with every single region of China having confirmed cases!

The WHO (Word Health Organization) has declared a global health emergency. During such a critical period, it's necessary to be careful about your health – any extra effort of protection is beneficial in order to decrease your chances of getting infected! Here are ways to protect yourself:

1. Regularly and thoroughly clean your hands with an alcohol-based hand rub or wash them with soap and water.

2. Maintain at least 1 meter (3 feet) distance between yourself and anyone who is coughing or sneezing.

3. Avoid touching eyes, nose and mouth.

Do all you can to protect yourself and others from getting sick.

( ) 17. What is the main idea of the passage?

(A)The government has controlled the spread of the infection.

(B)People should take showers every day.

(C)Tips for preventing the contraction of virus.

(D)It is very easy to travel around the world.

( ) 18. Which of the following is NOT a way of protecting yourself from getting sick?

(A)Wash your hands with soap and water regularly.

(B)Go to the emergency.

(C)Keep a distance from other sick people.

(D)Do not touch your face.

( ) 19. What does the word "airborne" mean?

(A)Transported by air.

(B)A world-wide virus.

(C)The virus is born in the air.

(D)Virus on the face.

( ) 20. Most of the audience had difficulty hearing the speaker _____ the first part of the speech.

(A)along   (B)during

(C)while   (D)on

( ) 21. You should keep quite in the library. No conversation or other types of noise _____ in this area.

(A)permit   (B)are permitted

(C)are permitting   (D)been permitted

( ) 22. It is necessary to _____ potential dangers before selling your product.

(A)look to   (B)look from

(C)look into   (D)look away

( )　23. We have bought materials from them for many years. If they refuse to agree to our proposal, we should not _____ them in the future.
(A)stand up　　　　　　(B)deal with
(C)keep to　　　　　　(D)run into

( )　24. Employees are encouraged to invite their family and friends to the company picnic, and there will be _____ of food for everyone.
(A)service　　　　　　(B)volume
(C)quantity　　　　　　(D)plenty

( )　25. A: Can you recall when the meeting is scheduled to begin?
B: _____
(A)It is a long schedule.
(B)I believe it starts at 10 AM.
(C)I will bring a bag with me.
(D)I need to make a phone call first.

解答與解析（答案標示為#者，表官方曾公告更正該題答案。）

1. **A**。　我們最新的車站將在兩個禮拜後開放，所以我們必須開始徵才。
(A)will open　　　　　　(B)had opened
(C)would open　　　　　　(D)has opened
解 「in＋時間」為「在（某個時間）後」，因此知道為最新的車站會在兩個禮拜後開放，因為是「未來」將要發生的事，因此要用未來式，此題選(A)。

2. **B**。　Julia是為家喻戶曉且備受景仰的醫生。
(A)respect　　　　　　(B)respected
(C)respecting　　　　　　(D)to respect
解 highly respected為常見用法，用來指「地位崇高」、「受人景仰」，如果不知道這個用法也可從句意推敲出來，and前後連接的一定為相同詞性，and前的famous為形容詞，因此可知道空格中一定是和highly搭配的形容詞，highly為「高度的」，加上respect可推測要表示「受高度推崇的」，因此要用「被動式」，此題選(B)。

3. **B**。 很幸運地，他的答覆令雙方都很滿意且也成功化解了衝突。
   (A)名詞 　　　　　　　　　(B)動詞
   (C)形容詞 　　　　　　　　(D)副詞

   解 此題可從詞性判斷答案，his response為主詞，both sides為受詞，因此缺少了動詞，選項中只有選項(B)為動詞，此題選(B)。

4. **D**。 明年的這個時候，我們車站的外觀將會大大地改變。
   (A)has been 　　　　　　　(B)is
   (C)is being 　　　　　　　(D)will be

   解 "by this time next year"為明年的這個時候，因此時態為未來式，此題選(D)。

5. **C**。 我們在上個禮拜訂了新的零件，他們告訴我們包裹在昨天寄出了。
   (A)ship 　　　　　　　　(B)shipped
   (C)was shipped 　　　　　(D)are shipping

   解 yesterday為關鍵字，從yesterday可以判斷時態為過去式，因此選項(A)、(D)刪去，package是物品所以一定是「被」人寄出，因此要用被動式，此題選(C)。

6. **D**。 和那間新公司的合約在三月到期。
   (A)at 　　　　　　　　　(B)on
   (C)for 　　　　　　　　　(D)in

   解 沒有選項(C)的用法，因此優先刪去，expire at後面大多接地點，expire in後面接月份、年份或一段時間，此題空格後為月份，因此答案選(D)。

7. **A**。 你至少得在假期的一個禮拜前繳出申請表。
   (A)交出 　　　　　　　　(B)打開
   (C)露面 　　　　　　　　(D)結果為

   解 受詞為"request form"，而turn in有「交出」、「繳交」的意思，通常「交報告」、「交表格」這類紙本文件都是用turn in 作為動詞，此題選(A)。

8. **B**。 由於此旅遊是以出差為主要目的，所以我不用付機票錢。
   (A)with 　　　　　　　　(B)for
   (C)to 　　　　　　　　　(D)about

   解 關鍵字為"business"，從此可看出要強調此次旅行目的為出差，所以可推論後面要表達不用自己付機票錢，而「人＋pay for something」為常見用法，介系詞為for時解釋為「為（某樣物品的）付錢」，此題選(B)。

9. **A**。　這週有好幾個人請假沒來上班，因為很多人都得了流感。
(A)缺席者　　　　　　　(B)服務生
(C)員工　　　　　　　　(D)雇主
解　此題要從後半句來看，後半句提到因為很多人都得了流感，所以可以回推前半句為請病假而缺席，若是不認得這個單字也有方法能判斷字意，absent為「缺席的」，因此從字根就可看出此單字的意思，此題選(A)。

10. **B**。　請附上履歷表及此職缺的申請表。
(A)形成方式　　　　　　(B)申請書
(C)刺激　　　　　　　　(D)創造
解　前面提到履歷表，且後面的受詞為職缺，因此可以判斷最合理選項為申請表，此題選(B)。

11. **D**。　他的想法很主觀，我覺得他的觀點並不代表這裡所有員工。
(A)防止的　　　　　　　(B)保守的
(C)負面的　　　　　　　(D)代表的
解　"personal"為「個人的」，所以可以知道第一句要表示這個人的意見僅代表「個人意見」，且空格後介系詞為of，因此可以推論為"be representative of"，此題選(D)。

12. **C**。　我們在這個新世代面臨著許多新挑戰。
(A)計畫　　　　　　　　(B)停留
(C)面臨　　　　　　　　(D)談論
解　後面為"new challenges"，且介系詞為with，因此可以判斷為"be faced with"，此題選(C)。

13. **B**。　所有我們公司的新員工需要知道的資訊都在這本手冊裡。
(A)情緒　　　　　　　　(B)資訊
(C)感覺　　　　　　　　(D)變形
解　此題關鍵為"new employees need to know about our company"且在手冊裡，因此可以判斷為information，此題選(B)。

14. **C**。　A：禮拜天開會如何？
B：抱歉，我已經有其他安排了。

(A)天氣很好。　　　　　　　　　(B)我們來野餐吧。

(C)抱歉，我已經有其他安排了。　　(D)是的，食物很美味。

解 "have the meeting"為「開會」，"how about"為「如何」，因此可以知道為詢問開會時間，此題選(C)。

15. **A**。　A：你今天怎麼去上班的？

　　　　B：我騎腳踏車走另一條路。

　　　　(A)我騎腳踏車走另一條路。　　　(B)我今天上班遲到了。

　　　　(C)我總是早到。　　　　　　　(D)大約兩小時。

解 "get to work"為「去上班」，結合how為「如何」，因此答案選(A)。

16. **D**。　A：你有試看看預約這個禮拜嗎？

　　　　B：他們全部都訂滿了。

　　　　(A)我的主管想見我。　　　　　(B)你要預約嗎？

　　　　(C)我上禮拜才剛把我的車修好。　(D)他們全都訂滿了。

解 "get an appointment"和"make an appointment"都是「預約」、「預訂」的意思，此題答案選(D)。

閱讀測驗（第17～19題）

對抗新型冠狀病毒的基本預防措施

經空氣傳播的病毒已用光速傳播至世界各地－－最近一次病例已擴散至北美和歐洲，而中國的各區域都已出現確診病例。

世界衛生組織（WHO）已宣布全球健康緊急事件，在這個關鍵的時期必須注意你的自身健康－－為了降低受感染的機會，任何額外的保護措施都是有益的，這裡有一些保護自己的措施：

1.經常徹底地以酒精搓手或用肥皂與清水清洗。

2.與其他咳嗽或打噴嚏的人保持至少一公尺（三步）的距離。

3.避免觸碰眼、口、鼻。

努力防止自己和他人生病。

17. **C**。　本文主旨為何？

　　　　(A)政府已控制住感染的擴散。　　(B)人們要每天洗澡。

　　　　(C)預防感染病毒的訣竅。　　　　(D)環遊世界很容易。

18. **B**。　下列何者並非避免自己生病的方法？
(A)經常用手和肥皂洗手。　　　(B)去急診室。
(C)與其他生病的人保持距離。　(D)不要觸碰你的臉。
解　此題答案在文中最後一段，此題選(B)。

19. **A**。　"airborne"是什麼意思？
(A)經由空氣傳播。　　　　　(B)世界性的病毒。
(C)空氣中產生的病毒。　　　(D)臉上的病毒。
解　"airborne"為「空氣傳播的」，此題選(A)。

20. **B**。　大部分的觀眾在演講的第一段時聽不太到音響的聲音。
(A)沿著　　　　　　　　　　(B)在……期間
(C)當時　　　　　　　　　　(D)在
解　選項(A)、(D)明顯不正確，而while和during雖意思相近但用法不同，while後面接動詞或省略主詞接動名詞，during後只能接名詞，此題空格後為名詞因此用during，此題選(B)。

21. **B**。　在圖書館你應該保持安靜，這裡禁止對話或任何其他的噪音。
(A)permit　　　　　　　　　(B)are permitted
(C)are permitting　　　　　　(D)been permitted
解　注意空格前為conversation和noise，對話及噪音都並非「人」，因此不可能主動允許某事，一定是用被動式「be動詞＋p.p」表示「被」允許，兩句的時態皆為現在簡單式，為陳述某個事實，因此be動詞用are即可，此題選(B)。

22. **C**。　在賣產品之前先調查潛在的風險是必要的。
(A)照看　　　　　　　　　　(B)從某處看
(C)調查　　　　　　　　　　(D)看向別處
解　受詞為danger，因此以「調查」作為動詞最為合適，此題選(C)。

23. **B**。　我們已經從他們那邊購買材料好幾年了，如果他拒絕同意我們的提議，那我們將來不應再和他們有生意往來了。
(A)站立　　　　　　　　　　(B)做生意
(C)遵守（承諾）　　　　　　(D)偶然遇到
解　前面一句是重要的提示，前面表示已和他們買東西買很多年了，因此可以推論和「合作」、「生意」相關，deal with除了是「處理」的意思外，還有「做生意」的意思，此題解釋為後者，此題選(B)。

24. **D**。　公司野餐歡迎員工邀請自己的家人和朋友，到時會提供多樣的食物給大家。
　　　(A)服務　　　　　　　　(B)體積
　　　(C)數量　　　　　　　　(D)豐富的
　　　解　前面提到公司野餐，因此可推論後面要表達「很多食物」，且從介系詞為of也可推出為plenty of，plenty of為固定用法表示「豐富的」、「眾多的」，此題選(D)。

25. **B**。　A：你還記得會議訂在什麼時候開嗎？
　　　B：我記得是早上10點開始。
　　　(A)這個時間表很長。　　(B)我記得是早上10點開始。
　　　(C)我會帶一個包包。　　(D)我要先打個電話。
　　　解　recall為「回想」、「記得」，且when問的是「時間」，所以可以知道A在問B是否記得開會的時間，此題選(B)。

NOTE

109年臺北捷運新進工程員

一、選擇題

( )　1. Please _____ the following changes regarding the English language courses offered at our Language Center this year.
(A)be aware of 　　　　　　(B)be conceived of
(C)be looking for 　　　　　(D)be watching out

( )　2. He _____ murder since he was barely 18 as he accidentally killed someone during a fight.
(A)has been in prison 　　　(B)has been in jail
(C)has been locked for 　　　(D)has been imprisoned for

( )　3. The flowers and plants were the most _____ arranged creations I have ever seen in this garden.
(A)beautification 　　　　　(B)beautiful
(C)beautifully 　　　　　　(D)beauty

( )　4. Presbyterians, Methodists, _____ Baptists are the prevalent Protestant congregations in many places around the world.
(A)and 　　　　　　　　　(B)but
(C)or 　　　　　　　　　　(D)nor

( )　5. In April, _____ the snow has already melted in New York.
(A)countless of 　　　　　　(B)many of
(C)much of 　　　　　　　(D)various of

( )　6. There are over 1,500 _____ in our campus and they could provide an opportunity for every student to become involved.
(A)club and organization 　　(B)clubs and organizations
(C)coach and staff 　　　　　(D)coaches and staffs

( ) 7. This is what we have discussed today for this topic, and call _____ if you have questions so we could further discuss it later on.
    (A)I   (B)me   (C)us   (D)we

( ) 8. To celebrate with it, we are going to have a party _____ the Dragon Boat Festival Day.
    (A)at   (B)for   (C)in   (D)on

( ) 9. Look at those cars in the parking lot over there. _____ is really ugly, but ours is beautiful.
    (A)Their   (B)Theirs   (C)Them   (D)They

( ) 10. After buying a new car for the eldest daughter, _____ adds a double garage to their house.
    (A)the Johnson   (B)the Johnsons
    (C)The Johnson   (D)The Johnsons

( ) 11. When you order a copy of this newly published book, _____ include cash payment with your order form.
    (A)do   (B)forget   (C)please   (D)remember

( ) 12. It is _____ common belief that a newspaper should have _____ obligation to seek out and tell the truth.
    (A)a, a   (B)an, an   (C)a, an   (D)an, a

( ) 13. My grandfather refuses to go to bed early, _____ I am afraid he is going to catch a bad cold.
    (A)and   (B)but   (C)or   (D)however

( ) 14. It is difficult to become _____ because sometimes you have to avoid telling the truth due to some reasons.
    (A)an honest person   (B)a person who is honest
    (C)an honorable person   (D)a person who is honorable

( ) 15. What is _____ color? _____ green.
(A)its, Its　　　　　(B)it's, It's
(C)its, It's　　　　　(D)it's, Its

( ) 16. _____ the football season has not yet begun, _____ is overly anxious for information about the team.
(A)Although, the public　　(B)Although, but the public
(C)Today, thepublic　　　(D)Spring, the public

( ) 17. When John bumps up against a complex problem, he thinks back to a lesson he _____ in high school.
(A)is learning　　　(B)learn
(C)learned　　　　(D)was learning

( ) 18. Today, some people argue that the easiest and simplest way to improve our democracy is to _____ political parties as many of them only look for their own benefits, but not the benefits for the general public.
(A)abolish　　　(B)blow
(C)create　　　(D)support

( ) 19. In English, _____ letters are the "large" versions of the 26 alphabets, frequently used for the first letter of proper names.
(A)capital　　　(B)large
(C)mini　　　　(D)small

( ) 20. My dog would excitedly _____ to me when I return home from school.
(A)bite into　　　(B)cross over
(C)dash up　　　(D)jump down

( ) 21. The severe forest fire in New South Wales recently caused a terrible damage to the _____ of Australia and its south-eastern coast.
(A)ecology　　　(B)landform
(C)mountains　　(D)valleys

( ) 22. When teachers ask you to _____, they want to see you move from the particular to the general or from the concrete to the abstract.
(A)entertain (B)generalize
(C)speak (D)talk

( ) 23. The roof of our greenhouse _____ leak when it rains heavily in the summer time.
(A)is apt to (B)is excelled to
(C)is part to (D)is up to

( ) 24. Although the surface of the egg shell looks smooth, when _____ it is actually full of bumps and holes.
(A)boiled (B)dyed
(C)heated (D)magnified

( ) 25. There are several ways to _____ the Sun, and for yourself, the easiest and safest is to project it by building your own pinhole camera.
(A)break (B)catch
(C)observe (D)spy

( ) 26. At age 16, John dropped out of school _____ the fact that it was necessary for him to help support his parents as they got sick and became weak.
(A)on account of (B)on behalf of
(C)on the chain of (D)on the cultivation of

( ) 27. We encourage all our students to _____ in this important and transformative program as they will benefit a lot from it.
(A)conquer (B)participate
(C)prevent (D)stop

( ) 28. Today, many students are _____ more challenging academic work at a younger age in spite of hardship in life they might deal with.
(A)not for (B)ready for
(C)waiting for (D)yet for

( )　29. To investigate the crime thoroughly, the policeman interviewed the two suspects _____ over several days.
(A)excellently
(B)freely
(C)separately
(D)singly

( )　30. Obtaining _____ is often considered as licensing, and when you have it, you have a license to use the work.
(A)permission
(B)slip
(C)ticket
(D)voucher

( )　31. I need to look for a new job as my working contract will _____ three months later.
(A)initiate
(B)terminate
(C)uphold
(D)waive

( )　32. This is the final list with the names of winners _____ in red.
(A)underlined
(B)underscored
(C)underutilized
(D)underweight

( )　33. In old days, my grandmother loved to hand-knit sweaters in wool for all her six grandchildren.
(A)floss
(B)tinsels
(C)twigs
(D)yarns

( )　34. Mom: Glad to see you home, and he's adorable!
Daughter: I think he's the one!
Mom: Oh, me, too. I watched you two coming up the path and I saw how you looked at him. Do I hear wedding bells?
What does the mother expect to see? She expects that _____.
(A)her daughter should consider well before getting married
(B)her daughter should ask the man to go away
(C)the man shouldn't contact her daughter again
(D)the young couple would get married soon

( )　35. Woman: It's nice to be back but I do miss the excitement of the World Cup in Paris. I'm bored!

Man: Oh, thanks very much!

Woman: I didn't mean you! I just mean it's a bit hard to come back to reality; that's all.

Why does the woman respond in this way? She feels that _____.

(A)she should continue her vacation

(B)she should stay in Paris

(C)the man might misunderstand her

(D)the man should stop working

( )　36. Man: What a great barbeque yesterday!

Woman: Oh no, I feel dreadful. I was throwing up all night long!

Man: Though the salmon looked gorgeous, I didn't have any of it. Did you?

Woman: Yes... oh, no!

What happened to the woman? She _____.

(A)enjoyed the party last night　(B)stayed up late last night

(C)cooked for everyone　(D)has been sick since last night

( )　37. Woman: No wonders you love it here, your garden is beautiful.

Man: Thank you. Just my luck though, neither my wife nor my daughter has green fingers.

Woman: I love gardening, too!

Where is the man? He is _____.

(A)in his garden　(B)in his living room

(C)in his office　(D)in a wild field

( )　38. Peter: Grace, we have to talk about something. My dad has had a heart attack.

Grace: Oh, that's awful, so you are flying over to visit him. How long are you going for?

Peter: Grace, it's a one-way ticket I've booked; I'm going back to USA for good.

What does Peter really mean? He would _____.

(A)come back soon to continue his study

(B)return home forever in order to take care of his father

(C)run away from everything

(D)travel with Grace to his home

( ) 39. Albert: How does this sound? *Wanted: male student or young professional for bright, sunny room in mixed flat-share. Must be clean, tidy and easy-going. Close to shops, pubs and buses. Reasonable rent,...*

Gina: Shouldn't we say something about the cat? He might be allergic.

Albert: Ooh, yeah, good point.

What are they doing? They are writing _____.

(A)an advert to share their flat

(B)a note left on their fridge

(C)a reminder to their landlord

(D)a sales poster to promote some items

( ) 40. Woman: It's almost bedtime. Time for you to go to bed.

Kid: I don't want to go to bed. I want to stay here and watch TV.

Woman: I don't think that's a good idea. You have to get up early for school in the morning.

What is the woman doing this evening? She is _____.

(A)babysitting the kid   (B)reading a book to the kid

(C)watching TV alone   (D)writing a paper by herself

( ) 41. Man: How can I help you, madam?

Woman: It's about this watch.

Man: What seems to be the problem?

Woman: The alarm doesn't work, and when I take it off, the strap leaves a brown mark on my wrist.

What could the woman be? She could be a _____.

(A)customer complaining a watch bought earlier

(B)designer testing the watch designed by herself

(C)lady showing off her favorite fashion accessory

(D)saleswoman promoting a commercial item

(　) 42. Man: Can I talk to you?

Woman: OK, but nothing heavy. I'm not in the mood.

Man: It's just that I don't think I can make the rent this month.

Woman: Oh! What am I supposed to do?

What could the woman be? She could be a _____.

(A)coach　　　　　　　　(B)landlady

(C)manager　　　　　　　(D)shop owner

(　) 43. Woman: Don't cry, ... you might feel better if you talk about it.

Girl: I am so... I had a date with Ted last night. When I arrived, I heard he was talking to somebody on the phone. I heard he said "I can't wait to see you, darling. I love you." He is seeing someone else!

Woman: Oh, there could be a perfectly reasonable explanation.

What does the woman want to do? She wants _____.

(A)her to look for a new boyfriend

(B)her to stop crying

(C)her to cool down before looking for an answer

(D)to be a good consultant

二、閱讀測驗

A young boy in Hubei Province witnessed his grandfather die and remained at home alone afterward because of COVID-19 restrictions, local media reported.

The news of the child's **ordeal** prompted an outpouring of anger online in China.

In Shiyan's Zhangwan District, which has implemented "wartime control" to prevent the spread of the coronavirus, local community workers on Monday afternoon found an elderly man surnamed Tan who had died at home.

His five or six-year-old grandson was also at home, Zhangwan District Department of Public Affairs vice deputy director Guo Ruibing told local media.

The official did not confirm details posted online that the man had died several days earlier and that the grandson had survived on cookies.

Asked by community workers why he did not seek help, the child reportedly said: "Grandpa said not to leave. There is a virus outside."

It is not possible that Tan died days earlier, Guo told Hongxing News, a government-affiliated media platform.

Under lockdown measures in which residents cannot leave their homes, community workers had been making daily visits to check on residents, asking for their temperatures and if they needed any food supplies.

The time and cause of Tan's death was still being investigated, Guo said, adding that the grandson was being taken into care "according to procedure" by the district.

The child's father is in Guangxi Province and cannot return because of the lockdown measures on the area.

Asked whether Tan's temperature was normal before his death, Guo said: "Certainly, it was normal."

The news caused **a flood of** criticism online, underlining public frustration and mistrust.

"Why do they always do such a crappy job of 'dispelling rumors'?" one user on Weibo wrote, adding that the official could have used community records to **back up** his statement. "The government always says: 'impossible' or 'absolutely,' but who can believe you?"

Earlier this month, Zhangwan District was the first to implement official "wartime" **quarantine** measures in response to COVID-19, which emerged in nearby Wuhan.

Commercial and residential buildings in Zhangwan were sealed and **no unapproved outside vehicles** could enter.

Only healthcare workers and those providing essential supplies were able to be out on the streets, policed by public security. Local committee districts were to arrange food and medicine for residents.

Those who broke the rules would be detained, an official notice said.

( )　44. Which of the following is the best title for this passage?

(A)Grandpa died without any supportive care

(B)The kid is going to die soon

(C)Virus Outbreak: Child home alone with dead grandpa

(D)Virus Outbreak: One more to the dead toll

( )　45. Ordeal is a very _____ that one might suffer from a man-made or natural disaster, such as plane crash, coronavirus spreading, earthquake, major flood, etc.

(A)arrogant, bossy, and cocky feeling

(B)ironic, mocking, and satirical sense

(C)joyful, sweet, and happy perception

(D)unpleasant, painful, and difficult experience

( )　46. "It is not possible that Tan died days earlier" implies that Tan died _____ though it might not be true.

(A)four days ago　　　　　　(B)three days ago

(C)two days ago　　　　　　(D)yesterday

( )　47. This group received **a flood of** input containing the target forms of various discourse markers taught in the class.

(A)a great deal of　　　　　(B)rare

(C)incomplete　　　　　　　(D)insufficient

( )　48. You don't need to plug your device into a computer or even be at home to **back up** with iCloud.

(A)edit a document　　　　　(B)make a redundant file

(C)make a spare copy　　　　(D)write a document

( )　49. Usually, the first response to the threat of an epidemic is to keep people out of the country or **quarantine** them.

(A)to bake something with high temperature

(B)to keep away from others for a period of time

(C)to make a pie to share with others

(D)to stand far away from everything

( )　50. The buildings were sealed and **no unapproved vehicles** could enter.

　　(A)a few authorized cars permitted

　　(B)some unauthorized cars released

　　(C)no any authorized cars allowed

　　(D)only authorized cars allowed

解答與解析（答案標示為#者，表官方曾公告更正該題答案。）

一、選擇題

1. **A**。　請知悉以下有關我們語言中心今年對於英語課程的更動。

　　(A)be aware of 知道；了解

　　(B)be conceived of 被設想；被想像

　　(C)be looking for 尋找

　　(D)be watching out 注意；小心

　　解　依照句型，空格處需填入動詞，依據題意應填入(A)be aware of
　　（知道；了解）；(B)(C)(D)皆不符合題意。

2. **D**。　他在年僅18歲時不小心在一場糾紛中殺了人，自那時起他便因謀殺罪
　　而被監禁至今。

　　(A)has been in prison 一直在監獄裡

　　(B)has been in jail 一直在監獄裡

　　(C)has been locked for 因……被鎖住

　　(D)has been imprisoned for 因……被監禁

　　解　依照句型，空格處後方接有名詞，因此(A)(B)並不符合文法。而
　　依據題意應填入(D)has been imprisoned for（因……被監禁）。介
　　系詞for通常會表示「因為……；為了……」之意，後方接續原
　　因。

3.**C**。　這些花與植物是我在這座花園中所看過布置得最美麗的創作。

　　(A)beautification 美化；裝飾（名詞）

　　(B)beautiful 美麗的（形容詞）

　　(C)beautifully 美麗地（副詞）

　　(D)beauty 美麗（名詞）

　　解　依照句型，空格處前方為動詞（were）、後方為形容詞
　　（arranged）與名詞（creations），此句句型完整，因此應放置副

　　詞(C)beautifully，來修飾後方的形容詞arranged，代表「布置得美麗的」。(A)(B)(D)之詞性放入句中皆不符合文法。

4. **A**。　長老會、衛理公會與浸禮會是世界上許多地方普遍流行的新教徒集會。
　　(A)and 和、與　　　　　　　　(B)but 但是
　　(C)or 或是　　　　　　　　　　(D)nor 兩者皆非
　　解 依照句型，空格處應連接三個名詞，依據題意應填入(A)and（與）最恰當。

5. **C**。　四月時，紐約許多的雪都已經融了。
　　(A)countless of ＜無此用法＞
　　(B)many of 許多的（接複數可數名詞）
　　(C)much of 許多的（接不可數名詞）
　　(D)various of ＜無此用法＞
　　解 依照句型，後方是名詞snow，為不可數名詞，因此應填入(C)much of（許多的）。(B)應接複數可數名詞；並無(A)(D)等用法。

6. **B**。　我們校園有超過1,500個社團與組織，他們提供每位學生參與的機會。
　　(A)club and organization 社團與組織（單數）
　　(B)clubs and organizations 社團與組織（複數）
　　(C)coach and staff 教練與員工（單數）
　　(D)coaches and staffs 教練與員工（複數）
　　解 選項分別有「社團與組織」和「教練與員工」兩類，根據後方題意，應選「社團與組織」，且應選複數型的(B)clubs and organizations。且staff為集合名詞，本身即代表複數概念，並無使用複數型「staffs」的習慣。

7. **B**。　這就是我們今天針對此議題所討論的內容，如果你有任何問題，請打電話給我，以便我們之後更深入討論。
　　(A)I 我（主格）　　　　　　　(B)me 我（受格）
　　(C)us 我們（受格）　　　　　　(D)we 我們（主格）
　　解 依照句型，空格前方為動詞call，因此此處應放入受格；而根據題意，應填入me（我），因此應選(B)。

8. **D**。　為了慶祝，我們要在端午節那天舉辦派對。

(A)at 在……　　　　　　　(B)for 為了……

(C)in 在……裡面　　　　　(D)on 在……

解　依照句型，後方是節慶the Dragon Boat Festival（端午節），表達在某個日子的介系詞為on，因此應選(D)。

9. **B**。　看看停在停車場那邊的車輛。他們的真的好醜，但我們的很好看。

(A)Their 他們的（所有格）

(B)Theirs 他們的事物（所有格代名詞）

(C)Them 他們（受格）

(D)They 他們（主格）

解　依照句型，後方為be動詞is，空格處應填入一主格名詞，因此應填入(B)Theirs，此處Theirs=Their car，指涉前方提過的名詞cars；(A)(C)(D)填入皆不符合文法。

10.**B**。　在買了新車給他們最年長的女兒後，強森一家為他們家添加了一個雙車位車庫。

(A)the Johnson　　　　　　(B)the Johnsons

(C)The Johnson　　　　　　(D)The Johnsons

解　此題考的是文法，若要指涉某家人，應使用「the+姓氏s」，如Smith一家人，即為「the Smiths」；因此此題應選(B)，指涉強森一家人。逗點後方開頭應小寫，因此(C)、(D)皆不正確。

11. **C**。　當您訂購這本新出版的書時，請與訂購單一同附上您的現金款項。

(A)do 做　　　　　　　　　(B)forget 忘記

(C)please 請　　　　　　　(D)remember 記得

解　此題考的是文法，根據句型，應填入(C)please（請）。正式文法不能將兩個動詞擺在一起，因此(A)不正確；(B)的用法為forget to V（忘記做某事）或forget V-ing（忘記做過某事），此處文法不正確、題意也不符合；(D)的用法同(C)，為remember to V（記得做某事）與remember V-ing（記得做過某事），若要填入此選項，應為remember to include...，因此並不正確。

12. **C**。　新聞報紙的義務是探求並告知大眾真相，此為公眾認同的信念。

(A)a, a　　　　　　　　　　(B)an, an

(C)a, an　　　　　　　　　　(D)an, a

解　此題考的是文法，不定冠詞a若碰到後方詞彙開頭為母音時，則應改為an；因此應選(C)a, an。

13. **A**。　我爺爺拒絕早點上床睡覺，而我怕他會因此得到重感冒。

    (A)and 而（連接詞）　　　　　　(B)but 但（連接詞）

    (C)or 否則（連接詞）　　　　　　(D)however 然而（副詞）

    解　此題考的是文法，連接兩個句子應使用連接詞，(D)however為一副詞，因此並不正確；而根據題意，後方句子為補充接續前方句子，因此應選(A)and（而且；還有）。(B)but是使用在轉折語氣時；(C)or當句子連接詞時，意思為「否則……」。

14. **A**。　要當一個誠實的人是很困難的，因為有時候，因為一些原因你必須避免說實話。

    (A)an honest person 一個誠實的人

    (B)a person who is honest 一個誠實的人

    (C)an honorable person 一個榮譽的人

    (D)a person who is honorable 一個榮譽的人

    解　此題考的是文法，根據題意，應填入(A)an honest person（一個誠實的人）；(B)為使用關係代名詞之限定用法，為在一範圍中需要限定時才會使用。

15. **C**。　它的顏色是什麼？它是綠色。

    (A)its, Its　　　　　　　　　　(B)it's, It's

    (C)its, It's　　　　　　　　　　(D)it's, Its

    解　此題考的是文法，第一句空格處後方為名詞color，且此句已有動詞，應填入所有格its（它的）；第二句缺動詞，因此應填入It's（=It is），表示「它是……」。

16. **A**。　雖然足球賽季還沒開始，群眾已對於隊伍的消息過度焦慮。

    (A)Although, the public　　　(B)Although, but the public

    (C)Today, the public　　　　　(D)Spring, the public

    解　此題考的是文法與題意，兩個句子應用一個連接詞串起，因此第一格應填入連接詞Although（雖然；儘管）；第二格根據題意應填入the public（公眾；群眾），但是要注意的是不能放入but（但是），因為but也是一個連接詞，兩個句子僅需一個連接詞即可，因此不能選(B)。在中文上，常常會說「雖然……但是……」，但在英文中需要避免落入這樣的中式英文陷阱。

17. **C**。　每當約翰碰到複雜的問題時，他會回想在高中所學的一課。

    (A)is learning 正在學（現在進行式）

    (B)learn 學習（現在式）

(C)learned 學習（過去式）

(D)was learning 正在學（過去進行式）

解 此題考的是文法時態，後面出現時間點「在高中的時候」，且前方動詞thinks為現在式，退回一步為過去式，因此選(C)。補充一點，若前方動詞為過去式，退回一步則應為過去完成式。

18. **A**。 現今有某些人抗辯，要改善我們民主制度最簡單的方式就是廢除政黨，因為許多政黨只會尋求己利，而非公眾的利益。

(A)abolish 廢除　　　　　　(B)blow 吹動

(C)create 創造　　　　　　(D)support 支持

解 此題考的是詞彙意義，根據題意，應選(A)abolish（廢除）。補充一點，此題句中的as為連接詞，表示「因為……」之意。

19. **A**。 在英語之中，大寫字母就是26個字母的「大」版本，常會用在專有名詞開頭的第一個字母。

(A)capital 大寫的　　　　　(B)large 大的

(C)mini 迷你的　　　　　　(D)small 小的

解 此題考的是詞彙意義，根據題意，應填入(A)capital（大寫的），capital letter即為「大寫字母」之意。

20. **C**。 在我從學校回家時，我的狗會很興奮地衝向我。

(A)bite into 咬；咬住　　　(B)cross over 穿越；橫越

(C)dash up 衝向；奔向　　　(D)jump down 跳下

解 此題考的是詞彙意義，根據題意，應填入(C)dash up（衝向；奔向）。

21. **A**。 新南威爾斯州的森林大火近期對澳洲與其東南海岸的生態造成嚴重破壞。

(A)ecology 生態　　　　　　(B)landform 地形

(C)mountains 山　　　　　　(D)valleys 山谷

解 此題考的是詞彙意義，根據題意，應填入(A)ecology（生態）。

22. **B**。 當老師要你歸納某件事時，就是要你將特定的事物轉換成攏統的、將具體的事物轉換成抽象的。

(A)entertain 使娛樂　　　　(B)generalize 歸納；概括

(C)speak 開口說　　　　　　(D)talk 談論

解 此題考的是詞彙意義，根據後方句子解釋空格處，應填入(B)generalize（歸納；概括）。

23. **A**。　每當夏天下大雨時，我們溫室的屋頂都很容易漏水。

    (A)is apt to 易於……；有……的傾向

    (B)is excelled to ＜無此用法＞

    (C)is part to ＜無此用法＞

    (D)is up to 正要做……

    解　此題考的是詞彙意義，根據題意，應填入(A)is apt to，be apt to意為「易於……；有……的傾向」。

24. **D**。　雖然蛋殼的表面看起來很滑順，在放大看之後，它其實充滿凸粒與凹洞。

    (A)boiled 被煮沸　　　　　　(B)dyed 被染色

    (C)heated 被加熱　　　　　　(D)magnified 被放大

    解　此題考的是詞彙意義，根據題意，應填入(D)magnified（被放大）。此題空格處為分詞構句，原句為「...when (it is)magnified it is...」，因主詞與前句相同，因此連接詞後省略主詞與動詞。

25. **C**。　觀察太陽的方法有許多種，對你來說，最簡單、安全的方式就是建造自己的針孔相機來投射太陽。

    (A)break 打破　　　　　　　(B)catch 抓住

    (C)observe 觀察　　　　　　(D)spy 暗中監視

    解　此題考的是詞彙意義，根據題意，應填入(C)observe（觀察）。

26. **A**。　在16歲的時候，約翰因為要照顧生病且逐漸虛弱的雙親而退學了。

    (A)on account of 因為；由於

    (B)on behalf of 代表

    (C)on the chain of ＜無此用法＞

    (D)on the cultivation of ＜無此用法＞

    解　此題考的是詞彙意義，根據題意，應填入(A)on account of（因為；由於）。

27. **B**。　我們鼓勵所有的學生參與這項重要且具顛覆性的計畫，因為他們將會從中受益良多。

    (A)conquer 征服　　　　　　(B)participate 參與

    (C)prevent 預防　　　　　　(D)stop 停止

    解　此題考的是詞彙意義，根據題意，應填入(B)participate（參與）。

28. **B**。　在現今，許多學生在年紀很輕的時候就準備好面對較艱難的學業，儘管他們可能會遇到生活上的困難。

(A)not for 不是為了……　　　　(B)ready for 準備好

(C)waiting for 等待　　　　　　(D)yet for 還沒

解　此題考的是詞彙意義，根據題意，應填入(B)ready for（準備好）。

29. **C**。　為了要全面調查這起犯罪案件，員警在幾天的時間分別訪談了兩位嫌疑犯。

(A)excellently 極好地　　　　　(B)freely 自由地

(C)separately 分別地；各自地　　(D)singly 單個地

解　此題考的是詞彙意義，根據題意，應填入(C)separately（分別地；各自地）。

30. **A**。　獲得許可通常被視為准許證明，當你擁有時，就代表有許可能使用該作品。

(A)permission 許可；准許　　　(B)slip 紙條

(C)ticket 票券　　　　　　　　(D)voucher 代金券

解　此題考的是詞彙意義，根據題意，應填入(A)permission（許可；准許）。

31. **B**。　我需要找一份新工作，因為我的勞動契約三個月後即將終止。

(A)initiate 開始；創始　　　　　(B)terminate 終止；結束

(C)uphold 支持；支撐　　　　　(D)waive 放棄；撤回

解　此題考的是詞彙意義，根據題意，應填入(B)terminate（終止；結束）。

32. **A**。　這是最終確認名單，贏家的名字用紅筆畫了底線。

(A)underlined 在……底下畫線

(B)underscored 強調；在……底下畫線

(C)underutilized 未充分利用

(D)underweight 重量不足

解　此題考的是詞彙意義，根據題意，應填入(A)underlined（在……底下畫線）。(B)也有相同之意，唯此字極少使用在「畫底線」之意，其多指平時使用e-mail信箱時所提到的「_」底線，如「will_smith@mail.com」其中的底線，而非我們平常所指的畫重點之底線。

33. **D**。　在以前，我奶奶喜歡用羊毛線為六個子孫手工織毛衣。
　　　(A)floss 牙線　　　　　　　　(B)tinsels 金屬絲
　　　(C)twigs 細枝；嫩枝　　　　　(D)yarns 紗線；毛線
　　　解　此題考的是詞彙意義，根據題意，應填入(D)yarns（紗線；毛線）。

34. **D**。　媽媽：很高興妳回家，他真可愛！
　　　女兒：我覺得就是他了！
　　　媽媽：喔，我也這樣覺得。我看你們兩個從小徑走來，而我看到妳看
　　　　　　他的眼神，我彷彿聽到婚禮鐘聲。
　　　該位母親期待看到什麼？她期待_____。
　　　(A)her daughter should consider well before getting married
　　　　她女兒在結婚前應該好好思考
　　　(B)her daughter should ask the man to go away
　　　　她女兒應該要叫那個男子走開
　　　(C)the man shouldn't contact her daughter again
　　　　那個男子不該再聯絡她女兒
　　　(D)the young couple would get married soon
　　　　這對年輕情侶盡快結婚
　　　解　此題考的是對話情境，根據對話，母親與女兒提及一名男子，而
　　　　　　在對話最後母親提到「wedding bells」（婚禮鐘聲），表示她期待
　　　　　　兩人盡快結婚，因此應填入(D)the young couple would get married
　　　　　　soon（這對年輕情侶盡快結婚）。

35. **C**。　女子：回來真好，但我真想念巴黎世界盃的刺激，我好無聊！
　　　男子：喔，還真是謝謝啊！
　　　女子：我不是在說你啦！我只是覺得要回到現實有點難，僅此而已。
　　　為什麼這位女子會這樣反應？她感覺_____。
　　　(A)she should continue her vacation 她應該繼續她的假期
　　　(B)she should stay in Paris 她應該待在巴黎
　　　(C)the man might misunderstand her 這位男子可能誤解她了
　　　(D)the man should stop working 這位男子應該要停止工作
　　　解　此題考的是對話情境，根據對話，男子與女子在談論女子剛結束
　　　　　　的假期，而題目問及為何女子會有這樣的反應（指I didn't mean
　　　　　　you! I just...）。女子會有這樣的反應，是因為男子誤解女子在說
　　　　　　跟他相處很無聊，因此應選(C)。

36. **D**。　男子：昨天的烤肉真棒啊！
　　　女子：喔不，我覺得糟透了。我昨天吐一整晚！

男子：雖然那個鮭魚看起來很棒，但我一點都沒吃。妳呢？

女子：是的……喔不！

這位女子發生了什麼事？她_____。

(A)enjoyed the party last night 很享受昨晚的派對

(B)stayed up late last night 昨天熬夜到很晚

(C)cooked for everyone 為所有人做菜

(D)has been sick since last night 從昨晚開始就病了

解 此題考的是對話情境，根據對話，男子與女子在談論昨天的烤肉，而女子提及她昨天吐了一整晚，因此應選(D)。

37. **A**。 女子：難怪你會喜歡這裡，你的花園好漂亮。

男子：謝謝妳。只是我幸運，我老婆和我女兒都不擅長園藝。

女子：我也喜歡園藝！

這位男子在哪裡？他在_____。

(A)in his garden 他的花園　　(B)in his living room 他的客廳

(C)in his office 他的辦公室　　(D)in a wild field 野外

解 此題考的是對話情境，根據對話，男子與女子在談論男子的花園，因此應選(A)。

38. **B**。 彼特：葛瑞絲，我們需要談談，我爸心臟病發了。

葛瑞絲：喔，那真糟糕，所以你要飛去看他。你要去多久？

彼特：葛瑞絲，我訂的是單程票，我要永久回美國了。

彼特真正的意思是什麼？他要_____。

(A)come back soon to continue his study

很快就回來繼續他的學業

(B)return home forever in order to take care of his father

為了照顧他的父親回家定居

(C)run away from everything 逃避所有事情

(D)travel with Grace to his home 與葛瑞絲一同回家

解 此題考的是對話情境，根據對話，男子說他父親心臟病發，要永久回美國了，可推斷是要回去照顧生病的父親，因此應選(B)。補充一點，此對話最後的for good為一常見片語，意為「永久；永遠」。

39. **A**。 艾伯特：這聽起來怎麼樣？「徵求：男性學生或年輕教授尋找合租公寓中的明亮房間。務必愛乾淨、整齊且隨和。鄰近商店、俱樂部與公車站。合理的租金，……」

吉娜：我們應該要説説貓的事吧？他可能會過敏。

艾伯特：喔對，好提議。

他們在做什麼？他們正在寫＿＿＿＿＿。

(A)an advert to share their flat 一則分租他們公寓的廣告

(B)a note left on their fridge 一則留在他們冰箱的便籤

(C)a reminder to their landlord 一則給他們房東的提醒事項

(D)a sales poster to promote some items 一則宣傳某些產品的銷售海報

解 此題考的是對話情境，根據對話，艾伯特所説的內容皆是針對徵求分租公寓的敘述，因此應選(A)。

40. **A**。 女子：到了睡覺時間了，你應該要上床睡覺了。

小孩：我不想上床睡覺，我想留在這裡看電視。

女子：我覺得這不是個好點子，你明天很早就要起床上學。

這名女子今晚在幹嘛？她在＿＿＿＿＿。

(A)babysitting the kid 照顧小孩

(B)reading a book to the kid 為小孩朗讀書籍

(C)watching TV alone 一個人看電視

(D)writing a paper by herself 獨自寫論文

解 此題考的是對話情境，根據對話，女子在催促小孩上床睡覺，因此應選(A)。

41. **A**。 男子：我能協助您嗎，女士？

女子：是有關這個手錶。

男子：有什麼問題嗎？

女子：鬧鐘不會響，而且當我取下時，錶帶會在我手腕上留下咖啡色的痕跡。

這名女子可能是誰？她可能是＿＿＿＿＿。

(A)customer complaining a watch bought earlier
　　抱怨稍早購買的錶的顧客

(B)designer testing the watch designed by herself
　　測試自己所設計的錶的設計師

(C)lady showing off her favorite fashion accessory
　　炫耀自己最喜歡的時尚配件的女士

(D)saleswoman promoting a commercial item
　　推銷商品的女性業務

解 此題考的是對話情境，根據對話，女子帶著錶回來向店員抱怨瑕疵，因此應選(A)。

42. **B**。　男子：可以跟妳談談嗎？

女子：好，但不要太沉重的事，我現在沒心情。

男子：我只是覺得，我這個月可能付不出房租。

女子：喔！我該怎麼辦呢？

這名女子可能是誰？她可能是_____。

(A)coach 教練 　　　　　　　(B)landlady 房東

(C)manager 經理 　　　　　　(D)shop owner 店主

解 此題考的是對話情境，根據對話，男子與女子訴說自己這個月可能繳不出房租，推測女子應為房東，因此應選(B)。

43. **C**。　女子：別哭，……說出來妳可能會覺得好一點。

女孩：我覺得好……。我昨晚跟泰德約會，當我到達的時候，我聽到他正在跟某個人講電話。我聽到他說：「我等不及見妳了，親愛的，我愛妳。」他有其他對象！

女子：喔，可能有其他完全合理的解釋啊。

這位女子想做什麼？她想要_____。

(A)her to look for a new boyfriend 她找一個新男友

(B)her to stop crying 她不要再哭了

(C)her to cool down before looking for an answer　她在尋求真相前先冷靜

(D)to be a good consultant 當一個好顧問

解 此題考的是對話情境，根據對話，女孩哭訴男友可能有其他對象，而女子說「there could be a perfectly reasonable explanation.」（可能有完全合理的解釋），代表她想安慰她、可能不是她所想的那樣，因此應選(C)。

二、閱讀測驗

當地媒體報導，湖北省一名男孩目睹他爺爺因為新型冠狀病毒的限制而死在家中，並在之後獨自留在家中。

這名孩童所遭受的**磨難**被報導出，便激怒了中國網壇。

在十堰市張灣區，此區為了避免新型冠狀病毒擴散而進入「戰時管制」，一名當地社區工作人員在一個星期一下午，發現一名譚姓老人死在家中。

他年約五、六歲的孫子當時也在家，張灣區宣傳部副主任郭瑞兵會見媒體時如此表示。

對於網路上傳聞該名男子已死亡多日、孫子必須靠餅乾充饑度日的細節消息，官方並未予以確認。

當被社區工作人員問起為何不向外求助時，該名孩童表示：「爺爺叫我不要離開，他說外面有病毒。」

譚姓男子不可能在幾天前就去世，郭向紅星新聞表示，其為一家隸屬於政府的媒體平台。

在封閉管理下，居民不能離開住家，在這段期間社區工作人員會每日造訪居民、詢問體溫以及是否需要任何食物或供給品。

譚姓男子死亡的時間與原因尚在調查中，郭表示，並補充說道，該名孩童「按照程序」而被該區政府照護中。

孩童的父親人在廣西，因為封閉管制的關係而無法回到家中。

被詢問到譚姓男子在死前的體溫是否正常，郭表示：「當然，是正常的。」

這則新聞在網路造成**大量**批評聲浪，突顯出公眾的不滿與不信任。

「為什麼他們總是要做這種『闢謠』的爛工作？」一名微博用戶寫道，並說官方明明可以用社區紀錄來**支撐**他的陳述。「政府老是說『不可能』或『絕對』，但誰會相信？」

這個月稍早，張灣區是第一個實施官方「戰時」**隔離**措施的區域，因應鄰近武漢的新型冠狀病毒。

張灣區的商業與住宅大樓皆被封閉，**任何未經核准的外部車輛都不**能進入。

只有醫護人員與提供必要供給品的人員可以出外上街，公安局如此規範。當地委員會地區將為居民安排食物與藥品供給。

違反規則的人將會被拘留，一則官方聲明表示。

44. **C**。 下列何者最適合當本篇文章的標題？
    (A) Grandpa died without any supportive care
        爺爺在沒有任何照護下離世
    (B) The kid is going to die soon 該名孩童即將死亡
    (C) Virus Outbreak: Child home alone with dead grandpa
        病毒爆發：孩童獨自與過世爺爺在家中
    (D) Virus Outbreak: One more to the dead toll
        病毒爆發：死亡名單再添一名
    解 此題考最適合本文的標題，也就是本文概括的大意。根據本文，
    大致是在描述一名孩童的爺爺死在家中，而孩童獨自在家伴屍多
    日的新聞，因此應選(C)Virus Outbreak: Child home alone with dead
    grandpa（病毒爆發：孩童獨自與過世爺爺在家中）。

45. **D**。 磨難是一種非常_____。
    (A) arrogant, bossy, and cocky feeling 自傲、跋扈且過度自信的感覺
    (B) ironic, mocking, and satirical sense 挖苦、嘲諷且諷刺的感覺
    (C) joyful, sweet, and happy perception 喜悅、甜蜜且快樂的感覺
    (D) unpleasant, painful, and difficult experience
        不愉快、痛苦且艱困的經驗
    解 此題考的是位於第二段「ordeal」的意思，ordeal意為「苦難；折
    磨；嚴峻考驗」，因此應選(D)。

46. **D**。 「譚姓男子不可能在幾天前就去世」暗指譚姓男子在_____死亡，
    儘管這可能不是真的。
    (A)four days ago 四天前　　　(B)three days ago 三天前
    (C)two days ago 兩天前　　　(D)yesterday 昨天
    解 此題考的是位於第七段，郭向媒體表示的話暗指譚姓男子在幾天
    前去世，而根據文中官方表示，每天皆會有社區工作人員巡視，
    因此推測應為(D)yesterday（昨天）。

47. **A**。 這個團體獲得大量的輸入，包含了這堂課所教授的不同話語標記的目
    標格式。
    (A)a great deal of 大量的　　(B)rare 稀少的
    (C)incomplete 不完整的　　　(D)insufficient 不充足的
    解 此題考的是位於倒數第六段的「a flood of」，意為「大量的；如
    湧水般的」，因此應選(A)a great deal of（大量的）。

48. **C**。　你不需要將你的裝置插入電腦，甚至不需要在家也可以用iCloud來備份。

(A)edit a document 編輯文件

(B)make a redundant file 製作多餘的檔案

(C)make a spare copy 製作備用的檔案

(D)write a document 撰寫文件

解 此題考的是位於倒數第五段的「back up」，意為「支撐；證實；備份」等意，在這題的語意中back up為「備份」之意，因此應選(C)make a spare copy（製作備用的檔案）。

49. **B**。　通常來說，流行性傳染病的首要因應措施是要禁止人們入境或是隔離。

(A)to bake something with high temperature 用高溫烘烤

(B)to keep away from others for a period of time 與他人隔離一段時間

(C)to make a pie to share with others 做一個派與他人分享

(D)to stand far away from everything 遠離所有事物

解 此題考的是位於倒數第四段的「quarantine」，意為「隔離」，因此應選(B)to keep away from others for a period of time（與他人隔離一段時間）。

50. **D**。　建築物皆被封閉，任何未經核准的車輛都不能進入。

(A)a few authorized cars permitted 只有一些授權的車輛獲准

(B)some authorized cars released 釋放一些核准的車輛

(C)no any authorized cars allowed 任何經授權的車輛都不允許

(D)only authorized cars allowed 僅允許經授權的車輛

解 此題考的是位於倒數第三段的「no unapproved vehicles」，意為「任何未經核准的車輛皆不……」，因此應選(D)only authorized cars allowed（僅允許經授權的車輛）。

109年臺北捷運新進控制員

一、選擇題

( )　1. He can't hear from her clearly as her voice was barely _____ above the noise of the machinery where he is working.
(A)audible
(B)audio
(C)auditorium
(D)auditory

( )　2. An entirely new policy for dealing with an increasing academic suspension and withdrawal made by our students _____ by the executive committee in our college.
(A)has approved
(B)have approved
(C)has been approved
(D)have been approved

( )　3. It is great to see Lincoln's famous advice to the young people: "You can fool some of the people all of the time, and all of the people _____, but you cannot fool all of the people all of the time."
(A)always
(B)frequently
(C)now and then
(D)some of the time

( )　4. The ancient Egyptians preserved dead people's bodies by making mummies of them. The process, the so-called "_____," consisted of removing the internal organs, applying natural preservatives inside and out, and then wrapping the body in layers of bandages.
(A)mummificated
(B)mummification
(C)mummified
(D)mummify

( )　5. After the party, I found that somebody _____ her purse on the chair.
(A)is left
(B)was left
(C)has left
(D)have left

( )　6. The really important issue of the conference on the novel Coronavirus Disease 2019 this month, stripped of all other considerations, _____ the morality of doing a research project.
(A)are　　　　　　　　　　(B)is
(C)was　　　　　　　　　　(D)were

( )　7. In sunny autumn days, all leaves are falling, coming down in _____ streams of gold and brown.
(A)dance　　　　　　　　　(B)danced
(C)dancing　　　　　　　　(D)dancingly

( )　8. Captain Lewis is famous for his expedition into the new territory and beyond, _____ few people know of his contributions to natural science.
(A)and　　　　　　　　　　(B)but
(C)nor　　　　　　　　　　(D)or

( )　9. The sun is high, _____ put on some sunscreen because we will be out all day.
(A)and　　　　　　　　　　(B)but
(C)for　　　　　　　　　　(D)so

( )　10. The congress criticize that the education _____ gets slowed down in spite of the total tax revenue has increased recently.
(A)give　　　　　　　　　　(B)giving
(C)spend　　　　　　　　　(D)spending

( )　11. Our class all really got into it and gave it our best effort, but _____ we still struggled a bit trying to solve this problem.
(A)despite　　　　　　　　(B)inspite
(C)despite that　　　　　　(D)inspite that

( )　12. After serving twenty years in prison for murder of a shopkeeper, John will be free _____ next week.
(A)after a while　　　　　　(B)as far as
(C)as long as　　　　　　　(D)at last

( )　13. Asian countries, and _____ Taiwan, are good places to visit as they are populated with people who are very friendly with visitors.
(A)particular　　　　　　(B)specially
(C)in particular　　　　　(D)in specie

( )　14. Due to insufficient numbers of doctors and nurses recently, there are major barriers to getting surgery within the time frame wanted, including getting an appointment _____.
(A)firstly　　　　　　　(B)secondly
(C)in the first place　　　(D)in the second place

( )　15. The protesters gathered and shouted in the street, and they had even turned nasty for several hours before the policemen _____.
(A)return　　　　　　　(B)returns
(C)returning　　　　　　(D)returned

( )　16. In our college, most students _____ ninety credits by the time they graduate.
(A)take　　　　　　　　(B)will take
(C)have taken　　　　　　(D)will have taken

( )　17. Pablo Picasso did not speak often about _____, but when he did, it was a form either for decoration or for contradictory.
(A)abstraction　　　　　　(B)clarity
(C)explicitness　　　　　　(D)ignorance

( )　18. The teacher _____ students in the back row as some of them dozed off in the class.
(A)call at　　　　　　　(B)call for
(C)called on　　　　　　(D)call out

( )　19. _____ is often defined as an economic system where private sectors are allowed to own and control the use of property in accord with their own interests.
(A)Capitalism　　　　　　(B)Communism
(C)Corporatism　　　　　(D)Socialism

( )　20. Language learners are encouraged to use a _____ input strategy to accomplish his or her language acquisition, which has been popular since the 80's.

(A)comprehend   (B)comprehended

(C)comprehending   (D)comprehensible

( )　21. Our office allows a _____ to work abroad, which is that a person, or a group, authorizes someone to serve as his or her representative for a particular task of responsibility.

(A)consignment   (B)delegation

(C)promotion   (D)submission

( )　22. Our shop opens every day, _____ Chinese Lunar New Year, from 10:00 am to 5:30 pm.

(A)but   (B)close to

(C)except   (D)next to

( )　23. After my sister returned home from her 10 years studying in other city, I was shocked by her _____ on luxury items.

(A)cash   (B)extravagance

(C)money   (D)thriftiness

( )　24. The global sea level record from _____ is an important indicator of the evolution and impact of global climate change.

(A)bar ruler   (B)tape ruler

(C)tide gauges   (D)tide clock

( )　25. When sentences written full with errors often sound awkward, ridiculous, or confusing, they can be downright _____.

(A)analytical   (B)illogical

(C)irrational   (D)logical

( )　26. In an era of social media and fake news, _____ who have survived the print plunge have new foes to face.

(A)journalists   (B)novelists

(C)painters   (D)writers

( ) 27. _____ involved certain behavioral patterns, such as a respect
required between siblings of the opposite sex, children and parents,
and between children-in-law and their parents-in-law.
(A)Brotherhood　　　　　　　(B)Kinship
(C)Manhood　　　　　　　　(D)Relationship

( ) 28. As a courtesy to the long patronage of villagers, the filling station was
_____ free gas for three days.
(A)given away　　　　　　　(B)given up
(C)giving away　　　　　　　(D)giving up

( ) 29. The committee who has been assigned to review this project _____
the papers carefully before giving its final comments.
(A)looks at　　　　　　　　(B)looks for
(C)looks in　　　　　　　　(D)looks over

( ) 30. The demarcation of the _____ coordinate is drawn hypothetically
with circles on the globe parallel to the equator.
(A)horizontal　　　　　　　(B)latitude
(C)longitude　　　　　　　　(D)vertical

( ) 31. Our company provides _____ protection for its officers and
employees when acting within the scope of their employment.
(A)agility　　　　　　　　(B)docility
(C)fertility　　　　　　　　(D)liability

( ) 32. Doing a research, one should carefully _____ electronic resources to
review past information and scholarly articles before selecting a topic.
(A)make out　　　　　　　(B)make up
(C)pick out　　　　　　　　(D)pick up

( ) 33. _____ production has seen abundant growth over the past 10 years
as the land in our area is prime for grazing and making feeds for all
cows and sheep.
(A)Crops　　　　　　　　(B)Harvest
(C)Livestock　　　　　　　(D)Poultry

( )　34. In Taiwan, scientific _____ has become one of the country's strongest assets as the government has aimed to support the semiconductor industry in the last three decades.
(A)human
(B)manpower
(C)staff
(D)workers

( )　35. Albert: This will be your room, and we share the housework together.
John: It's a very nice room, and you guys are great and everything, but I have to say, I think it's a little bit pricey. I wonder if it would be possible to reduce the rent a little bit?
Gina: I'm afraid it isn't up to us. We have to ask our landlord about that.
What is the context? The two residents are _____ to John for a leasing.
(A)citing a verse
(B)introducing the room
(C)selling some books
(D)telling a story

( )　36. Man: Oh, that's the pager. What is it now? Oh, no, serious traffic incident. They want me right away.
Woman: Oh, I'll come, too. I'm sure they'll need some extra nurses.
Where are they working? They are probably working in a(n) _____.
(A)hospital
(B)laundromat
(C)office
(D)school

( )　37. Man: Come in. Have a seat.
Girl: I am sorry that I didn't make an appointment earlier, but I really have to talk to you.
Man: It is OK. What's on your mind?
Girl: I've been neglecting my studies and I want to get back on the right track.
Man: That IS good news. What's brought on this change of heart?
What are they? They are a _____ and his _____.
(A)consultant, consultee
(B)doctor, patient
(C)professor, student
(D)psychiatrist, patient

( ) 38. Man: You're not scared, are you?

Woman: It's too high to climb up even for a brave one.

Man: Come on, take my hand. We'll go up slowly, I promise.

What is the man trying to do? He tries to _____.

(A)demonstrate how easy it is

(B)encourage her to climb up

(C)show her how difficult it could be

(D)tell her nothing is easy

( ) 39. Woman: The kitty is sick. Is she an indoor or an outdoor cat?

Man: Both really. She stays in at night, but she's out most of the day, playing with other cats.

Where could this conversation taken place?

It could be in a _____.

(A)classroom   (B)market

(C)theater   (D)vet

( ) 40. Woman: A friend of mine is retiring, and he's looking for someone to take care of his small business. I thought you might be the man for it.

Man: How would I do it? A business all of my own?

What does the woman mean? She proposes that _____.

(A)he could accept the offer

(B)he could celebrate for the new job

(C)he should consider the cash flow first

(D)he should train himself to be a good manager

( ) 41. Woman: I'm finding it hard to get back into the books.

Man: I was exactly the same, but it does get easier, eventually.

Woman: Can I ask you a favor? How would you feel about having a study-buddy?

What is the woman? She is a _____.

(A)college student   (B)primary school teacher

(C)professor in a university   (D)watch-guard in the building

( ) 42. Man: How are you?

Woman: Exhausted. Just finished another long shift.

Man: Yes, it's been busy here lately as too many cases of surgery have been carried out.

Where are they working? The place would be a(n) _____.

(A)drawing room　　　　　　(B)operating room in a hospital

(C)painting room　　　　　　(D)woodworking room of a sawmill

( ) 43. Woman: Why should the bank lend you this money?

Man: I've been saving here for almost five years.

Woman: Haven't you been unemployed recently?

Man: Yes, but I've been living on my savings, not using an overdraft. I'm a reliable customer and I think my new business is an excellent investment. Some of your lending would be good for me and good for the bank, too.

What does the man do now? He is _____.

(A)applying a bank loan　　　(B)depositing some cash

(C)running up an overdraft　　(D)saving a time-deposit

二、閱讀測驗

Dozens of viruses exist in the coronavirus family, but only seven **afflict** humans. Four are known to cause mild colds in people, while others are more novel, deadly, and thought to be transmitted from animals like bats and camels. Health officials have labeled this new virus SARS-CoV-2 and its disease COVID-19.

Ian Lipkin, director of the Columbia University's Center for Infection and Immunity, has been studying the novel coronavirus. He says sunlight, which is less abundant in winter, can also help break down viruses that have been transmitted to surfaces.

"**UV light** breaks down nucleic acid. It almost sterilizes surfaces. If you're outside, it's generally cleaner than inside simply because of that UV light," he says.

UV light is so effective at killing bacteria and viruses; it's often used in hospitals to **sterilize** equipment.

Another scholar, David Heymann from the London School of Hygiene and Tropical Medicine, says **not enough is known** about this new virus to predict how it will change with different weather conditions.

According to the Centers for Disease Control (CDC), people are most **contagious** when they're showing **symptoms**. However, some experts suspect official counts may underestimate the number of infected people, saying not everyone infected will develop a severe illness.

"We're only seeing the most severe cases," says Weston. "There may be some infection going on that isn't being detected."

Many experts are saying SARS-CoV-2 will likely become **endemic**, joining the other existing four coronaviruses that cause mild colds, or becoming a seasonal health hazard like the flu.

To prevent contracting an illness from any virus, the World Health Organization recommends frequently washing your hands, avoiding close contact with those showing symptoms like coughing or sneezing, and seeking treatment if sick.

( )　44. To _____ empty jars, we should put them right side up on the rack in a boiling-water canner.
　　　(A)coat　　　　　　　　　(B)contaminate
　　　(C)disinfect　　　　　　　(D)muddy

( )　45. Taiwan government has already _____ all the foreign tourist to visit Taiwan because of the COVID-19 outbreak.
　　　(A)welcomed　　　　　　　(B)asked
　　　(C)banned　　　　　　　　(D)greeted

( )　46. The World Health Organization has cautioned against using ibuprofen to manage ＿＿＿＿＿ of COVID-19.

(A)features (B)information

(C)symptoms (D)structure

( )　47. A(n) ＿＿＿＿＿ is an occurrence of a disease that affects many people over a very wide area.

(A)endemic (B)ebola

(C)pandemic (D)poliomyelitis

( )　48. The scientists all over the world work together to find new ways to combat novel coronavirus that has already ＿＿＿＿＿ more than 200,000 people globally.

(A)assisted (B)relieved

(C)affected (D)infected

( )　49. UV light can ＿＿＿＿＿ the bacteria and viruses.

(A)fertilize (B)sanitize

(C)clean (D)wash

( )　50. All the citizens are now being told to ＿＿＿＿＿ at least 14 days upon returning form travel.

(A)quarantine (B)work

(C)rest (D)excercise

解答與解析（答案標示為#者，表官方曾公告更正該題答案。）

一、選擇題

1. **A**。　他無法清楚聽見她，因為她的聲音幾乎讓人聽不到。

(A)audible 聽得到的；可聽見的 (B)audio 聲音；音頻

(C)auditorium 禮堂；觀眾席 (D)auditory 聽覺的

解 此題為詞彙意義題，依據題意應填入(A)audible（聽得到的；可聽見的）；(B)(C)(D)皆不符合題意。

2. **C**。　我們學院的行政委員會已通過一項全新的規定，其為因應本校學生日漸升高的短期停學與退學率。

(A)has approved 已核准（單數動詞）

(B)have approved 已核准（複數動詞）

(C)has been approved 已被核准（單數動詞；被動式）

(D)have been approved 已被核准（複數動詞；被動式）

解　此題為文法題，此題句型為「名詞（An entirely ... by our students）＋動詞被動式（has been approved）＋by＋動作執行者（the executive ... in our college）」；因動詞應為被動式，因此應選(C)或(D)，而前述名詞為單數，因此應選單數動詞的(C)。

3. **D**。　聽到林肯給予年輕人的著名建言是很棒的：「你可以在長時間矇騙一些人，也可以在一時矇騙所有人，但不可能在長時間矇騙所有的人。」

(A)always 總是　　　　　　(B)frequently 頻繁地

(C)now and then 有時；偶爾　(D)some of the time 有些時候

解　此題考的是林肯著名的建言，根據題意，應填入(D)some of the time（有些時候）。

4. **B**。　古埃及人靠製作木乃伊的方式來保存故人的屍體。這個叫作「木乃伊化」的過程包含了去除內臟、在裡外塗抹天然防腐劑以及用層層繃帶綑綁屍體。

(A)mummificated ＜無此字＞

(B)mummification 木乃伊化（名詞）

(C)mummified 被做成木乃伊（過去分詞）

(D)mummify 將……做成木乃伊（動詞）

解　依照句型，空格處應填入名詞，因此應填入(B)mummification（木乃伊化）。

5. **C**。　在派對結束後，我發現有人遺落她的錢包在椅子上。

(A)is left 被遺落（現在式；被動式）

(B)was left 被遺落（過去式；被動式）

(C)has left 已遺落（現在完成式；單數動詞）

(D)have left 已遺落（現在完成式；複數動詞）

解　依照句型，空格處應放入主動式動詞，且somebody為單數名詞，因此應選(C)has left（已遺落）。

6. **B**。　這個月關於2019年新型冠狀病毒會議真正重要的議題，撤除其他考慮因素，是有關做一個研究計畫的道德品行。

(A)are 是（現在式；複數）　　(B)is 是（現在式；單數）

(C)was 是（過去式；單數）　　(D)were 是（過去式；複數）

解　此題句型為「名詞（The really...this month）＋分詞構句（stripped of...considerations）＋動詞（is）＋補語（the morality...project）」；空格處應填入動詞，且根據時態與單複數，應填入(B)is。

7. **C**。　在秋天晴朗的時日，所有葉子都在掉落，金黃色與棕色的落葉以舞蹈般的線條落下。

(A)dance 跳舞（動詞；現在式）　　(B)danced 跳舞（動詞；過去式）

(C)dancing 跳舞的（現在分詞）　　(D)dancingly＜無此字＞

解　依照句型，空格僅能填入(C)dancing（跳舞的），此處為現在分詞做形容詞使用，修飾後方的streams；填入其他選項皆不符合文法。

8. **B**。　路易斯船長以他深入新大陸的遠征為名，但很少人知道他對於自然科學的貢獻。

(A)and 而且　　　　　　　　　(B)but 但是

(C)nor 兩者皆非　　　　　　　(D)or 否則

解　依照句型，空格處應填入一連接詞以連接兩個句子；而根據題意，應填入but（但是）作轉折語氣，因此應選(B)。

9. **D**。　太陽很大，所以擦一些防曬乳吧，因為我們整天都要待在外面。

(A)and 而且　　　　　　　　　(B)but 但是

(C)for 因為　　　　　　　　　(D)so 所以

解　依照句型，總共有三個動詞（is、put、will be），因此應該要有兩個連接詞，題目僅有一個連接詞（because），所以空格處應填入一連接詞。依據題意，應填入(D)so（所以）。此處補充一點，for除了當作介系詞外，也可作為連接詞，意為「因為」。

10. **D**。　國會批判教育的花費降低了，儘管最近的總稅收額提升了。

(A)give 給（動詞）　　　　　　(B)giving 給（動名詞）

(C)spend 花費（動詞）　　　　(D)spending 花費（動名詞）

解　依照句型，空格處應填入名詞；而根據題意，應填入(D)spending（花費）。

11. **C**。　我們班真的全心投入並全力以赴了，但儘管如此，我們仍然很難解決這個問題。
(A)despite 儘管　　　　　　　　(B)inspite ＜無此字＞
(C)despite that 儘管　　　　　　(D)inspite that ＜無此用法＞
解　此題考的是文法，依據結構，應填入(C)despite that（儘管）。despite後加名詞，而despite that後應接一子句，因此此處放入despite that才正確。

12. **D**。　因謀殺一位商店老闆而入獄服役20年後，約翰終於將在下週重獲自由。
(A)after a while 在一陣子之後　　(B)as far as 到達……的程度
(C)as long as 只要……　　　　　(D)at last 終於
解　此題考的是語意，根據題意，應填入(D)at last（終於）。

13. **C**。　亞洲國家，尤其是台灣，都非常適合造訪，因為這些地方的居民都對遊客相當友善。
(A)particular 特地的
(B)specially 特別地
(C)in particular 特別是……；尤其是……
(D)in specie 以實物
解　此題考的是一慣用語，in particular意為「特別是……；尤其是……」，多用在強調特定物件的時候使用，因此應選(C)。

14. **C**。　由於近期醫生與護理師的人數不足，在想要的時限內開刀變得非常困難，這包含想要事先預約的狀況。
(A)firstly 首要地　　　　　　　(B)secondly 次要地
(C)in the first place 首先　　　　(D)in the second place 其次
解　此題考的是文法，根據題意，應填入(C)in the first place（首先）。

15. **D**。　抗議群眾在街上聚集咆哮，他們甚至在警方回來前變得很不耐煩、持續了幾個小時。
(A)return 回來　　　　　　　　(B)returns 回來
(C)returning 回來　　　　　　　(D)returned 回來
解　此題考的是文法時態，空格前方為過去完成式（had turned），在過去完成式之時間點之後所發生的事用過去式，因此應選(D)。

16. **D**。　在我們學院，大部分的學生在畢業前將會修滿90學分。
   (A)take 修（現在式）
   (B)will take 將修（未來式）
   (C)have taken 已修了（現在完成式）
   (D)will have taken 將修（未來完成式）
   解　此題考的是文法時態，在未來某時間點之前將完成某件事時，應
   使用未來完成式「will have＋P.P.」，因此應選(D)。

17. **A**。　巴勃羅‧畢卡索並不常談論起抽象派，但當他談論時，其指涉裝飾的
   形式或矛盾的形式。
   (A)abstraction 抽象　　　　　(B)clarity 清楚；明確
   (C)explicitness 明確性　　　　(D)ignorance 忽略
   解　此題考的是語意，根據題意，應選(A)abstraction（抽象）。

18. **C**。　老師點名了坐在後排的學生，因為他們有些人在課堂中打瞌睡。
   (A)call at 造訪某地　　　　　(B)call for 來取某物
   (C)called on 點名　　　　　　(D)call out 大聲呼喊
   解　此題考的是詞彙意義，根據題意，應選(C)called on（點名）；且根
   據文法，主詞為teacher，因此(A)(B)(D)的動詞形式皆不正確。

19. **A**。　資本主義通常被定義為一種經濟體系，其體系下的私部門能夠依照個
   人利益擁有財產與財產控制權。
   (A)Capitalism 資本主義　　　(B)Communism 共產主義
   (C)Corporatism 集團主義　　　(D)Socialism 社會主義
   解　此題考的是詞彙意義，根據題意，應填入(A)Capitalism（資本主
   義）。

20. **D**。　語言學習者被鼓勵使用可理解性輸入策略來習得語言，這個策略自80
   年代便盛行至今。
   (A)comprehend 理解（動詞；現在式）
   (B)comprehended 理解（動詞；過去式）
   (C)comprehending 理解（動詞；現在分詞）
   (D)comprehensible 可理解的（形容詞）
   解　此題考的是詞彙意義，根據題意，應填入(D)comprehensible（可
   理解的），來修飾後方的input（輸入）。

21. **B**。　我們公司允許委任出差制度，也就是一個人或團體，授權某人代表負
   責特定的任務。

(A)consignment 寄售　　　　　(B)delegation 委任
(C)promotion 促銷　　　　　　(D)submission 順從
解 此題考的是詞彙意義，根據題意，應填入(B)delegation（委任）。

22. **C**。 我們商店的營業時間為每天的早上10點至晚上5點半，除了農曆新年之外。
(A)but 但是　　　　　　　　(B)close to 接近於
(C)except 除了……　　　　　(D)next to 在……隔壁
解 此題考的是詞彙意義，根據題意，應填入(C)except（除了……）。補充一點，but當作介系詞也有「除了……之外」的意思，但前方需放有anything、nobody、who、all等詞。

23. **B**。 我妹妹在其他城市讀書了十年回家後，我對於她在奢侈品上的浪費相當震驚。
(A)cash 現金　　　　　　　　(B)extravagance 奢侈；浪費
(C)money 金錢　　　　　　　(D)thriftiness 節儉
解 此題考的是詞彙意義，根據題意，應填入(B)extravagance（奢侈；浪費）。

24. **C**。 測潮儀所記錄的全球海平面高度是氣候變遷的演變與影響相當重要的指標。
(A)bar ruler ＜無此用法＞　　(B)tape ruler 捲尺
(C)tide gauges 測潮儀　　　　(D)tide clock 潮位鐘
解 此題考的是詞彙意義，根據題意，應填入(C)tide gauges（測潮儀）；tide為「潮汐」之意，而gauge為「測量儀器」。

25. **B**。 充滿錯誤的句子通常會聽起來很怪、很荒謬或讓人困惑，它們有可能完全不合邏輯。
(A)analytical 分析的　　　　(B)illogical 不合邏輯的
(C)irrational 不理智的　　　　(D)logical 合邏輯的
解 此題考的是詞彙意義，根據題意，應填入(B)illogical（不合邏輯的）。

26. **A**。 在這個充滿社群媒體與假新聞的時代，從印刷品衰退潮倖存下來的記者有新的敵人要面對。
(A)journalists 記者　　　　　(B)novelists 小說家
(C)painters 畫家　　　　　　(D)writers 作家
解 此題考的是詞彙意義，根據題意，應填入(A)journalist（記者）。

27. **B**。　親屬關係涉及某種行為模式，例如在異性的兄弟姐妹、小孩、父母親之間的尊重，以及在兒媳與親家之間的敬重。
(A)Brotherhood 兄弟之情　　　(B)Kinship 親屬關係
(C)Manhood 男子氣概　　　　(D)Relationship 關係
解　此題考的是詞彙意義，根據題意，應填入(B)Kinship（親屬關係）。

28. **C**。　為了感謝村民的長期光顧，加油站免費發送三天的汽油。
(A)given away 免費發送（完成式）
(B)given up 放棄（完成式）
(C)giving away 免費發送（進行式）
(D)giving up 放棄（進行式）
解　此題考的是詞彙意義與文法，根據句型結構，空格處應填入過去進行式的動詞；而根據題意，應填入(C)giving away（免費發送）。

29. **D**。　被指派審閱這份報告的委員會在送出最終的評論前仔細地檢閱文件。
(A)looks at 看；盯　　　　　(B)looks for 尋找
(C)looks in 往裡面看　　　　(D)looks over 仔細檢查
解　此題考的是詞彙意義，根據題意，應填入(D)looks over（仔細檢查）。

30. **B**。　緯度座標的劃分，是畫在地球上與赤道平行的假定圓圈。
(A)horizontal 水平的　　　　(B)latitude 緯度
(C)longitude 經度　　　　　(D)vertical 垂直的
解　此題考的是詞彙意義，根據題意，應填入(B)latitude（緯度）。

31. **D**。　本公司為高級職員與僱員提供在其工作範圍內行事的責任保護。
(A)agility 敏捷；靈活　　　　(B)docility 順從；馴服
(C)fertility 肥沃；繁殖力　　　(D)liability 責任；義務
解　此題考的是詞彙意義，根據題意，應填入(D)liability（責任；義務）。

32. **C**。　在做研究時，研究者在挑選主題之前，應該謹慎地挑選網路資料來檢視過往的資訊與學術文章。
(A)make out 了解；領會　　　(B)make up 編造
(C)pick out 挑選；辨認出　　　(D)pick up 撿起
解　此題考的是詞彙意義，根據題意，應填入(C)pick out（挑選；辨認出）。

33. **C**。　在過去的十年中，畜牧生產業迅速地增長，因為我們這區的土地是放牧以及為乳牛和綿羊生產飼料的黃金地段。

(A)Crops 作物　　　　　　　(B)Harvest 收成

(C)Livestock 牲畜　　　　　 (D)Poultry 家禽

解　此題考的是詞彙意義，根據題意，應填入(C)Livestock（牲畜）。

34. **B**。　在台灣，科技人力已變成國家最強而有力的資產，因為政府在過去30年間全力支持半導體產業的發展。

(A)human 人類　　　　　　　(B)manpower 人力

(C)staff 員工　　　　　　　　(D)workers 工作人員

解　此題考的是詞彙意義，根據題意，應填入(B)manpower（人力）。

35. **B**。　艾伯特：這就是你的房間，我們一起分擔家務。

約翰：這是間很棒的房間，而且你們人都很好，但我想說，我覺得有一點貴。我在想有沒有可能降低一點租金呢？

吉娜：恐怕這不是我們能決定的。我們必須問一下房東。

情境脈絡為何？這兩位住戶正在向約翰為一間租屋_____。

(A)citing a verse 引用一首詩

(B)introducing the room 介紹房間

(C)selling some books 販賣一些書籍

(D)telling a story 說一個故事

解　此題考的是對話情境，根據對話，男子一開始在介紹房屋，而另一個男子問及房租的問題，女子則回答要問一下房東，可推測兩位住戶在向約翰介紹房間，因此應選(B)。

36. **A**。　男子：喔，呼叫器響了。情況怎麼了？喔不，是嚴重的交通事故，他們現在就需要我。

女子：喔，那我也去。我確信他們會需要更多的護理師。

他們在哪裡工作？他們也許在一間_____工作。

(A)hospital 醫院　　　　　　(B)laundromat 自助洗衣店

(C)office 辦公室　　　　　　(D)school 學校

解　此題考的是對話情境，根據對話，男子提及交通事故，而女子提及護理師，因此可推斷他們是在醫院工作，應選(A)。

37. **C**。　男子：請進，坐吧。

女孩：很抱歉我沒有更早預約，但我真的需要跟您談談。

男子：沒關係，妳怎麼了嗎？

女孩：我最近有些荒廢學業，而我想要振作起來。

男子：那真的是好消息啊，是什麼讓妳轉變心意的呢？

他們是誰？他們是＿＿＿＿和他的＿＿＿＿。

(A)consultant, consultee 顧問；尋求諮詢者

(B)doctor, patient 醫生；病人

(C)professor, student 教授；學生

(D)psychiatrist, patient 心理醫生；病人

解　此題考的是對話情境，根據對話，女子提及近期她荒廢學業而想要振作，因此可推斷她是一名學生，在和她的教授諮詢，因此應選(C)。

38. **B**。　男子：妳不會怕吧，對嗎？

女子：這個高度就算是勇敢的人來爬也有點太高了。

男子：來吧，拉我的手。我們慢慢上去，我保證。

這位男子試著想要做什麼？他試著＿＿＿＿。

(A)demonstrate how easy it is 示範這有多簡單

(B)encourage her to climb up 鼓勵她往上爬

(C)show her how difficult it could be 向她展示這有多難

(D)tell her nothing is easy 告訴她沒有任何事是簡單的

解　此題考的是對話情境，根據對話，女子說這高度對勇敢的人來說也太高了，而男子保證他們會慢慢爬上去，並且提議拉他的手，可推論男子想鼓勵女子往上爬，應選(B)。

39. **D**。　女子：這隻小貓病了。她是隻養在室內還是室外的貓？

男子：兩者都有。她晚上待在室內，但白天大多時間都在外面，和其他隻貓玩耍。

這則對話可能在哪裡發生？可能是在＿＿＿＿。

(A)classroom 教室　　　　　　(B)market 市場

(C)theater 電影院　　　　　　(D)vet 獸醫院

解　此題考的是對話情境，根據對話，女子說小貓病了，並詢問其是室內還室外的貓，男子則解釋小貓的生活情況，因此可推斷是在獸醫院，應選(D)。

40. **A**。　女子：我的一個朋友要退休了，他正在找人照看他的小型公司。我認為你可能是合適的人選。

男子：我要怎麼做？我自己獨立經營一家企業？

這位女子是什麼意思？她提議＿＿＿＿。

(A)he could accept the offer 他可以接受這個職務

(B)he could celebrate for the new job 他可以為新工作慶祝

(C)he should consider the cash flow first 他應該優先考量現金流

(D)he should train himself to be a good manager
　　他應該培訓自己成為一位好的主管

解　此題考的是對話情境，根據對話，女子提到自己一位朋友近期退休，在為自己的小公司找尋人選接管，女子認為這位男子可能是合適的人選，因此應選(A)。

41. **A**。　女子：我覺得要專注於書中有點困難。

男子：我完全也是，但這最後總會變得輕鬆的。

女子：我可以請你幫一個忙嗎？你覺得有一個學伴怎麼樣？

這位女子是誰？她是_____。

(A)college student 大學生

(B)primary school teacher 小學老師

(C)professor in a university 大學教授

(D)watch-guard in the building 大樓保全

解　此題考的是對話情境，根據對話，女子提及要專注於書本中有點困難，並詢問男子是否想要有一位學伴，因此應選(A)。

42. **B**。　男子：妳好嗎？

女子：累死了，又完成另一個長時輪班。

男子：是啊，最近這裡都很忙，因為有太多手術了。

他們在哪裡工作？這個地點可能是_____。

(A)drawing room 客廳

(B)operating room in a hospital 醫院手術室

(C)painting room 畫室

(D)woodworking room of a sawmill 鋸木廠的木工房

解　此題考的是對話情境，根據對話，女子說她剛輪完班，而男子說最近的手術很多，因此可推論他們在手術室工作，應選(B)。

43. **A**。　女子：為什麼銀行應該借您這筆錢呢？

男子：我在這邊儲蓄將近五年了。

女子：但您最近不是沒有工作嗎？

男子：是的，但我都是靠我的儲蓄在生活，而非透支額度。我是一位可靠的顧客，而我相信我新的事業將會是一個很棒的投資。您們的借貸將會對我與貴銀行都有益。

現在這名男子在做什麼？他正在＿＿＿＿＿＿。
(A)applying a bank loan 申請銀行借貸
(B)depositing some cash 存一些現金
(C)running up an overdraft 借貸透支
(D)saving a time-deposit 存一筆定期存款

解 此題考的是對話情境，根據對話，女子詢問為什麼銀行應該借錢給這位男子，而男子針對自己的財務狀況做說明，因此可推論男子正在向銀行申請一筆貸款，應選(A)。

二、閱讀測驗

在冠狀病毒的種類之中有許多不同的病毒，但只有七種會**影響**人類。其中有四種會讓人得比較不嚴重的感冒，而其他的則較為新穎、容易致死，且被認為是經由像是蝙蝠或駱駝等動物傳播的。醫療官員已將此種新型病毒標示為SARS-CoV-2，而其疾病為COVID-19。

哥倫比亞大學感染與免疫中心主任伊恩‧利普金一直在研究這種新冠病毒。他說冬季的陽光較少，陽光也可以幫助分解已傳播至地表的病毒。

「**紫外線**會分解核酸，這幾乎消毒了整個地表。如果你待在室外會比待在室內還要乾淨，僅僅是因為紫外線的緣故。」他說。

紫外線對於殺死細菌與病毒相當有效；這通常會使用在醫院來使設備**無菌化**。

另外一位學者，倫敦大學衛生與熱帶醫學院的戴維‧哈曼說道，我們對於這種新病毒的**所知還太少**，無法預防在不同天氣狀況下的變異。

根據衛生福利部疾病管制署（CDC），人在出現**症狀**時最**具有傳染性**。然而，一些專家懷疑官方的數據可能低估了感染的人數，說道不是每個感染的人都會演變成嚴重的疾病。

「我們只看到一些最嚴重的情況。」魏斯頓說，「可能有一些正在發生的感染是沒有被檢測到的。」

許多專家說SARS-CoV-2可能會變成**地方疾病**，加入其他四種造成溫和感冒的病毒，或是變成像是流行性感冒的季節性健康危害。

為了要避免感染任何病毒的疾病，世界衛生組織建議常洗手、避免與有咳嗽、打噴嚏症狀的人有近距離接觸，並且在生病時尋求治療。

44. **C**。 為了要_____空罐，我們應該將它們放置於沸水罐中的架子上、正面朝上。
　　(A)coat 塗在……上　　　　　　(B)contaminate 污染；弄髒
　　(C)disinfect 消毒　　　　　　　(D)muddy 沾滿爛泥
　　解 此題考的是詞彙語意，根據題意，應填入(C)disinfect（消毒）。

45. **C**。 臺灣政府已因為新冠病毒爆發而_____所有外國旅客造訪台灣。
　　(A)welcomed 歡迎　　　　　　(B)asked 詢問
　　(C)banned 禁止　　　　　　　(D)greeted 招待
　　解 此題考的是詞彙語意，根據題意，應填入(C)banned（禁止）。

46. **C**。 世界衛生組織已針對使用布洛芬提出警告，來管理新冠病毒的____。
　　(A)features 特徵　　　　　　　(B)information 資訊
　　(C)symptoms 症狀　　　　　　(D)structure 結構
　　解 此題考的是詞彙語意，根據題意，應填入(C)symptoms（症狀）。
　　　　補充一點，此處的ibuprofen為一種治療關節炎的止痛退燒藥。

47. **C**。 _____是一種在非常大地區影響許多人的疾病。
　　(A)endemic 地方疾病　　　　　(B)ebola 伊波拉病毒
　　(C)pandemic 流行疾病　　　　　(D)poliomyelitis 小兒麻痺症
　　解 此題考的是詞彙語意，根據題意，應填入(C)pandemic（流行疾病）。

48. **D**。 全球各地的科學家齊力在尋找對抗新冠病毒的新方法，全球已有超過200,000人_____此病毒。
　　(A)assisted 幫助　　　　　　　(B)relieved 緩和
　　(C)affected 影響　　　　　　　(D)infected 感染
　　解 此題考的是詞彙語意，根據題意，應填入(D)infected（感染）。

49. **B**。 紫外線能夠_____細菌與病毒。
　　(A)fertilize 使肥沃　　　　　　(B)sanitize 給……消毒
　　(C)clean 清潔　　　　　　　　(D)wash 清洗
　　解 此題考的是詞彙語意，根據題意與文章第四段提及的內容，應填入(B)sanitize（給……消毒）。

50. **A**。 現在所有的市民都被告知在旅遊回國後需要_____至少14天。
　　(A)quarantine 隔離　　　　　　(B)work 工作
　　(C)rest 休息　　　　　　　　　(D)exercise 運動
　　解 此題考的是詞彙語意，根據題意，應填入(A)quarantine（隔離）。

110年臺中捷運新進人員（運務類、維修類）

( )　1. Tom: How is the graduation trip planning going?
　　　Mary: We've had a few _____ , but it's going well.
　　　Tom: I'm sure it'll be perfect. I am looking forward to it.
　　　Mary: We are too. I can't believe that it's next week.
　　　(A)drills　　　　　　　(B)pillars
　　　(C)hurdles　　　　　　(D)thrones

( )　2. Drunk driving is strongly prohibited in Taiwan; those who are caught driving under the influence will be _____ punished.
　　　(A)reluctantly　　　　　(B)objectively
　　　(C)severely　　　　　　(D)mildly

( )　3. The famous café _____ a Christmas sales promotion, trying to attract more people to buy its drinks.
　　　(A)launched　　　　　　(B)acquired
　　　(C)translated　　　　　(D)dismissed

( )　4. To remember the soldiers who lost their lives in the war, the government decided to build a huge _____ on which their names were inscribed.
　　　(A)reservoir　　　　　　(B)monument
　　　(C)cradle　　　　　　　(D)furniture

( )　5. It's _____ that everyone should get adequate sleep and eat a balanced diet to stay healthy.
　　　(A)disputable　　　　　(B)considerable
　　　(C)preventable　　　　　(D)advisable

( )　6. When Mark's wife accused him of cheating on her, he was _____ by her lack of trust in him.
　　　(A)incensed　　　　　　(B)entranced
　　　(C)manifested　　　　　(D)assassinated

(   ) 7. New laws have been enacted by the legislature to reduce carbon dioxide _____ from vehicles and factories.
(A)portraits
(B)applications
(C)emissions
(D)sensations

(   ) 8. This liquid is very _____ , so it shouldn't be used near an open fire.
(A)exhaustive
(B)flammable
(C)complimentary
(D)elastic

(   ) 9. Anna was _____ from her job after she failed to deal with customer complaints and yelled at her client.
(A)assumed
(B)registered
(C)dismissed
(D)conveyed

(   ) 10. Your report is impressive, and the ideas are _____ and clear. In brief, it leaves nothing to be desired.
(A)frequent
(B)vague
(C)temporary
(D)concrete

(   ) 11. Mary decided to _____ her career when she determined to stay home and take care of her kids.
(A)sacrifice
(B)advertise
(C)publicize
(D)criticize

(   ) 12. That politician is a _____ man. He successfully convinced the public to vote for him.
(A)persuasive
(B)current
(C)sensitive
(D)democratic

(   ) 13. Within 24 hours, the video went _____ on YouTube and Facebook, with hundreds of likes and thousands of views.
(A)viral
(B)civil
(C)typical
(D)internal

(　) 14. Rita wears a device around her wrist to _____ her heart rate so that she can monitor her health conditions.
  (A)track   (B)spoil
  (C)involve   (D)consume

(　) 15. Mr. Lin wanted you to call him back _____ . He seemed to be very worried.
  (A)globally   (B)immediately
  (C)regretfully   (D)awkwardly

(　) 16. Global warming poses a _____ to the survival of many creatures.
  (A)threat   (B)demand
  (C)sense   (D)chat

(　) 17. The tourists got lost because they were not _____ with the streets in the city.
  (A)tense   (B)determined
  (C)innovative   (D)familiar

(　) 18. It is against the _____ to use the printer in the office for personal affair.
  (A)intelligence   (B)property
  (C)regulation   (D)sustainability

(　) 19. You can call the technicians if the machine _____ . They will come and fix it as soon as possible.
  (A)passes away   (B)gives up
  (C)takes off   (D)breaks down

(　) 20. The train is _____ Taipei. If you are heading for Tainan, you should go to Platform 2.
  (A)bound for   (B)related to
  (C)preparing for   (D)prone to

(　) 21. Chris: What do you usually do on weekends?
  Grace: _____ I'm actually quite flexible.
  Chris: I see. Are you interested in going hiking with me this Sunday?
  Grace: Sure. Where do you want to go?

(A)It matters a lot.　　　　(B)It's my pleasure.

(C)It depends.　　　　　　(D)It's interesting.

( )　22. Sharon: Do you know when the meeting will start?

Kevin: _____

Sharon: I asked when the meeting would begin.

Kevin: Oh, it'll start at three o'clock.

(A)I'm sorry. I didn't catch it.

(B)Excuse me. That was kind of rude.

(C)Thanks. It's really nice of you.

(D)Yes, it is a good timing.

23～25為題組，請依題意選出適當答案：

Cyber Monday, created in 2005, is the biggest online shopping day in the US. It is basically the online version of Black Friday, the Friday next to Thanksgiving. It is a time when businesses compete to sell their products with all sorts of deals. The offers can be so attractive that people just couldn't stop themselves from making a purchase.

Cyber Monday takes place on the Monday following Thanksgiving, mostly falling in November, but if Thanksgiving is on November 27 or 28, it may take place in December. In fact, online shopping sites sometimes extend Cyber Monday into "Cyber Week" in order that they can make more money.

Figure : Online Spending around Thanksgiving

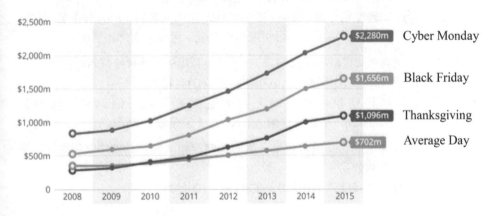

( )　23. What does the word "deal" in the first paragraph most likely mean?
　　(A)Issue　　　　　　　　(B)Discount
　　(C)Exchange　　　　　　(D)Money

( )　24. Which of the following is true about online spending around Thanksgiving from 2008 to 2015?
　　(A)People have spent more on Black Friday than on Cyber Monday over the years.
　　(B)People spent more on Thanksgiving than on average days before 2010.
　　(C)Online spending on Thanksgiving dropped over the years.
　　(D)Online spending has increased more on Cyber Monday than on Thanksgiving over the years.

( )　25. According to the passage, why is Cyber Monday sometimes extended into "Cyber Week?"
　　(A)To increase sales　　　(B)To save money
　　(C)To celebrate traditions　(D)To correct mistakes

解答與解析（答案標示為#者，表官方曾公告更正該題答案。）

1. **C**。　湯姆：畢業旅行的規劃進行得如何了？
　　瑪麗：我們碰到一些阻礙，但進行得還不錯。
　　湯姆：我相信會很完美的，我非常期待。
　　瑪麗：我們也是，我不敢相信就是下禮拜了。
　　(A)訓練　(B)柱子　(C)困難；阻礙　(D)王座
　　解 本題空格位置a few之後，可判斷應填入名詞，hurdle原意為跨欄賽跑的「跳欄」，可引申為「障礙；阻礙」之意，選(C)。

2. **C**。　酒駕在台灣是嚴格禁止的；被抓到酒後駕車的人將會被嚴屬地懲罰。
　　(A)不願地　(B)客觀地　(C)嚴屬地　(D)溫和地
　　解 本題空格前後架構完整，空格應填入一副詞來形容動詞punished，依題意應填入severely（嚴屬地），選(C)。

3. **A**。　那個知名的咖啡館發起了一個聖誕節促銷活動，希望能吸引更多人來買他們的飲品。
　　(A)發行；發起　(B)獲得　(C)翻譯　(D)解散

解 本題空格依結構應填入一動詞，launch有「發起」活動之意，同時也有「推出」新產品的意思，選(A)。

4. **B**。 為了紀念那些在戰爭中失去生命的軍人們，政府決定建造一個大型紀念碑，並把他們的名字刻在上面。

(A)蓄水庫　(B)紀念碑　(C)搖籃　(D)家具

解 本題空格依結構應填入一名詞，由前方形容詞huge來修飾，依題意應填入monument（紀念碑），選(B)。

5. **D**。 建議每個人都要有足夠的睡眠，並保有均衡的飲食才能維持健康。

(A)可質疑的　(B)值得考慮的　(C)可預防的　(D)可取的；明智的

解 本題空格應填入一形容詞，來形容後方由that帶出的子句，依題意應填入advisable（可取的；適當的；明智的），選(D)。

6. **A**。 當馬克的老婆控訴他背叛她時，他因她缺乏對他的信任而被激怒了。

(A)激怒了的；憤怒的　　　(B)狂喜的；著迷的

(C)被表明的　　　　　(D)被暗殺的

解 本題空格應填入一形容詞接續was，incense作為動詞有「激怒」之意，incensed則為「被激怒了的」之意，選(A)。

7. **C**。 立法機關頒布了新法條，要降低汽車與工廠的二氧化碳排放量。

(A)肖像　(B)申請　(C)排放物　(D)感覺

解 本題空格接續了carbon dioxide（二氧化碳），依題意應放置emission（排放物），選(C)。

8. **B**。 這個液體非常易燃，所以絕對不可以放靠近明火。

(A)徹底的　(B)易燃的　(C)贈送的　(D)有彈性的

解 本題空格應放置一形容詞作為前方liquid的補語，而後句說道不可以放靠近明火，可判斷是非常「易燃的」，選(B)。

9. **C**。 安娜在無法處理好客訴並對客戶大吼之後被解僱了。

(A)假設　(B)登記　(C)解僱　(D)傳播

解 本題後句提到安娜無法處理客訴並對客戶大吼，因此可判斷是被解僱，dismiss有「解散；解僱」之意，選(C)。

10. **D**。 你的報告讓人非常印象深刻，而且想法很具體明確。簡短來說，相當完美無缺。

(A)頻繁的　(B)模糊的　(C)暫時的　(D)具體的

解 本題空格應填入一形容詞且與clear對等，前方說道很讓人印象深刻，後方則提到it leaves nothing to be desired（完美無缺），可判斷是正向的形容詞，依題意選(D)concrete（具體的）。

11. **A**。 當瑪麗決心要待在家裡照顧她的孩子時,她已決定要犧牲她的事業。
    (A)犧牲　　　　　　　　　(B)廣告
    (C)宣傳　　　　　　　　　(D)批判
    解 本題應填入一動詞,後方接續受詞career(事業、生涯),後方提到瑪麗決定要待在家照顧小孩,可判斷是要「犧牲」事業,選(A)。

12. **A**。 那位政客是相當具有說服力的人。他成功說服大眾投票給他。
    (A)具有說服力的　　　　　(B)目前的
    (C)敏感的　　　　　　　　(D)民主的
    解 本題空格應填入一形容詞形容後方的man,後句說道這位政客成功說服大眾投給他,可判斷他是「具有說服力的」人,選(A)。persuasive的動詞為persuade(說服)。

13. **A**。 在24小時之內,這個影片就在YouTube跟臉書上被瘋傳了,有著數百個讚數與數千的瀏覽數。
    (A)病毒性的　　　　　　　(B)市民的
    (C)典型的　　　　　　　　(D)內部的
    解 本題考一固定用法,go viral意思是某事物像病毒一樣瘋傳,也就是在網路上瘋傳、爆紅之意,選(A)。

14. **A**。 瑞塔在手腕戴著一個裝置來追蹤她的心率,這樣她就可以監控她的健康狀況。
    (A)追蹤　　　　　　　　　(B)寵溺
    (C)牽涉　　　　　　　　　(D)消耗
    解 本題空格應填入一動詞,後方接續受詞her heart rate,依題意應選track(追蹤),選(A)。

15. **B**。 林先生希望你立即回電給他,他看起來非常擔憂。
    (A)全球地　　　　　　　　(B)立即地
    (C)後悔地　　　　　　　　(D)尷尬地
    解 本題空格前方結構完整,空格應填入一副詞形容動詞call,後方提到他看起來很擔心,因此應是要「立即」回電給他,選(B)。

16. **A**。 地球暖化對許多生物的生存都造成了威脅。
    (A)威脅　　　　　　　　　(B)要求
    (C)感官　　　　　　　　　(D)聊天
    解 本題考一固定用法,pose a threat to意為「對……造成威脅」,選(A)。

17. **D**。　這群遊客迷路了，因為他們對這個城市的路不熟悉。
(A)繃緊的　　　　　　　　　(B)決心的
(C)創新的　　　　　　　　　(D)熟悉的
解　空格前提到遊客迷路，可判斷是對這城市的路不「熟悉」，be familiar with意為「對……熟悉」，選(D)。

18. **C**。　在辦公室使用印表機印私人文件是違反規定的。
(A)智慧　　　　　　　　　　(B)財產
(C)規定　　　　　　　　　　(D)永續
解　空格前方有介系詞against，有「違反；反對」之意，後方提到在辦公室用印表機印私人的東西，可判斷為違反「規定」，選(C)。

19. **D**。　如果機器故障的話，你可以叫技師過來。他們會盡快過來修理。
(A)過世　　　　　　　　　　(B)放棄
(C)起飛　　　　　　　　　　(D)故障
解　本題考動詞片語，前方提到呼叫技師，可判斷是若機器「故障」的話，break down通常用來形容機械故障，選(D)。

20. **A**。　這台火車開往台北。如果你要前往台南，你應該去第二月台。
(A)前往　　　　　　　　　　(B)與……有關
(C)為……準備　　　　　　　(D)傾向於……
解　空格前方的主詞是the train，後方是Taipei，可推知是「前往」台北，be bound for有前往某地之意，意同head for，選(A)。

21. **C**。　克里斯：妳週末通常都在幹嘛？
葛瑞絲：要看情況。我其實都很彈性。
克里斯：了解。那妳這星期日要跟我一起去健行嗎？
葛瑞絲：好啊，你想要去哪裡？
(A)這相當重要。　　　　　　(B)這是我的榮幸。
(C)要看情況而定。　　　　　(D)這真有趣。
解　本題考依據對話前後文填入適當的語句，前方克里斯問道週末通常都在幹嘛，葛瑞絲後面說都很彈性，可判斷應是「要看狀況」，It depends.意為「要看狀況而定」，選(C)。

22. **A**。　雪倫：你知道會議幾點會開始嗎？
凱文：抱歉，我沒聽清楚。
雪倫：我問說會議幾點會開始。
凱文：喔，會於三點開始。

(A)抱歉，我沒聽清楚。　　(B)不好意思，那有點沒禮貌。
(C)謝啦，妳人真好。　　　(D)是的，這是個好時機。

解 本題考依據對話前後文填入適當的語句，前方雪倫問說會議幾點開始，後方又說了一次類似的話，可見凱文請雪倫再說一次，not catch something意指「沒有聽清楚；沒有聽懂」，選(A)。

23～25為題組，請依題意選出適當答案：

網購星期一創建於2005年，是美國最大的線上購物日。它基本上就是黑色星期五的線上版本，黑色星期五在感恩節的下個星期五。這是企業透過各種交易競爭來銷售產品的時代。這些優惠都非常有吸引力，以致於人們無法阻止自己購買。

網購星期一在感恩節後的星期一舉行，大部分時間在11月，但如果感恩節在11月27日或28日，則可能在12月舉行。事實上，線上購物網站有時會將網購星期一延長為「網購週」，以賺取更多收入。

圖片：感恩節前後的線上購物情況

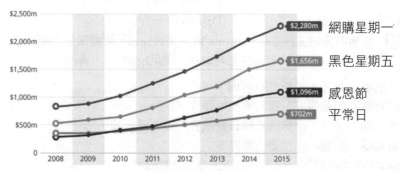

23. **B**。　第一段的「deal」最可能是什麼意思？
(A)議題　　　　　　　　(B)折扣
(C)交換　　　　　　　　(D)金錢

解 文章中提到business compete to sell their products with all sorts of deals，各家企業用各種「交易價格」來競爭販賣其商品，deal為「交易」之意，(B)discount（折扣）的意義最為接近。

24. **D**。　關於2008年至2015年感恩節前後的線上購物情形，下列何者為真？
(A)在這些年，人們在黑色星期五消費的金額比網購星期一還多。

(B)在2010年之前，人們在感恩節花費的金額比平常日還多。

(C)這些年來，在感恩節的線上購物逐年下降。

(D)這些年來，網購星期一的線上購物增加得比感恩節還要多。

解 由圖表可看出，網購星期一在這些年增加的幅度比感恩節還來得多，因此(D)正確。黑色星期五的額度沒有比網購星期一還多，因此(A)錯誤；在2010年以前，可以發現感恩節比平常日還要少，因此(B)不正確；這些年來，感恩節的金額持續在增加，因此(C)不正確。

25. **A**。 根據本文，為什麼網購星期一有時候會延展成「網購週」？

(A)為了增加銷售   (B)為了省錢

(C)為了慶祝傳統   (D)為了糾正錯誤

解 根據本文最後一段最後一行，文章提及網購星期一有時會延長成「網購週」的目的為：in order that they can make more money，這些網購商家為的是能賺更多的錢，因此選(A)。

NOTE

110年臺中捷運新進人員（身障類、原住民類）

1~3為題組

Announcement A

Hello everyone! This is Taichung Mass Rapid Transit Green line service terminating at High Speed Rail Taichung Station. The next station is Daqing. Change here for Taiwan Railways services. Upon arrival, the front set of doors will not open. Customers in each carriage, please move towards the rear doors to exit. Mind the gap between the train and the platform.

( )　1. Which of the following statements based on Announcement A is False?
(A)High Speed Rail Taichung Station is the last stop.
(B)Mind the gap is a warning telling people to be cautious when stepping off the MRT.
(C)Those who need to change trains need to get off at Daqing station.
(D)The back doors won't open.

Announcement B

This is a platform announcement for passengers for the 0102 train to Taichung City Hall. This train is delayed by approximately 8 minutes.

Announcement C

The 0102 train will now depart from Platform 2. Passengers for the 0102 train to Taichung City Hall, please make your way to Platform 2. Currently the metro Green Line is partly closed between Yinghua Wunsin and Wenhua Senior High School due to the construction. Thank you.

( )　2. Based on the Announcement B and C, which of the following statements is True?
(A)The delay is less than eight minutes.
(B)The delay mainly results from the construction.
(C)Passengers cannot get off at Yinghua Wunsin station.
(D)The train for Taichung City Hall will leave at a quarter past twelve.

( ) 3. What is the purpose of the Announcement B and C?
　　(A)To inform passengers of the delay and partial disclosure in some stops.
　　(B)To cancel some of the trains leaving for Wenhua Senior High School.
　　(C)To announce the duration of the construction.
　　(D)To encourage the passengers to transfer to other lines.

( ) 4. Henry got up early this morning _____ he could take the first bus to school.
　　(A)lest　　　　　　　　　　(B)so that
　　(C)as soon as　　　　　　　(D)despite the fact that

( ) 5. To remember the soldiers who lost their lives in the war, the government decided to build a huge _____ on which their names were inscribed.
　　(A)reservoir　　　　　　　 (B)monument
　　(C)cradle　　　　　　　　　(D)furniture

( ) 6. New laws have been enacted by the legislature to reduce carbon dioxide _____ from vehicles and factories.
　　(A)portraits　　　　　　　 (B)applications
　　(C)emissions　　　　　　　 (D)sensations

( ) 7. Zak spent an hour looking for his electric car in the parking lot, _____ realize that he hadn't driven to work that morning.
　　(A)with an eye to　　　　　 (B)so as to
　　(C)only to　　　　　　　　 (D)in addition to

( ) 8. This liquid is very _____ , so it shouldn't be used near an open fire.
　　(A)exhaustive　　　　　　　(B)flammable
　　(C)complimentary　　　　　 (D)elastic

( ) 9. The infertile woman _____ wanted a child, so she adopted one from the nearby orphanage.
　　(A)desperately　　　　　　 (B)technically
　　(C)optionally　　　　　　　(D)thoroughly

( ) 10. The movie star's rapid rise to _____ was triggered by an action film that sold very well.
(A)infancy　　　　　　　(B)goodness
(C)explosion　　　　　　(D)fame

( ) 11. Due to significant _____ in medical technology over the past few decades, people are able to survive diseases and injuries that would have caused death in the past.
(A)occasions　　　　　　(B)borders
(C)substances　　　　　　(D)advances

( ) 12. Jessica came up with a _____ idea and successfully solved her client's problem.
(A)brilliant　　　　　　(B)regional
(C)crispy　　　　　　　(D)sufficient

( ) 13. The employee needs to make a few adjustments to the _____ before presenting it to the boss.
(A)disease　　　　　　(B)proposal
(C)avenue　　　　　　(D)channel

( ) 14. The reason why Amy quit her job was that she couldn't tolerate her _____ boss.
(A)literary　　　　　　(B)demanding
(C)accessible　　　　　(D)technical

( ) 15. If you ever _____ things such as clothing online, you should be prepared for some disappointment since you do not always get what you think you ordered.
(A)recover　　　　　　(B)assist
(C)purchase　　　　　　(D)dodge

( ) 16. Joanne will have her dog _____ in a pet beauty salon next week.
(A)cleaning　　　　　　(B)cleaned
(C)to clean　　　　　　(D)to be cleaned

( ) 17. Rita wears a device around her wrist to _____ her heart rate so that she can monitor her health conditions.
(A)track (B)spoil
(C)involve (D)consume

( ) 18. Before setting off, you should _____ the tourist information center for details about your trip.
(A)conclude (B)educate
(C)consult (D)respond

( ) 19. He spent almost an hour at the station _____ for the train.
(A)wait (B)waiting
(C)waited (D)to wait

( ) 20. If you need further _____ , you can visit our Facebook page and learn more.
(A)information (B)expectation
(C)condition (D)situation

( ) 21. Mr. Lin wanted you to call him back _____ . He seemed to be very worried.
(A)globally (B)immediately
(C)regretfully (D)awkwardly

( ) 22. The manager is _____ the new project. He is the one who makes the final decision.
(A)by means of (B)in honor of
(C)at the sight of (D)in charge of

( ) 23. You can call the technicians if the machine _____ . They will come and fix it as soon as possible.
(A)passes away (B)gives up
(C)takes off (D)breaks down

( ) 24. Passengers are not allowed to open this window _____ there is an emergency.
(A)unless (B)so that
(C)whereas (D)as if

(　)｜25. The man was sitting on the chair _____ his eyes closed. He appeared to be exhausted.

(A)for　　　　　　　　　(B)by

(C)as　　　　　　　　　(D)with

解答與解析 (答案標示為#者，表官方曾公告更正該題答案。)

1~3為題組

廣播A

大家好！您正搭乘的是台中捷運的綠線，終點是高鐵台中站。下一站是大慶。如欲轉乘台鐵，請於本站換車。抵達後，前組的門不會開啟。每節車廂內的乘客，請往後門走至出口。請注意火車和站台之間的空隙。

1. **D**。　根據廣播A，下列何者敘述不正確？

(A)高鐵台中站是最終站。

(B)「請注意空隙」是警告人們在跨出捷運時要小心。

(C)需要轉搭火車的旅客，須在大慶站下車。

(D)後門不會開啟。

解　本廣播倒數第二至三句說道，前組門不會開啟，乘客須由後門下車，因此(D)不正確。其餘敘述皆有於廣播中提到。

廣播B

這是給欲搭乘0102班次火車前往台中市政府之旅客的月台廣播。這班火車估計晚8分鐘。

廣播C

0102班次列車將從2號月台出發。欲搭乘0102班次列車前往台中市政府的乘客，請前往2號月台。目前捷運綠線的文心櫻花站與文華高中站之間因施工部分封閉。謝謝您。

2. **C**。　根據廣播B和C，下列敘述何者正確？

(A)延誤時間小於8分鐘。

(B)延誤主要是由施工造成。

(C)乘客無法在文心櫻花站下車。

(D)前往台中市政府的火車將於12點15分出發。

解　廣播C的最後提到，文心櫻花站因施工封閉，因此乘客無法在此站下車，(C)正確。廣播B提到火車估計晚8分鐘，因此(A)不正確；兩則廣播並沒有提到火車延誤是因為捷運施工造成，因此(B)不正確；兩則廣播並無提到火車於幾點出發，因此(D)不正確。

3. **A**　廣播B和C的目的為何？

(A)要告知旅客延誤時間以及部分車站關閉。

(B)要取消部分前往文華高中站的火車。

(C)要公告施工的持續時間。

(D)要鼓勵乘客轉乘至其他線別。

解　廣播B主要在告知火車延誤時間，廣播C主要在告知火車發車時間，以及部分捷運車站因施工封閉，因此選(A)。

4. **B**　亨利今天早上很早起床，這樣他才能搭第一班公車去學校。

(A)以免　(B)以便；為的是　(C)與……同時　(D)儘管……

解　本題空格應填入一連接詞來連接兩個句子，依語意應填入so that，意為「以便……」，選(B)。

5. **B**　為了紀念那些在戰爭中失去生命的軍人們，政府決定建造一個大型紀念碑，並把他們的名字刻在上面。

(A)蓄水庫　(B)紀念碑　(C)搖籃　(D)家具

解　本題空格依結構應填入一名詞，由前方形容詞huge來修飾，依題意應填入monument（紀念碑），選(B)。

6. **C**　立法機關頒布了新法條，要降低汽車與工廠的二氧化碳排放量。

(A)肖像　(B)申請　(C)排放物　(D)感覺

解　本題空格接續了carbon dioxide（二氧化碳），依題意應放置emission（排放物），選(C)。

7. **C**　柴克花了一小時在停車場找他的電動車，結果卻發現他那天早上根本沒有開去上班。

(A)為了……　(B)為了……　(C)結果卻……　(D)除了……還有

解　本題空格前方說柴克在找電動車，後方說道他沒開去上班，only to通常用來接續表達意外或不幸的結果，因此選(C)。

8. **B**　這個液體非常易燃，所以絕對不可以放靠近明火。

(A)徹底的 (B)易燃的 (C)贈送的 (D)有彈性的

解 本題空格應放置一形容詞作為前方liquid的補語，而後句說道不可以放靠近明火，可判斷是非常「易燃的」，選(B)。

9. **A**。 這位不孕的女士極度想要小孩，所以她在附近的孤兒院領養了一個孩子。

(A)極度地 (B)技術上 (C)可選擇地 (D)徹底地

解 本題空格前後結構完整，因此空格應填入一副詞形容後方的動詞wanted，根據語意應填入desperately（極度地），選(A)。

10. **D**。 這位電影明星之所以會名氣快速上升，是因為一部動作片電影相當賣座。

(A)嬰兒期 (B)良善 (C)爆炸 (D)名氣

解 本題空格應填入一名詞，接續前方的rapid rise to（……的急速上升），後方提到電影賣座，因此可判斷是「名氣」快速上升，選(D)。

11. **D**。 由於過去幾十年醫療科技的重大進步，人們可以在過去會導致死亡或傷害中的疾病生存下來。

(A)場合 (B)邊界 (C)物質 (D)進步；發展

解 本題空格應填入一名詞，由前方形容詞significant形容，後方提到人們在過去會死亡、受傷的疾病中生存下來，可判斷醫療科技應是大幅「進步」所致，選(D)。

12. **A**。 潔西卡想到了一個絕佳的點子，並成功地解決她客戶的問題。

(A)絕佳的 (B)地區的 (C)脆的 (D)足夠的

解 本題空格應填入一形容詞來形容後方的idea，後方提到她成功解決客戶的問題，可判斷應是正向的形容詞，依題意應選brilliant（絕佳的），選(A)。

13. **B**。 這名員工需要在呈交給老闆前，針對提案做一些修改。

(A)疾病 (B)提案 (C)巷 (D)頻道

解 空格應填入一名詞，接續前方的adjustments to the...（……的修改），題目提到員工和老闆，可判斷為要修改「提案」，選(B)。

14. **B**。 艾美辭職的原因是因為她無法再忍受她那苛刻的老闆。

(A)文學的 (B)苛刻的；高要求的 (C)可接近的 (D)技術的

解 本題空格應填入一形容詞，來形容後方的名詞boss，前方提到

這是她辭職的原因，可判斷應是負面的形容詞，依題意應選(B)
demanding（苛刻的）。

15. **C**。 如果你曾在網路買過像是衣服的東西，你就應該準備可能會失望，因
為你不一定總是會拿到你想像中的東西。
(A)恢復 (B)協助 (C)購買 (D)躲避
解 本題空格應填入一動詞，後方接續名詞things such as clothing，後
方提到可能會因為拿到不是自己想像的東西而失望，可得知是在
網路「購買」東西，選(C)。

16. **B**。 喬安下週會把她的狗帶到寵物美容做清理。
(A)cleaning (B)cleaned (C)to clean (D)to be cleaned
解 本題考使役動詞的被動用法，have為一使役動詞，意思為「把
……、讓……做……」，後方的動作若是主動的動作則接原形動
詞，而若是被動的動作則接過去分詞；本題是喬安讓她的狗去
「被」清理，因此應用過去分詞cleaned，選(B)。

17. **A**。 瑞塔在手腕戴著一個裝置來追蹤她的心率，這樣她就可以監控她的健
康狀況。
(A)追蹤 (B)寵溺 (C)牽涉 (D)消耗
解 本題空格應填入一動詞，後方接續受詞her heart rate，依題意應選
track（追蹤），選(A)。

18. **C**。 在出發之前，你應該向旅客資訊中心諮詢一些旅程的細節。
(A)下結論 (B)教育 (C)向……諮詢 (D)回答
解 空格應填入一動詞，接在should之後，後方接續受詞the tourist
information center，根據語意應填入consult（向……諮詢），本字
通常會用於向專業人士（如律師、顧問）等諮詢時使用，選(C)。

19. **B**。 他花了近乎一小時在火車站等火車。
(A)wait (B)waiting (C)waited (D)to wait
解 本題考spend的用法，spend的用法為「人＋spend＋時間／金錢＋
V-ing」或「人＋spend＋時間／金錢＋on名詞」；後方應使用現在
分詞，因此選(B)。

20. **A**。 如果你需要更多資訊，可以上我們的臉書專頁得到更多。
(A)資訊 (B)期待 (C)狀況 (D)情況
解 空格應填入一名詞，由前方形容詞further（進一步的）接續，依
題意應選information（資訊），選(A)。

21. **B**。　林先生希望你立即回電給他，他看起來非常擔憂。
    (A)全球地　(B)立即地　(C)後悔地　(D)尷尬地
    解　本題空格前方結構完整，空格應填入一副詞形容動詞call，後方提到他看起來很擔心，因此應是要「立即」回電給他，選(B)。

22. **D**。　主管負責新的專案，他是做最終決定的人。
    (A)透過　(B)紀念　(C)一看見就……　(D)負責
    解　本題考填入適當的片語，後方提到主管是做最終決定的人，可判斷他是「負責」這個最新的專案，選(D)。

23. **D**。　如果機器故障的話，你可以叫技師過來。他們會盡快過來修理。
    (A)過世　(B)放棄　(C)起飛　(D)故障
    解　本題考動詞片語，前方提到呼叫技師，可判斷是若機器「故障」的話，break down通常用來形容機械故障，選(D)。

24. **A**。　除非有緊急狀況，否則乘客不能打開這個窗戶。
    (A)除非　(B)以便　(C)然而　(D)彷彿
    解　空格應填入一連接詞接續兩個句子，前方說乘客不能打開窗戶，後方說有緊急狀況，可判斷是「除非」有緊急狀況，選(A)。

25. **D**。　那名男子坐在椅子上、眼睛閉著，他看起來累壞了。
    (A)for　(B)by　(C)as　(D)with
    解　本題考with用來表示「有著……的狀態」的用法，句型為「with＋受詞＋現在分詞／過去分詞」，若是受詞的動作為主動則用現在分詞，若受詞的動作是被動則用過去分詞，本題his eyes是「被」關上的，因此題目用過去分詞，故選(D)with。

111年臺北捷運新進控制員

一、選擇題

( ) 1. If we _____ earlier, we would have gotten better seats for the movie.
(A)have arrived　　　　　　(B)have been arriving
(C)had arrived　　　　　　(D)have been arriving

( ) 2. The doctor of the local clinic _____ his patient to a specialist in the teaching hospital.
(A)referred　　　　　　(B)deferred
(C)inferred　　　　　　(D)interfered

( ) 3. The defendant _____ that he was innocent, but all evidence pointed in the opposite direction.
(A)inserted　　　　　　(B)deserted
(C)exerted　　　　　　(D)asserted

( ) 4. More women are now being _____ to do jobs that were once male dominated.
(A)recruit　　　　　　(B)to recruit
(C)recruited　　　　　　(D)recruiting

( ) 5. Because local taxes were too high, many companies _____ much of the labor in countries overseas.
(A)resourced　　　　　　(B)resold
(C)outsold　　　　　　(D)outsourced

( ) 6. This monument was dedicated _____ all the brave men and women who lost their lives defending the country.
(A)in memory of　　　　　　(B)in place of
(C)in charge of　　　　　　(D)in terms of

( ) 7. My boss was not _____ with my job performance and, therefore, gave a negative review.
(A)satisfy (B)satisfied
(C)satisfying (D)satisfactory

( ) 8. Soon after the outbreak of the COVID-19 pandemic, infected patients were needed to be quarantined _____ they would not spread the virus which they carried.
(A)unless (B)in case
(C)so that (D)in order to

( ) 9. The UK, EU and US have imposed _____ on Russia because of its military invasion of Ukraine.
(A)sanctions (B)transactions
(C)transitions (D)sensations

( ) 10. The new supervisor is going to _____ all the staff to make sure everyone is doing a good job.
(A)evacuate (B)evaluate
(C)elevate (D)eliminate

( ) 11. A number of scientists _____ questioned the research methods used in the report.
(A)has (B)have
(C)was (D)is

( ) 12. Before you purchase the software, you should check its _____ with the operating system.
(A)sensibility (B)complexity
(C)identity (D)compatibility

( ) 13. While microwaves heat up food more quickly, most food tastes better when it is cooked in a _____ oven.
(A)conventional (B)conversational
(C)conditional (D)commercial

( ) 14. With the new and talented team members, the coach _____ that the team would win the championship.
   (A)predicting   (B)predicted
   (C)predict   (D)will predict

( ) 15. What's the name of the man _____?
   (A)whose car you borrowed   (B)which car you borrowed
   (C)you borrowed his car   (D)his car you borrowed

( ) 16. Blue-collar workers are paid a _____ wage of NT$ 168 per hour in Taiwan.
   (A)premium   (B)minimum
   (C)maximum   (D)optimum

( ) 17. When there is a change in temperature, some people are _____ to sneezing and sniffing.
   (A)convertible   (B)perceptible
   (C)susceptible   (D)eligible

( ) 18. The company decided to _____ redundant employees whose jobs have been done by robots.
   (A)lay off   (B)take off
   (C)show off   (D)put off

( ) 19. When he returned home, he found his house _____ and all his valuables stolen.
   (A)break into   (B)breaking into
   (C)to break into   (D)broken into

( ) 20. Most physicians suggest _____ vitamins on a full stomach.
   (A)taking   (B)to take
   (C)taken   (D)take

( ) 21. The instructions on the ticket vending machine were confusing. They were not _____ at all.
   (A)users-friendly   (B)user-friendly
   (C)user-friends   (D)friendly-users

( )　22. Every employee in our department ___ come up with solutions to lower the company's budget.
　　　　(A)is supposing to　　　　　　(B)supposed to
　　　　(C)is supposed to　　　　　　(D)supposing to

( )　23. A growing number of international companies including McDonald's, Coca-Cola and Starbucks _____ trading in Russia because of its invasion of Ukraine.
　　　　(A)have extended　　　　　　(B)have suspended
　　　　(C)have intended　　　　　　(D)have defended

( )　24. Where _____? Which hairdresser did you go to?
　　　　(A)did you cut your hair　　　(B)have you cut your hair
　　　　(C)did you have your hair cut　(D)did you have cut your hair

( )　25. The host showed great _____ toward his guests by preparing a terrific feast.
　　　　(A)credibility　　　　　　　(B)possibility
　　　　(C)hospitality　　　　　　　(D)ambiguity

( )　26. The _____ for electric cars and clean energy storage are brightening.
　　　　(A)reductions　　　　　　　(B)respects
　　　　(C)prospects　　　　　　　(D)reflections

( )　27. The two political parties could not reach a _____ on the best methods for reducing carbon emissions.
　　　　(A)consensus　　　　　　　(B)circus
　　　　(C)construction　　　　　　(D)containment

( )　28. I _____ a walk because it is such a nice day.
　　　　(A)want taking　　　　　　　(B)feel like taking
　　　　(C)would like taking　　　　(D)feel like to take

( )　29. After Carl pointed out the problem, he went on _____ some ways to solve it.
　　　　(A)to suggest　　　　　　　(B)suggesting
　　　　(C)suggested　　　　　　　(D)being suggested

( ) 30. She _____ on many outfits before she realized she didn't have enough money.
(A)has been tried　　　　　(B)has tried
(C)had tried　　　　　　　(D)had been tried

( ) 31. The young artist's work was considered _____ because it was hard to understand.
(A)contract　　　　　　　(B)attract
(C)extract　　　　　　　　(D)abstract

( ) 32. Man:That'll be NT$ 5000. Would you like to have this printer delivered? It'll be free of charge because your purchase is more than NT$1000.
Woman:Wow, that's great. Could you deliver it by next Monday? I need to use it as soon as possible.
Man:No problem. Could you fill out this form, please?
What does the man offer the woman?
(A)A full refund　　　　　(B)Free repair
(C)Free delivery　　　　　(D)A special discount

( ) 33. Man:Hi, I'd like to make an appointment for a dental exam. The last time I had a checkup was about half a year ago.
Woman:We're fully booked this week. How about next Friday afternoon?
Man:OK, Next Friday suits me fine. Can I have the appointment at 3 o'clock?
Woman:Sure, 3 o'clock is fine.
Where does the woman probably work?
(A)A bookstore　　　　　(B)A dental clinic
(C)A convenience store　　(D)A bank

( ) 34. Man:Sandy, did you find a new apartment?
Woman:Not yet, Ronald. I want to move into a place with good access to public transportation. The apartment I'm living in now is too far from the office.
What does the woman complain about?

(A)Her apartment is far from her office.

(B)Her room is too small.

(C)There is only one bus stop near her apartment.

(D)The street is too noisy.

( ) 35. Woman:Hi, welcome to Wendy's Kitchen. Is this your first time here?

Man:Yes, it is. Do you have a daily special here?

Woman:Of course, we do. Today's specials are pasta with mussels, a cream of mushroom soup, and a chicken warm salad. How does it sound?

Man:They all sound great. But first, could I have a soft drink first while I decide what to eat?

What does the man ask the woman about?

(A)A discounted item   (B)A special dish

(C)A cookbook   (D)A gift

( ) 36. Woman:I've been trying to look for Jason all morning. I know he's not in his office because he's not answering the phone, and he hasn't returned any of my e-mails either.

Man:He is in trouble with the manager because he's lost an important client's file. I think the manager is talking to him now.

According to the man, where is Jason now?

(A)In his office   (B)In the storage room

(C)In the restroom   (D)In the manager's office

( ) 37. Woman:Good afternoon, this is the front desk. How may I help you?

Man:Yes, this is Allen Lee in room 301. My shower's not working. I called this morning, but no one's been in to fix it.

Woman:Let me apologize, Mr. Lee. I'll call maintenance and check for you right away.

Why did the man contact the woman?

(A)To order a meal   (B)To confirm an appointment

(C)To ask for a repair   (D)To make a reservation

( )　38. Woman:How would you like your hair done? Do you want to keep your style or go for a different look?

Man:I'd like to try a new look. I think I need a perm. Also, can you cut the sides short?

Woman:No problem.

Where does this conversation most likely take place?

(A)At a party　　　　　　　(B)At a hair salon

(C)At a clinic　　　　　　　(D)At a fashion show

( )　39. Man:Do these shoes come in different sizes?

Woman:Let me see. We only have sizes 10 to 12 right now, but we'll have a full stock by Wednesday. What size are you looking for?

Man:I need a size 9, but I guess I could wear a 10 as well. Sometimes the sizes aren't exactly the same.

Woman:OK, let me get you a pair of size 10s and you can try them on to see if they fit.

What will the man do next?

(A)Try on the shoes　　　　(B)Wait until Wednesday

(C)Visit another store　　　(D)Buy the shoes

( )　40. Woman:Excuse me. Does a Sarah Wang work here? I have a couple of boxes for her.

Man:You just missed her. She's left to attend a meeting, and it'll take about one hour.

Woman:Would it be possible for you to sign for the delivery? If not, I could come back in two hours.

Man:I think I can sign for it.

Where is Ms. Wang?

(A)At lunch　　　　　　　(B)At home

(C)At a bank　　　　　　　(D)At a meeting

二、閱讀測驗

【第一篇】

March 11, 2020. That's a day for the history books. On that date, the World Health Organization （WHO） gave the spread of the coronavirus a new title — pandemic. So, we have now been living in a pandemic for two years.

A lot changed after March 11, 2020. People began wearing masks and went into lockdown. They went to work — and school — online. We all worked together （by staying apart） to stay safe. Now in its third year, the COVID-19 pandemic is still affecting millions of people. Yet life is slowly returning to normal.

By March 2022, about 500 million people have tested positive for COVID-19. More than 6 million people have died. Those include more than 1 million in Asia and more than 900,000 in the United States. Millions more got sick from the virus, many of whom are still dealing with the long-term effects of the illness.

The virus itself has changed over the past two years as well. It has mutated several times into different variants. Those include delta and omicron, both of which are very contagious. That caused new waves of COVID-19 — and resulted in the spread of the disease to more places. By now, it has reached nearly every corner of the globe. Even the isolated islands in Tonga, Vanuatu, and Micronesia have had some cases.

The COVID-19 vaccine helped to protect a lot of people. It kept patients from getting very sick （or dying）. A 90-year-old woman in Britain got the first approved shot on December 8, 2020. By now, most Americans have gotten the vaccine. However, poorer areas of the world do not have as much access. More than 1 billion people in Africa （more than 90% of the population） still have not had any shots of the vaccine.

The numbers of COVID-19 cases have dropped in the United States. As a result, people do not have to wear masks anymore in most areas of the country. This month, thousands of schools removed their mask **mandate**. However, travelers on planes, trains, or public buses will still have to wear masks until at least April 18.

However, the pandemic is far from over. More than 1 million people worldwide are testing positive for COVID-19 each day. And some areas are seeing a record number of cases. Those include the city of Hong Kong, China, which is currently facing its worst outbreak ever. And, of course, we will feel the effects of the pandemic for many years. For example, recent studies show that closed schools caused millions of young students to fall behind in their reading skills.

What will the third year of the pandemic look like? No one can be sure. There will likely be new treatments for COVID-19 （including pills）. Some experts believe that the pandemic will officially end in 2022. But that doesn't mean the virus will go away. Instead, it will likely become endemic in most areas. That means the disease will continue to spread at different times. And we will learn to live with this virus as part of our world.

( )　41. According the article, why did the COVID-19 pandemic begin on March 11, 2020?
(A)That was when the pandemic first spread to other countries.
(B)That was when the WHO first called it a pandemic.
(C)That was when the first person got sick with COVID-19
(D)That was when the first person died from COVID-19.

( )　42. About how long after the start of the pandemic did people begin getting approved vaccines for COVID-19?
(A)one year and three months　(B)2 years
(C)3 months　(D)9 months

( )　43. What does it mean that the coronavirus mutated?
(A)It changed.　(B)I spread quickly.
(C)It became more dangerous.　(D)It caused many people to die.

( ) 44. What was mentioned in the passage about the impact of closed
schools caused by the COVID-19 pandemic on the young students?
(A)Young students liked studying online.
(B)Young students didn't like studying at all.
(C)Young students fell behind in their reading skills.
(D)Young students preferred playing video games to studying.

( ) 45. What does the word "**mandate**" mean?
(A)randomization (B)freedom
(C)resistance (D)rule

【第二篇】

Obesity is a medical condition in which excess body fat has accumulated
to the extent that it may have an adverse effect on health, leading to reduced life
expectancy and/or increased health problems. Body mass index（BMI）, a
measurement which compares weight and height, defines people as overweight
（pre-obese） when their BMI is between 25 kg/m^2 and 30 kg/m^2, and obese when
it is greater than 30 kg/m^2.

Obesity increases the likelihood of various diseases, particularly heart disease,
type 2 diabetes, breathing difficulties during sleep, certain types of cancer, and
osteoarthritis. Obesity is most commonly caused by a combination of excessive
dietary calories, lack of physical activity, and genetic susceptibility, although a
few cases are caused primarily by genes, blood disorders, medications or illness.
Evidence to support the view that some obese people eat little yet gain weight due
to a slow metabolism is limited; on average obese people have a greater energy
expenditure than their thin counterparts due to the energy required to maintain an
increased body mass.

The primary treatment for obesity is dieting and physical exercise. Sometimes,
anti-obesity drugs may be taken to reduce appetite or inhibit fat absorption. In
severe cases, surgery is performed or a balloon is placed to reduce the stomach
size/or bowel length, leading to people eating less.

Obesity is a leading **preventable** cause of death worldwide, with increasing prevalence in adults and children, and authorities view it as one of the most serious public health problems of the 21st century. Obesity is hated in much of the modern world（particularly in the Western world）, though it was widely perceived as a symbol of wealth and fertility at other times in history, and still is in some parts of the world.

( ) 46. The article implies that _____.
(A)although obesity is prevalent, it is not considered as a serious illness
(B)obesity is considered as a serious illness
(C)obesity only affects men
(D)obesity is only from genetics

( ) 47. Obese people _____.
(A)may suffer from severe illnesses
(B)may suffer from mild ailments
(C)are all rich
(D)only live in the West

( ) 48. Modern medicine _____.
(A)is the best way to stop obesity
(B)is the worst way to cure obesity
(C)can sometimes cure obesity
(D)cannot cure obesity at all

( ) 49. The first treatment for obesity is _____.
(A)gene therapy (B)medication
(C)surgery (D)related to individuals' lifestyle

( ) 50. The term **"preventable"** means _____.
(A)unstoppable (B)affordable
(C)avoidable (D)predictable

解答與解析（答案標示為#者，表官方曾公告更正該題答案。）

一、選擇題

1. **C**。　如果我們早點到達，我們就能坐到比較好的位子看電影。
   (A)have arrived(v.)到達（現在完成式）
   (B)have been arriving(v.)到達（現在完成進行式）
   (C)had arrived(v.)到達（過去完成式）
   (D)have been arriving(v.)到達（現在完成進行式）

   解　這題是考If假設語氣的句型，特別是「與過去事實相反的假設」語氣句型，常用在表達對過去未達成的行為的後悔。句型是：If＋主詞＋過去完成式（had＋過去分詞），主詞+would/could/should/might＋現在完成式（have+過去分詞）。如何判斷這題是考「與過去事實相反的假設」句型，看此句的後半部：we（主詞）+could+have gotten（have+過去分詞），因此可知，講這句話的人，懊悔如果早點抵達，可以坐到更適合看電影的位子。但是已無法改變，在過去的某一段時間點，未達成的行為。故選(C)。

   備註：除了本題考的「與過去事實相反的假設」語氣句型，If假設語氣的句型還包括了：(1)與現在事實相反的假設語氣，且未來不太可能會發生。句型是：If+主詞+過去簡單式，主詞+would/could/should+might+原型動詞。例句：If I had time, I would visit you（如果現在我有時間，我會去拜訪你），但事實上，我的行程很忙碌，講話的當下或是未來一段時間內，很難去拜訪你。(2)表達未來可能會發生的假設語氣。句型是：If+主詞+原形動詞，主詞+will+原形動詞。例句：If I have time this weekend, I will go to the library（如果這週末我有空，我會去圖書館）。語意上可以解讀，這週末我或許有空，只要我有時間，我將去圖書館。(3)表達現在的事實、真理，或習慣。句型是：If+主詞+原形動詞，主詞+原形動詞。例句：If I have time, I often go to the library（如果我有空，我常去圖書館）。語意上解讀，這是一個習慣。

2. **A**。　地方診所的醫生，已經把他的病患轉介到教學醫院裡的專門醫生了。
   (A)refer(v.)使求助於　　　　(B)defer(v.)推遲
   (C)infer(v.)推斷　　　　　　(D)interfere(v.)妨礙

解 地方上的診所的醫生，若求診的病人病況需要更進一步的診斷及醫療，會將病人轉介到教學醫院。這題是考「轉介」refer 這個動詞，句型是：refer to，比如這句中的 "the doctor of the local clinic referred his patient to a specialist..."。故選(A)。

　　備註：specialist(n.)專門醫生　　teaching hospital(n.)教學醫院

3. **D**。 這位被告聲稱他是無罪的，但是所有的證據卻指向相反的方向。

(A)insert(v.)插入　　　　　　　(B)desert(v.)拋棄

(C)exert(v.)施加　　　　　　　(D)assert(v.)聲稱

解 這題是考「以強有力的態度來聲明某件事」的動詞，例如assert，雖然是強有力的態度，但未必擁有強而有力的證據，尤其此句後半部指出，所有證據都不利於被告，故選(D)。

　　備註：defendant(n.)被告　　　　innocent(adj.)無罪的

　　　　　　opposite(adj.)相反的

4. **C**。 現今有更多的女性被僱用而從事那些以往是由男性支配的工作。

(A)recruit(v.)僱用（原形動詞，現在式）

(B)僱用（to+recruit的原形動詞）

(C)僱用（動詞過去式，過去分詞）

(D)僱用（動詞的進行式）

解 這題是考「現在進行式的被動語態」，句型是：主詞+is/am/are being+過去分詞，被動語態用於強調受詞。這題句子要強調的是「女性」，換句話說，女性被雇主僱用而從事之前只會僱用男性的工作，力求達到在職業上，性別平等的精神。故選(C)。

　　備註：dominate(v.)支配，統治

5. **D**。 因為地方稅太重，許多公司外包給更多在海外的勞動力。

(A)resource(v.)為……提供資源　　(B)resell(v.)轉售

(C)outsell(v.)賣得比……多　　　　(D)outsource(v.)外購，將……外包

解 這題是考「將……外包」的動詞outsource，因為本地的稅太重，為了節稅，故將某些工作外包給海外的勞力，故選(D)。

　　備註：overseas(adj.)國外的

6. **A**。 這座紀念碑是紀念那些為保衛國家而失去生命的勇敢的男性與女性。

(A)in memory of(phr.)紀念　　(B)in place of(phr.)代替

(C)in charge of(phr.)負責　　　(D)in terms of(phr.)就……方面來說

解 紀念碑的建設是為了紀念那些為國捐軀的勇敢國民，故選(A)。

備註：monument(n.)紀念碑　　　dedicate(v.)以……奉獻
brave(adj.)勇敢的

7. **B**。　我的老闆不滿意我的工作表現，所以給了負面的評價。
(A)satisfy(v.)滿意（原形動詞）
(B)satisfied(v.)滿意（動詞過去式）
(C)satisfying(v.)滿意（動詞的進行式）
(D)satisfactory(adj.)令人滿意的
解　這題是考be satisfied with這一慣用法，意思是「對……感到滿意」。
備註：review(n.)評價

8. **C**。　在新型冠狀病毒肺炎大流行爆發後，被感染的病患必須被隔離，以至於他們不會到處散播病毒。
(A)unless(conj.)除非　　　(B)in case(phr.)假使
(C)so that(phr.)以至於　　　(D)in order to(phr.)為了
解　這題是考 "so that" 這個副詞連接詞的用法，後面接副詞子句。語意上，因為句子的前半部的原因，而導致句子的後半部的結果的發生。在此句中，因為新冠肺炎爆發期，確診者需要被隔離，以至於這些人不在社區內活動，散播病毒。故選(C)。
選項(D) "為了in order to" 後面接原形動詞，故不能選。選項(B) "假使in case" 是連接詞片語，後面接子句，放在這題中，語意不通，故不能選。
備註：outbreak(v.)爆發　　　pandemic(n.)大流行
infect(v.)感染　　　quarantine(v.)隔離
spread(v.)擴散

9. **A**。　因為俄羅斯對烏克蘭的軍事侵略，英國、歐盟、及美國對俄羅斯進行國際制裁。
(A)sanctions（n.複數）國際制裁　　(B)transaction(n.)交易
(C)transition(n.)變遷　　　(D)sensation(n.)感覺
解　impose sanctions on是一慣用法，意思是「進行制裁」，請注意：sanction是制裁的意思，複數名詞sanctions是國際制裁的意思。
備註：impose(v.)將……強加於人　military(adj.)軍事的
invasion(n.)侵略

10. **B**。 新主管將對所有的職員進行評量,以確保每個人都做好工作。

(A)evacuate(v.)撤離　　　　　　(B)evaluate(v.)評價,評量

(C)elevate(v.)舉起　　　　　　　(D)eliminate(v.)淘汰

解 這題是考「評量、評估」的動詞,故選(B)。

備註:supervisor(n.)主管

11. **B**。 一些科學家已經質疑這份報告中所使用的研究方法。

(A)has(助動詞、用於第三人稱單數)已經

(B)have(助動詞、用於第一人稱或第二人稱單複數)已經

(C)was(助動詞、過去式、用於第一人稱或第三人稱單數)是

(D)is(助動詞、現在式、用於第一人稱或第三人稱單數)是

解 這題是考「現在完成式」,句型是:主詞+has/have+過去分詞。題目中科學家scientists是名詞複數型,故選(B)。

備註:question(v.)對……表示疑問

12. **D**。 在你購買軟體之前,你應該確認作業系統的相容性。

(A)sensibility(n.)感覺　　　　　(B)complexity(n.)複雜性

(C)identity(n.)身分　　　　　　(D)compatibility(n.)兼容性

解 在購買軟體前,應該確認此軟體與目前使用的作業系統是否相容,故選(D)。

備註:operating system(n.)作業系統

13. **A**。 微波爐能更快速加熱食物,然而,大部分用一般烤箱料理的食物,嚐起來更美味。

(A)conventional(adj.)普通的　　(B)conversational(adj.)會話的

(C)conditional(adj.)附有條件的　(D)commercial(adj.)商業的

解 conventional oven是一慣用法,意思是「一般烤箱」。

備註:while(連接詞)然而、和……同時

　　　microwave(n.)微波爐

14. **B**。 因為這些新加入且具有天分的成員們,教練預測隊伍會贏得冠軍。

(A)predicting(v.進行式)預測　(B)predicted(v.動詞過去式)預測

(C)predict(v.原形動詞)預測　　(D)will predict將預測

解 這題選擇(B)predict這個動詞的過去式,是因為句子後半部的子句(the team would win the championship)裡用的是will這個助動詞的過去式would,語意上來說,代表教練「預測」的這個動作,已經發生在過去某一個時間點,故選(B)。

備註：with（介系詞）由於、因為 talented(adj.)有天才的
coach(n.)教練

15. **A**。 你向他借車的那個男人叫什麼名字？

(A)那輛你向他借來的車

(B)哪輛是你借來的車

(C)你向他借來了車

(D)錯誤句子，因為沒有關係代名詞。應該是：his car that you borrowed
（那輛你向他借來的車）

解 這題是考關係代名詞whose的用法。whose是關係代名詞who的所
有格，後面接名詞，當名詞子句裡的主詞或受詞，比如題目中
的：whose（關係代名詞）+car（名詞）。關係代名詞whose具有
連接詞的功能，可以把兩個獨立但相關聯的句子合併成一個句
子，比如題目中的句子可以拆成兩個單句：What's the name of the
man?以及The man whom you borrowed the car from.（請注意：關
係代名詞whom是關係代名詞who的受格）。這兩個單句中，重複
的名詞子句是：the man，更仔細地說：The man who has the car
（這個有車的男人）。要將兩個單句合併成一個句子，我們需要
關係代名詞who的所有格whose來做連接詞，修飾這個名詞子句：
the man，因此可以寫成以下這個句子：The man whose car you
borrowed，然後 The name of the man whose car you borrowed，寫
成問句：What is the name of the man whose car you borrowed? 故選
(A)。

不能選(B)，因為關係代名詞who的所有格是whose。關係代名詞
which代替的是「事物」，而不是「人」（例如題目中的the man）。

不能選(C)，因為沒有關係代名詞whom。

備註：whose（關係代名詞）那個人／那些人的，他／她的，他
們／她們的

Which（關係代名詞）那一個、那些、這一個、這些

borrow(v.)向（某人）借入／借來……

16. **B**。 在台灣，藍領勞工的最低薪資是每小時新台幣168元。

(A)premium(adj.)優質的　　　(B)minimum(adj.)最低的

(C)maximum(adj.)最大的　　　(D)optimum(adj.)最理想的

解 minimum wage是一慣用語，意思是「最低薪資」。

備註：blue-collar(adj.)藍領階級的

17. **C**。　當氣溫有變動時，有些人容易打噴嚏及抽鼻涕。

(A)convertible(adj.)可轉換的　　　(B)perceptible（adj）可感知的

(C)susceptible(adj.)易受影響的　　(D)eligible(adj.)有資格當選的

解　be susceptible to是「對……很敏感，易患……」的意思，故選(C)。

備註：sneeze(v.)打噴嚏　　　sniff(v.)抽鼻涕

18. **A**。　公司決定裁減那些工作能以機器人完成的冗員。

(A)lay off(phr.)解僱　　　　　　(B)take off(phr.)起飛

(C)show off(phr.)炫耀　　　　　　(D)put off(phr.)延遲

解　員工的工作，若可以用機器人來完成，為節省人力成本，公司決定解僱這些人員，故選(A)解僱。

備註：redundant(adj.)多餘的

whose（關係代名詞who的所有格）他／她的，他們／她們的

robot(n.)機器人

19. **D**。　當他回到家時，發現他的房子被人闖入，且所有他的貴重物品都被偷了。

(A)break into(phr.)闖入　　　　(B)breaking into(phr.)闖入

(C)to break into(phr.)闖入　　　(D)broken into(phr.)闖入

解　這題是考find（動詞）表示「發現」時的句型，其中一個句型是：found（find的過去式）+受詞+過去分詞，這裡的過去分詞用來形容前面的受詞。在這題的句子中，"his house"（他的房子）接在find（動詞）後面，是為受詞，而broken into（broken是break動詞的過去分詞）來補充說明他的房子被闖入了，故選(D)。

這題的句子可以這樣變化：He found that someone broke into his house → He found that his house was broken into by someone → He found his house broken into.

備註：valuable(n.)貴重物品

20. **A**。　大部分的內科醫生建議吃飽了再服用維他命。

(A)taking（v.現在式）服用　　(B)to take(v.)服用

(C)taken（v.過去分詞）服用　(D)take（v.動詞原形）服用

解　suggest是及物動詞，若後面接動詞，動詞形式是動名詞（V-ing），不能接不定詞（to+V），故選(A)。

備註：physician(n.)內科醫師

on a full stomach(phr.)吃飽了，飽著肚子

21. **B**。 自動售票機的使用說明令人困惑。它們並不易於使用。
    (A)users-friendly（錯誤，應該是user-friendly）
    (B)user-friendly易於使用的
    (C)user-friends（錯誤）
    (D)friendly-users（錯誤）
    解 這題是考複合形容詞的一種，句型是：名詞+形容詞，其中名詞常使用單數，例如：sugar-free（無糖的）。故選(B)。
    備註：instruction(n.)使用說明
    　　　　ticket vending machine(n.)自動售票機

22. **C**。 我們部門的每個雇員，應該想出對策以降低公司預算。
    (A)is supposing to（錯誤，應該是is supposed to）
    (B)supposed to（錯誤，少了be.動詞，應該是is supposed to）
    (C)is supposed to應該，理應當
    (D)supposing to（錯誤，應該是is supposed to）
    解 這題是考動詞suppose（應該、理應當、期盼）的用法，句型是：be supposed to。
    備註：employee(n.)雇員　　　　come up with(phr.)想出
    　　　　solution(n.)解決方法

23. **B**。 因為俄羅斯入侵烏克蘭，越來越多的跨國公司，包括麥當勞、可口可樂及星巴克，已經暫停在俄羅斯的貿易往來。
    (A)have extended(v.)已經延長　　　(B)have suspended(v.)已經暫停
    (C)have intended(v.)已經打算　　　(D)have defended(v.)已經防禦
    解 因為俄羅斯對烏克蘭的侵略，不少國際公司已經暫停在俄羅斯境內的貿易往來，故選(B)。
    另外，extended的原形動詞是extend，suspended的原形動詞是suspend，intended的原形動詞是intend，defended的原形動詞是defend。
    備註：a growing number of（數目、數量）越來越多的、不斷成長的
    　　　　trading(n.)貿易、交易

24. **C**。 你在哪裡剪頭髮的？你指定哪一位設計師？
    (A)錯誤，應該是did you have your hair cut
    (B)錯誤，應該是did you have your hair cut

(C)did you have your hair cut

(D)錯誤，應該是did you have your hair cut

解　have是使役動詞，頭髮是被剪的，故後面接過去分詞，句型是：
have+受詞+過去分詞。故選(C)。

備註：cut(v.)修剪，剪斷

[動詞變化：動詞原型或現在式cut→過去式cut→過去分詞cut]

hairdresser(n.)美髮師

25. **C**。　這位主人備妥盛宴來熱烈款待他的客人。

(A)credibility(n.)可靠性　　　　(B)possibility(n.)可能性

(C)hospitality(n.)款待、招待　(D)ambiguity(n.)模稜兩可

解　在英文中，款待或招待客人的動詞是hospitality，故選(C)。

備註：host(n.)主人　　　　　　terrific(adj.)極度的

feast(n.)盛宴

26. **C**。　電動車及清淨能源儲存的前景是光明的。

(A)reduction(n.)減少　　　　　(B)respect(n.)尊敬

(C)prospect(n.)前景　　　　　　(D)reflection(n.)反射

解　能源節約是目前看好的發展之一，故選(C)。

備註：electric car(n.)電動車　　　clean energy(n.)清潔能源

storage(n.)儲存

27. **A**。　這兩個政黨，在如何減少碳排放的最好處理方法上，未能達成共識。

(A)consensus(n.)共識，合意　(B)circus(n.)馬戲團

(C)construction(n.)建設　　　　(D)containment(n.)遏制

解　依題意選(A)。

備註：reduce(v.)（數量上的）減少

carbon emission(s)(n.)碳排放

28. **B**。　我想來去散步，因為今天天氣多美好。

(A)want taking（錯誤，應該是want to take）

(B)feel like taking想要去做某件事

(C)would like taking（錯誤，應該是would like to take）

(D)feel like to take（錯誤，應該是feel like taking）

解　這題是考「feel like想要（做某事）、感覺好像……」的用法，
句型是：feel like+名詞/V-ing。feel是動詞，like在這裡當作介係

詞，後接現在分詞（V-ing），故選(B)，不能選(D)。選項(A)應改成want to take。選項(C)，句型應該是would like to+原形動詞，意思也是「想要做某事」，或句型為would like+sth.，意思是「想要某物」，故選項(C)應改成would like to take才對。

29. **A**。　在卡爾點出問題後，他進一步建議了些解決方法。
　　(A)to suggest建議　　　　　　　(B)suggesting（v.進行式）建議
　　(C)suggested（v.過去式）建議　　(D)being suggested(v.)被建議

　　解　這題是考「go on繼續（剛剛從事的某件事）」的用法句型是：go on+V-ing，例如：He went on talking for 30 minutes.（他繼續講了30分鐘的話）。另一句型：go on+to+原形V.，意思是下一步將從事新的、不同的事情，例如：After cleaning the house, he went on to take a shower.（在打掃房子後，他接著去洗澡。）。這題題目中提到，卡爾已經點出問題，他的下一步是建議一些解決方法，這前後兩個動作不一樣，所以用go on to+V的句型，故選(A)。

　　備註：point out指出，點出

30. **C**。　在她了解她沒帶足夠的錢之前，她已經試穿了不少件套裝。
　　(A)has been tried（現在完成被動式）已被嘗試過（主詞通常是「事、物」）
　　(B)has tried（現在完成式）嘗試過了
　　(C)had tried（過去完成式）嘗試過了
　　(D)had been tried（過去完成被動式）已被嘗試過（主詞通常是「事、物」）

　　解　這題是考英文文法完成式的句型及意義。選項(C)是正確答案，是因為：題目後半部提到，她後來才瞭解到她沒帶足夠的金錢，這裡的動詞realize是用過去式realized，因此可得知，試穿這件事情是已經發生在過去某一時間點。所以選(C)，而不能選(B)。
　　選項(A)[現在完成被動式]及(C)[過去完成被動式]，主詞得是某件事情，或是沒有生命的物品。若主詞是「人」的話，意思則變成「某人已被受審」。

　　備註：try on試穿　　　　　　　　outfit(n.)套裝、全套服裝
　　　　　　realize(v.)理解到、了解到

31. **D**。　這位年輕藝術家的作品被認為太抽象，因為它太難懂了。
　　(A)contract(v.)訂契約　　　　　(B)attract(v.)吸引
　　(C)extract(v.)提煉　　　　　　(D)abstract(adj.)抽象的
　　解 題目中提到這位年輕藝術家的作品太難懂了，可猜測其作品或許
　　　很抽象，故選(D)。
　　　備註：consider(v.)考慮、認為

32. **C**。　男性：這總共新台幣5000元。請問要將這台影印機寄送到貴府嗎？因
　　　　　　為你購買金額超過新台幣1000元，所以免運費。
　　　女性：哇，太好了。影印機是否能在下個禮拜一之前寄到？我需要能
　　　　　　盡快使用影印機。
　　　男性：沒問題。可以請你填寫這張表格嗎？
　　　這位男性提供什麼給這位女性？
　　(A)全額退款　　　　　　　　(B)免費修理
　　(C)免費寄送　　　　　　　　(D)特別折扣
　　解 題目中提到因為這位女性此次購物超過新台幣1000元，可獲得免
　　　運費寄送影印機，故選(C)。
　　　備註：printer(n.)印表機
　　　　　　as soon as possible盡快、越快越好
　　　　　　deliver(v.)寄送
　　　　　　fill out填寫
　　　　　　repair(v.)修理、修復

33. **B**。　男性：嗨，我想要預約牙齒檢查。我上次檢查大約是半年前。
　　　女性：這禮拜都被預約光了。下禮拜五的下午，可以嗎？
　　　男性：可以，下禮拜五，我可以。我可以預約下午三點嗎？
　　　女性：當然，下午三點，沒問題。
　　　這位女性可能在哪裡工作？
　　(A)書店　　　　　　　　　　(B)牙科診所
　　(C)便利商店　　　　　　　　(D)銀行
　　解 題目中提到這位男性想預約一次的牙齒檢查（dental exam），可
　　　猜測這位女性是在牙醫診所工作。
　　　備註：dental exam(n.)牙齒檢查　　book(v.)預約
　　　　　　suit me fine符合我的需求

34. A。　男性：珊蒂，你找到新公寓了嗎？
　　　　女性：還沒，羅納德。我想要搬到距離大眾運輸交通近的地點。我現
　　　　　　　在住的公寓離我的辦公室太遠了。
　　　　這位女性在抱怨什麼？
　　　　(A)她的公寓距離她的辦公室太遠。
　　　　(B)她的公寓房間太小。
　　　　(C)她公寓附近只有一個公車站。
　　　　(D)街道太吵了。
　　解　題目中這位女性希望找到靠近大眾運輸系統的公寓，因為她現在
　　　　　住的公寓離她的辦公室太遠了，故選(A)。
　　　　備註：public transportation(n.)公共交通運輸、大眾交通運輸

35. B。　女性：你好，歡迎光臨溫蒂廚房。這是你第一次來嗎？
　　　　男人：是，是第一次。你們這裡有每日特餐嗎？
　　　　女人：當然，我們有。今天的特餐是貽貝義大利麵，奶油蘑菇湯，以
　　　　　　　及雞肉溫沙拉。這聽起來如何？
　　　　男人：聽起來很棒。但首先，當我決定點什麼時，可以來杯汽水嗎？
　　　　這位男性詢問女性什麼資訊？
　　　　(A)打折項目　　　　　　　(B)一份特餐
　　　　(C)一本食譜　　　　　　　(D)一個禮物
　　解　這位男性第一次到溫蒂廚房用餐，詢問有沒有今日特餐，這位
　　　　　女性回答有，是貽貝義大利麵、奶油蘑菇湯，及雞肉溫沙拉，
　　　　　故選(B)。
　　　　備註：daily special(n.)今日特餐　　pasta(n.)義大利麵
　　　　　　　　 mussel(n.)貽貝　　　　　　mushroom(n.)蘑菇
　　　　　　　　 warm salad(n.)溫沙拉　　　soft drink汽水

36. D。　女性：我整個早上都試著聯絡傑森。我知道他不在他的辦公室裡，因
　　　　　　　為他沒有回電話，他也還沒有回我的電子郵件。
　　　　男性：他被經理盯上了，因為他弄丟了一位重要客戶的檔案。我想，
　　　　　　　經理現在正責備他。
　　　　根據這位男性的回答，現在傑森在哪裡？
　　　　(A)在他的辦公室　　　　　(B)在儲藏室
　　　　(C)在廁所　　　　　　　　(D)在經理辦公室
　　解　這男性說傑森因為弄丟了一位重要客戶的檔案，經理正在責備
　　　　　他，可猜測傑森在經理的辦公室裡，故選(D)。

備註：人be. in trouble 某人犯錯，導致他／她的頂頭上司生氣，
而被責備

talk to人責備某人

37. **C**。　女性：午安，這是服務台。請問有什麼我能幫忙的？

男性：是的，我是301室的李艾倫。我的淋浴器壞了。今天早上我已經
聯絡你們了，但還沒人來修理。

女性：請容我向您道歉，李先生。我會馬上連絡維修部，請他們立即
為您檢查。

這位男性為什麼要聯絡這位女性？

(A)為了訂餐點　　　　　　(B)為了確認一個約會

(C)為了修理東西　　　　　(D)為了預約

解　題目中提到這位男性已經聯絡櫃檯說他的房間淋浴器壞了，但
還沒有人來修理，所以這位男性是再次聯絡櫃檯，請求幫忙，
故選(C)。

備註：front desk(n.)服務台　　　　shower(n.)淋浴器

maintenance(n.)維修

38. **B**。　女性：您希望做什麼髮型？您想要保持原來的髮型，還是換個不一樣
髮型？

男性：我想嘗試新髮型。我想我需要燙髮。還有，你可以把兩側頭髮
修短一點嗎？

女性：沒問題。

這個對話最可能發生在什麼地方？

(A)在派對　　　　　　　　(B)在髮廊

(C)在診所　　　　　　　　(D)在時尚秀

解　女人問男人想要什麼髮型，男人想嘗試新髮型，想要燙髮，可見
對話發生在髮廊，故選(B)。

備註：perm(n.)燙髮

39. **A**。　男性：這雙鞋有進不一樣的尺寸嗎？

女性：我來看看。我們現在只有10到12號，但在禮拜三之前，我們會
有完整的尺寸存貨。您想找什麼尺寸？

男性：我想要9號，但我猜我也可以穿10號。有時候尺寸不見得都一樣
大小。

女性：好，讓我拿10號給您試穿，你可以試試看合不合腳。

這位男性下一步會做什麼事？

(A)試穿鞋子　　　　　　　　(B)等到星期三
(C)去另一家店看看　　　　　(D)買鞋子

解 題目中提到這位男性詢問有沒有其他尺寸，這位女性回答目前只有10到12號，要到星期三才會有齊全的尺寸，這位男性平常都穿9號，也可穿10號，但是因為尺寸會有誤差，所以這位女性拿10號鞋給這位男性試穿，故選(A)。

備註：stock(n.)存貨

40. **D**。 女性：不好意思。請問王莎菈在這裡工作嗎？我有些箱子要給她。

男性：你正好錯過她了。她剛離開去參加一個會議，而這會議會持續大約一個鐘頭。

女性：是否能請你為這次的快遞遞送簽名嗎？若沒辦法，我將在兩個小時內回來這裡。

男性：我可以為這次的快遞遞送簽名。

王小姐在哪裡？

(A)在吃午餐　　　　　　　　(B)在家裡
(C)在銀行　　　　　　　　　(D)在開會

解 題目中提到王莎菈剛離開去參加一個會議，且會議將持續大約一個鐘頭，所以王莎菈在開會，故選(D)。

備註：sign(v.)簽名delivery(n.)快遞

二、閱讀測驗

【第一篇】

2020年3月11號，這是史書上的一天。那一天，世界衛生組織將冠狀病毒的擴散定義了新的名詞－－傳染疫情（流行疫情）。從那天起，人類世界已經在這個傳染疫情中生活兩年了。

在2020年3月11號後，很多都改變了。人們開始戴口罩，且進入封城狀態。他們如常工作－－及上課－－在網路上。我們都一起工作（在不同的地方），為了保持安全。如今，在疫情傳染的第三年中，新型冠狀病毒肺炎的流行仍持續影響數百萬人的生活。即使，生活慢慢地回復正常。

在2022年3月底前，大約有5億人確診新型冠狀病毒肺炎，超過600萬人過世。這包括了，在亞洲超過1百萬人，在美國超過90萬人。數以百萬計的人們被病毒侵襲而生病，當中很多人仍在與癒後的長期後遺症奮鬥。

過去2年，病毒本身也變種過。它已突變了數次，產生不同的變異株。這些變異株包括delta及omicron－－這兩種變異株都有極強的傳染力。已造成了新型冠狀病毒肺炎的幾波新高峰－－且疾病擴散到更多地區。目前，新型冠狀病毒幾乎已到達地球的每個角落。甚至是如東加、萬那杜，及密克羅尼西亞這些獨立的島嶼國家，也傳出確診案例。

新型冠狀病毒肺炎疫苗可以保護許多人。疫苗可以使感染的人避免轉為重症患者（或死亡）。在2020年12月8號，一位90歲的英國女士，接種了第一支通過許可的疫苗。現今，大部份美國人已完成疫苗接種。然而，世界上的貧窮地區，沒辦法提供足夠的疫苗給人民接種。在非洲，超過10億人（超過非洲人口的90%），仍沒有接種過任何疫苗。

在美國，新型冠狀病毒肺炎的確診數字已經下降了。因此，美國許多地方的人們不再戴口罩。這個月，數千所學校已解除口罩命令。然而，直到4月18號，搭乘飛機、火車，及公共巴士的旅客，還是需要戴口罩。

然而，疫情離結束之日還很遠。每一天，世界各地有超過1百萬人確診新冠肺炎。某些地方面臨創紀錄的確診數字。這些地區包括香港，及近來遭遇最嚴重疫情爆發的中國。當然，往後幾年，我們仍會感受到疫情的副作用。例如，近期的幾項研究顯示了，學校關閉已造成數百萬名年輕學子的閱讀能力落後。

疫情大流行的第三年會是如何？沒有人知道。或許會有治療新型冠狀病毒肺炎的新療法（包括藥丸）。一些專家相信疫情大流行會正式地在2022年結束。但這不代表病毒將會消失。反而，新冠肺炎極可能在大部分的地區，轉變成地方性流感。這表示，新冠肺炎將在不同的時間點，繼續擴散。而我們將學習與病毒共存，成為生活一部分。

備註：pandemic(n.)流行病，傳染中的疫情
　　　lockdown(n.)（尤指監獄暴動時的）嚴防禁閉，封城
　　　affect(v.)影響
　　　positive(adj.)（醫學測驗的）陽性反應的
　　　virus(n.)病毒
　　　deal with處理
　　　long-term長期的
　　　effect(n.)結果，後果，影響

mutate(v.)產生改變，變化

variant(n.)變形，轉化

contagious(adj.)接觸傳染性的，（可能）帶接觸傳染原的

remove(v.)脫掉（remove from）

mandate(n.)命令，指令

worldwide(adj.)遍及全球的

outbreak(n.)爆發（outbreak of）

endemic(n.)地方流行疾病

41. **B**。　根據此篇文章，為什麼新型冠狀病毒肺炎大流行在2020年3月11號開始？

(A)這是疫情大流行第一次擴散到其他國家的時間。

(B)這是世界衛生組織第一次稱它為流行疫情的時間。

(C)這是第一個人得到新型冠狀病毒肺炎的時間。

(D)這是第一個人死於新型冠狀病毒肺炎的時間。

解　根據第一段，世界衛生組織在2020年3月11號定義了冠狀病毒的擴散，故選(B)。

42. **D**。　疫情大流行後大約多少時間，人們開始接種通過許可的新型冠狀病毒肺炎疫苗？

(A)1年又3個月　　　　　(B)2年

(C)3個月　　　　　　　(D)9個月

解　根據第五段，英國一名90歲的女人在2020年12月8號接種第一支通過許可的疫苗，所以在2020年3月11號之後約九個月，人們開始接種疫苗，故選(D)。

43. **A**。　冠狀病毒突變是什麼意思？

(A)它改變了。　　　　　(B)它擴散地很快。

(C)它變得更危險。　　　(D)它造成很多人死亡。

解　mutate(v.)是突變的意思，故選(A)。

44. **C**。　文章中提到，因新型冠狀病毒肺炎大流行，學校關閉對年輕學生的影響是什麼？

(A)年輕學生喜歡線上閱讀。

(B)年輕學生一點都不喜歡閱讀。

(C)年輕學生的閱讀能力落後。

(D)比起閱讀，年輕學生更喜歡電動遊戲。

解　根據第七段，近期研究顯示關閉學校造成數百萬名年輕學生閱讀能力落後，故選(C)。

45. **D**。　「命令」一詞是什麼意思？
(A)隨機化　(B)自由　(C)反抗　(D)規定

解　mandate(n.)意思是「命令，指令」，選項中只有rule（規定，規則）最接近mandate的意思。

【第二篇】

肥胖是過多的體脂肪累積到極大值、對健康造成損害、導致預期壽命減短及／或增加健康問題的醫療狀況。身體質量指數（BMI），一種由體重及身高衡量的數值，定義了身體質量指數數值介於25公斤／身高的平方及30公斤／身高的平方之間是超重（肥胖前期），而超過30公斤／身高的平方是過胖。

肥胖會增加不同疾病發生的可能性，特別是心臟疾病、第2型糖尿病、睡眠呼吸困難、某些癌症，及骨關節炎。肥胖通常是因攝取過量的卡路里、缺少體能運動、遺傳易感性這些綜合因素造成的，即使一些案例主要是由基因、血液不正常病癥、藥物治療，或疾病所造成。有論點以為一些過胖人士，因為新陳代謝慢，即使吃不多，體重卻仍增加，支持這項論點的證據有限；平均來說，對應纖瘦者，過胖者消耗更多的能量，因為需要這麼多的能量來維持增加的體重。

治療肥胖最有效的方法是節食及體能運動。有時候，服用減肥藥物來減少食慾或抑制脂肪吸收。嚴重的案例，則會執行手術，或放入一顆氣球到胃中以減少胃的大小／或腸子的長度，可讓人們吃少一點。

由於肥胖現象普遍存在於成人及孩童之中，肥胖是世界上最能被預防的致死因素，且政府相關權力機構視肥胖為21世紀最嚴肅的公共衛生問題。在現代社會中（尤其是西方社會），肥胖是被仇視的，即使在過往歷史中，肥胖被廣泛地認為是財富及生育力的表徵，而這樣的想法，依然存在世界某些地區。

備註：obesity(n.)肥胖，過胖
medical(adj.)醫學的，醫療的
excess(adj.)過量的

accumulate(v.)累積

adverse(adj.)有害的，相反的

reduce(v.)減少，減輕體重

expectancy(n.)期望，預期

measurement(n.)測量

compare(v.)比較，對照（compare with/to）

obese(adj.)過胖的

increase(v.)增加，增強

diabetes(n.)糖尿病

osteoarthritis(n.)骨關節炎

susceptibility(n.)敏感性，易受影響的氣質

disorder(n.)混亂，無秩序

medication(n.)藥物，藥物治療

metabolism(n.)新陳代謝

expenditure(n.)消費，支出額

inhibit(v.)抑制，妨礙

absorption(n.)吸收，吸收過程

preventable(adj.)可阻止的，可預防的

prevalence(n.)（疾病等的）流行程度

46. **B**。　這篇文章意指＿＿＿＿。

(A)雖然肥胖很普遍，但它不被認為是嚴重的疾病

(B)肥胖被視為一嚴重的疾病

(C)肥胖只影響男人

(D)肥胖只來自遺傳

解　第二段提到肥胖會增加不同疾病發生的可能性，特別是心臟疾病、第2型糖尿病、睡眠呼吸困難、某些癌症，及骨關節炎。另外，第四段提到肥胖現象普遍存在於成人及孩童之中，且政府相關權力機構視肥胖為21世紀最嚴肅的公共衛生問題，故選(B)。不能選(D)是因為：第二段中提到肥胖是因為攝取過多的卡路里，缺乏體能運動，遺傳易感性等眾多原因造成的，另外少部分是因為基因，血液病癥或疾病造成，所以肥胖是許多因素造成。

47. **A**。 肥胖者_____。

(A)會受苦於嚴重的疾病　　　(B)會受苦於輕微的疾病

(C)都很有錢　　　　　　　　(D)只存在在西方社會

解 第二段中提到肥胖會增加不同疾病發生的可能性，特別是心臟疾病、第2型糖尿病、睡眠呼吸困難、某些癌症，及骨關節炎，這些疾病是需要積極治療、得嚴肅面對的疾病，故選(A)。

　　　備註：ailment(n.)（輕微的）疾病、病痛

48. **C**。 現代醫學_____。

(A)是停止肥胖的最好方式　　(B)是治療肥胖的最糟方式

(C)或能治療肥胖　　　　　　(D)完全沒辦法治療肥胖

解 第三段提到治療肥胖最有效的方法是節食及體能運動。服用減肥藥物也可以減少食慾或抑制脂肪吸收。某些嚴重案例，則會執行手術，或放入一顆氣球到胃中以減少胃的大小／或腸子的長度，可讓人們吃少一點，故選(C)。

49. **D**。 首要治療肥胖的方式是_____。

(A)基因治療　　　　　　　　(B)藥物治療

(C)手術　　　　　　　　　　(D)跟個人生活型態有關

解 第三段提到主要治療肥胖的方法為節食及運動，故選(D)。

50. **C**。 這個字 "preventable" 是什麼意思？

(A)無法阻擋的　　　　　　　(B)負擔得起的

(C)能避免的　　　　　　　　(D)可預料的

解 preventable(adj.)意思是「可預防的，可阻止的」，而選項中(C) avoidable（能避免的）意思與之最接近。

NOTE

邏輯分析(數理邏輯)

( ) 1. 請依規則找出接下來的數字 1 6 9 13 17 ____ 25 27
(A)19　(B)20　(C)22　(D)23。

( ) 2. 圖形推理判斷,由俯視及右視角度判斷為下列那個圖形?

(A)　　(B)　　(C)　　(D)　。

( ) 3. 圖形推理判斷,下列三個圖形接下來應為那一個圖形?

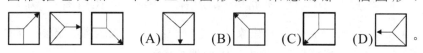

(A)　(B)　(C)　(D)　。

( ) 4. 圖形推理判斷,下列三個圖形接下來應為那一個圖形?

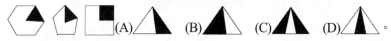

(A)　(B)　(C)　(D)　。

( ) 5. 有四個連續數相乘後加以的總和為361,請問四個連續數中的最大數字
為多少?　(A)4　(B)6　(C)8　(D)10。

( ) 6. 下列方格內的三組數字有數字邏輯關係,細心觀察,應填的數字為何?

2	3	4
7	8	9
12	?	14

(A)7　(B)11　(C)13　(D)21。

( )　7. 甲錶每天快90秒，乙錶每天慢150秒，若將兩錶調至同一時間，三天後兩隻錶相差多少時間？　(A)260秒　(B)720秒　(C)15分鐘　(D)18分鐘。

( )　8. 周伯通的作案時間比呂布快10%的時間，王維比呂布的作案時間慢5%，試問下列那一個句子是對的？　(A)周伯通的作案時間是最短　(B)呂布的作案時間是最短　(C)周伯通的作案時間是最長　(D)王維的作案時間是最短。

( )　9. 1頭牛可以換3隻豬，6隻豬可以換8隻羊，現在羊有40隻，請問可以換牛幾頭？　(A)5頭　(B)10頭　(C)15頭　(D)20頭。

( )　10. 一個大木箱內有4個中木箱，每個中木箱內有4個小木箱，試問共有多少木箱？　(A)9個　(B)17個　(C)20個　(D)21個。

( )　11. 監獄裡有六名罪犯在比比看誰比較狡猾，已知：(1)小魏比阿信狡猾，比小玲正直;(2)阿家比小魏狡猾，比小孫正直;(3)阿信比阿家正直;(4)小玲比阿信狡猾，比阿家正直;(5)小孫比小魏狡猾，比阿明正直;(6)阿明比阿家狡猾，請問誰最狡猾？　(A)小魏　(B)阿家　(C)小孫　(D)阿明。

( )　12. 望梅之於____，好像____之於充飢？　(A)止渴…畫餅　(B)止渴…觀賞　(C)觀賞…畫餅　(D)觀賞…拿雞。

( )　13. 文字排列組合找出多餘的句子？　(A)隔壁的阿通伯　(B)驚見超級跑車　(C)羨慕不已　(D)真是令人敬佩。

( )　14. 請仔細閱讀「不做明人作暗事」，句中字未依順序排列，並有多餘的字，請把多餘的字找出來？　(A)作　(B)做　(C)人　(D)暗。

( )　15. 其中一個和其餘三個並不同類，試選出不同類的項目？　(A)香蕉　(B)蘋果　(C)冬瓜　(D)西瓜。

解答與解析（答案標示為 # 者，表官方曾公告更正該題答案。）

1. **B**。以兩數為一組，(1,6)差5，(9,13)差4，(25,27)差2，(17,____)應差3，故____應填入20。

2. **C**。由俯視圖 ⟨形狀⟩，判斷只有(C)符合它的形狀。

3. **A**。依照圖形推理，每隔一圖箭頭順時針旋轉45°，

故下一圖應為 。

4. **A**。依照圖形推理，每隔一圖多邊形邊數少一，且有右側有邊數分之一面積塗黑色，故選(A)。

5. **#**。依官方公告，本題一律送分。
此題題目有錯字，
「有四個連續數相乘後加以的總和為361」應改為
「有四個連續數相乘後加一的總和為361」，
用嘗試法代入$6×5×4×3+1=361$。

6. **C**。以橫式看數字為連續整數，
故「？」所代表的數字為13。

7. **B**。$3[90-(-150)]=720(秒)=12(分)$。

8. **A**。作案時間快到慢為：周伯通、呂布、王維。

9. **B**。40隻羊可換30隻豬，30隻豬可再換10頭牛。

10. **D**。木箱個數為：1個大木箱+4個中木箱+16個小木箱=21個木箱。

11. **D**。將六人以橫式排列，左邊代表最正直，可得
(1)　阿信　小魏　小玲
(2)　小魏　阿家　小孫
(3)　阿信　小魏　阿家　小孫
(4)　阿信　小魏　小玲　阿家　小孫
(5)　阿信　小魏　小玲　阿家　小孫　阿明
(6)　阿信　小魏　小玲　阿家　小孫　阿明
由(5)得知，阿明最狡猾。

12. **A**。「望梅止渴」意思相當於「畫餅充飢」。

13. **D**。原句為「隔壁的阿通伯，驚見超級跑車羨慕不已」
故「真是令人敬佩」為多餘的句子。

14. **#**。原句為「明人不做暗事」，意思為心地光明的人不做鬼鬼祟祟的事。比喻有意見當面提出，不在背後搞鬼，但也有古文為「明人不作暗事」。
清·石玉昆《小五義》第45回：「我明人不作暗事，我是用薰香把你薰過去瞭。」
故選(A)或(B)均送分。

15. **C**。答案為「冬瓜」，因其不為水果。

108年桃園捷運新進人員（第二次）

( )　1. 某次邏輯分析測驗，共有25題，答對一題給4分，答錯一題倒扣1分，沒有作答的不給分。魯夫作答的有22題，得73分（滿分100分），請問魯夫答對的有幾題？　(A)17題　(B)18題　(C)19題　(D)20題。

( )　2. 2個工人，2天做4張沙發，則4個工人，4天可做幾張沙發？　(A)4張　(B)10張　(C)8張　(D)16張。

( )　3. 依林的老師給她一個數，並要她計算此數「先減3再除以9」的結果，但她「先減9再除以3」，得到結果為43，若按照原先要求，則正確答案為？　(A)15　(B)34　(C)43　(D)51。

( )　4. 七人騎五匹馬，每人騎同樣的路程，趕42公里的路，請問平均每人騎馬的路程是多少公里？（每匹馬限騎一人）　(A)30公里　(B)20公里　(C)25公里　(D)35公里。

( )　5. 一隻蝸牛爬旗桿，白天牠可以往上爬2公尺，但是到了夜晚牠就會下滑0.5公尺，若已知旗桿高15公尺，則蝸牛在第幾天可以爬上旗桿頂端？　(A)8天　(B)9天　(C)10天　(D)11天。

( )　6. 某躲避球隊在比賽中，勝30場，敗10場，還要比賽10場，問還要比賽多少場，才能達到勝率80%的標準？　(A)無須再勝　(B)5場　(C)8場　(D)需要全勝。

( )　7. 一本書的標價比建議售價少30%，愛麗絲在50週年特價時，以標價的一半購得此書。請問愛麗絲所付的錢是建議售價的＿＿＿＿＿%？　(A)25　(B)30　(C)35　(D)60。

( )　8. 某一列捷運行駛途中要穿越一隧道，已知捷運每小時速度為40公里，捷運全長為200公尺，隧道長5公里，則從捷運車頭進入隧道開始計時，到捷運車尾離開隧道，共花費多久時間？　(A)1,028秒　(B)468秒　(C)918秒　(D)1,168秒。

( ) 9. 在1994年時，聰哥的年齡是他祖母的一半，而聰哥和他祖母出生年份的和為3838。請問聰哥在1999年時是幾歲？（此處年齡指的是足歲）(A)48歲 (B)49歲 (C)53歲 (D)55歲。

( ) 10. 我住在老王的公司和城市之間的某個地方，老王的公司位於城市和機場之間，所以： (A)老王的公司到我住處的距離比到機場要近 (B)我住在老王的公司和機場之間 (C)我的住處到老王公司的距離比到機場要近 (D)我的住處到老王公司的距離比到城市要近。

( ) 11. 有甲乙丙丁戊五人，已知甲不是最年長，戊不是最年幼，且甲的年紀比丙大，則其年齡大小為： (A)甲＞乙＞丁＞戊＞丙 (B)乙＞甲＞戊＞丙＞丁 (C)乙＞戊＞丙＞甲＞丁 (D)乙＞甲＞丙＞丁＞戊。

( ) 12. 「要不是謝安真原諒了溫瑞凡，溫瑞萱一定會控告黎微恩」表示： (A)謝安真沒有原諒溫瑞凡 (B)溫瑞凡和黎微恩是一夥的 (C)溫瑞萱喜歡謝安真 (D)謝安真原諒了溫瑞凡，而溫瑞萱沒有控告黎微恩。

( ) 13. 「要不是柏融大王挺身而出，桃猿隊也不會贏球」可以推論： (A)如果柏融大王沒有挺身而出，桃猿隊就不會贏球 (B)柏融大王喜歡挺身而出 (C)桃猿隊一直輸球 (D)柏融大王挺身而出，而桃猿隊贏球了。

( ) 14. 大寶、二寶、小寶三人比賽賽跑，比賽完畢有人問他們比賽的結果。大寶說：「我是第一。」；二寶說：「我是第二。」；小寶說：「我不是第一。」實際上，他們之中有一個人說謊。請問真實比賽結果是？ (A)大寶第一、二寶第二、小寶第三 (B)二寶第一、大寶第二、小寶第三 (C)大寶第一、小寶第二、二寶第三 (D)小寶第一、大寶第二、二寶第三。

( ) 15. 四位藝人分別在唱歌、跳舞、化妝和拍戲。如果甲不在唱歌也不在拍戲；乙不在化妝也不在唱歌；如果甲不在化妝，那麼丙就不在唱歌；丁不在拍戲也不在唱歌；丙不在拍戲也不在化妝。請問正在拍戲的是誰？ (A)甲 (B)乙 (C)丙 (D)丁。

解答與解析（答案標示為 # 者，表官方曾公告更正該題答案。）

1. **C**。設答對x題、沒作答y題、答錯25－x－y題

$$4x-(25-x-y)=73$$

$$5x+y=98$$

x最大為19題。

2. **D**。$4\times2\times2=16$（張）。

3. **A**。設原數為x

$$\frac{x-9}{3}=43\Rightarrow x=138$$

$$\frac{138-3}{9}=15$$

4. **A**。$42\times\dfrac{5}{7}=30(km)$

5. **C**。$\dfrac{15-2}{1.5}=8.666$

$9+1=10$（天）。

6. **D**。設需再勝x場可達80%

$$\frac{30+x}{40+x}=80\%$$

$$\Rightarrow30+x=32+0.8x$$

$$\Rightarrow0.2x=2$$

$$\Rightarrow x=10$$

故知需再勝10場。

7. **C**。設建議售價x元

$$\frac{0.7x\cdot0.5}{x}=0.35$$

8. **B**。$40(\dfrac{km}{hr})=11.11(\dfrac{m}{s})$

$$\frac{5200}{11.11}=468(s)$$

9. **D**。設聰哥出生年份為x年、祖母出生年份為3838－x年

$$1994-x=\frac{1}{2}(1994-3830+x)$$

$$1994-x=-918+\frac{1}{2}x$$

$$\Rightarrow\frac{3}{2}x=2912$$

$$\Rightarrow x=1941.33$$

x算出非整數，此題題目似乎有問題。

10. **C**。 由示意圖知，我的住處到老王公司的距離比到機場要近

機場	老王的公司	我	城市

11. **B**。 此題需由選項中挑選，只有(B)符合條件。

12. **D**

13. **D**

14. **C**。 若大寶說謊，則小寶也說謊
故知二寶說謊，真實比賽結果為大寶、小寶、二寶。

15. **B**。 甲→跳舞、化妝
乙→跳舞、拍戲
丙→唱歌
丁→跳舞、化妝
由題目條件知乙在拍戲。

108年臺北捷運新進司機員

( )　1. 捷運花開-富貴線與錦繡-家園線可在圓滿站轉乘。圓滿站的候車月台設置是地下一樓東側往富貴、西側往錦繡,地下二樓東側往花開、西側往家園。王先生要從花開到家園,當他搭乘捷運到達圓滿站時,下列何種方式可以順利到達?　(A)同班車繼續搭乘　(B)下車到同一樓另一側月台搭車　(C)下樓到東側月台搭車　(D)下樓到西側月台搭車。

( )　2. 捷運環狀線分成左和右兩個相反方向繞行。從A站到B站,如果搭左線,上車後要在第6站下車,如果搭右線,上車後要在第12站下車,全線共有幾站?　(A)12　(B)17　(C)18　(D)19。

( )　3. 以時速35公里開車從家裡到公司要花40分鐘,如果騎機車時速是50公里,需時幾分鐘?　(A)約28　(B)約38　(C)約48　(D)約58。

( )　4. 依據「行政組負責經費管控,而接待組負責公關文宣」,何者正確?　(A)行政組負責經費管控或公關文宣　(B)接待組負責經費管控和公關文宣　(C)行政組不負責公關文宣　(D)接待組不負責經費管控。

( )　5. 甲、乙、丙三兄弟。甲說:「我排行第二」、乙說:「我不是老二」、丙說:「我不是老大」。事實上他們都沒說實話,誰是老么?　(A)甲　(B)乙　(C)丙　(D)無法確定。

( )　6. 一個平衡的天平,左邊有兩個相同的木塊,右邊有4個相同的砝碼。一個木塊的重量是幾個砝碼?　(A)半個　(B)1個　(C)2個　(D)4個。

( )　7. 一排新建的樓房。紅色大門那一棟從前面數過去和從後面數過去都是第8棟。這一排樓房共有幾棟?　(A)8　(B)15　(C)16　(D)17。

( )　8. 家裡每個月的支出中三成是交通、七成是飲食。因物價上漲，如果交通支出增加12%、飲食支出增加2%，總支出會增加多少？　(A)2% (B)5%　(C)7%　(D)12%。

( )　9. <2, 6>、<5, 15>、<7, 21>、<○, 27>。○是多少？
　　　(A)5　(B)6　(C)8　(D)9。

( )　10. 森林裡的精靈永遠說真話而女巫永遠講假話，白雪公主遇到甲、乙兩人，甲說：「我們兩人之中恰有一個女巫」。請問下列何者一定正確？　(A)甲是精靈　(B)甲是女巫　(C)乙是精靈　(D)乙是女巫。

( )　11. 以下何者可以反駁「減肥的人都喜歡吃蔬菜水果」的說法？
　　　(A)減肥的人都不喜歡吃蔬菜水果
　　　(B)減肥中的大祥就不喜歡吃蔬菜水果
　　　(C)吃蔬菜水果對減肥的人有好處
　　　(D)吃蔬菜水果對正在減肥的大祥有好處。

( )　12. 根據「兒童都是天真的」、「天真的人沒有畏懼」、「沒有畏懼的人很強大」、「青少年也都沒有畏懼」，以下何者錯誤？　(A)兒童很強大　(B)青少年很強大　(C)青少年是天真的　(D)小明有畏懼，所以他不是兒童。

( )　13. 否定「小櫻會魔法，而李小狼會道術」的意思是？
　　　(A)如果小櫻不會魔法，那麼李小狼就不會道術
　　　(B)如果李小狼不會道術，那麼小櫻就不會魔法
　　　(C)小櫻不會魔法，而且李小狼不會道術
　　　(D)不是小櫻不會魔法，就是李小狼不會道術。

( )　14. 鳥之於飛機，就如魚之於什麼？　(A) 天空　(B)水　(C)船　(D)潛水艇。

( )　15. 根、花、果實、種子。何者與其他三者最不相同？　(A)根　(B)花 (C)果實　(D)種子。

( )　16. 魯夫和他的小夥伴們想買10杯奶茶在旅行中飲用，鄂霍的店全面8折，萊姆的店買三送一，怎麼買最便宜？　(A)都在鄂霍的店買　(B)都在萊姆的店買　(C)鄂霍的店買2杯，萊姆的店買6杯　(D)鄂霍的店買6杯，萊姆的店買3杯。

( )　17. 一條長480公尺的地下道，原本只在出入口各裝設一盞緊急照明燈，現在要每隔40公尺裝設一盞，總共要加裝幾盞？　(A)10　(B)11　(C)12　(D)13。

( )　18. 有一個數加8再除以3是22，這個數是多少？　(A)10　(B)42　(C)58　(D)74。

( )　19. 森林裡的實猴永遠說真話而虛猴永遠講假話。迷路的王子在岔路口遇到兩隻猴子，只知道其中一隻是實猴一隻是虛猴，但無法分辨誰是誰。他該如何問才能知道哪一條路是安全的？　(A)問什麼都不可能知道哪一條路是安全的。　(B)請你們之中的實猴告訴我哪一條路是安全的？　(C)請你們兩人都告訴我哪一條路是安全的？　(D)如果你去問對方哪一條路是安全的，他會說是哪一條呢？

( )　20. 依據「卡通人物都可以飛簷走壁，而他們的作者則不行」，以及「喜德是奧斯雷創造的卡通人物」，何者正確？　(A)喜德可以飛簷走壁，而奧斯雷也可以　(B)喜德可以飛簷走壁，但奧斯雷不行　(C)喜德無法飛簷走壁，而奧斯雷也不行　(D)喜德無法飛簷走壁，但奧斯雷可以。

解答與解析（答案標示為＃者，表官方曾公告更正該題答案。）

1. **D**

2. **C**。依題目語意搭乘那站應不算，目的站重複計算，故總共站6+12+1-1=18（站）。

3. **A**。$\dfrac{35 \times 40}{50}$=28（分）。

4. **A**

5. **A**。依題意三人均說謊，
　　乙說：「我不是老二」→「乙為老二」
　　丙說：「我不是老大」→「丙為老大」
　　故知甲為老么。

6. **C**。一個木塊的重量恰為2個砝碼。

7. **B**。8+8-1=15(棟)。

8. **B**。0.3×1.12+0.7×1.02-1=0.336+0.714-1=0.05=5%
　　故知總支出會增加5%。

9. **D**。<,>中前數為後數的$\frac{1}{3}$，故知○應填入9。

10. **D**。若甲為精靈，因精靈說真話，故乙為女巫
　　若甲為女巫，因女巫說假話，故乙為女巫
　　故知乙為女巫。

11. **B**。減肥中的大祥就不喜歡吃蔬菜水果為
　　「減肥的人都喜歡吃蔬菜水果」的反例。

12. **C**。「天真的人沒有畏懼」→「沒有畏懼未必為天真的人」
　　青少年未必是天真的。

13. **D**

14. **D**。潛水艇在水中行走，故選(D)。

15. **A**。花、果實、種子均為植物生殖器官。故知根與其他三者最不相同。

16. **C**。3的倍數杯在萊姆的店買，零買在鄂霍的店買最便宜，故
　　鄂霍的店買2杯，萊姆的店買6杯。

17. **B**。$\frac{480}{40}$-1=11（盞）。

18. **C**。$\frac{x+8}{3}$=22⇒x=58。

19. **D**

20. **B**。喜德（卡通人物）可以飛簷走壁，但奧斯雷（作者）不行。

108年臺中捷運工程員／副站長

( )　1. 圓周上取n個相異點，任兩點用一線段來接起來，可把圓切割成最多 f（n）個區域，譬如，f（2）=2，f（3）=4，f（4）=8，f（5）=16，則，f（6）=　(A)31　(B)32　(C)33　(D)34。

( )　2. 有12支球隊比賽，要決定出冠軍隊（最強的一隊）成為國家代表隊。若每天只安排一場，讓兩支球隊比賽來得出強弱，問至少要比幾天就可以決定出冠軍？　(A)14　(B)13　(C)12　(D)11。

( )　3. 電腦Google搜尋螢幕上的縮放，若選用放大倍率是200%，則原來（100%）的圖形會放大幾倍？
(A)線條長度會變成原來的4倍
(B)長方形之面積變成原來的2倍
(C)三角形的高會變成原來的2倍
(D)圓形或橢圓形之面積變成原來的2倍。

( )　4. a,b,及c三個字母共有6種排列的方式：abc,acb,bac,bca,cab,cba。若現有 a,i,m,y,o,n六個字母，則共有幾種排列的方式？
(A)12　　　　　　　　　　　(B)216×216
(C)720　　　　　　　　　　(D)120。

( )　5. 甲、乙、丙、丁四個人賽跑。
甲：「我跑完的時候，乙已經先跑完了。」
乙：「我比丙早到終點。」
丙：「我不是最後一個到終點的，」
丁：「我跑完的時候，還有一個人沒跑完。」
到達先後的順序為：
(A)乙丙丁甲　　　　　　　　(B)乙丁丙甲
(C)丙乙甲丁　　　　　　　　(D)乙甲丁丙。

( )　6. 某班學生有50人，數學成績全班平均80分（個人成績只能是正整數，滿分100分），超過80分（包含80分）的學生至少有幾人？　(A)3　(B)5　(C)10　(D)25。

( )　7. 數列2,4,7,○,16,22,…。依照規律，○是多少？　(A)10　(B)11　(C)12　(D)13。

( )　8. 大寶吃1/8個蛋糕，二寶吃剩下的1/7，三寶再吃剩下的1/6，誰吃的比較多？　(A)大寶　(B)二寶　(C)三寶　(D)一樣多。

( )　9. 請觀察以下圖形規律，並推論？中符合邏輯的圖形：

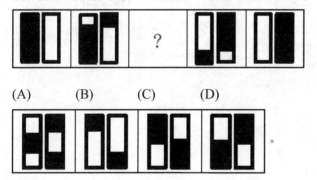

( )　10. 萬聖節時有若干顆糖果分發給小朋友，若每個小朋友分4顆，則剩下18顆，若每個小朋友分6顆，則不夠12顆。請問小朋友有多少人？　(A)14　(B)15　(C)16　(D)17。

( )　11. 主管帶了三名組員參加捷運公司舉辦的大數據競賽得了獎，主管分到了兩份獎金，其餘的組員各得到一份獎金，請問組員共得到幾份獎金？　(A)1/5　(B)3/5　(C)1/4　(D)3/4。

( )　12. 有一個捷運工程，若請30個工人來做需要72天才能完工，假設希望工程能在60天完工，則要請多少工人？　(A)34　(B)36　(C)38　(D)40。

解答與解析（答案標示為＃者，表官方曾公告更正該題答案。）

1. **A**。此題需實際作圖才可得到正確答案，上半部15區域，下半部15區域，中間還有一區塊，共計31個區域。

2. **D**。設比賽為單淘汰制，共需6+3+1+1=11（場）。

3. **C**。放大倍率200%線段會變2倍，故三角形的高會變成原來的2倍。

4. **C**。6!=720

5. **A**。乙＞甲，乙＞丙，丙非最後，丁第三，可推得乙丙丁甲。

6. **A**。假設100分有x人，其餘為79分；平均80分可得

$$\frac{100x + 79(50 - x)}{50} = 80 \Rightarrow 21x=50 \Rightarrow x=2.38$$

故80分以上至少3人。

7. **B**。

$$\begin{array}{ccccc} & \mathbf{7} & & \mathbf{11} & \\ 2 & 4 & 7 \bigcirc & 16 & 22 \\ & \mathbf{5} & & \mathbf{9} & \end{array}$$

○=4+7=11

8. **D**。大寶=$\frac{1}{8}$

二寶=$\frac{7}{8} \times \frac{1}{7} = \frac{1}{8}$

三寶=$\frac{6}{8} \times \frac{1}{6} = \frac{1}{8}$

故知三人吃一樣多。

9. **D**。左圖黑色部分變少，右圖黑色部分變多故選(D)。

10. **B**。設小朋友有x人，
4x+18=6x-12⇒x=15（人）。

11. **B**。組員有3人，共得到$\frac{3}{5}$份獎金。

12. **B**。30×72=x・60⇒x=36（人）。

108年臺中捷運站務員／技術員

( )　1. 售票員在計算總票價時，誤將173元看成143元，而得到的總金額是1644元，則正確的總金額應為多少？　(A)1501　(B)1614　(C)1674　(D)1817。

( )　2. 姊姊三年前24歲，姊姊比妹妹多6歲，六年前妹妹幾歲？　(A)12　(B)15　(C)18　(D)21。

( )　3. 一隻蝸牛爬牆壁，白天牠可以往上爬7公尺，但是到了夜晚牠就會下滑4公尺，若已知牆壁高11公尺，則蝸牛在第幾天可以爬上牆壁頂端？　(A)3　(B)4　(C)5　(D)6。

( )　4. 信用卡紅利獲得的方式是每消費1元可以獲得紅利點數1點，如果每4000點紅利可以換取200元的現金回饋。請問現金回饋比例相當於_____%。　(A)1%　(B)2%　(C)4%　(D)5%。

( )　5. 在鏡子裡呈現時間如圖所示，請問現在時間為何？
(A)09點10分
(B)09點50分
(C)10點10分
(D)10點50分。

( )　6. 台灣計程車每輛限乘客4名，黃家15人一同外出，應租計程車幾輛？
(A)2輛　(B)3輛　(C)4輛　(D)5輛。

( )　7. 有一隻手錶，照進價加三成六做定價，配合父親節促銷活動，打八八折賣得2992元，這隻手錶的進價是多少元？　(A)2500　(B)2600　(C)2700　(D)2800。

( )　8. 公務員退休「八五制」指的是任職滿廿五年申請自願退休，須年滿六十歲以上，或是任職年資超過卅年以上申請自願退休，其中「八五制」計算方式：年齡+工作年資=85，小傑的媽媽從27歲開始工作，期間工作年資不間斷，若要符合「八五制」申請退休，共需要工作多少年？　(A)25　(B)27　(C)29　(D)30。

( )　9. 小明想要到超商買兩瓶可樂，發現A超商可樂第二件6折，B超商兩件8折，請問下列何者敘述正確？
(A)A超商較便宜　　　　　　　(B)B超商較便宜
(C)各買一瓶較便宜　　　　　　(D)兩間售價相同。

( )　10. 有杯120克的食鹽水濃度10%，希望能夠讓這杯食鹽水的濃度降到6%，請問要加多少克的純水？　(A)50克　(B)60克　(C)70克　(D)80克。

( )　11. 停車場的收費標準是第1小時40元（不足1小時以1小時計），第2小時起每半小時15元（不足半小時以半小時計）。小光在上午10時40分開車進停車場，下午1時56分離場，請問他應該要付多少錢？
(A)100　　　　　　　　　　　(B)115
(C)120　　　　　　　　　　　(D)16。

( )　12. 將一張正方形色紙，按圖(一)→圖(二)→圖(三)的步驟共對摺三次，如圖示：

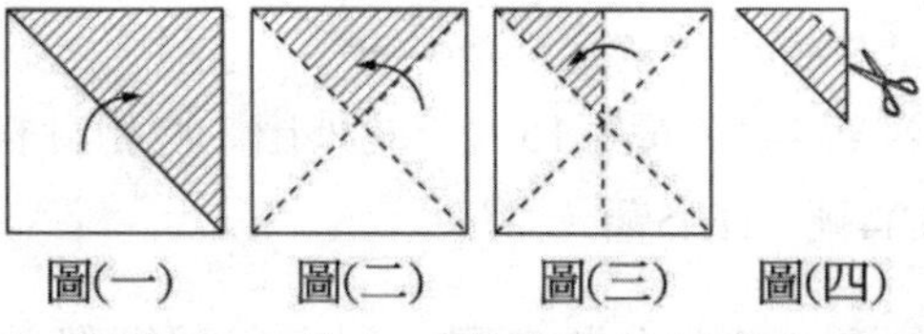

圖(一)　　　圖(二)　　　圖(三)　　　圖(四)

今若將圖(三)的色紙剪掉一等腰直角三角形，如圖(四)，再展開色紙，則會呈現出下列哪一個圖形？

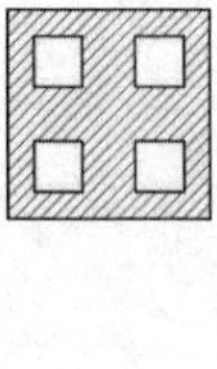

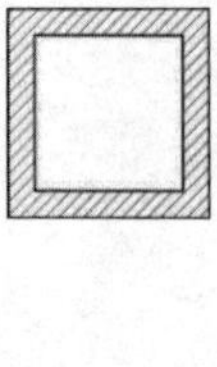

( )　13. 有糖果若干顆分發給小朋友。若每人分3顆，則剩下20顆；若每人分5顆，則不足20顆。請問有多少糖果？　(A)65　(B)70　(C)75　(D)80。

( )　14. 郵局寄送包裹資費表如下：

重量	地區名稱		
	1.台灣本島同縣市內互寄 2.台北市、新北市與基隆間互寄 3.各外島島內互寄	台灣本島不同縣市（南沙地區、東沙地區）互寄	台灣本島、澎湖地區、金門地區、馬祖地區、東引地區、烏坵地區、綠島地區、蘭嶼地區、琉球地區間互寄
不逾5公斤	70	80	100
逾5公斤 不逾10公斤	90	100	125
逾10公斤 不逾15公斤	110	120	150
逾15公斤 不逾20公斤	135	145	180

資料來源：中華郵政全球資訊網國內包裹資費表

今天小毅從台北寄一13公斤的包裹到高雄的家，共需郵資多少元？
(A)100　(B)110　(C)120　(D)145。

( )　15. 匯率變動是貨幣對外價值的上下波動，在金融制度下貨幣匯率隨時常依供給需求關係而產生變化，下表為台灣銀行公告的日幣匯率表：

日圓（JPY）現金匯率	買入	賣出
2019/09/09	0.2829	0.2957
2019/09/10	0.2816	0.2944
2019/09/11	0.2802	0.2930
2019/09/12	0.2874	0.2912

註：上表中的買入匯率0.2829，表示台灣銀行買入1日圓=0.2829新台幣。上表中的賣出匯率0.2957，表示台灣銀行用1日円=0.2957新台幣的匯率賣日幣給你。

資料來源：台灣銀行

阿祥安排在中秋節到日本京都旅遊，於2019/09/11帶了新台幣50,000元到台灣銀行買日幣，請問他能買多少円日幣？（無條件捨去法求至整數位）　(A)14,010　(B)14,650　(C)178,443　(D)170,648。

(　)　16. 阿雄射五枝飛標，其分數只有三種，5、3、1分，則他的總分有幾種可能？　(A)8　(B)9　(C)10　(D)11。

解答與解析（答案標示為 # 者，表官方曾公告更正該題答案。）

1. **C**。　正確金額多30元為1674元。

2. **B**。　27-6-6=15（歲）。

3. **A**。　第一天白天距地7公尺，第一天晚上距地3公尺。第二天白天距地10公尺，第二天晚上距地6公尺。第三天白天到達牆壁頂端。

4. **D**。　$\dfrac{200}{4000}$=5%

5. **B**。　時鐘裡圖像左右顛倒，可知正確時間為09點50分。

6. **C**。　15人一同外出，應租4輛計程車。

7. **A**。　x・1.36・0.88=2992
　　　⇒x=2500(元)。

8. **C**。　設工作30年30+57=87＞85。
　　　符合八五制，故知需要工作30年。

9. **D**。　兩間可樂售價相同。

10. **D**。　$\dfrac{12}{120+x}=\dfrac{6}{100}$⇒1200=720+6x
　　　⇒x=80(g)

11. **B**。　小光停了3小時16分，共需停車費40+15×5=115（元）。

12. **D**。　

13. **D**。　設小朋友x人，3x＋20＝5x－20⇒2x＝40⇒x＝20（人），糖果80顆。

14. **C**。　查表知共需郵資120元。

15. **D**。　查表得9/11賣出匯率為0.2930，可換得日幣$\dfrac{50000}{0.293}＝170648$円。

16. **D**。　1,1,1,1,1　**5**
　　　　1,1,1,1,3　**7**
　　　　1,1,1,3,3　**9**
　　　　1,1,3,3,3　**11**
　　　　1,3,3,3,3　**13**
　　　　3,3,3,3,3　**15**
　　　　1,1,5,5,5　**17**
　　　　1,5,5,5,5　**21**
　　　　5,5,5,5,5　**25**
　　　　1,3,5,5,5　**19**
　　　　3,5,5,5,5　**23**
　　　　總分共有11種可能。

NOTE

109年桃園捷運新進人員（第一次）

( )　1. 阿信、阿光、小謙不聽師長勸告，仍在學校玩著棒球遊戲，結果將窗戶弄破了，三位目擊證人證詞如下：甲：阿信弄破的或小謙弄破的；乙：不是阿信弄破的且不是阿光弄破的；丙：不是一個人單獨弄破的。在老師的調查之下發現甲所言屬實，乙、丙兩人說謊。試問窗戶究竟是誰打破的？　(A)阿信　(B)阿光　(C)小謙　(D)此三人以外的人弄破的。

( )　2. 甲、乙、丙三人獨立工作，一段時間過後，甲說：「我做完了」，乙說：「甲沒做完」，丙說：「我做完了」，廠長聽到他們的話並看完他們的工作後說：「你們三個中有一個人做完了，有一個人說謊」，請問以下推論何者正確？　(A)甲做完了　(B)乙做完了　(C)丙做完了　(D)乙說謊。

( )　3. 白醋用於消毒的語句邏輯關係與下列何者最接近？　(A)熱水器用於加熱　(B)汽油用於去漬　(C)白糖用於調味　(D)靈芝用於滋補。

( )　4. 某間男女比例相當的公司，有研發部、行銷部、財務部三個部門，行銷部人數多於研發部，而在財務部中，女性多於男性，請問以下推論何者正確？　(A)行銷部男性多於研發部女性　(B)研發部男性少於行銷部女性　(C)研發部女性少於行銷部女性　(D)行銷部男性少於研發部男性。

( )　5. 某位流行病學專家分析2019新型冠狀病毒傳染模型，此模型假設開始傳染第x天，感染人數為y人，x與y的關係式為$y = 1000 + 3600x - 20x^2$，則這一次的冠狀病毒疫情將在第幾天感染的人數達到最高峰？　(A)40天　(B)65天　(C)90天　(D)120天。

( )　6. 有一個長方形的花圃，長寬比例為3：2，且花圃的周長為30公尺，請問花圃的短邊長度為多少公尺？　(A)4公尺　(B)5公尺　(C)6公尺　(D)7公尺。

(　) 7. 某捷運列車共有5節車廂，現今打算挑選2個車廂作為友善車廂，請問有幾種挑選結果？　(A)6種　(B)8種　(C)10種　(D)12種。

(　) 8. 哥哥與弟弟的手裡各有一筆錢，如果哥哥給弟弟50元，兩人手裡的金額便相同，但反過來，如果弟弟給哥哥50元，那麼哥哥手裡的金額會是弟弟的兩倍，請問哥哥原本有多少錢？　(A)350元　(B)400元　(C)450元　(D)500元。

(　) 9. 阿桃閱讀一本小說，第一天讀了全部的1/7，第二天讀剩下的2/5，第三天將剩下的讀完。已知第二天讀了168頁，則這本小說共有幾頁？　(A)325頁　(B)380頁　(C)420頁　(D)490頁。

(　) 10. 「蘋果比水蜜桃便宜」、「我的錢不夠買兩斤蘋果」，請問以下推論何者正確？　(A)我的錢夠買一斤蘋果　(B)我的錢夠買一斤水蜜桃　(C)我的錢不夠買一斤水蜜桃　(D)我的錢可能夠也可能不夠買一斤水蜜桃。

(　) 11. 在感冒流行期間，感冒的人有7成5會戴口罩，沒感冒的人有1成5會戴口罩。假設在捷運車廂中40人有18人戴著口罩，則有多少人有感冒卻沒戴口罩？　(A)4人　(B)5人　(C)12人　(D)13人。

(　) 12. 「如果甲出席，那麼乙也出席」，請問以下推論何者正確？　(A)如果乙不出席，那麼甲也不出席　(B)如果乙出席，那麼甲也出席　(C)如果甲不出席，那麼乙也不出席　(D)只有甲出席，乙才出席。

(　) 13. 日前桃捷公司舉辦路跑大賽，阿桃在距離終點前追過第四名，請問他是第幾名？　(A)第二名　(B)第三名　(C)第四名　(D)第五名。

(　) 14. 某部門「服務態度好」的員工有10人，「工作效率佳」的員工有5人，具備上述條件之一者將接受表揚，請問該部門所表揚的員工人數為幾人？　(A)恰5人　(B)5至10人　(C)10至15人　(D)恰15人。

(　) 15. 阿捷家到公司的距離為12.9公里，他每天開車上下班。已知他的汽車每公升汽油可以跑8.6公里，而現在汽油1公升價格為24.5元，請問阿捷一天花費的油錢為多少元？　(A)73.5元　(B)75元　(C)77.5元　(D)80元。

解答與解析（答案標示為＃者，表官方曾公告更正該題答案。）

1. **A**。敘述修改如下：
   甲：阿信弄破的或小謙弄破的
   乙：阿信弄破的或阿光弄破的
   丙：一個人單獨弄破的
   故選(A)。

2. **C**。由對話可推知甲沒做完、丙做完了，故選(C)。

3. **B**。去漬與消毒語意較為接近。

4. **A**。若行銷部人數最多→行銷部男性較多，研發部女性較多；若財務部人
   數最多→行銷部男性較多，研發部男性較多，故選(A)。

5. **C**。$y'=3600-40x=0 \Rightarrow x=90$（天）。

6. **C**。短邊$=15\times\dfrac{2}{5}=6(m)$

7. **C**。$C_2^5=10$（種）

8. **A**。設哥哥原有x元、弟弟原有y元
   $$\begin{cases} x-50=y+50 \\ x+50=2(y-50) \end{cases} \Rightarrow \begin{matrix} x-y=100 \\ x-2y=-150 \end{matrix} \Rightarrow y=250, x=350$$

9. **D**。第二天讀$\dfrac{6}{7}\times\dfrac{2}{5}=\dfrac{12}{35}$，共計168頁，

   故知全書有$\dfrac{168}{\frac{12}{35}}=490$（頁）。

10. **D**。正確推論為我的錢不夠買兩斤水蜜桃，
    我的錢可能夠也可能不夠買一斤水蜜桃。

11. **B**。設感冒x人、沒感冒y人
    $$\begin{cases} x+y=40 \\ 0.75x+0.15y=18 \Rightarrow 5x+y=120 \end{cases} \Rightarrow 4x=80 \Rightarrow x=20, y=20$$

    $20\times0.25=5$（人）。

12. **A**。若A即B，則非B即非A。

13. **C**。追過第四名則她當第四名。

14. **C**。 如下圖所示，A∪B介於10~15之間
【A集合】、【B集合】分別為獨立的【集合】

【A集合】包含【B集合】

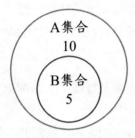

15. **A**。 $\dfrac{12.9 \times 2}{8.6} \times 24.5 = 73.5$（元）。

NOTE ....
....
....
....
....
....
....
....

109年桃園捷運新進人員（第二次）

( )　1. ＿＿＿＿＿之於冬天，好像楓葉之於＿＿＿＿＿？
(A)櫻花...夏天　　　　　　　(B)秋天...太陽花
(C)夏天...秋天　　　　　　　(D)梅花...秋天。

( )　2. 某一家商店為出清存貨不惜賠本，售價為成本的75折，每賣一件賠本90元。請問商家當初進貨成本為多少元？　(A)320　(B)340　(C)360 (D)380。

( )　3. 「天藍叢蛙是有毒的」、「有毒的青蛙都很鮮豔」，請問以下推論何者正確？
(A)鮮豔的青蛙都有毒　　　(B)只有有毒的青蛙是鮮豔的
(C)只有天藍叢蛙是有毒的　(D)天藍叢蛙很鮮豔。

( )　4. 3個盤子上一共有36顆櫻桃，如果第一盤上拿6顆到第二盤，再從第二盤拿4顆到第三盤，此時3盤上的櫻桃數量就相等了。求原來第一盤裡有幾顆櫻桃？　(A)14　(B)16　(C)18　(D)20。

( )　5. 如圖，由A出發沿著路徑走到B，但各點至多只能經過一次，求共有幾種走法？（例如：A→D→B，是其中一種走法）
(A)3　　　　　　　　(B)4
(C)5　　　　　　　　(D)6。

( )　6. 有甲、乙、丙三個保險箱，其中一個保險箱內有黃金。每個保險箱上寫有一句，甲保險箱：「黃金在這」，乙保險箱：「黃金不在這」，丙保險箱：「黃金不在甲保險箱」，已知以上三句中，只有一句是真。問黃金放在那個保險箱中？　(A)甲　(B)乙　(C)丙　(D)皆不可能。

( )　7. 「甲、乙兩人至少有一人獲獎」為偽，則下列哪個選項必然為真？
(A)甲、乙兩人至少有一人獲獎　　(B)甲、乙兩人都獲獎
(C)甲、乙兩人都沒獲獎　　　　　(D)甲沒獲獎或者乙沒獲獎。

（　）│　8. 全班15位學生的身高平均為150分，若排除甲生不列入計算的話，班上同學的身高平均為151。請問甲生的身高為多少？　(A)136　(B)138　(C)140　(D)142。

（　）│　9. 鉛筆之於_____，好比_____之於板擦？
(A)蠟筆/老師　　　　　　　　(B)橡皮擦/粉筆
(C)釘書機/板擦機　　　　　　(D)筆芯/粉筆。

（　）│　10. 下列4選項恰連成一句話，哪一選項不適合？
(A)春節假期間　　　　　　　　(B)離鄉在外的遊子們
(C)都兵荒馬亂　　　　　　　　(D)回家團聚。

（　）│　11. 長400公尺的跑道，從起點開始，每隔8公尺插一枝旗子，每隔30公尺站一位衛兵。如果起點有旗子和衛兵，下一個同時有旗子和衛兵的地點距離起點多少公尺？　(A)40公尺　(B)60公尺　(C)100公尺　(D)120公尺。

（　）│　12. 已知 $9999 = 9 \times 11 \times 101$，若將 $\dfrac{7}{101}$ 化為循環小數，則小數點以下第2010位數字為何？　(A)0　(B)3　(C)6　(D)9。

（　）│　13. 桃園捷運公司舉行尾牙晚會，參加的女生占全部人數的62%，只知參加的男生比女生少456人，請問參加男生有幾人？　(A)696　(B)722　(C)831　(D)875人。

（　）│　14. 請仔細閱讀「大江東去千古風流人物來浪淘盡」，句中字未依順序排列，並有多餘的字，請把多餘的字找出來？　(A)去　(B)盡　(C)來　(D)東。

（　）│　15. 已知麵包店的麵包一個15元，小明去此店買麵包，結帳時店員告訴小明：「如果你再多買2個麵包就可以打八折，價錢會比現在便宜12元」，小明說：「我買這些就好了，謝謝。」根據兩人的對話，判斷結帳時小明買了多少個麵包？　(A)12　(B)15　(C)18　(D)21。

解答與解析（答案標示為＃者，表官方曾公告更正該題答案。）

1. **D**。梅花在冬天開花；楓葉在秋天變紅。

2. **C**。設成本為x元，0.25x＝90⇒x＝360（元）。

3. **D**。(A)鮮豔的青蛙不一定有毒。
   (B)沒有毒的青蛙也可能是鮮豔的。
   (C)不是只有天藍叢蛙有毒。

4. **C**。設第一盤a顆，第二盤b顆，第三盤c顆，可列出聯立方程式：

$$\begin{cases} a+b+c=36 \\ a-6=b+2=c+4 \end{cases} \Rightarrow a+(a-8)+(a-10)=36$$

$$\Rightarrow 3a=54 \Rightarrow a=18$$

5. **C**。A→B
   A→D→B
   A→C→B
   A→D→C→B
   A→C→D→B

6. **B**。甲保險箱修改為：「黃金不在這」，乙保險箱修改為：「黃金在這」，丙保險箱：「黃金不在甲保險箱」，故知丙為真；黃金在乙保險箱。

7. **C**。「甲、乙兩人都沒獲獎」為「甲、乙兩人至少有一人獲獎」之反例。

8. **A**。$150 \times 15 = 151 \times 14 + 甲 \Rightarrow 甲 = 136(cm)$

9. **B**。鉛筆之於橡皮擦，好比粉筆之於板擦。
   橡皮擦及板擦均為清除之工具。

10. **C**。兵荒馬亂為慌張的樣子，故不適合出現在句中。

11. **D**。$[8,30]=120$，取最小公倍數，故選(D)。

12. **C**。$\dfrac{7}{101}=0.\overline{0693}$，四個一組循環，故知小數點以下第2010位數字為6。

13. **B**。女生62%、男生38%，相差24%。

$$\frac{24}{100}x=456 \Rightarrow x=1900（人）\Rightarrow \frac{38}{100}x=722（人）。$$

14. **C**。 正確排列為：大江東去浪淘盡千古風流人物。
　　　來為多餘的字。

15. **A**。 設小明買了x個麵包
　　　$15x - 12 = 15(x+2) \times 0.8 = 12x + 24 \Rightarrow 3x = 36 \Rightarrow x = 12$（個）。

NOTE ....

109年臺北捷運新進隨車站務員

( )　1. 遊樂園每週一休園。四月份推出兒童優惠專案，凡12歲以下兒童，身分證字號末碼為奇數者，週三、五、日入園免費，身分證字號末碼為偶數者，週二、四、六入園免費。小明的身分證字號末碼為0，他在下列哪一天入園可以免費？　(A)週日　(B)週一　(C)週二　(D)每一天。

( )　2. 將「北捷台運」中的「北」和「台」對調後成「台捷北運」，再將「北」和「捷」對調就還原回「台北捷運」，共對調2次。將「運北捷台」還原成「台北捷運」至少要對調幾次？　(A)1　(B)2　(C)3　(D)6。

( )　3. 秘書結算時不小心把減1.73萬算成減1.93萬，得到結果是13.15萬，正確結果應該是多少？　(A)13.15萬　(B)12.95萬　(C)13.35萬　(D)13.55萬。

( )　4. 如使用悠遊卡搭乘捷運享有八折優惠。從小英站到小豪站票價是45元，使用悠遊卡會扣款幾元？　(A)35　(B)36　(C)40　(D)42。

( )　5. 小英、小豪、小惠三人相約一起吃午餐。小英買了240元的炒飯三人均分，小豪買了50元的水果與小惠均分，小惠買了70元的飲料與小英均分。小英可以拿回多少錢？　(A)55元　(B)70元　(C)125元　(D)160元。

( )　6. 園遊會時只有一個鍋子煮甜飲，每次煮一種。煮一鍋桂圓紅棗茶要35分鐘，煮一鍋木耳蓮子湯要55分鐘。總共煮了5鍋甜品，花了將近4小時。其中有幾鍋木耳蓮子湯？　(A)1　(B)2　(C)3　(D)4。

( )　7. 校慶時大家排成長方形做大會操，每排人數都一樣多，小王的位置是從右邊數過去的第5排，從左邊數過去的第4排，從前面往後面數是第6個，從後面往前面數是第5個。全部一共有多少人？　(A)80　(B)88　(C)90　(D)99。

( )　8. 一本書重200公克，一個水壺重0.9公斤。一個公事包比一個水壺重，但比一個水壺再加上三本書輕，一個公事包可能有多重？　(A)0.7公斤　(B)0.8公斤　(C)0.9公斤　(D)1.2公斤。

( )　9. 有A、B、C、D四個容器。已知D和半個A一樣大，也和2個B一樣大，也和4個C一樣大。哪一個容器的容量最小？　(A)A　(B)B　(C)C　(D)D。

( )　10. 某個天平組配有一個5克法碼和兩個2克法碼。請問以下那個質量是這個天平無法一次量出來的？　(A)1克　(B)3克　(C)6克　(D)7克。

( )　11. 庶務組18人選伴手禮，選鳳梨酥的有11人，選太陽餅的有15人，兩者都選的有9人。請問兩者都不選的有幾人？　(A)0　(B)1　(C)2　(D)3。

( )　12. 辦公室的鐘慢了，每61分鐘才會整點鐘響。從第1次到第8次鐘響之間經過了多少時間？　(A)7時7分　(B)7時8分　(C)8時7分　(D)8時8分。

( )　13. 小英帶500元去商店先買了一些日用品花掉300元，再買2杯咖啡後剩下100元。咖啡的價目表如下，小英買了什麼咖啡？

	熱		冰
	大杯	小杯	
拿鐵	55	45	50
美式	50	40	40

(A)冰美式和小杯熱拿鐵　　(B)小杯熱拿鐵和冰拿鐵
(C)大杯熱拿鐵和小杯熱拿鐵　(D)冰美式和大杯熱美式。

( )　14. 否定「夜市的的滷味不是很鹹，就是很油」的意思是　(A)夜市的的滷味既不鹹也不油　(B)夜市的的滷味很鹹也很油　(C)夜市的的滷味不鹹或是不油　(D)夜市的的滷味很鹹但是不油。

( )　15. 小英、小豪、小惠、小容四個人相約看電影。小英：「我比小容早到」，小豪：「我到的時候，還有一個人沒到」，小惠：「我到的時候，小英已經先到了」，小容：「我不是最後一個到的」。何者為他們四人到達的時間由先到後的排列。　(A)小英小容小豪小惠　(B)小英小容小惠小豪　(C)小容小英小豪小惠　(D)小容小豪小英小惠。

( )　16. 26個人圍成一圈報數，從小英開始依順時針數，小豪是第8個，從小惠開始依逆時針數，小豪也是第8個，那麼從小英開始依逆時針數到小惠是第幾個？　(A)10　(B)11　(C)12　(D)13。

( )　17. 小英和小豪同時從大門口到辦公室，小英跑了一半的路程而另一半用走的，小豪花一半的時間跑而另一半的時間走。如果兩人跑步和走的速度都相同，誰會先到休息室？　(A)小英　(B)小豪　(C)兩人同時到達　(D)不一定。

( )　18. 小英比小豪高，小豪比小惠高，小容比小惠高，小真比小英高。哪一個說法是錯的？　(A)小英比小惠高　(B)小真比小惠高　(C)小真最高　(D)小惠最矮。

( )　19. 小英、小豪、小惠三人比賽跑。小英說：「我是第一名」、小豪說：「我是第二名」、小惠說：「我不是第二名」。事實上他們三人都說謊，請問誰是第三名？　(A)小英　(B)小豪　(C)小惠　(D)無法確定。

( )　20. 小英、小豪、小惠、小容四人住在一棟六層樓房中，一人住一層還有兩層空屋。小英和小惠的上方只有一間空屋，小豪的下方有兩個空屋，小容住在小英的下面一層，以下何者一定錯？　(A)小英住三樓　(B)小惠住在小豪的下一層　(C)小豪住六樓　(D)小容與小豪差四層樓。

解答與解析（答案標示為＃者，表官方曾公告更正該題答案。）

1. **C**。小明身分證字號末碼為偶數，週二可免費入館。

2. **A**。將台和運對調即可，故只需對調一次。

3. **C**。結果應多0.2萬為13.35萬。

4. **B**。$45 \times 0.8 = 36$（元）。

5. **C**。請注意此題目語意有問題。

6. **C**。平均一鍋煮了 $\dfrac{4 \times 60}{5} = 48$ 分，故推得3鍋木耳蓮子湯2鍋桂圓紅棗茶平

　　均起來為 $\dfrac{55 \times 3 + 35 \times 2}{5} = \dfrac{165 + 70}{5} = 47$（分）。

7. **A**。由題意知隊伍有8行10列，故知全部有80人。

8. **D**。由題意知0.9(kg)<公事包<1.5(kg)，故公事包可能為1.2kg。

9. **C**。由題意知 $D = \dfrac{A}{2} = 2B = 4C$

　　故知C容器的容量最小。

10. **C**。5g及2g無法湊出6g。

11. **B**。至少選一種有 $11 + 15 - 9 = 17$（人）。

　　兩者都不選為 $18 - 17 = 1$（人）。

12. **A**。第1次到第8次間隔數為7，$61(\text{min}) \times 7 = 427(\text{min}) = 7(\text{hr})7(\text{min})$

13. **C**。大杯熱拿鐵和小杯熱拿鐵加起來為100元。

14. **A**

15. **A**。小豪：「我到的時候，還有一個人沒到」→故知小豪為第3。

　　正確順序為小英小容小豪小惠。

16. **D**。從小英開始依順時針數小惠為第15個。

　　從小英開始依逆時針數小惠為第 $26 + 2 - 15 = 13$ 個。

17. **B**。設跑的速度為u；走的速度為v

　　小英花的時間：$\dfrac{x}{u} + \dfrac{x}{v}$

　　小豪花的時間：$tu + tv = 2x \Rightarrow 2t = \dfrac{4x}{u+v}$

　　假設 $x = 2$，$u = 2$，$v = 1$

　　小英花的時間：$\dfrac{2}{2} + \dfrac{2}{1} = 3$（秒）。

小豪花的時間：$2t = \dfrac{4x}{u+v} = \dfrac{8}{2+1} \approx 2.67$（秒）。

故知小豪先到辦公室。

18. **C**。(C)依題意無法確認誰最高。

19. **A**。三人名次順序為小豪、小惠、小英。

20. **B**。繪出示意圖如下：

小豪小豪

■■

小英小惠

小容小英

小惠小容

■■

故知選項(B)錯誤。

NOTE

109年臺北捷運新進司機員

(　) 1. 依據「如果蝙蝠俠能打敗貓女，那麼羅賓就能打敗小丑」，何者正確？　(A)如果蝙蝠俠不能打敗貓女，那麼羅賓就不能打敗小丑　(B)貓女和小丑都被打敗了　(C)如果羅賓不能打敗小丑，那麼蝙蝠俠就不能打敗貓女　(D)如果蝙蝠俠不能打敗貓女，那麼羅賓就會被小丑打敗。

(　) 2. 小台、小北、小捷、小運四個人賽跑。小台：「我比小運早到終點」，小北：「我到終點的時候，還有一個人沒到」，小捷：「我到終點的時候，小台已經先到了」，小運：「我不是最後一個到終點的」。下列何者為他們四人到達的時間由先到後的排列。　(A)小台－小北－小捷－小運　(B)小台－小運－小捷－小北　(C)小運－小捷－小北－小台　(D)小台－小運－小北－小捷。

(　) 3. 「我喜歡紅燒或我不喜歡油炸」與下面那一句話相矛盾？　(A)我不喜歡紅燒但我喜歡油炸　(B)我不喜歡紅燒或我喜歡油炸　(C)如果我不喜歡紅燒，我就喜歡油炸　(D)以上三句都不矛盾。

(　) 4. 甲、乙、丙三人比賽跑。甲說：「我是第一名」、乙說：「我是第二名」、丙說：「我不是第二名」。事實上他們三人都說謊，請問誰是第一名？　(A)甲　(B)乙　(C)丙　(D)無法確定。

(　) 5. 將卡片 ⬤◐／◐◯ 逆時針旋轉90度後，會是下面哪一個圖形？

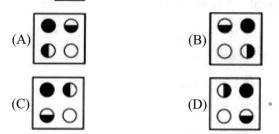

( )　6. 26個人圍成一圈報數，從甲開始依順時針數，乙是第8個，從丙開始依逆時針數，乙也是第8個，那麼從甲開始依逆時針數到丙是第幾個？(A)10　(B)11　(C)12　(D)13。

( )　7. 將2314中的2和1「對調」後成1324，再將2和3對調就「還原」回1234，共對調2次。將4231還原成1234至少要對調幾次？　(A)1　(B)2　(C)3　(D)6。

( )　8. 將1.200的數字中，2的倍數畫○，10的倍數打×，6的倍數畫△，下面哪一個數字上同時有3種記號？　(A)40　(B)80　(C)150　(D)160。

( )　9. 輝恩參加投籃比賽，在已經投出的8球中，投進了3球。下面哪一個情況，可以讓輝恩的進球率超過50％？
(A)繼續投到再投進1球　　　(B)繼續投到再投進2球
(C)再投4球，其中3球投進　　(D)再投5球，其中4球投進。

( )　10. 果園收成了一些蕃茄，第一天將全部的3/8賣到果菜市場，第二天又將剩下的2/5賣到傳統市場，最後剩下3480公斤，這些蕃茄原來有幾公噸幾公斤？　(A)23200　(B)17980　(C)13920　(D)9280。

( )　11. 科學博物館每日重複播放「星空奇觀」影片共8場次，片長1.25小時，每場次之間休息15分鐘，上午10時開始播放，第6場次播完後是什麼時候？　(A)下午6時45分　(B)下午7時　(C)下午8時45分　(D)下午9時45分。

( )　12. ●＋31＝□，□－▲＝48。已知□大約是90，「●＋▲」大約是多少？　(A)10　(B)20　(C)100　(D)110。

( )　13. ★÷6＝●…■。下面哪一個敘述錯誤？
(A)如果★是20，那麼●就是3
(B)不管★是多少，●都一定比6小
(C)如果●是5，■是4，那麼★就是34
(D)★、●和■可能都是0。

( )　14. 小王每天早上起床後，要花16分鐘盥洗、10分鐘換服裝、24分鐘吃早餐，出門前還要花8分鐘檢查公事包，最後要花30分鐘從家裡到公司。最晚到公司的時間是上午8時50分，他最晚幾點要起床？
　　　　(A)7時12分　　　　　　(B)7時18分
　　　　(C)7時22分　　　　　　(D)7時30分。

( )　15. 小珈和4位同伴一起去爬山，約好上午9時在登山口集合。小珈上午7時25分出門，花了1小時27分鐘到達登山口。以下有幾個同伴的說法是錯誤的？毅軒：我在上午9時到達登山口，我到的時候，小珈已經到了。玉澄：我在集合時間前10分鐘到達登山口，小珈比我還早到。明立：我遲到了5分鐘，我到的時候，小珈還沒到。　　(A)0　(B)1　(C)2　(D)3。

( )　16. 小蓮身上有320元，她本來想買5顆蘋果和40元的水蜜桃，結帳時發現錢不夠20元，一顆蘋果是多少元？　　(A)52　(B)56　(C)60　(D)68。

( )　17. 孫組長新家有3間相同大小的臥室和1間客廳要重新粉刷，每間臥室會用掉5/9桶油漆，客廳會用掉8/9桶油漆，粉刷這間房子最少要買幾桶油漆？　(A)2　(B)3　(C)4　(D)5。

( )　18. 美術館每週一休館。二月份推出新春優惠專案，凡身分證字號末碼為奇數者，週三、五、日免費入館，身分證字號末碼為偶數者，週二、四、六免費入館。小趙的身分證字號末碼為0，他在下列哪一天可以免費入館？
　　　　(A)週日　　　　　　　　(B)週一
　　　　(C)週二　　　　　　　　(D)每一天。

( )　19. 渡假飯店有2輛高鐵接駁專車，已知每日上午10時開出第一班，晚上7時開出最後一班。如果每輛車在每日皆發車5次，每次只發出一班車，每班車次平均間隔多少分鐘？　(A)18　(B)20　(C)54　(D)60。

( )　20. 熱咖啡每桶10公升750元、熱紅茶每桶20公升840元、冰紅茶每桶12公升540元，小錢買了1桶熱咖啡、2桶熱紅茶和1桶冰紅茶在運動會時販售。他的賣法是不限種類每杯皆賣30元，每杯的容量是300cc，全部賣完可以賺多少元？　(A)2840　(B)3210　(C)5640　(D)6180。

解答與解析（答案標示為 # 者，表官方曾公告更正該題答案。）

1. **C**

2. **D**。依敘述先後順序為：
    (1)小台先於小運
    (2)小北第三
    (3)小台先於小捷
    (4)小運非第四
    可得先後順序為小台、小運、小北、小捷。

3. **A**。矛盾為否定的意思。

4. **B**。(1)甲不是第一名
    (2)乙不是第二名
    (3)丙為第二名
    故知名次順序為乙、丙、甲。

5. **A**。逆時針旋轉90度後，會是

6. **D**。【補充觀念】
    先假設有五人，從甲順時針數第3個為乙，則從
    甲逆時針數第4個為乙。
    依題目所言，從甲順時針數第15個為丙，從甲逆
    時針數第13個為丙。

7. **A**。將1、4對調故至少需對調一次。

8. **C**。[2,6,10]＝30，150為30之倍數故同時有三種記號。

9. **D**。命中率為 $\dfrac{3+4}{8+5} = \dfrac{7}{13} > \dfrac{50}{100}$

10. **D**。設原有x公斤
    $$\dfrac{3}{8}x + \dfrac{5}{8} \times \dfrac{2}{5}x + 3480 = x \Rightarrow \dfrac{3}{8}x = 3480 \Rightarrow x = 9280(kg)$$
    本題題目應將「幾公噸」字樣刪除，修正為「這些蕃茄原來有幾公斤？」

11. **A**。 1.25(hr)×6＋15(min)×5＝7.5(hr)＋1(hr)15(min)＝8(hr)45(min)
故知播完時間為下午6時45分。

12. **C**。 ●＝59；▲＝42，故●＋▲≒100

13. **B**。 ●為商，故有可能大於6。

14. **C**。 16(min)＋10(min)＋24(min)＋8(min)＋30(min)
＝1(hr)28(min)
8(hr)50(min)－1(hr)28(min)＝7(hr)22(min)

15. **C**。 小珈8時52分到達登山口
玉澄：我在集合時間前10分鐘（8時50分）到達登山口，小珈比我還晚到。
明立：我遲到了5分鐘，我到的時候，小珈已到了。
故知玉澄及明立說法錯誤。

16. **C**。 設蘋果x元
5x＋40＝320＋20⇒x＝60（元）。

17. **B**。 $\dfrac{5}{9}×3＋\dfrac{8}{9}＝\dfrac{23}{9}≈3$（桶）。

18. **C**。 小趙身分證字號末碼為偶數，週二可免費入館。

19. **D**。 可知一天有10個班次，間隔數有9個。 故選(D)。

20. **B**。 33×30－750＋2×66×30－2×840＋40×30－540
＝240＋2280＋660＝3180（元）。

110年臺中捷運新進人員

( )　1. 五位同學的身高分別為172公分、159公分、167公分、167公分、175公分,請問身高之平均為?　(A)175　(B)168　(C)167　(D)159。

( )　2. 若對數$\log_a 12 = b$,則$\log_a 144$的值為?　(A)2b　(B)4b　(C)6b　(D)12b。

( )　3. 速食店提供主餐6種,附餐2種,飲料3種,各選一種的話可以有幾種組合套餐?　(A)36　(B)24　(C)15　(D)11。

( )　4. 下列何者是可以用9元和12元的兩種郵票貼出的郵資?　(A)80　(B)85　(C)87　(D)95。

( )　5. 14枚硬幣中,其中13枚重量相同,另一枚比其他硬幣都輕。用天秤來找比較輕的那枚,最少要秤幾次保證可以找到較輕的那枚?　(A)2　(B)3　(C)4　(D)5。

( )　6. 若平面上兩向量$\vec{u} = (3a - 2b, 32)$是向量$\vec{v} = (2, a + 2b)$的4倍,則a與b的值分別為何?

(A)a＝4,b＝2　　　　　　(B)a＝2,b＝4

(C)a＝2,b＝2　　　　　　(D)a＝4,b＝4。

( )　7. 在某城市使用火車或巴士通勤的人口中,有65%的人有搭乘火車,有75%有搭乘巴士,請問以下哪種人口比例最低?　(A)僅有搭乘火車者　(B)僅有搭乘巴士者　(C)同時有搭乘火車與巴士者　(D)條件不足無法判斷。

( )　8. 某社區辦抽獎活動,在抽獎箱中有100支籤,其中有30支籤是有獎的籤,由住戶輪流抽籤,抽出後不放回,現有甲、乙兩戶搶先依序參加抽籤而丙留到最後才抽籤,試問三人會中獎的機率?　(A)甲最大　(B)乙最大　(C)丙最大　(D)三人相等。

(　)　9. 平面上的兩個圓的圓周不可能交於幾個點？　(A)0　(B)1　(C)2　(D)3。

(　)　10. 利用長24公尺的繩子在地上圍出一個封閉區域，則圍出下列何種區域面積最大？　(A)正方形　(B)長寬不等的長方形　(C)圓形　(D)正三角形。

(　)　11. 如圖，若OABC－DEFG為正立方體，則下列哪一個向量在$\overline{OB}$上的正射影長最長？

(A)$\overline{OC}$　　　　　　(B)$\overline{OD}$

(C)$\overline{OE}$　　　　　　(D)$\overline{OF}$。

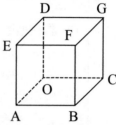

(　)　12. 下列圖形中的F點為該拋物線的焦點，則何者可能為方程式$(x+1)^2=4(y-1)$的圖形？

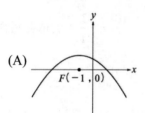

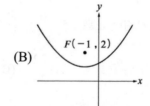

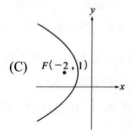

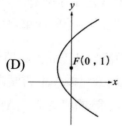

(　)　13. 坐標平面上有一個圓：$(x-2)^2+(y+3)^2=9$，請問下列哪個點落在圓的內部？　(A)(0,0)　(B)(3,0)　(C)(1,－4)　(D)(2,1)。

(　)　14. 將5名實習護理師分配到3所醫院實習，每所醫院至少1人，最多2人，則有幾種不同的分配方法？　(A)45　(B)60　(C)90　(D)160。

( )　15. 在一個培養細菌的容器中，細菌的數目每隔1分鐘就增為2倍，已知一開始放入一隻細菌，1小時後細菌充滿了容器，如果一開始就放入8隻細菌，請問要經過多少時間細菌就能充滿容器？　(A)57分鐘　(B)30分鐘　(C)15分鐘　(D)7.5分鐘。

( )　16. 連續45天中，最多可能出現幾個星期天？　(A)5　(B)6　(C)7　(D)8。

( )　17. 設在地圖上，甲、乙、丙三地形成一三角形，且兩兩距離不相等，欲在某個地點規劃新車站，且車站到此三地距離皆相同，試問下列何者做法正確？　(A)取三中線交點　(B)取三中垂線交點　(C)取三角平分線交點　(D)取三高交點。

( )　18. 九宮格裡填上數字1到9，使每一行，每一列及兩對角線的數字和皆相等，請問此九宮格最中心的數字為？　(A)3　(B)5　(C)7　(D)9。

( )　19. 有一數列的前五數是5，$\dfrac{1}{5}$，$\dfrac{4}{9}$，$\dfrac{7}{13}$，$\dfrac{10}{17}$，$\dfrac{13}{21}$，若依此規律請問第8個數字應為多少？　(A)$\dfrac{22}{30}$　(B)$\dfrac{22}{33}$　(C)$\dfrac{25}{30}$　(D)$\dfrac{25}{33}$。

( )　20. 甲、乙兩車從不同的兩個車站同時發車，相向而行，已知甲車速度為40公里/小時，乙車速度為50公里/小時，兩個車站之間的距離為225公里，請問經過多少小時兩車會相遇？　(A)2　(B)2.5　(C)3　(D)3.5。

( )　21. 小新在地面測量其正北方高樓樓頂的仰角為45度，接著小新往正東方沿直線移動x公尺後，重新測得該樓樓頂的仰角為30度。已知塔高為324公尺，試求x的值為？　(A)324　(B)$324\sqrt{2}$　(C)$324\sqrt{3}$　(D)648。

( )　22. 工廠生產一批產品，已知其中有30%有瑕疵，70%沒有瑕疵。若使用機器檢測，檢測正確的機率為$\dfrac{4}{5}$，檢測錯誤的機率為$\dfrac{1}{5}$。若某件產品經檢測後被判定為有瑕疵，試問此產品實際有瑕疵的機率為何？

　　(A)$\dfrac{12}{19}$　(B)$\dfrac{3}{10}$　(C)$\dfrac{12}{23}$　(D)$\dfrac{3}{7}$。

( )　23. 電視臺預計連續播放5個廣告，其中包含3個不同的商業廣告以及2個不同的公益廣告。假設首尾必須播放公益廣告，則共有多少種播放方式？　(A)12　(B)24　(C)36　(D)40。

( )　24. 把數字1~9不重複的填入下圖的圓圈中，使三邊的數字總和相等，下圖已填入某些數字，請問最上方的數字應填入多少？　(A)6　(B)4　(C)7　(D)9。

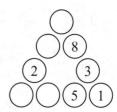

( )　25. 若坐標平面上有兩點P$(-3,9)$、Q$(1,5)$，則$\overline{PQ}$的垂直平分線（中垂線）方程式為何？

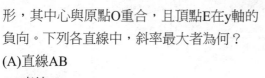

(A)$x+y-6=0$　　　　　　　(B)$x-2y+15=0$

(C)$x-y+8=0$　　　　　　　(D)$2x+y-5=0$。

( )　26. 如圖，ABCDE是坐標平面上的一個正五邊形，其中心與原點O重合，且頂點E在y軸的負向。下列各直線中，斜率最大者為何？

(A)直線AB

(B)直線BC

(C)直線CD

(D)直線DE。

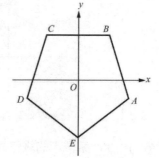

( )　27. 如圖，坐標平面上，依據方程式$2x-2y-1=0$、$2x+y+2=0$、$2x+10y-7=0$可畫出三條直線。試選出方程式與直線間正確的配對為何？

(A)L_1：$2x+10y-7=0$；

　　L_2：$2x+y+2=0$；

　　L_3：$2x-2y-1=0$

(B)L_1：$2x-2y-1=0$；L_2：$2x+10y-7=0$；L_3：$2x+y+2=0$

(C)L_1：$2x+y+2=0$；L_2：$2x+10y-7=0$；L_3：$2x-2y-1=0$

(D)L_1：$2x-2y-1=0$；L_2：$2x+y+2=0$；L_3：$2x+10y-7=0$。

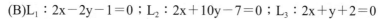

( )　28. 若 $\dfrac{3x+4}{x^2+x-6}=\dfrac{A}{x+3}+\dfrac{B}{x-2}$，則 $4A+3B$ 之值為何？　(A)14　(B)12　(C)10　(D)8。

( )　29. 下列何者為絕對值不等式 $|x+y|\leq 2$ 的圖解？

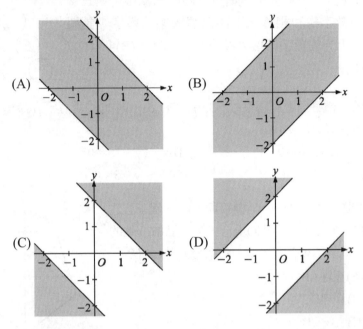

( )　30. 某城市的鐵路共有18站，其中有5個是大站，其餘13個都是小站。已知大站與大站之間所用的車票為紅色，小站與小站之間的車票為藍色，其餘車票則為綠色。若往、返車票視為不同種類的車票且無起迄站相同的情形時，則綠色車票共有幾種不同的印製結果？　(A)18　(B)65　(C)130　(D)260。

( )　31. 圖(一)中有邊相接的圓圈被塗上不同顏色，若要將圖(二)也依照「有邊相接的圓圈塗上不同顏色」之規定，最少需要幾種顏色？　(A)3　(B)4　(C)5　(D)6。

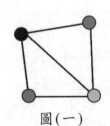

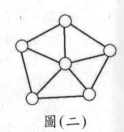

圖(一)　　　圖(二)

（　）│ 32. 一張紙可隨意沿一條直線對摺形成一條摺線會把紙分隔成兩個區域。請問四條摺線最多可以把平面分隔成幾個區域？　(A)8　(B)9　(C)10　(D)11。

（　）│ 33. 甲、乙、丙、丁四人分別從不同方向看到台北101大樓，四個人看到樓頂的仰角分別是30º、40º、50º、60º。請問何者離大樓直線距離最近？　(A)甲　(B)乙　(C)丙　(D)丁。

（　）│ 34. 有一對夫妻與兒子女兒共四人，已知爸爸與兒子的年齡合起來比媽媽與女兒的年齡合起來還大，以下哪個敘述恆正確？
(A)若兒子年齡比女兒大，則爸爸年齡比媽媽大
(B)若兒子年齡比女兒大，則爸爸年齡比媽媽小
(C)若兒子年齡比女兒小，則爸爸年齡比媽媽大
(D)若兒子年齡比女兒小，則爸爸年齡比媽媽小。

（　）│ 35. 一個袋子裡面有3顆白球，4顆紅球，6顆黃球，7顆綠球。每次只要拿一顆球出來，要拿幾次後才能保證取出的球中有兩顆同色？　(A)5　(B)6　(C)7　(D)8。

（　）│ 36. 以下三者，何者不是正四面體的展開圖？

(A)甲　　　　　　　　　　　(B)乙
(C)丙　　　　　　　　　　　(D)三者都是正四面體的展開圖。

（　）│ 37. 平坦的草原上甲乙兩人面對面相向而行，此時甲看到前方向左30º處有一棵大樹，乙則是看到這棵樹在前方向右45º處。試問甲乙兩人誰離此棵大樹比較近？
(A)甲比較近　　　　　　　　(B)乙比較近
(C)一樣近　　　　　　　　　(D)需要實際距離才可估算。

( )　38. 一般人跑步的速度比游泳的速度快很多。如下圖的情形，岸上的救生員發現有人溺水時，沿著路線(1)(2)(3)所需的時間最少到最多依序為？

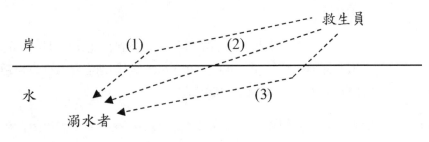

(A)(1)(2)(3)　　　　　　　　(B)(2)(1)(3)
(C)(2)(3)(1)　　　　　　　　(D)(3)(2)(1)。

( )　39. 已知A3的紙沿著長邊對折後裁成大小相同兩張紙時，大小恰為A4。請問A3的紙長寬比為何： (A)3：1　(B)2：1　(C)$\sqrt{3}$：1　(D)$\sqrt{2}$：1。

( )　40. 將厚紙板裁剪後摺出一立方體，不相鄰的兩面被塗上同一顏色如下，則將厚紙板攤開後應為下列何者？

(A) 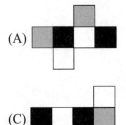　　　　(B)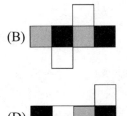

(C)　　　　　　　　(D)

解答與解析（答案標示為＃者，表官方曾公告更正該題答案。）

1. **B**。$\dfrac{172+159+167+167+175}{5}=168$

2. **A**。$\log_a 144 = \log_a 12^2 = 2\log_a 12 = 2b$

3. **A**。$6 \times 2 \times 3 = 36$（種）。

4. **C**。$9a＋12b＝3(3a＋4b)$

故知郵資必為3的倍數，答案中只有87為3的倍數，故選(C)。

5. **B**。第一次一邊秤7枚，第二次一邊秤3枚，第三次一邊秤1枚；故知最少
要秤3次保證可以找到較輕的那枚。

6. **A**。$(3a－2b,32)＝4(2,a＋2b)＝(8,4a＋8b)$

$$\begin{cases} 3a－2b＝8 \\ a＋2b＝8 \end{cases} \Rightarrow a＝4, b＝2$$

7. **A**。同時有搭乘火車與巴士者：$65\%＋75\%－100\%＝40\%$

僅有搭乘火車者：$65\%－40\%＝25\%$

僅有搭乘巴士者：$75\%－40\%＝35\%$

故選(A)。

8. **D**。$P(甲)＝\dfrac{30}{100}$

$P(乙)＝\dfrac{30}{100}\times\dfrac{29}{99}＋\dfrac{70}{100}\times\dfrac{30}{99}＝\dfrac{30(70＋29)}{9900}＝\dfrac{30}{100}$

因此可推得中獎機率與抽獎順序無關，故選(D)。

9. **D**。兩圓關係

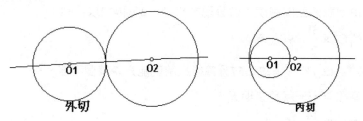

外切　　　　　　　　　　　　內切

交於一點

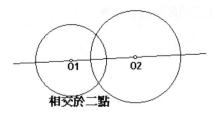

相交於二點

交於兩點

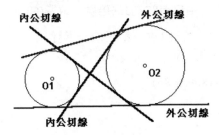

外離沒有交點，故選(D)。

10. **C**。正方形面積：$6 \times 6 = 36 (m^2)$

　　　圓形面積：$\pi(\dfrac{24}{2\pi})^2 = \dfrac{144}{\pi} \approx 45.86 (m^2)$

　　　故知圍成圓形面積最大，故選(C)。

11. **D**。$\overrightarrow{OF}$ 在 $\overrightarrow{OB}$ 之正射影恰為 $|\overrightarrow{OB}|$，故選(D)。

12. **B**。此方程式拋物線為掛著且開口朝上，故選(B)。

13. **C**。落在圓的內部須滿足$(x-2)^2 + (y+3)^2 < 9$，

　　　故符合的點為$(1, -4)$。

14. **C**。由題意知三間醫院人數分配為1、2、2，再加以排列：

　　　$C_1^5 C_2^4 \times \dfrac{3!}{2} = 90$（種）。

15. **A**。$2^{60} = (2^3) \times 2^{57}$，故知57分鐘後細菌就能充滿整個容器。

16. **C**。假設第一天就是星期天。

　　　取整數$\dfrac{44}{7} + 1 = 7$。

17. **B**。取三中垂線交點「外心」至三頂點距離皆相等。

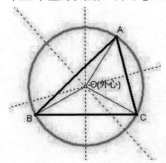

18. **B**。　由以下作法，可得最中心數字為5。

(1)　將數字由小到大，按以下方式排列：

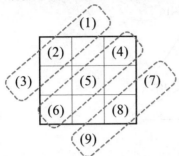

(2)　對應題目，最小的數字是1，最大的數字是9：

```
        1
   ┌───┬───┬───┐
   │ 2 │   │ 4 │
   ├───┼───┼───┤
 3 │   │ 5 │   │ 7
   ├───┼───┼───┤
   │ 6 │   │ 8 │
   └───┴───┴───┘
        9
```

(3)　將九宮格外的數字填入反向的對應位置：

```
        1
   ┌───┬───┬───┐
   │ 2 │ 9 │ 4 │
   ├───┼───┼───┤
 3 │ 7 │ 5 │ 3 │ 7
   ├───┼───┼───┤
   │ 6 │ 1 │ 8 │
   └───┴───┴───┘
        9
```

19. **B**。 $\dfrac{1+3\times7}{5+4\times7}=\dfrac{22}{33}$

20. **B**。 $\dfrac{225}{40+50}=\dfrac{25}{10}=2.5(\text{hr})$

21. **B**。 依題意繪出圖如下所示，$(324\sqrt{3})^2=324^2+x^2$

$x^2=324^2\times2\Rightarrow x=324\sqrt{2}$

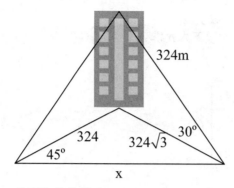

22. **A**。此題為條件機率。

P(實際有瑕疵│有瑕疵)

$$=\frac{0.3\times\dfrac{4}{5}}{0.3\times\dfrac{4}{5}+0.7\times\dfrac{1}{5}}=\frac{0.24}{0.24+0.14}=\frac{0.24}{0.38}=0.63$$

23. **A**。$2\times3!=12$（種）。

24. **C**。三邊的數字總和相等如右圖所示，故知最上方的數字應填入7

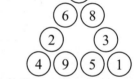

25. **C**。$\overline{PQ}$ 的斜率為 $\dfrac{9-5}{-3-1}=-1$，可知其中垂線斜率為1，又其過定點 $(-1,7)$，可寫出其中垂線方式為 $y-7=x+1\Rightarrow x-y+8=0$

26. **C**。直線CD為正斜率且最陡，故斜率最大。

27. **D**。L_1 斜率為正故為 $2x-2y-1=0$。

剩下兩條斜率分別為 -2 及 -0.2，可知：

L_2：$2x+y+2=0$

L_3：$2x+10y-7=0$

28. **C**。$\dfrac{A}{x+3}+\dfrac{B}{x-2}=\dfrac{A(x-2)+B(x+3)}{(x+3)(x-2)}=\dfrac{(A+B)x-2A+3B}{x^2+x-6}$

$$\begin{cases}A+B=3\\-2A+3B=4\end{cases}\Rightarrow B=2,A=1\Rightarrow 4A+3B=10$$

29. **A**。此題即問 $-2\le x+y\le2$，$x+y=2$、$x+y=-2$ 斜率均為 -1，故選(A)。

30. **C**。$C_1^5\times C_1^{13}\times2=130$（種）。

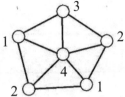

31. **B**。 如右圖所示，至少需準備4種顏色。

32. **D**。 如圖所示，四條線最多可把平面分割成11個區域。

33. **D**。 離大樓直線距離最近仰角最大，故選丁。

34. **C**。 爸爸＋兒子>媽媽＋女兒。
　　　 若兒子<女兒則爸爸>媽媽。

35. **A**。 若前四次白球、紅球、黃球、綠球各拿一顆，要拿5次後才能保證取
　　　 出的球中有兩顆同色。

36. **A**。 正四面體展開圖只有以下兩種：

 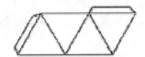

37. **B**。 示意圖如下所示，故知乙離大樹較近

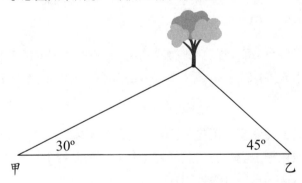

38. **A**。 一般人跑步的速度比游泳的速度快很多，故知陸上距離愈長所需時間
　　　 愈短。
　　　 故需時間短到長為(1)(2)(3)。

39. **D**。 A系列的紙張長寬比均為$\sqrt{2}:1$。

40. **B**

111年臺北捷運新進司機員

( )｜ 1. 公司規定請事假一日扣一日平均日薪，請病假一日扣半日平均日薪。王先生上個月請了2日病假和1日事假，但人事部門誤算成他請了3日病假。假如他的平均日薪是1500元，請問公司多給他多少元薪水？ (A)750　(B)1500　(C)2250　(D)3000。

( )｜ 2. 蛋糕店推出生日當日蛋糕七五折優惠。王先生在生日當天買了一個蛋糕付了540元，這個蛋糕原價幾元？　(A)405　(B)540　(C)640 (D)720。

( )｜ 3. 公司年慶時大禮堂的座椅排成每排座位一樣多的長方形。王先生坐在右邊數來第10排，左邊數來第2排，前面數來第4排，後面數來第12排的位置。全部座位有多少個？　(A)140　(B)165　(C)176　(D)192。

( )｜ 4. 某款果汁輕便包一包220毫升，寶特瓶裝一瓶1.45公升。紙盒裝一盒比一瓶寶特瓶少，但比4包輕便包多，一瓶寶特瓶裝的容量可能是多少公升？　(A)0.95　(B)9.5　(C)95　(D)950。

( )｜ 5. 接駁車每天發車9班，從第4班發車到第9班發車之間經過了2小時整，班次間發車的平均間隔是多久？　(A)20分鐘　(B)24分鐘　(C)25分鐘 (D)30分鐘。

( )｜ 6. 公司舉辦員工羽球賽。王先生已經比完的3場中贏了2場。如果接下來的比賽中他只輸一場，勝率就能超過七成，請問接下來至少還有幾場比賽？　(A)2　(B)3　(C)4　(D)5。

( )｜ 7. 經理說：公司從三月一日起實施線上諮詢系統已經一個多月了，中間休假和系統維修停止服務12天，這個系統到今天總共服務了40天。請問今天是幾月幾日？　(A)3月21日　(B)4月20日　(C)4月21日　(D)4月 22日。

( )　8. 王先生離開同學會後，先到安親班接小孩花40分鐘，再去接太太一起回到家約1小時。如果他希望下午6點半前回到家，最晚何時要離開同學會？　(A)4時　(B)4時30分　(C)4時50分　(D)5時10分。

( )　9. 王先生用儲值卡在超市買了單價45元的芭樂4顆和一袋199元的葡萄，結帳後儲值金還剩41元，他原本的儲值金額是多少元？　(A)320　(B)338　(C)379　(D)420。

( )　10. 王先生花了450元買了濃縮柳橙汁，再花160元買了純檸檬汁，加水調成40公升的香檸柳橙汁，在公司的新品展銷會上提供來賓飲料。如果預計的來賓有160人，以每人一杯計，每杯至多可以裝多少（cc）？　(A)150　(B)200　(C)250　(D)300。

( )　11. 王先生早上9：40打電話到診所掛號，掛到29號，如果這家診所從上午9點開始看診，平均每位病人的看診時間約5分鐘，王先生看診的時間大約是何時？　(A)10：20　(B)11：00　(C)11：20　(D)12：00。

( )　12. 簡單的數字鐘常常用7支LED棒，以3橫4直的方向排成「日」來顯示0~9的數字。如果正中央的橫棒壞掉了，有幾個數字無法正確顯示？　(A)5　(B)6　(C)7　(D)8。

( )　13. 將2314中相鄰的3和1交換後成2134，再將相鄰的2和1交換就「還原」成1234，共相鄰交換2次。將4231還原成1234至少要相鄰交換幾次？　(A)1　(B)2　(C)4　(D)5。

( )　14. 3D影像館前很多人在排隊等候進場，A排在B之前五個，也是C之後五個，那麼B和C之間隔了幾個人？　(A)8　(B)9　(C)10　(D)11。

( )　15. 有甲乙丙丁戊5個數，甲比乙大，乙比丙大，丁比丙大，戊比甲大。哪一個說法是錯的？　(A)戊最大　(B)戊比丙大　(C)丙最小　(D)甲比丙大。

( )　16. 某餐廳推出用餐送烤雞腿優惠。身分證末碼為單數者，週一、三、五用餐贈送烤雞腿一份，身分證末碼為雙數者，週二、四、六用餐贈送烤雞腿一份。王先生的身分證末碼為7，他在下列哪一天去用餐可以獲得贈送的烤雞腿？　(A)週日　(B)週一　(C)週二　(D)每一天。

( )｜17. 繩子剪去8公尺後分成3段，每段3公尺，問全長有多少公尺？ (A)15 (B)16 (C)17 (D)18。

( )｜18. 父親帶兒子參加宴會，旁人問他們父子年齡時，兒子回答：「10年前，父親年齡是我的5倍，現在只有3倍了」，請問現在兒子的年齡幾歲？ (A)18 (B)19 (C)20 (D)21。

( )｜19. 甲乙兩地相距100公里，甲時速40公里，乙時速30公里，同時自兩地相向而行，問幾小時後相遇？ (A)$1\frac{2}{7}$ (B)$1\frac{3}{7}$ (C)$1\frac{4}{7}$ (D)$1\frac{5}{7}$。

( )｜20. 甲、乙兩長方形面積比為3：2，寬度比為4：3，則長度比為何？ (A)9：8 (B)8：9 (C)8：7 (D)7：8。

解答與解析（答案標示為＃者，表官方曾公告更正該題答案。）

1. **A**。 $-750 \times 3 - (-750 \times 2 - 1500) = 750$（元）。

2. **D**。 設原價x元
   $0.75x = 540 \Rightarrow x = 720$

3. **B**。 全部座位＝$(10+2-1)(4+12-1) = 11 \times 15 = 165$（個）。

4. **A**。 題目應修正為：
   某款果汁輕便包一包220毫升，寶特瓶裝一瓶1.45公升。紙盒裝一盒比一瓶寶特瓶少，但比4包輕便包多，一瓶「紙盒」裝的容量可能是多少公升？
   設紙盒裝x公升
   $4 \times 0.22 < x < 1.45 \Rightarrow 0.88 < x < 1.45$
   故知x可能為0.95

5. **B**。 從第4班發車到第9班發車共計5個間隔
   故知班次間發車的平均間隔是$\frac{2 \times 60}{5} = 24$(min)

6. **C**。 設接下來還有x場比賽
   $\frac{2+x-1}{3+x} > 0.7 \Rightarrow x+1 > 2.1+0.7x \Rightarrow 0.3x > 1.1 \Rightarrow x > 3.67$
   故知接下來至少還有4場比賽。

7. **C**。$12+40-31=21$
故知今日為4月21日。

8. **C**。6點30分$-$1小時$-$40分$=$4點50分，故選(C)。

9. **D**。$41+45\times4+199=41+180+199=420$（元）。

10. **C**。$\dfrac{40000}{160}=250(\text{c.c.})$

11. **C**。9點$+$5分$\times(29-1)=$9點$+$140分$=$11點20分

12. **C**。2、3、4、5、6、8、9共7個數字無法顯示。

 圖示為簡單的數字鐘。

13. **D**。$4231\to2431\to2413\to2143\to1243\to1234$
至少需交換5次。

14. **B**。C■■■■A■■■■B
示意圖如上圖所示，B和C之間隔了9個人。

15. **A**。示意圖如下所示，丁有可能在最大的位置。

丙　丁　乙　丁　甲　丁　戊　丁
小　　　　　　　　　　　　大

16. **B**。身分證末碼為單數者，週一可以獲得贈送的烤雞腿。

17. **C**。設繩子全長x公尺
$\dfrac{x-8}{3}=3\Rightarrow x=17$

18. **C**。設父親現年y歲、兒子現年x歲，可列出聯立方程式
$\begin{cases}y-10=5(x-10)\\\quad\ y=3x\end{cases}\Rightarrow3x-10=5x-50\Rightarrow x=20,y=60$
故選(C)。

19. **B**。$\dfrac{100}{40+30}=\dfrac{10}{7}=1\dfrac{3}{7}(\text{hr})$

20. **A**。設長度比為x：y，可得
$4x:3y=3:2\Rightarrow x:y=\dfrac{3}{4}:\dfrac{2}{3}=9:8$，故選(A)。

111年臺中捷運新進人員

( )　1. 試問下列四個多邊形
面積大小比較？
(A)B＞C＞A＞D
(B)A＝B＝C＝D
(C)B＞A＝C＝D
(D)B＝A＞C＝D。

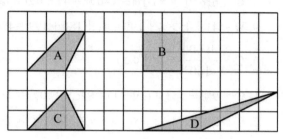

( )　2. 公司部門聚餐，將18張餐桌橫著排列，如下圖所示。假設座位全坐滿，共可坐多少人？

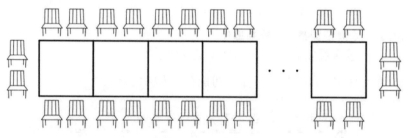

(A)76　(B)78　(C)80　(D)82。

( )　3. 下圖是火車車廂座位圖，小林買了一張座位號碼是47的車票，請問他的座位是在第幾列的哪個位置？

	單號		雙號	
	左窗	左道	右道	右窗
第1列	1	3	4	2
第2列	5	7	8	6
…	…	…	…	…

(A)第11列左道　　　　　(B)第12列左道
(C)第13列左窗　　　　　(D)第13列左道。

( )　4. 將等差數列1，4，7，10，……等數，由小到大寫在筆記本上。若每一頁寫7個數字（例如：第一頁的數字為1、4、7、10、13、16、19），則1192應該寫在第幾頁？　(A)56　(B)57　(C)58　(D)59。

( )　5. 已知捷運車廂兩兩一數，三三一數，五五一數皆可數完沒有剩餘，請問捷運最少可能有幾節車廂？　(A)60　(B)40　(C)30　(D)20。

( )　6. 如圖，從左邊開始將相鄰兩數的和填入右方圓圈中，例如3＋6＝9，試問E＝？
(A)18
(B)20
(C)24
(D)28。

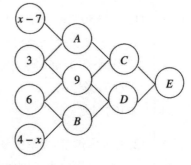

( )　7. 如圖為8個正方體的積木堆疊出的立體模型，試選出沿著箭頭的方向所見之前視圖？

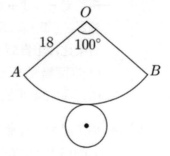

(A)

(B)

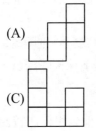

(C)

(D)

( )　8. 如圖為一圓錐的展開圖，若$\overline{OA}=18$，∠ABO＝∠100°，則底圓半徑為？
(A)10　(B)8　(C)6　(D)5。

( )　9. 將一個圓柱體的黏土切下三刀，最多可以切成幾塊？　(A)5　(B)6　(C)7　(D)8。

( )　10. 疫情當前，防疫的熱銷商品推陳出新。若有一賣家以每個40元的成本買進防疫面罩，並以成本的六倍作為每個防疫面罩的售價後賣出。當疫情趨緩後，買氣降低，因此賣家欲以逐次減少利潤的一半調降售價，依此模式，則調降兩次後的防疫面罩售價為何？
(A)50元　　　　　　　　　(B)60元
(C)90元　　　　　　　　　(D)140元。

( )　11. 全班50位學生中，女生有20位，若在邏輯推理科目中，全班平均為50分，女生平均為56分。若老師發現有個男學生小吳，在測驗時作弊，其成績原為60分，改以0分計算，則更正後，男生的平均分數為？
(A)40分　　　　　　　　　(B)42分
(C)44分　　　　　　　　　(D)46分。

( )　12. 中捷高中調查學生參加社團的情形，發現「在邏輯推理社社員中，只要是A班學生，則他一定是羽球校隊隊員」，請選出正確敘述。
(A)若小涂是A班學生且小涂是羽球校隊隊員，則小涂是邏輯推理社社員
(B)若信哥是A班學生且信哥不是羽球校隊隊員，則信哥不是邏輯推理社社員
(C)若阿薰是邏輯推理社社員且阿薰是羽球校隊隊員，則阿薰是A班學生
(D)若倍倍不是邏輯推理社社員且倍倍也不是羽球校隊隊員，則倍倍不是A班學生。

( )　13. 小張的大學同學來訪，發現家裡沒有飲料，他到柑仔店買2瓶沙士和3瓶可樂，拿了500元給老闆找了385元；此時小張接到太太來電說：增加2位同學，同學們都只喝沙士。因此他把1瓶可樂換成3瓶沙士，已知可樂比沙士貴5元，所以現在
(A)老闆需要再給小張15元　　(B)小張需要再給老闆15元
(C)小張需要再給老闆25元　　(D)小張需要再給老闆35元。

( )　14. 蝸牛星期一在葡萄藤架的支柱（100cm）底端往上爬，爬往藤架；晴天的白天，牠在支柱上可以往上爬25cm，晚上則會下滑6cm；若遇到雨天時，白天他可以往上爬20cm，晚上則會下滑9cm，以下是一周天氣，試問：在星期日的早上，當蝸牛醒來的時候牠在哪裡？

星期	一	二	三	四	五	六	日
天氣	晴天	晴天	雨天	晴天	雨天	晴天	雨天

(A)藤架上　　　　　　　　(B)支柱頂端

(C)再2cm就會到達支柱頂端　(D)無法預測。

( )　15. 若圖 刪去一些部分 得到圖 ，下列何者為 變成 刪去的部分？

(A)

(B)

(C)

(D)

( )　16. 曉鈴去公司上班，車子停地下室B1停車場，碰巧遇到電梯故障只能走樓梯到辦公室3樓，下班時電梯已經修理好了，但她仍然決定走樓梯至停車場，若她今天整天都在3樓辦公室辦公沒有到其他樓層，請問曉鈴她今天走樓梯走了幾層樓？　(A)3層　(B)4層　(C)6層　(D)8層。

( )　17. 將100元兌換成50元、10元、5元硬幣，已知其中有一枚50元硬幣，則有幾種兌換的方法？　(A)4種　(B)5種　(C)6種　(D)7種。

( )｜18. 已知美X社超市內購物優惠活動，單筆總金額超過180元時，購物總金額有打85折的優惠；小玲帶200元到美X社超市購買巧克力，若巧克力每塊8元，請問小玲最多可買多少塊巧克力？　(A)29　(B)28　(C)27　(D)26。

( )｜19. 若

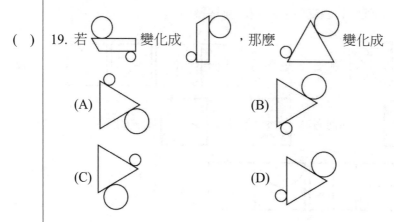

　(A)　(B)　(C)　(D)

( )｜20. 下列何者錯誤？

(A)①　(B)②　(C)③　(D)④

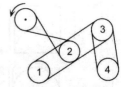

解答與解析（答案標示為＃者，表官方曾公告更正該題答案。）

1. **C**。$A = (1+2) \times \dfrac{2}{2} = 3$

　　$B = 2 \times 2 = 4$

　　$C = 3 \times \dfrac{2}{2} = 3$

　　$D = 3 \times \dfrac{2}{2} = 3$

　　故知B＞A＝C＝D

2. **A**。$18 \times 4 + 4 = 72 + 4 = 76$（人）。

3. **B**。$47 \div 4 = 11 \cdots\cdots 3$

　　故知在第12列左道。

4. **B**。等差數列第n項為$a_n = 1 + (n-1) \times 3$

　　$1192 = 1 + (n-1) \times 3 \Rightarrow n = 398$

　　$398 \div 7 = 56 \cdots\cdots 6$

　　故知1192應該寫在第57頁。

5. **C**。$[2,3,5] = 30$

6. **C**。$A = x - 4$

　　$B = 10 - x$

　　$C = x + 5$

　　$D = 19 - x$

　　$E = 24$

7. **B**

8. **D**。$36\pi \times \dfrac{100}{360} = 2\pi r \Rightarrow r = 5$

9. **D**。如圖所示最多可切成8塊

10. **C**。$240 \to 140 \to 90$

11. **C**。男生平均 $= \dfrac{2500 - 1120 - 60}{30} = 44$（分）。

12. **B**

13. **D**。設沙士x元、可樂x＋5元，可列出一元一次方程式

　　$2x + 3(x+5) = 115 \Rightarrow x = 20$

　　$100 + 50 - 115 = 35$（元）。

　　故知小張需要再給老闆35元。

14. **A**

星期一	星期二	星期三	星期四	星期五	星期六	星期日
19	38	49	69	80	藤架上	藤架上

15. **C**。刪去的部分為：

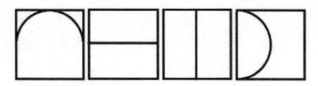

16. **C**。需注意1F~3F為兩層。

17. **D**。50元*1
10元*5
10元*4＋5元*2
10元*3＋5元*4
10元*2＋5元*6
10元*1＋5元*8
5元*10
共計七種方法。

18. **A**。8×29×0.85＝197.2（元）。

19. **A**。圖形為順時針旋轉90度。

20. **C**。1、2、3輪均為順時針方向。

捷運考試
專用叢書

權威名師精編，上榜最佳選擇
臺北、桃園、臺中、高雄捷運適用

2B811121	國文	高朋、尚榜	590元
2B331121	國文(論文寫作)	黃淑真、陳麗玲	470元
2B821121	英文	劉似蓉	650元
2B081131	絕對高分! 企業管理(含企業概論、管理學)	高芬	650元
2B831081	企業管理(適用管理概論)	陳金城	610元
2B311111	企業管理(含企業概論、管理學)棒！bonding	張恆	610元
2B171121	主題式電工原理精選題庫	陸冠奇	530元
2B181121	電腦常識(含概論)　👑榮登金石堂暢銷榜	蔡穎	590元
2B201121	數理邏輯(邏輯推理)	千華編委會	530元
2B251121	捷運法規及常識(含捷運系統概述) 👑榮登博客來暢銷榜	白崑成	560元
2B591121	主題式機械原理(含概論、常識)高分題庫 👑榮登金石堂暢銷榜	何曜辰	590元
2B741091	機械原理(含概要大意)實力養成	周家輔	570元
2B041121	大眾捷運概論（含捷運系統概論、大眾運輸規劃及管理、大眾捷運法及相關捷運法規） 👑榮登博客來暢銷榜	白崑成	560元
2B051131	捷運招考超強三合一(含國文(國學常識及公文寫作)、英文、邏輯分析(數理邏輯))	千華名師群	630元

以上定價，以正式出版書籍封底之標價為準

千華數位文化
Chien Hua Learning Resources Network

學習方法 系列

如何有效率地準備並順利上榜，學習方法正是關鍵！

榮登金石堂暢銷排行榜

連三金榜 黃禕

翻轉思考 破解道聽塗說	適合的最好 調整習慣來應考	一定學得會 萬用邏輯訓練

三次上榜的國考達人經驗分享！
運用邏輯記憶訓練，教你背得有效率！
記得快也記得牢，從方法變成心法！

作者線上分享

網 路 書 店

作者在投入國考的初期也曾遭遇遇過書中所提到類似的問題，因此在第一次上榜後積極投入記憶術的研究，並自創一套完整且適用於國考的記憶術架構，此後憑藉這套記憶術架構，在不被看好的情況下先後考取司法特考監所管理員及移民特考三等，印證這套記憶術的實用性。期待透過此書，能幫助同樣面臨記憶困擾的國考生早日金榜題名。

最強校長 謝龍卿

榮登博客來暢銷榜

作者線上分享

經驗分享＋考題破解
帶你讀懂考題的know-how！

open your mind！
讓大腦全面啟動，做你的防彈少年

108課綱是什麼？考題怎麼出？試要怎麼考？書中針對學測、統測、分科測驗做整與歸納。並包括大學入學管道介紹、課內外學習資源應用、專題研究技巧、自主學習方法，以及學習歷程檔案製作等。書籍內容編寫的主要是幫助中學階段後期的學生與家長，涵蓋普高、技高、綜高與單高。也非常適合國中學生超前學習、自學生自修之用，或是學校老師與社會賢達了解中學階段學習內容與政策變化的參考。

千華會員享有最值優惠!

立即加入會員

會員等級	一般會員	VIP 會員	上榜考生
條件	免費加入	1. 直接付費 1500 元 2. 單筆購物滿 5000 元	提供國考、證照相關考試上榜及教材使用證明
折價券	200 元	500 元	
購物折扣	·平時購書 9 折 ·新書 79 折 (兩周)	·書籍 75 折	·函授 5 折
生日驚喜		●	●
任選書籍三本		●	●
學習診斷測驗(5科)		●	●
電子書(1本)		●	●
名師面對面		●	

頂尖名師精編紙本教材

超強編審團隊特邀頂尖名師編撰，
最適合學生自修、教師教學選用！

千華影音課程

超高畫質，清晰音效環
繞猶如教師親臨！

多元教育培訓
數位創新

現在考生們可以在「Line」、「Facebook」
粉絲團、「YouTube」三大平台上，搜尋【千
華數位文化】。即可獲得最新考訊、書
籍、電子書及線上線下課程。千華數位
文化精心打造數位學習生活圈，與考生
一同為備考加油！

面授

實戰面授課程

不定期規劃辦理各類超完美
考前衝刺班、密集班與猜題
班，完整的培訓系統，提供
多種好康講座陪您應戰！

TTQS 銅牌獎

遍布全國的經銷網絡

實體書店：全國各大書店通路

電子書城：
▶ Google play、Hami 書城 …
Pube 電子書城

網路書店：
千華網路書店、博客來
MOMO 網路書店…

書籍及數位內容委製
服務方案

課程製作顧問服務、局部委外製
作、全課程委外製作，為單位與教
師打造最適切的課程樣貌，共創
1+1＝無限大的合作曝光機會！

多元服務專屬社群 @ f YouTube

千華官方網站、FB 公職證照粉絲團、Line@ 專屬服務、YouTube、
考情資訊、新書簡介、課程預覽，隨觸可及！

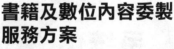

千華影音函授

打破傳統學習模式，結合多元媒體元素，利用影片、聲音、動畫及文字，達到更有效的影音學習模式。

○ 自我安排學習時段

○ 循序漸進厚植實力

○ 節省通勤時間

○ 提升準備效率

課程品質
業界No.1

2014、2017 獲頒學習科技金質獎

自主學習彈性佳
· 時間、地點可依個人需求好選擇
· 個人化需求選取進修課程

補強教學效果好
· 獨立學習主題　· 區塊化補強學習
· 一對一教師親臨教學

嶄新的影片設計
· 名師講解重點　· 簡單操作模式
· 趣味生動教學動畫　· 圖像式重點學習

優質的售後服務
· FB粉絲團、 Line@生活圈
· 專業客服專線

系統化學習流程
四大關鍵階段
學習安排，
突破國考重重難關！

- 04 STEP 考前衝刺期
- 01 STEP 實力養成期
- 02 STEP 專業強化期
- 03 STEP 能力檢驗期

超越傳統教材限制，
系統化學習進度安排。

推薦課程

- 公職考試
- 特種考試
- 國民營考試
- 教甄考試
- 證照考試
- 金融證照
- 學習方法
- 升學考試

影音函授包含：
· 名師指定用書+板書筆記
· 授課光碟·學習診斷測驗

國家圖書館出版品預行編目(CIP)資料

(國民營事業)捷運招考超強三合一(含國文(國學常識及公
文寫作)、英文、邏輯分析(數理邏輯)) / 千華名師群編
著. -- 第四版. -- 新北市：千華數位文化股份有限公
司, 2023.07
    面；　公分
ISBN 978-626-337-916-9(平裝)

1.CST: 大眾捷運系統

557.85　　　　　　　　112011667

[國民營事業]

捷運招考超強三合一
(含國文(國學常識及公文寫作)、英文、邏輯分析(數理邏輯))

編 著 者：千華名師群

發 行 人：廖雪鳳
登 記 證：行政院新聞局局版台業字第 3388 號
出 版 者：千華數位文化股份有限公司
　　　　　地址／新北市中和區中山路三段 136 巷 10 弄 17 號
　　　　　電話／ (02)2228-9070　傳真／ (02)2228-9076
　　　　　郵撥／第 19924628 號　千華數位文化公司帳戶
　　　　　千華公職資訊網：http://www.chienhua.com.tw
　　　　　千華網路書店：http://www.chienhua.com.tw/bookstore
　　　　　網路客服信箱：chienhua@chienhua.com.tw

法律顧問：永然聯合法律事務所
編輯經理：甯開遠
主　　編：甯開遠
執行編輯：陳資穎
校　　對：千華資深編輯群
排版主任：陳春花
排　　版：翁以倢

出版日期：2023 年 7 月 30 日　　第四版／第一刷

本書如有勘誤或其他補充資料，
將刊於千華公職資訊網　http://www.chienhua.com.tw
歡迎上網下載。